BASTEI LÜBBE

Von Philipp Vandenberg sind außerdem bei Bastei-Lübbe erschienen:

11 366 Der Pompejaner
64 070 Das versunkene Hellas
64 075 Cäsar und Kleopatra
64 090 Das Geheimnis der Orakel
64 093 Nofretete, Echnaton und ihre Zeit

Philipp Vandenberg

Die geheimen Tagebücher des Augustus

»Klatscht Beifall,
wenn das Stück gut war!«

BASTEI
LÜBBE

BASTEI-LÜBBE-TASCHENBUCH
Band 64097

Lizenzausgabe: Gustav Lübbe Verlag GmbH,
Bergisch Gladbach
Printed in Germany, Dezember 1990
Einbandgestaltung: Roberto Patelli, Köln
Titelbilder: Archiv für Kunst und Geschichte und
Bildarchiv Preußischer Kulturbesitz, beide Berlin
Satz: Fotosatz Schell, Bad Iburg
Druck und Bindung: Ebner Ulm
ISBN 3-404-64097-7

Ich, Polybius, Freigelassener des Göttlichen Augustus und des Schreibens kundig, habe zu berichten: Heute morgen rief mich der Caesar in seine Privatgemächer. Ich ahnte, daß etwas Ungewöhnliches vorgefallen sei. »Jupiter auf allen Wegen!« grüßte ich, aber der Göttliche überging meinen Gruß und sprach geistesabwesend:

»Wie lange dienst du mir, Polybius?«

Die Frage traf mich unerwartet. »Nun ja«, sagte ich, »so lange ich denken kann.«

»Und wie lange ist dies?« beharrte der Caesar, »dreißig Jahre, vierzig Jahre?«

»Eher vierzig als dreißig«, erwiderte ich, »aber genau vermag das niemand zu sagen. Die Geburt eines Sklaven wird nirgends verzeichnet.«

»Und wie lange ist es her, seit ich dir die Freiheit schenkte?«

»Siebzehn Jahre weniger dreißig Tage!« antwortete ich, »wie sollte ich diese Zahl nicht kennen.« Ich fiel Augustus zu Füßen und küßte den Saum seines Gewandes. Herren wollen sich bisweilen in Dankbarkeit sonnen, der Caesar macht da keine Ausnahme.

»Du hast mir stets treu gedient, Polybius«, begann der Caesar von neuem, und ich überlegte, worauf er wohl hinauswollte. In der Kürze des Augenblicks fand ich keine Antwort auf diese Frage. Doch versetzte mich das, was nun geschah, in großes Staunen.

Augustus zog einen Beutel hervor, gab mir ein Zeichen und leerte seinen Inhalt in meine aufgehaltenen Hände. Ich stand da, und in meinen Händen türmte sich ein Haufen Gold. Noch nie im Leben hatte ich, Polybius, Freigelassener des Göttlichen Augustus, soviel Geld in meinen Händen gehalten.

»Nimm es«, sagte der Caesar, »es möge dir Glück bringen.«

Ich würde lügen, schriebe ich nieder, was ich dem Göttlichen erwiderte. Ich weiß es nicht mehr, ich war zu erregt, aber ich pries wohl die Güte des Erhabenen, seine Freigebigkeit, und – ja, dessen erinnere ich mich – ich schwor ihm ewige Treue.

»Hör zu«, sprach Augustus, das heißt, er formulierte seine Rede natürlich anders, in jener unnachahmlichen Art, in der er die Dichter imitiert, aber ich gebe seine Rede mit meinen eigenen Worten wieder: »Hör zu«, sagte er, »dieses Gold schenke ich dir, damit du mir einen Dienst erweist.«

Ich antwortete: »Herr, auch ohne das Gold erfülle ich dir jeden Wunsch, du weißt es!« So etwa sprach ich, und ich starrte auf das Gold in meinen Händen. Gewiß reichte es für ein Häuschen mit Garten in den Albaner Bergen, einen Stall mit ein paar Ziegen, vielleicht einer Kuh. Ich würde Weinstöcke pflanzen und Obstbäume und allerlei Gemüse, das auf dem fruchtbaren Boden gedeiht.

Wie aus der Ferne vernahm ich die Stimme des Göttlichen, während ich das Gold in den Beutel zurückfallen ließ: »Ich will dir von heute an jeden Tag ein Pergament anvertrauen, dessen Inhalt geheim ist wie die Sibyllinischen Bücher. Ich werde in den mir verbleibenden Tagen meine geheimsten Gedanken niederschreiben. Doch ich will nicht, daß vor meinem Tode irgendein Mensch davon erfährt. Deshalb sollst du dieses Tagebuch an einem sicheren Ort aufbewahren.«

Ein ungewöhnlicher Auftrag, gewiß, und ich fragte

mich, ob ein Caesar nicht eher zu bedauern ist als zu beneiden, wenn er nicht einmal einen Ort findet, wo er Wichtiges vor den Blicken Neugieriger verbergen kann. Ich kenne hundert Verstecke, und eines ist sicherer als das andere, und ich werde mich hüten, auch nur eines preiszugeben. Rom ist eine Stadt der Verstecke, weil Rom eine Stadt der Gauner und Diebe ist. Jeder versteckt alles vor jedem, weil sie um ihr Leben fürchten müssen, und manche halten sich Doppelgänger und schicken sie auf die Straße, damit sie selbst gefahrlos ihren Geschäften nachgehen können.

»Wenn das alles ist, göttlicher Caesar«, sagte ich. Augustus holte eine Rolle Pergament aus den Falten seiner Toga hervor und reichte sie mir. Ich ließ das Schriftstück ebensoschnell in meinem Gewand verschwinden und zog mich zurück. So begann es.

Am Tag darauf übergab mir der Caesar eine zweite Schrift und am folgenden Tag eine dritte. Natürlich wunderte ich mich, warum er mir nicht in die Feder diktierte, zumal er meiner Verschwiegenheit vertraute. Aber dann verwarf ich den Gedanken: Der Göttliche griff nicht selten selbst zur Feder und schrieb, wie es sonst nur einem Schreiber zukommt. Caesaren sind merkwürdige Leute. Ich werde mich jedenfalls hüten, zu seinen Lebzeiten einen Blick auf die Rollen zu werfen.

Als er mir die vierte Schrift überreichte, fragte Augustus jedoch nach dem Verbleib der übrigen. Und als ich ihn beruhigt hatte, trug er mir auf, die täglichen Pergamente zu numerieren, aber nicht in der üblichen Weise von vorn an, sondern, beginnend von hundert, nachfolgend neunundneunzig, achtundneunzig, und so weiter, denn – sagte er – dies entspreche der Anzahl der Tage, die ihm verblieben.

»Ad libitum«, sagte ich, »wie's beliebt«, aber kaum hatte ich das ausgesprochen, wurde mir die ganze Tragweite seiner Worte bewußt: Der Alte glaubte, nur noch hundert Tage zu leben. Wahrscheinlich hatte ihn einer der Vorzeichendeuter, an die er seit jeher glaubte, wieder einmal in Panik versetzt. Ich halte es eher mit dem alten Cicero, der sagt, Schicksal sei nicht das, was uns die Vorzeichendeuter versprächen, sondern das, was uns das Leben zuteile. Aber vom Wahrsagen läßt es sich trefflich leben, vom Wahrheit Sagen weniger.*

Dabei ist Augustus ein hochgebildeter Mann, der seinen Plato, Aristoteles und Epikur in griechischer Sprache zitieren kann, von seinen eigenen Dichtern ganz zu schweigen, die er kennt wie kein zweiter – ich meine Horaz, Vergil und den unglücklichen Ovid.

Der Auftrag des Caesar, die Schriften zu numerieren, stürzte mich in nicht geringe Verlegenheit. Denn als ich die Schriftrollen aus dem Versteck geholt hatte, da überkamen mich Zweifel, welche die erste gewesen war und das C für centum tragen sollte. Ich schwöre bei meiner rechten Hand: Bis zu diesem Zeitpunkt hatte ich noch keine einzige Schriftrolle geöffnet, obwohl jede nur mit einem einfachen Band verschnürt war. Ich schwöre. Mir blieb gar nichts anderes übrig, als alle vier Pergamente zu öffnen, nur so konnte ich hoffen, die richtige Reihenfolge zu erkennen. Ja, ich gestehe, ich habe jedes einzelne Blatt gelesen – verschlungen habe ich jedes mit feuchten Händen. Ich hätte es nicht tun dürfen, ich weiß, aber ich

* Erklärung der lateinischen Begriffe am Ende des Buches

gelobe bei meiner rechten Hand: Nie soll auch nur ein Wort über meine Lippen kommen von dem, was ich dabei erfuhr.

Glaubte ich bisher, der Erhabene sei ein Gott und halte in seiner Erhabenheit Zwiesprache mit den unsterblichen Göttern, so wurde mir beim Lesen seines Tagebuches klar, daß Augustus alles andere als ein Gott ist, wie Jupiter oder Apollo, ja daß er nicht einmal ein besonders beneidenswerter Mensch ist. Ich jedenfalls möchte nicht mit ihm tauschen! Nicht in meinen Träumen begegneten mir so ungewöhnliche Dinge wie Caesar in seinem Leben, und ich begreife nun, warum der Göttliche so versessen ist, alles mit eigener Hand niederzuschreiben. Wer gibt schon vorbehaltlos zu Lebzeiten seine innersten Regungen und seine geheimen Gefühle preis?

Wüßte ich nicht zuverlässig, daß Augustus selbst Nacht für Nacht seine Gedanken niederschreibt, man könnte meinen, Livius habe ihm in die Feder diktiert, wenn er die heroische Vergangenheit Roms der zügellosen Gegenwart gegenüberstellt. Ja, bisweilen glaube ich sogar, die pathetischen Worte Vergils zu erkennen und Horaz' bildhafter Symbolik zu begegnen. Wen wundert's, ist Augustus doch ein glühender Bewunderer des einen wie des anderen. Daß ihm hingegen der Name Ovids, den er nach Tomis verbannt hat, nicht aus der Feder kommt, muß eine tiefere Ursache haben als jene, die der öffentlich bekanntgemachten Verbannung zugrunde liegt.

Ich, Polybius, Freigelassener des Göttlichen Augustus, und des Schreibens kundig, verweise deshalb darauf, weil die Nachwelt zweifeln könnte an der Echtheit seiner Worte. Spätere Generationen sollen durch diese Schriften aber Augustus so erkennen, wie er wirklich war.

C

Beim Blitz des Jupiter, beim Pfeil der jungfräulichen Jägerin, beim Dreizack Neptuns, der über das Ägäische Meer gebietet, bin ich tollhausreif, daß ich heute, am Tage der Nonen des Maius, deren schlechter Klang mich zeitlebens abgehalten hat, irgend etwas Wichtiges zu beginnen, die Feder zwischen Daumen und Panzer meines Gesundheitsfingers klemme, der totsteif und fleckig von meiner Rechten wegsteht, um niederzuschreiben, was nie jemand erfahren sollte, weil es mein Innerstes betrifft, mein Denken und Wollen, mich: *›Imperator Caesar Augustus Divi Filius‹*. Reicht mir Schierling gegen den Wahnsinn, der das reizbare Geschlecht der Dichter befällt, wenn das Weiße in ihren Augen funkelt, wenn Verborgenes aus ihrer Seele quillt, wenn dunkle Absicht sich klärt zur Erkenntnis. Hört, ich will kein Dichter sein, kein *poeta* aus Minervas Reich, auch Jamben will ich nicht schmieden, die das Wasser zum Ufer der Seligen – mögen sie den Namen Publius Vergilius Maro tragen, Quintus Horatius Flaccus oder jenen, den auszusprechen ich mich hüte seit sieben Jahren – die das Wasser nur vertiefen zwischen mir und jenen, welche, Bellerophon gleich, den Pegasus zu bändigen wissen mit göttlichem Zaumzeug. Selbst Titus Livius, alter Freund, selbst du, selbst Glanz und Würde deiner Sprache würden nicht genügen zur Erklärung meiner Taten, die den Erdkreis unserer Herrschaft unterwarfen und die, an ehernen

Pfeilern auf dem Marsfeld und überall im Reich der Ernte von 76 Lebensjahren beschreiben: *Res gestae*. Was aber sind schon Zahlen, wenn es um ein Leben geht, wie oft sollst du ein Konsulat bekleidet haben oder die tribunizische Gewalt, wie viele Feinde mußt du getötet, wieviel Land erobert haben, um dich glücklich zu nennen?

Ich, *Imperator Caesar Augustus Divi Filius*, der mehr Feinde gefangen, mehr Land erobert, mehr Ämter bekleidet und dem Volk mehr Geld gegeben hat als jede vor meiner Geburt, ich nenne mich nicht glücklich, nicht an diesem Tag, an diesem Ort, habe ich doch mein einziges Kind verloren, von den Enkeln Gaius und Lucius in jugendlichem Alter ganz zu schweigen, und für alle Freunde schürte ich das Leichenfeuer. Beim Schreiben drückte ich die Hand gegen mein linkes Auge, weil seine Sehkraft der des rechten nachsteht und ohne diese Maßnahme Schwindel in meinem Kopf erzeugt; mein Gebiß ist schadhaft und – soweit vorhanden – schmerzverbreitend, rote Flecken auf Brust und Unterleib, von Ordnung, Form und Zahl wie das Siebengestirn, jucken bisweilen so heftig, daß ich ihnen mit dem Badestriegel begegnen muß. Regelmäßig wie die Gezeiten formen meine Nieren schmerzhafte Steine, deren Pein nur übermäßiges Trinken lindert, wodurch sie mit einem Schwall weißen Urins abgehen. Fürwahr kein erstrebenswertes Alter! Trost in diesem unerbittlichen Unabwendbaren ist nur die Erfahrung, daß die Götter den, den sie lieben, mit Leiden strafen. Wie anders wäre der Meuchelmord an meinem Oheim und Vater, dem Göttlichen Gaius Julius Caesar zu erklären, der an den Iden des März unter den Dolchen widerwärtiger Verschwörer fiel; wie das einsame Sterben des Sokrates, der, obgleich er keine einzige Schrift hinterlassen hat, als einer der Weisesten gilt?

Euripides, der Tragöde der Götter, wurde von thrakischen Hunden zerfleischt, Lukrez, der vortrefflicher von der Natur der Dinge schrieb als jeder andere Römer und der den Menschen die Angst vor dem Tode nahm, eben dieser mußte in geistiger Umnachtung enden und sich selbst entleiben. Oder nehmt Aischylos, der bei Marathon gegen die Perser kämpfte; wie lächerlich leidvoll ist sein Tod! Ihm, der uns neunzig Tragödien schenkte, fiel schreibend eine Schildkröte auf den Kopf, daß er starb. Und selbst Diogenes, der glücklichgepriesene Philosoph, dessen Grab in Korinth das Marmorbild eines Hundes schmückt – seine Bedürfnislosigkeit bewundere ich, seine Sittenlosigkeit ist mir ein Greuel –, selbst er fand, hochbetagt, keinen erstrebenswerten Tod, starb er doch, als er übermütig einen rohen Polypen verschlang. Der Dichter im fernen Tomis, der das Volk mit seiner ›Liebeskunst‹ auf meine Kosten zu amüsieren glaubte, schreibt tränenbenetzte Klagelieder aus der Verbannung, und Quintus Horatius Flaccus, der, wie er selbst zu sagen pflegte, nur durch seine Armut zur Kühnheit verleitet wurde, sich als Dichter zu versuchen, er fand zwar sein Sabinum, doch warum trank er sich zu Tode, wenn er wirklich glücklich war?

Ich, *Imperator Caesar Augustus Divi Filius*, schreibe das in der Ahnung, daß auch mir kein besseres Ende beschieden sein könnte, obwohl doch gerade ich den

Göttern mehr Tempel errichtet habe als jeder Mensch zuvor. Auf dem Palatin der Apollotempel mit seinen Säulenhallen ist mein Werk, auch der Tempel des vergöttlichten Julius und das Lupercal, die heilige Grotte des Faunus, wo Romulus und Remus von der Wölfin gesäugt wurden. Ich habe dem Circus Maximus ein Pulvinar angefügt, wo bei den Spielen die Götterbilder aufgestellt werden, auf dem Kapitol weihte ich Jupiter Feretrius und Jupiter Tonans einen Tempel; mir gebührt der Ruhm, den Tempel des Quirinus, jenen der Minerva, der Juno Regina und des Jupiter Libertas auf dem Aventin errichtet zu haben. Nicht zu vergessen das Laren-Heiligtum am höchsten Punkt der *Via sacra*, das Heiligtum der Penaten im Bezirk der Velia, den Tempel der Juventas, den Tempel der Magna Mater auf dem Palatin und jenen des Mars Ultor auf meinem eigenen Forum. Besinne ich mich recht, so habe ich allein zur Zeit meines sechsten Konsulates 82 Göttertempel renovieren lassen und hundert Millionen Sesterzen für Weihegeschenke an die unsterblichen Götter ausgegeben; denn wo die Götter wohnen, wohnt die Macht.

Gestern nun traf mich – ich hielt auf dem Marsfeld vor zahlreich versammeltem Volk das fünfjährige Reinigungsopfer – ein seltsames Vorzeichen, nicht eines von der blutigen Kunst, das aus den Eingeweiden eines Tieres wachsendes Vermögen weissagt (worüber sich schon Marcus Tullius Cicero lustig machte, indem er vorschlug, man solle sich ganz einfach ein für seine Zwecke passendes Opfertier aussuchen), nein, mein Prodigium sandten die Götter unerwartet vom Himmel, kaum blieb mir Zeit, mich unter dem Seekalbfell zu verbergen, das ich ständig mit mir führe, zum Schutz vor den Blitzen des Himmels. Lacht nur über die Flausen eines hinkenden Greises, dem auch hitzige Sandbäder und Schilfumschläge keine Linderung bringen, auch ich schätze die Naturwissenschaft, welche die Griechen, in Lauben wandelnd, Physiologie nennen. Noch mehr aber schätze ich die Vorzeichen der unsterblichen Götter, die, würden sie den Menschen nicht das Zukünftige verkünden, in Frage gestellt wären in ihrer Existenz; denn wüßten sie nicht um das Morgen, das doch von ihnen angeordnet und bestimmt wird, so gäbe es keine Götter, und unsere Tempel wären Tollhäuser, unsere Opfer aber barbarisches Brauchtum. Da sie uns aber Zeichen geben, und da diese Zeichen unser Schicksal bestimmen, kann keiner an den Unsterblichen zweifeln.

Traf das erste Vorzeichen noch lange vor meiner Geburt ein, als in Velitrae, meiner Väter Stadt, ein Blitz die Stadtmauer streifte, was nach den Worten der Auguren einem Bürger dieses Landstrichs größte Macht versprach, so wucherten in dem Jahr, als ich das Licht der Welt erblickte, wundersame edle Pflanzen auf dem Forum, und die Priester deuteten dies Gedeihen als Geburt eines Königs. Vom Senat war schon beschlossen, kein Neugeborenes in jenem Jahr aufzuziehen, Müttern ihre Kleinkinder zu entreißen und sie auszusetzen, doch hatten die Senatoren das Gesetz ohne die Mütter und alle schwangeren Römerinnen gemacht. Jede einzelne hoffte nach dem Wunderzeichen, einen König zu gebären, und ihre Drohung, sich fortan allen Senatoren zu verweigern, blieb nicht ohne

Auswirkung, jedenfalls wurde das Gesetz, obwohl beschlossen, nie in Erz gegraben, auch fand es nie den Weg zum *Aerarium*, so daß es nicht in Kraft treten konnte.

Atia, meine Mutter, berichtete mir, kaum den Kinderschuhen entwachsen, sie habe sich um Mitternacht in ihrer Sänfte zum Tempel Apollos begeben; betend in frommen Gedanken habe Somnus, der Musenfreund, ihre Lider geschlossen, und Atia sei in tiefen Schlaf gefallen. Wie im Amphiareion von Argos, wo die Menschen schlafend die Zukunft erträumen, habe der Gott ihr einen Traum gesandt: Ein Mann näherte sich zärtlich ihrem Leib, öffnete ihre bebenden Schenkel und drang machtvoll in sie ein. Lautes Geschrei habe Atia aus dem Traum gerissen; fromme Beter wollten eine Schlange gesehen haben, die behend aus der Sänfte schlüpfte und im klaffenden Gestein des Tempels verschwand. Und obwohl meine Mutter sich wusch wie nach vollzogenem Beischlaf, blieb auf ihrem Leib ein Mal zurück ähnlich dem schlangenleibigen Erddämon Python, der von Phoebus Apollo siegreich bekämpft war. Im zehnten Monat darauf wurde ich geboren, ich *Imperator Caesar Augustus Divi Filius*.

Mein Erzeuger Octavius hat glaubhaft versichert, er habe nach seinem Sieg über die barbarischen Besser im fernen Thrakerland das Orakel befragt, was mir, seinem spätgeborenen Sohn, zum Schicksal bestimmt sei. Die Priester im Hain des *Liber pater* hätten ihn Wein zu opfern geheißen über dem Altar, und als er ihn ausgoß, sei eine Flamme emporgeschossen bis über das Dach des Tempels hinaus, als habe er statt des Weines kochendes Pech ausgegossen. Nur der große Alexander, hätten die Priester berichtet, habe seinerzeit ähnliches erfahren, als er am selben Altarstein mazedonischen Wein darbrachte.

Noch bevor ich die *toga virilis* anlegte – das ist nun 62 Jahre her – und einer meinen Namen kannte, erschien ich bedeutenden Männern im Traum. So dem Marcus Tullius Cicero, der behauptete, alle Träume hätten einen Grund. Ihm träufelte Somnus aus dem mit Mohnsaft gefüllten Schlummerhorn folgendes Bild ins Gedächtnis: Ich glitt, ein lieblicher Knabe, an einer goldenen Kette vom Himmel und trat vor das Capitol. Jupiter empfing mich dort einladend und reichte mir eine Geißel zum Zeichen der Macht. Die Götter mögen mich strafen, wenn nur ein Wort erlogen ist: Cicero erzählte jenen Traum dem göttlichen Julius auf dem Wege zum Capitol, und als die beiden dort ankamen, deutete Cicero auf mich und rief erregt: »Das ist der Knabe, der mir im Traum erschienen ist!« Ich sah damals Cicero zum ersten Mal, ich schwöre es bei meiner rechten Hand, die diese Zeilen lenkt! – Quintus Catulus, dem Oberpriester, erschien ich in zwei aufeinanderfolgenden Nächten als Knabe. Der erste Traum zeigte mich spielend am Altar des Jupiter Optimus Maximus, und der Herr des Himmels winkte nach mir und legte ein Standbild der Göttin Roma in meine Arme. In der folgenden Nacht durchkreuzte ich erneut die Traumgesichte des Priesters: Ich saß auf dem Schoß des Jupiter Capitolinus, und Quintus Catulus wies die Tempeldiener an, mich herunterzuholen; Jupiter wehrte ab mit beschwichtigender Geste: dieser Knabe solle zum Heil des Staates erzogen werden.

Ich selbst kenne all das nur vom Hörensagen, aber jene, die es vermelden, versichern es glaubhaft, wie jene Geschichte aus frühester Kindheit, als ich noch in der Wiege lag. Bestürzt reckte eines Morgens meine Amme die Hände zum Himmel: Ich war verschwunden. Suchtrupps schwärmten nach allen Seiten aus und fanden mich schließlich auf einem Turm, der aufgehenden Sonne zugewandt, wo ich den quakenden Fröschen gebot, ihr Morgenkonzert zu beenden. Was rede ich – mein kindliches Stammeln zeigte Wirkung wie der Donner Jupiters: Noch heute wagt kein Frosch an dieser Stelle das breite Maul zu öffnen zum lärmenden Quaken.

Dies alles schicke ich voran der folgenden Absicht, mein Leben auszubreiten wie ein Fischhändler die Früchte des Meeres; denn, obgleich an Vorzeichen gewöhnt, traf mich gestern, am Tag vor den Nonen, das furchtbarste Vorzeichen von allen – jedenfalls deuteten es die Priester so, und es steht mir nicht an, ihre Deutung zu leugnen. In der Glut des nahenden Abends zuckte ein Blitz aus schwarzfarbiger Wolke, suchte zielstrebig den glänzenden Marmor des Forums und streifte glühend mein ehernes Standbild mit erhobener Hand. Dort aber, wo am Fuße des Götterbildes goldene Lettern verkünden *Imperator Caesar Augustus Divi Filius*, trat der leuchtende Strahl aus der Schrift hervor wie der Kopf einer Natter das Frettchen verschlingend, schoß krachend und stinkend in den Boden und versetzte jene, die es aus der Ferne beobachteten, in Schrecken. Mochten die Seher ein solches Prodigium aus der Ferne noch glückverheißend deuten, weil das

Licht Jupiters das Licht der Erde gesucht habe, so wandelte sich im Näherkommen das Glück in tiefes Leid: Der glühende Strahl hatte aus meinem Namen das C geschmolzen, so daß der Stolz meines Namens zu einem häßlichen ›aesar‹ verkümmert war. Das geschmolzene C, deuteten die Priester, hieße Centum, also hätte ich noch hundert Tage zu leben, aesar aber stünde in der Sprache der Etrusker, welche die Gabe der Weissagung zu uns brachten, für ›Gott‹, ich würde also nach hundert Tagen unter die Götter aufgenommen.

Soll ich zweifeln an diesem Zeichen, das einzigartig ist unter den Menschen, soll ich glauben, mein Leben währe ewig? Ewig wird nur mein Name sein. *Imperium sine fine dedi.* Mein Haus ist bestellt. Die Vestalischen Jungfrauen bewahren seit einem Jahr das Testament, welches ich teils meinen Freigelassenen Polybius und Hilorion in die Feder diktiert, teils mit eigener Hand gefertigt habe, damit niemand an seiner Echtheit zweifle. Und weil ich nicht wußte, wieviel Zeit mir die Götter gewähren würden, habe ich schon in meinem sechsten Konsulat zwischen Tiber und Flaminischer Straße ein Mausoleum errichtet zur Aufbewahrung meiner Asche. Es ist ein Weltwunder und steht jenem des Königs Mausolos in Halikarnaß weder in Größe noch in Pracht der Ausstattung nach. Daß ich alle Nachkommen meines Blutes im Marmor dieses Bauwerks bestatten mußte – Marcellus, den Sohn meiner Schwester Octavia, der mit meiner liederlichen Tochter vermählt war und den ich liebte wie meinen Sohn, und Gaius und Lucius, meine treuen Enkelsöhne –, mag nur bestätigen, was ich schon sagte, daß die Götter mit Leid nicht sparen gegenüber jenen, denen sie Göttliches zugedacht haben.

Nein, hundert Tage, die mir von den Unsterblichen noch zugedacht sind, sind eine lange Zeit, wenn man sie nützt. *Carpe diem*. Horatius Flaccus, des Lebens größter Künstler von allen, lehrte mich vieles, hatte er doch für jeden Schicksalstag Passendes parat; beneidenswert, welch ein Träumer! Er hat mich gelehrt, den Tod nicht zu fürchten, und so fürchte ich nicht das Ende dieser hundet Tage. Der Dichter sagt, den Tod brauche man nicht zu fürchten, er gehe weder die Lebenden an noch die Toten. Für die Toten existiere er ohnehin nicht – ein Toter könne nicht sterben –, und für die Lebenden sei er noch nicht vorhanden. Denke ich darüber nach, so wächst die Klarheit, daß auch ich nicht den Tod fürchte, sondern eher die Vorstellung des Todes. Warum aber soll ich mir Gedanken machen über Dinge, von denen ich nichts weiß? Das wäre töricht.

So lebe ich denn hundert Tage, des Lebens gedenkend, nicht des Sterbens, will lachen, nicht weinen (*etiamsi est quaedam flere voluptas* – ihr kennt ihn, der das sagte), will Bacchus den Becher reichen und singen, will hüpfen im Reigen mit gerade erblühten Mädchen – soweit Livia es zuläßt; und meinen schrumpeligen *priapus* eifrig gebrauchen – soweit Livia es möglich macht. Vor allem aber will ich Buch führen und meine Gedanken niederschreiben, jeden Tag. Ich will Selbstbetrachtungen anstellen und erklären, warum ich dieses getan, jenes gelassen habe, bemüht sein, das Untere nach oben zu kehren, Unbedeutsames Bedeutsamem vorzuziehen wie das Innere dem Äußeren. Nicht verschweigen will ich die Wahrheit, die ganze Wahrheit (weil die halbe gefährlicher ist als jede Lüge), damit ich, *Imperator Caesar Augustus Divi Filius*, nicht auf den Stufen zum Olymp vom Flügelschlag der eigenen Vergangenheit getroffen werde. Nicht will ich zählen nur die heiteren Stunden – waren die tristen nicht gar in der Überzahl? – und behaupten, fern jeden Irrtums zu sein: *Quandoque bonus dormitat Homerus*. Einmal, gewiß, schläft auch der untadelige Homer; aber gelten nicht gerade für den Größten besondere Gesetze? Hier stocke ich schon beim Wort ›der Größte‹, das wohl stets relativ ist. Denn ist einem Hellenen Homer ›der Größte‹, so ist es einem *vir vere Romanus* Vergil.

Welcher Herrscher aber erscheint einem Römer als ›der Größte‹? Die Griechen, deren Gedanken schlau sind wie Schlangen, deren Tun aber träge geworden ist wie ein Krokodil, sie meinten, den Größten gebe es nie, allenfalls den Größeren, und so will ich ihnen beipflichten, will mich den Größeren nennen, auch wenn es mir schwerfällt, weil ich genau weiß, daß meine Feinde frohlocken, meine Freunde aber enttäuscht sein werden.

Freunde? – Hier stocke ich zu zweiten Mal. Viele Freunde gehen in ein kleines Haus, ein großes kennt nur wenige. So zähle ich die Freunde an den Fingern einer Hand, zumindest die von jener Art, die von Aristoteles als eine Seele in zwei Körpern beschrieben wurde. Schmeichler hatte ich genug, zeit meines Lebens. Du kannst sie kaufen auf dem Markt wie Äpfel aus Campanien, und sie beherrschen die Kunst, dir das zu sagen, was du von dir glaubst, vortrefflich. Wer solche Freunde schätzt, ist ihrer würdig. Ich habe es immer so gehalten: Der Schmeichler war mein Feind, der Kritiker mein Lehrer, ja ich bin mir bis heute nicht im klaren, wer das größere Unheil anrichtet, die Freunde mit den besten Absichten oder die Feinde mit den schlechtesten. *Post mortem* aber, da bin ich sicher, werde ich mehr Freunde haben als ich Hände schüttelte in 76 Jahren.

Der Arm wird schwer, das Auge träumt, das Öl verbrennt; so will ich denn den hundersten Tag vor meinem Ende beschließen. 99 Tage sind eine lange Zeit, sich zu erinnern.

XCIX

Wäre ich Jupiter, jede Nacht würde ich meine Hand gebietend erheben und der Mutter des Schlafes, des Todes und der Träume Einhalt gebieten. Wie Jupiter luststöhnend in den Armen Alkmenes, des thebanischen Königs geiler Gemahlin, den Herakles zeugend im Handstreich die Nacht verdoppelte, so würde ich sie verkürzen auf einen Augenblick, denn zählst du die Tage erst, wird das Licht immer knapper, die Finsternis aber scheint dir unendlich. Trübe Gedanken gebiert die Nacht. Als Jüngling lobst du abends schöne Tage und morgens schöne Frauen, als Greis aber findest du zum ersten keinen Anlaß, zum zweiten kaum Gelegenheit. Man schleppt dich in einem Tragsessel von einem Ort zum anderen, weil deine Anwesenheit als unabdingbar gilt, doch mit den Jahren erkennst du wohl, daß nicht du es bist, mit dem man Umgang pflegt, sondern nur dein Name. Wäre ich heute noch jener, als der ich, wie behauptet wird gegen meinen Willen, geboren wurde, kein Mensch scherte sich um den Sohn dieses C. Octavius und der Atia, obwohl sie eine Nichte des Göttlichen C. Julius Caesar war. So aber als Augustus, als *Imperator Caesar Divi Filius* sucht mich jeder, um einen Strahl vom Glanz meines Namens zu erhaschen, nicht in Verehrung des Erhabenen, im Gegenteil, das geschieht, um sich selbst zu erhöhen.

Als *Pontifex*, als *Praefectus urbi feriarum Latinarum causa* – ich erinnere mich wohl – suchte keiner meine Nähe, schalt man mich doch einen Emporkömmling aus nicht gerade vornehmer Familie, aus der Provinz gar, obwohl doch gerade *Saturnia Tellus*, die ländliche Erde Italiens, die Größten hervorgebracht hat in der Gegenwart. Atmete nicht der göttergleiche Vergil zuerst die klare Luft im nördlichen Mantua? Nahm nicht Horaz im apulischen Venusia seinen Anfang? Und der alte Livis – *ab imo pectore*, er ist vier Jahre jünger als ich – kam er, der die Geschichte Roms in 142 Büchern beschrieben hat nach dem Ablauf der Jahre, kam er nicht aus Patavium, einer Stadt, über die man in Rom die Nase rümpft? So gereicht es mir beinahe zur Ehre, daß meine Mutter Atia mich, obwohl in Rom unter dem Konsulat des Marcus Tullius Cicero und des Marcus Antonius zur Welt gekommen, in den Albaner

Bergen aufzog, in Velitrae, das den Römern länger die Stirn bot als alle anderen Provinzstädte.

Dem, der mich gezeugt hat – auch Götter bedürfen der Zeugung –, verdanke ich nichts, und deshalb nenne ich ihn auch nicht ›Vater‹; denn nicht der, welcher den Samen legte, ist dein wirklicher Vater, sondern jener, der sich zu dir bekennt. Also trage ich nicht den Namen Gaius Octavius und den Beinamen Thurinus wie jener erste Gemahl meiner Mutter, weil er bei Thurii erfolgreich die flüchtenden Sklaven geschlagen. Oder hat es je einer gewagt, mich mit diesem Namen anzureden? *Quos ego*!

Ich zählte noch keine fünf Jahre, da starb Octavius in Nola. Wer Trauer ernten will, muß Liebe sähen: Ich trauerte nicht. Ich trauerte erst, als Atia, kaum war das Trauerjahr verstrichen, sich L. Marcius Philippus zuwandte, dem heimkehrenden Statthalter von Syrien; denn nie fand ich meine Mutter schöner und begehrenswerter als in diesem kurzen Jahr der Trauer, in dem sie die Haare offen trug wie eine Hafenhure. Nie wieder überkam mich ein so wohliges Gefühl wie damals, wenn sie zärtlich mich zu Bett brachte und ihre goldenen Haare auf mich herabfielen wie das lichte Geäst einer campanischen Birke. Dann berührte ich ihre schweren Brüste, und sie verwehrte nicht, sie zu streicheln, weil sie meinte, daß ich ein Kind sei. Kindsein aber ist keine Frage des Alters, und so wie mir später vom Senat erlaubt wurde, alle Ämter zehn Jahre vor der gesetzlichen Zeit zu bekleiden, war ich schon in den Tagen der Kindheit ein Mann. Ich folgte Atia heimlich, wenn sie zum Umkleiden in ihr *cubiculum* ging und die

Fibeln auf ihren Schultern löste, und ihre Nacktheit erregte meinen *priapus* mehr als Honig meine Zunge.

Dieser kindlichen Wollust hat L. Marcius Philippus mich beraubt, als er meine Mutter heiratete, und noch heute hasse ich ihn dafür. Wenngleich Marcius treu auf der Seite meines wahren Vaters *Caesar* stand, strafte ich ihn mit tiefer Mißachtung. Hatte er mir schon die Mutter genommen, so versuchte er mich auch um meinen wahren Vater zu bringen, indem er mich drängte, das Erbe Caesars auszuschlagen. Ich war damals ein junger Mann und trug die *toga virilis* noch keine fünf Jahre, ein Alter, in dem dein Sinn biegsam ist wie eine Weidenrute. Ich schwankte, ihm zu folgen, aber der Wunsch meines Göttlichen Vaters, seinen Namen zu tragen und die überlieferten Rechte seiner Familie ließen mich alle Bedenken vergessen.

Viele haben mir damals vorgeworfen, es sei mir um nichts anderes als um das Vermögen des Göttlichen gegangen, das er mir zu drei Vierteln zugesprochen hatte, jedenfalls verbreiteten dies die Gefolgsleute des Gnaeus Pompeius. Heute weiß ich natürlich, warum sie Gift und Galle spuckten: Gaius Julius Caesar, mein göttlicher Vater, änderte sein Testament viele Male, um es anschließend der ältesten Vestalischen Jungfrau zur Aufbewahrung im Tempel zu übergeben; und Soldaten, mit denen er oft seinen letzten Willen besprach, versicherten glaubhaft, noch ein halbes Jahr vor seinem Tod habe Julius den Pompejus als Haupterben bedacht. Mir aber bedeutete die Aufnahme in das Julische Geschlecht mehr als ein paar Millionen Sesterzen; denn, mochte er auch gestorben sein, in Gaius Julius

Caesar war mir ein Vater erstanden, größer als alle Väter, ein Vater, dessen Ahne Jullus ein Sohn des Aeneas und dessen Stammutter Venus Genetrix war. All das wollte mir der zweite Mann meiner Mutter vorenthalten. Und dafür soll ich ihn nicht hassen?

Es ist um die neunte Stunde, und brütende Hitze liegt über der Stadt. Ich habe den Türsklaven beauftragt, niemanden vorzulassen, auch Livia nicht, damit mein leichter Schlaf zur Mittagszeit nicht gestört werde. Ich will nicht, daß irgend jemand mein heimliches Tun wahrnimmt, ich will nicht, daß meine Aufzeichnungen bekanntwerden, solange ich atme. Solange ich lebe, will ich der bleiben, zu dem mich Senat und Volk von Rom gemacht haben, *Pater patriae*, *Pontifex maximus*, der Erhabene, genannt *Imperator Caesar Augustus Divi Filius*.

Solange ich lebe, sollen die Tugenden meiner Regierung erhalten bleiben: Ehrlichkeit, Friedfertigkeit, Ehrenhaftigkeit, Schamhaftigkeit und Tugendhaftigkeit, und niemand muß erfahren, daß auch der Erhabene falsch, zänkisch, unaufrichtig, geil und unmoralisch handelte, weil auch er nur ein Römer war, ein *vir vere Romanus*.

Außerdem: *Quod licet Jovi, non licet bovi*, und schließlich darf ich mir zugute halten, daß das Reich nicht von Gedanken regiert wird, sondern von Taten. Gedanken sind die Knospen, Taten die Früchte eines Baumes. Ich war stets ein Mann der Tat. Hätte ich damals, als alle mir rieten, das Erbe Caesars auszuschlagen, weil Marcus Antonius, der Hund, sich das Geld des Göttlichen angeeignet hatte, während ich nichtsahnend in Apollonia weilte, lange nachgedacht, so wäre meines Vaters Letzter Wille nie in Erfüllung gegangen. Man hätte mich später in eine Reihe gestellt mit den Caesar-Mördern, und ich zweifle, ob die ruchlose Tat je gesühnt worden wäre. So aber zog ich mit meinen Freunden M. Agrippa und Q. Salvidienus Rufus von Apollonia, wohin mich mein Vater zur Vorbereitung eines Partherfeldzuges entsandt hatte, nach Brundisium. Wir setzten über mit einem Schiff, in dem alle für den Feldzug vorgesehenen Gelder verstaut waren, doch reichte die Summe bei weitem nicht, um der Verfügung des Göttlichen nachzukommen, an alle Bedürftigen Roms (es mögen 150000 gewesen sein) je 300 Sesterzen zu verteilen. Also versteigerte ich einen beträchtlichen Teil meines Privatvermögens und erfüllte so den Letzten Willen meines Vaters Gaius Julius Caesar. Marcus Antonius hatte in der Annahme, ich würde die Erbschaft nicht antreten, das Vermögen meines Vaters bereits durchgebracht, indem er seine eigenen immensen Schulden bezahlte und großzügige Bestechungsgelder ausgab.

Antonius gehörte zu jener Art von Freunden, die man besser nicht hat. In Art und Charakter unterschied er sich kaum von seinem Vater, einem habgierigen, vergnügungssüchtigen Mann, der postum den Spottnamen *Cretius* erhielt, weil er auf Kreta von Seeräubern erschlagen worden war. Wie der Vater, so der Sohn: Antonius raffte zwar das Vermögen meines göttlichen Vaters an sich, die Verpflichtungen aber überließ er mir. Ich war damals einfach zu jung, um diesem hinterhältigen Menschen die Stirne zu bieten.

Ich war es, der dem Göttlichen den Scheiterhaufen nahe dem Grabmal der Julia errichtete. Ich habe die Rednerbühne auf dem Forum mit einem Prunkbett geschmückt, von dem das besudelte Gewand herabhing, in dem er ermordet worden war. Ich habe heiße Tränen geweint, als das Leichenfeuer loderte, und jeder konnte es sehen. Ich war es auch, der die von meinem Göttlichen Vater gelobten Spiele zu Ehren der Venus durchführte, obwohl der Senat sich dagegen ausgesprochen und mir angedroht hatte, mich zur Rechenschaft zu ziehen für diesen ›Frevel‹. Als aber am ersten Tag der Spiele um die elfte Stunde ein Komet am Himmel erschien und diese Erscheinung sich an allen zehn Tagen der Spiele wiederholte, ja als Botschaften aus allen Teilen des Reiches eintrafen, man habe den Göttlichen zum Himmel fahren sehen, einen breiten Silberstreif hinterlassend, da lobten auch jene, die mich vorher getadelt hatten, meine Sohnestreue, und die Himmelserscheinung wurde *sidus Julium* genannt.

Neunzehn Jahre war ich damals alt, o käme sie wieder diese Jugend, neunzehn ungestüme Jahre, und ich drängte den Senat, mich in seinen Reihen aufzunehmen. Nie hatte ein Römer, jünger als ich, die Stufen geteilt mit den *Patres conscripti*. Ja, ich erinnere mich wohl, daß ich froh war, den Trauerbart zu tragen entgegen meiner Gewohnheit, weil ich glaubte, mein Milchgesicht würde leuchten wie eine Frühlingsblume im trockenen Herbstlaub. Aber so ist das im Leben eines Mannes: Die eine Hälfte bist du streng bedacht, daß man dein wahres Alter erkenne, die andere wünschtest du, man möge dich ruhig etwas jünger schätzen. Dein wahres Alter lebst du nie.

XCVIII

Am zweiten Tag vor den Iden des Maius schreibe ich dieses: Kaum war die Asche meines Vater erkaltet, traf mich ein neuer Schicksalsschlag, furchtbarer als alles, was mein Leben bisher erschüttert hatte. Die Feder spreizte sich, der Schreibfluß stockt, wenn ich mich erinnere, und Tränen quellen aus meinen Augen. Ich weine, ich schäme mich nicht. Ja, ihr sollt wissen, wie sehr ich meine Mutter liebte, sie vergötterte. Atia, Geliebte, warum gingst du von mir, schön in der Blüte deines Lebens? Was hätte ich gegeben, deine Wärme länger zu spüren, nur ein wenig länger, als dir von Morta vergönnt war, die den Lebensfaden abschneidet. Nennt mich ruhig ›Schwellfluß‹ wie den unglücklichen König von Theben, der seine Mutter Iokaste liebte wie sich selbst, das kränkt mich nicht. Warum auch? Ich habe nie eine Frau mehr geliebt als Atia. O wäre mir die Macht Apollos gegönnt, welcher der schönen Jungfrau Deiphobe so viele Lebensjahre versprach, wie ihre Hand Sandkörner zu fassen vermochte! Wie Apoll die Jungfrau hätte ich meine Mutter umgarnt mit dem Begehren kindlicher Lüsternheit, hätte Voluptia tagtäglich Täubchen geopfert und Vesta den zehnten Teil meines Goldes, hätte Favonius beneidet, den zeugungsfähigen Westwind, der in den Falten ihrer Tunika spielte, und an den Floralien, die fünf Tage lang jeder Frau das Neinsagen verwehren, hätte ich sie besprungen wie der bocksfüßige Faunus.

Hättet ihr je ihre hohen Schenkel berührt, das Weiß ihrer Schultern und ihre breiten Brüste, wäret ihr nur ein einziges Mal liebkost worden von ihren langen schmalen Fingern und hättet ihr den Duft ihres Haares geatmet, ihr würdet meine Glut nicht verlachen. Noch heute, beim Wein und Meditieren alt geworden, presse ich nachts, wenn Skythen und Cantaber meinem Kriegsglück Rache schwören, so daß an Schlafen nicht zu denken ist, meine Schenkel gegen den parischen Marmor ihres Standbildes von griechischer Hand. Das bedeutet mir mehr als alle Buhlkunst libyscher Dirnen, deren spitze Brüste mich ohnehin mehr zum Lachen reizen als zur Wollust.

Glücklich der Jamben schmiedende Dichter, dem auf den Hügeln des Esquilin meinem Wunsch gemäß ein gebührendes Grabmal errichtet ist, glücklich, weil er von Geschäften fern, das Forum meidend, Äpfel erntete und selbstgepfropfte Birnen und Trauben wie Purpur, glücklich aber vor allem, weil er die Ranken des Weinstocks den Windungen eines Weibes vorzog, welche dieses unter dem Speer eines Mannes vollführt. Du kennst nicht die Qual eines schuldvoll verliebten Jünglings, der Küsse zu spenden bereit ist dem rasend verehrten Körper, aber nur Mitleid erntet und herablassende Beschwichtigungen aus dem Munde der Mutter. Hat dich, Horatius Flaccus, die im Schimmer der Sterne geborene Melpomene um den Verstand gebracht, als sie dir lächelnd die tragische Maske reichte, so wurde ich gefangen von Atias Locken, dem Haar meiner Mutter. So hat jeder seine Melpomene.

Pythagoras auf der Suche nach dem Geheimnis der

Zahlen mag sein Hirn nicht mehr gemartert haben als ich, forschend, ob meine Mutter Atia wußte, wie es um micht bestellt war. Mit zunehmendem Alter schwinden zwar die Taten, die Gedanken aber wachsen. Und doch sinne ich ohne Antwort, welche die bessere Mutter genannt werden kann, jene Atia, die den Wallungen ihres Sohnes nachgegeben hätte, oder jene, die sie stolz nicht zur Kenntnis nahm. Hätte das eine die Erfüllung meiner Träume bedeutet, so ist dem anderen die Qual meines Lebens erwachsen. Dem vagabundierenden Helden Aeneas gleich, dem Jupiter im ackerreichen Karthago verbot, von Dido, der unvergleichlichen Königstochter, zu kosten, so irrte auch ich durch das andere Geschlecht. Was nicht sein durfte zwischen Aeneas und Dido und was die römisch-punische Feindschaft nach sich zog, war für mich Grund genug, Frauen stets mehr Feind zu sein als Gefährte.

Alleingelassen von der geliebten Mutter verdrängte ich das geheime Verbrechen mit sündigen Tändeleien, suchte dem reifen Alter Atias die Jugendblüte der Kindheit entgegenzusetzen und zeigte mich nicht abgeneigt, als Publius Servilius Isauricus, Prokonsul der Provinz Asia und dem Göttlichen wie mir in gleichem Maße zugeneigt, mir seine Tochter andiente, ein Reh mit dunklen Augen wie Glasfluß. Was aber nützt dem Stier der Liebreiz des Kalbes, wenn er die Kuh sucht mit wogendem Euter? So saßen wir uns schweigsam gegenüber, und weder die rührende Nacktheit ihres mädchenhaften Körpers, noch der scharfe Duft von Räucherstäbchen vermochten uns näher zu bringen. Ich ließ sie ziehen wie ein siegreicher Gladiator, der, dem Wink des Imperators gehorchend, auf den Todesstoß verzichtet. Statt dessen gab ich ihr Gold, ihrem Vater aber das folgende Konsulat.

Sie war fünfzehn und für mich viel zu alt, schien mir. Deshalb ließ ich mir Claudia ins Bett legen, des Publius Claudius Töchterlein, zehn Jahre alt, nicht älter, und einem Zwanzigjährigen wie mir gerade recht. Beim glückverheißenden Becken der Venus, auch sie wurde mir aufgedrängt; Antonius hat mir das schüchterne Mädchen aufgehalst. Er war, mit Fulvia verheiratet, ihr Stiefvater und glaubte auf diese Weise unser Bündnis, das Triumvirat mit Lepidus, zu festigen. Mir fehlt die Erinnerung, und das Ereignis bleibt mir rätselhaft wie der Spruch der Sybille; denn aus dem Traum der Versöhnung erwachend, erkannte ich: Ich war verheiratet – mit einem Kind. Bereitete mir schon die Fünfzehnjährige ernsthafte Schwierigkeiten, so scheute ich die Begegnung mit dem zehnjährigen Mädchen so sehr, daß ich nicht einmal den Flaum ihrer Venusgrotte berührte, obwohl sie mir diese jede Nacht darbot auf Geheiß ihrer Mutter Fulvia.

Viel lieber hätte ich mit dieser verrichtet, was mir aufgrund des Gelöbnisses mit ihrem Kind auferlegt war, denn Fulvia war eine erfahrene Frau, der drei Ehen und fünf Kinder das Aussehen Vestas verliehen hatten, die über das Herdfeuer wacht, und ihr Haar glich dem meiner Mutter Atia. Fulvia, deren Vater den Beinamen *Bambalio* trug, ›der Stammler‹, worunter sie so sehr litt, daß sie nur Männern höchsten Ranges ihre Gunst schenkte, wollte auch die Tochter versorgt sehen und sandte jeden Tag zu Auroras Stunde einen Boten, das befleckte Laken zu holen. Ich überlegte damals ernsthaft, eine Taube zu köpfen, um die ersehnte Sudelei zu beweisen, als aber Fulvia nach Ablauf eines Mondes unverschämt an mein Bett trat, mich dreist einen Schlappschwanz nannte, mich, *Imperator Caesar Augustus Divi Filius*, da warf ich sie hinaus samt ihrer Tochter und schickte den Scheidebrief hinterher, der Juno ein Kalb opfernd mit vergoldeten Hörnern.

Du, Maecenas, warst mir Trost, flüstertest hinter vorgehaltener Hand auf dem Forum (so daß man gewiß sein konnte, ganz Rom würde am folgenden Tag davon wissen), Claudia sei überhaupt noch nicht mannbar und deshalb von mir nie berührt worden. *Naturalia non sunt turpia*. Zum Beweis gleichsam zerrtest du mich durch die Lupanare beim Zirkus, schafftest Frauen herbei aus Meroe, deren Brust sich nicht unterscheidet vom Säugling, während keiner ihre lüsternen Lieder versteht. Zum Gastmahl ludest du mich mit Efeu bekränzten Knaben, ein jeder so schön wie Apoll von der Insel. Welch schrillen Gesang entlockte dein Gold ihren Kehlen, wenn sie Bacchus Euius imitierten, den Ekstatischen, welch helles Gelächter beim Mimen des Bacchus Lyaeus, der uns von Sorgen befreit!

Du glaubtest wohl mich umzudrehen an jenem Abend, alter Kuppler, hießest die enthaarten jonischen Knaben unter obszönen Possenversen – den Göttern sei Dank, daß Vergilius fehlte – die Füße der Gäste salben und ihnen grüne Ranken um die Waden binden. Alter Päderast! Wolltest mir weismachen damals, die Größten hätten sich allesamt einen Knaben gehalten für einsame Stunden: der untadelige Aristides, der tollkühne Alexander, der kluge Aristoteles, der weise Plato, selbst Sophokles und Aischylos, die Tragiker. Zeus habe den schönen Ganymed geliebt, Apollo den Hyakinthos, Poseidon den Pelops, Hephaistos den Peleus. Ich wurde verlegen, und angewidert wandte ich mich ab, als deine Lustknaben es sich auf einem Schaffell gegenseitig besorgten, angefeuert von unflätigem Gebrüll.

Und während ich in einer Ecke an den Becher mit rotem Falerner geklammert meiner Mutter Atia nachtrauerte, fühlte ich, wie sich der Leib einer Frau gegen meinen Rücken preßte. Ich ließ es geschehen, ja ich erwiderte sogar das sanfte Drängen, ohne nach der Urheberin zu forschen – so wohl wurde mir in diesem Augenblick. Ich kannte auch die Stimme nicht, die spöttisch fragte, ob ich an schönen Knaben keinen Gefallen fände. Nicht, solange es solche Frauen wie dich gibt, antwortete ich und wandte mich um. Dabei endete die wohlige Annäherung so abrupt, daß ich der Unbekannten am liebsten sofort wieder den Rücken gekehrt hätte.

Sie aber erschrak. Bist du nicht Gaius Caesar?, sagte sie und wollte sich entfernen. Das ließ ich nicht zu, fragte nach ihrem Namen und erfuhr, daß sie Scribonia sei, die Schwester des Lucius Scribonius Libo, verheiratet mit einem Cornelius Scipio, nicht der Rede wert. Was soll ich sagen? Einen Monat später waren wir verheiratet.

Obwohl edler Abkunft, war Scribonia eine Hure. Alle Frauen sind Huren. Haben sie erst einmal die Grenzen des Schicklichen überschritten – und in Rom begegnest du kaum einer Frau, die nicht dazu gezählt werden kann –, so tun sie es im Bewußtsein, gegen das Gesetz zu handeln und wider die Moral. Gerade das aber ist es, was ihnen höchste Lust bereitet: der Reiz des Verbotenen, das Verwerfliche, eben das, was man nicht tun darf. Nur deshalb spreizen Matronen ihre Schenkel für die Sklaven, nur deshalb suchen sie die besten Freunde ihrer Männer auf, nur deshalb verkleiden sich ehrbare Römerinnen, um in den Lupanaren beim Circus ihre Gunst zu verkaufen, und manch einer soll die eigene Frau besprungen haben unter seidig glänzender Maske.

Frauen und Wein haben vieles gemeinsam, jung und spritzig sind sie stets willkommen, ohne bleibenden Eindruck zu hinterlassen. Beide bedürfen eines gewissen Alters, man spricht von Reife, um dir höchste Erfüllung zu bieten. Doch Vorsicht! Wie der Wein ein Alter erreicht, das seinen Geschmack nicht mehr steigert, von dem an er im Gegenteil schlechter wird von Jahr zu Jahr, so überschreiten auch Frauen den Zenit sehr schnell. Denke ich an Scribonia, so geschah dies von einem Tag auf den anderen seit dem Tag unserer Eheschließung. Die Ehe ist der Tod jeder Leidenschaft. Alles, was Scribonia tat, das tat sie mit dem Kopf, nichts mit dem Herzen. Heiratete sie mich, so geschah dies mit dem Vorsatz, Ansehen und Reichtum zu mehren, schlief sie mit mir, so ermahnte sie mich, einen Knaben zu zeugen, und trank, bevor sie es geschehen ließ, ein Gebräu aus Arsenogonon, dessen hodenähnlicher Samen dem des Ölbaums gleicht und als Knabenerzeuger gilt. Hätte dies Allerweltsmittel seine Wirkung gezeigt wie verheißen, mir wäre vieles erspart geblieben. So aber ...

Ich muß hier unterbrechen, ich höre Livia. Sie soll nicht Zeugin meiner Gedanken sein.

XCVII

Um die dritte Stunde heute morgen wachte ich auf, im Schweiße schwimmend wie eine Zwiebel im Saft und hatte Angst. Es ist so schwer, sich mit dem Gedanken vertraut zu machen, daß einem der Tod nichts anhaben kann. Doch dann kam mir – der Morgen graute – auf einmal in den Sinn, daß nur der Törichte das längere Mahl dem kurzen, besser zubereiteten vorzieht. Waren nicht meine Tische stets reich gedeckt? Sie waren es, beim Jupiter, und es ist töricht, das längere Leben dem erfreulichen vorzuziehen. Leben?

Was ist das schon: Leben! Geboren werden aus der Mutter Schoß, gesäugt werden an ihren Brüsten, fortgestoßen in eine fremde Welt suchst du Halt an allem und jedem, Glück dir, wenn es gute Menschen sind, wegweisend für dein Werden! Schulmeister und Philosophen lehren dich, und du begreifst, Anpassung und Selbstverleugnung heißt das Ziel der Lehren, die Götter lächeln über derlei Qualen. Und ehe du dich versiehst, reißen die Wogen dich fort im Lebensfluß, den Ufern gehorchend, dir unabdingbar die Richtung weisend, und dein ganzes Bestreben bleibt, nicht unterzugehen. Der Fluß wird zum Strom, der Strom füllt den ewigen Ozean. Hast du ihn erst erreicht, übersät mit Blessuren, und findest du Zeit, dies zu bemerken, so suchst du nach Antwort auf die Frage, wozu du so machtvoll geschwommen bist um dein Leben, die Klippen meidend mit letzter Kraft und die reißenden Strudel, wo doch auch das Meer alle Kraft verlangt, dich über Wasser zu halten und deine Kraft begrenzt ist gegen den Sog des dunklen Kokytus. Es war wohl der Sog der stygischen Wasser, den ich spürte heute nacht, ich will es nicht leugnen.

Zurück zu Scribonia, der übergewichtigen Hure: Kaum hatte sie ihr Ziel erreicht, das Bett zu teilen mit dem Göttlichen, kaum hatte ich den göttlichen Samen in sie gelegt – Jupiter konnte kaum besser sein, als er Minos zeugte mit Hilfe Europas –, da zeigte das eben noch lüsterne Weib Unmut, nannte mich – ich geniere mich nicht – Muttersöhnchen, Schlappschwanz sogar und suchte streunend das Weite wie eine trächtige Katze, die des Katers überdrüssig ist. Ich ließ sie gewähren. O Venus Genetrix, die Anchises den göttergleichen Aeneas gebar! O sinnloser Arsenogonon-Samen! Eine Tochter wurde mir vor die Füße gelegt, und schon damals kamen mir Zweifel, ob ich überhaupt der Vater sei. Das Kind überließ ich der Brust einer illyrischen Amme, Scribonia aber den Müßiggängern beim Circus.

Von meiner Tochter Julia wird noch viel die Rede sein, und mit Gewißheit nichts Gutes. Entspricht es doch der Eigenart der Natur, daß der Mensch mit dem

Kopf voran geboren wird, und römischer Sitte, ihn mit den Füßen voran zu Grabe zu tragen. Julia kam mit den Füßen voran zur Welt, als ›Schwergeborene‹ wider die Natur, was als böses Vorzeichen gilt und noch keinem Glück gebracht hat, auch ihr nicht. Und gewiß wird man sie mit dem Kopf voran zu Grabe tragen, nur wird es nicht mein Grabmal sein – dafür habe ich gesorgt.

Ich zählte damals noch keine 24 Jahre, aber ich soff mich, beim Bacchus, durch tausend Gelage. Tausend Schluck Wein opferte ich für den Gürtel der Venus, sie möge mir das Geschmeide überlassen wie einst Jupiter zur Stärkung der Liebeskraft, denn die Weiber verfolgten mich kreischend, Roma Dea, ich nahm sie wie sie kamen: Pompeia, Antonia, Fulvia, die herbe Favonia und die nabellose Hersilia, Rhode mit dem breiten Bekken, die Namen der meisten sind mir entfallen. Ruhm, müßt ihr wissen, macht sinnlich, und mein Ruhm stand damals in der ersten Blüte: Ich war Triumvir, hatte die Caesarmörder bei Philippi besiegt und Lucius Antonius im Perusinischen Krieg geschlagen, im Vertrag von Brundisium war mir der Westen des Reiches zuerkannt worden, mir *Divi Filius*. Dennoch glaube ich, der Ruhm eines Mannes beruht nur zum kleineren Teil auf dem eigenen Verdienst, zum größeren Teil verdankt er ihn der Hysterie der Weiber, die bestrebt sind, sich im Glanz des Erhabenen zu sonnen.

Bei einem der zahllosen Feste, die Maecenas auf dem Esquilin zelebrierte, ja, ich schreibe bewußt *zelebrierte*, weil jedes andere Wort eine grobe Vereinfachung darstellte, kam es zu jener erregenden Begegnung, die mein ganzes Leben veränderte. Noch heute, nach einem halben Centennium, ist der Duft in meiner Nase, den die knospenden Blüten in den Gärten des Freundes verbreiteten; denn Maecenas hegte alle Baumarten, die den erhabenen Göttern geweiht sind: für Jupiter die Wintereiche, für Apollo den Lorbeer, für Minerva den Ölbaum, für Herkules die Pappel, für Venus die Myrte.

Unter einem Myrtenstrauch – wer kennte nicht ihre weißen, blattachselständigen Blüten – traf ich Livia zum ersten Mal. Venus selbst hatte diese Begegnung gefügt: Lächelnd trat sie mir entgegen, ein Kind auf dem Wege zur Frau, 19 Jahre, verheiratet mit Tiberius Claudius Nero, und Mutter eines dreijährigen Sohnes. Was mir den Atem raubte, war ihr sinnlicher, schwangerer Leib. Stolz wie Venus Genetrix trug sie ihn nur mühsam verhüllt zur Schau, und noch heute finde ich keine Antwort auf die Frage, ob Zucht oder Unzucht ihre Haltung prägte.

Ich liebte diese Frau vom ersten Augenblick an, das Mütterliche ihres jungen Körpers, aber nicht nur dieses, wenngleich es mich in Raserei versetzte, daß ich sie noch am selben Tag mit aller Kraft meiner Lenden besprang. Zwar blieb mir versagt, was Amphitryon, dem Enkel des Perseus, gelang, der, nachdem Jupiter seine Frau Alkmene heimgesucht hatte, sie in der folgenden Nacht ein zweites Mal begattete (bekanntlich gebar sie Zwillinge, vom Gott den Herakles, vom Menschen den Iphikles), ich leugnete nie die Vaterschaft des Tiberius Nero. Vielmehr forderte ich von ihm das göttliche Weib, ja, ich forderte es und hätte mir auch mit

Gewalt genommen, was mir im Einvernehmen verwehrt worden wäre. Doch der zeigte Einsicht, indem er mein Feuer erkannte, und ich heiratete Livia kurz nach den Iden des Januarius. Der Junge aber, der bald darauf zur Welt kam, erhielt den Namen Nero Drusus.

Jupiter! Seither sind 52 Jahre vergangen, und ich liebe Livia noch immer – soweit man eine Frau nach so langer Zeit noch lieben kann. Sie ist mir Mutter und Geliebte, sie begleitet mich auf all meinen Reisen. Dafür machte ich ihr zwei Städte zum Geschenk: Liviopolis im fernen Pontus, und Livias in Judäa. Was immer ich tat, Livia zeigte Verständnis. Litt ich, so litt sie mit mir. Ich glaube, mein Schmerz wegen des Kindes, mit dem sie von mir schwanger ging und welches unzeitig und tot geboren wurde, traf sie mehr als ihr eigener, und sie schickte mich zu anderen Frauen.

Obwohl ich nichts sehnlicher wünschte als einen Nachkommen, habe ich Livia nie Vorwürfe gemacht. Antonius Musa, mein Leibarzt, sagt, es gebe, trotz gegenseitiger Liebe, eine gewisse Abneigung der Körper, die wechselseitige Unfruchtbarkeit hervorrufe, bei Verbindung mit einem anderen Partner jedoch normale Nachkommenschaft ermögliche. Der Gedanke läßt mich nicht los. *Cui dolet, meminit.*

XCVI

Ich habe nachgedacht, und Antonius Musa meint, ich sollte mich nicht zieren; vielen Römerinnen vornehmen Geschlechts würde es zur Ehre gereichen, mir, *Imperator Caesar Augustus Divi Filius*, zu Willen zu sein. Ich bin ein Sohn des Göttlichen, und ein von mir gezeugter Sohn wäre ebenfalls göttlich! Bei Castor und Pollux, noch reicht meine Manneskraft! Mögen die Jahre Spuren hinterlassen haben in meinem Gesicht, meine Hoden sind prall. Massinissa, sagt man, der Numiderfürst, habe 88jährig einen Sohn gezeugt mit der schönen Sophoniba, zehn hinterließ er insgesamt, als er starb mit 92 Jahren. Und Cato, der Censor, bekam mit 80 Jahren einen Sohn von der Tochter seines Klienten Salonius. Lachhaft, gerade jetzt an einen männlichen Erben zu denken, mit 76 Jahren, wo ich sicher bin, mein Erzeugnis nicht mehr in Augenschein zu nehmen. *Sapere aude!* Zeugte ich eine weitere Ausgeburt wie Julia, das Krebsgeschwür, noch im fernen Olymp würde ich klagen, o wäre ich kinderlos geblieben und einsam gestorben.

Warum ich Julia so hasse? Julia ist das getreue Abbild ihrer Mutter; trotzdem habe ich sie geliebt, als sie ein Kind war. Man kann nur hassen, was man einmal geliebt hat. Und es ist nicht der Haß, der die Menschen ins Verderben stürzt, sondern die Verachtung; denn Haß ist ein Gefühl – wenngleich in der verkehrten Richtung –, Verachtung aber ist ein Zustand. Gewiß, meine Enttäuschung war groß, erfleht doch der Landmann von Genetrix einen Sohn, der ihm den Pflug aus der Hand nimmt eines Tages, und der einfache Soldat strebt, auf erkämpftem Landstrich das Schwert dem Ältesten zu übergeben. Ich wollte nur das Beste für mein Kind, verlobte sie, noch nicht der Brust entwöhnt, mit Antyllus, dem Sohne Marc Antons. Doch fügte sich, daß Julia, kaum mannbar, sich mit Marcellus verband, meiner Schwester Octavias Sohn. Ich lag damals schwerkrank danieder – es war in meinem neunten Konsulat – und ließ deshalb Agrippa das Fest ausrichten, meinen treuen Freund seit gemeinsamen Tagen in der Rhetorenschule.

Marcellus war einer der Besten, und ich liebte ihn wie meinen eigenen Sohn, ja, heute stellt sich mir die Frage, ob ich ihn nicht zu sehr liebte vor all meinen Freunden. Der Neffe ritt beim Triumph nach der Schlacht von Actium zu meiner Rechten; tapfer wie kein anderer begleitete er mich im kantabrischen Krieg, für das Volk aber gab Marcellus als Aedil nicht weniger als 23 Spiele. Indessen war es der Wille des Schicksals, daß Marcellus, kaum zwei Jahre mit Julia vereint, derselben Krankheit anheimfiel, die mich gehindert hatte, am Hochzeitsmahle teilzunehmen, und die Kunst Musas, die mich, dem Tode näher als dem Leben, den Römern wiedergab wie ein Geschenk, vermochte den Jungen nicht zu retten.

Ich, *Caesar Divi Filius*, vergoß damals mehr Tränen als Julia, die, gerade sechzehnjährig, dem Witwenstand mit unbekümmerter Jugend entgegenblickte. Marcellus aber gewährte ich ein Staatsbegräbnis, ich hielt ihm die Leichenrede und ließ ihn in meinem Grabmal, das gerade zur Vollendung stand, beisetzen. Damit ihm aber auch in fernen Tagen stets ehrendes Gedächtnis bewahrt würde, gab ich dem Theater, dessen Grundstein mein göttlicher Vater gelegt hatte und das ich mit drei übereinandergetürmten Arkaden aus Halbsäulen der dorischen, jonischen und konrinthischen Art vollendete, den Namen Theater des Marcellus. Ich verfügte ferner, bei den *Ludi Romani* zu Ehren des Jupiter Optimus Maximus ein goldenes Standbild meines Neffen, einen goldenen Kranz und eine *Sella curulis*, wie sie dem verdienten Ädilen zukam, an prominenter Stelle im Theater aufzustellen.

Konnte ich ahnen, daß der Einfluß ihrer Mutter Scribonia, die sich Julias damals annahm, so verheerende Folgen haben würde? Scribonia zerrte Julia zu den Trinkgelagen von Schauspielern und Tänzern, nachts traf man sie in Begleitung von allerlei Gesindel auf dem Forum, wo sie die Rednerbühne, Podium für die Großen des Staates, mit derben Späßen entweihte. Eingedenk meines göttlichen Vaters Gaius Julius Caesar, der seine Tochter dem besten Freund zur Frau gab (Pompejus und Julia führten eine glückliche Ehe, wenngleich das Schicksal die Verbindung jäh beendete), gab ich sie nach langem Trauerjahr Agrippa in die Hand. Der Ältere, so dachte ich – Marcus Vipsanius Agrippa zählte bei Julias Geburt bereits 23 Jahre –, würde das ungestüme Wesen schon zähmen. Er hatte damals bereits zwei Frauen in zwei Ehen aufgerieben und, beim Hercules, er führte nicht gerade ein beschauliches Leben! In stetem Abstand eines Jahres machte Agrippa

– welch ein Kerl! – Julia ein Kind: Gaius Caesar, Vipsania Julia, Lucius Caesar lautete die Reihenfolge, und drei Jahre später folgten Agrippina und Agrippa. Dem letztgenannten wurde der Beiname Postumus zuteil. Mir fällt es schwer, die Tränen zu verbergen, denn Agrippa, der Teure, starb auf dem Rückweg von Pannonien.

Väter von Söhnen setzten ständig höhere Maßstäbe, Väter von Töchtern hingegen sind blind. Hätte ich auch nur geahnt, was damals die halbe Stadt bereits wußte, nie hätte ich Tiberius, Livias Sohn aus erster Ehe, gedrängt, sich von Vipsania Agrippina scheiden zu lassen und Julia zur Frau zu nehmen. Blind wie der trunkene Sohn des Neptun entgingen mir Laster und Liebschaften Julias mit sittenlosen Männern wie Sempronius Gracchus, Iullus Antonius, Titus Quinctius, Appius Claudius Pulcher und Cornelius Scipio – um nur die Berüchtigsten zu nennen, denen sie sich in die Arme warf. Taub wie Ulixes' Gefährten gegen den Gesang der Sirenen verdrängte ich Livias Warnungen, nie sei die Tochter dem Vater gleich, im Gegenteil, weil ihre Charaktere verschiedenartig seien, zögen sie sich an wie die Küste die Flut.

Ein jeder soll wissen: Ich habe Tiberius, den ich auf Drängen Livias adoptierte, nie geliebt, und unglücklich nenne ich das Volk von Rom, das zwischen diesen so langsam malmenden Zähnen liegen wird! Doch Tiberius Caesar Augustus hat die Strafe nicht verdient, die Julia ihm bereitete. Castor und Pollux, gewährt Nachsicht! Auch wenn mir sein menschenverachtender Charakter ein Greuel ist, muß ich nicht im selben Augenblick bekennen, daß Julia ihn in diesen finsteren Sinn getrieben hat?

Tiberius ist keine Hand, wird nie eine sein, aber er ist ein vorzügliches Werkzeug. Was immer er anfängt auf höheren Befehl, gerät zur Vollendung in Ausführung des Auftrages. So habe ich ihn dieser Tage mit dem *Census* betraut, Bürgerlisten zu erstellen zur Zählung der Köpfe, zur Schätzung des Vermögens und zur Musterung junger Soldaten. Niemand glaube, daß die *Pax Augusta* nur Worte und Vorträge zum Vater hat, *si vis pacem, para bellum*.

Tiberius konnte Julia nicht lieben, dessen bin ich heute sicher. Seine wahre Liebe gehörte Agrippina, deren Scheidung er nie verwunden hat. Ich entsinne mich einer zufälligen Begegnung, die Fortuna im Park des Maecenas fügte mit wahlloser Hand. Tränenden Auges standen sich beide gegenüber, schweigsam, bis sie sich leidend entfernten, ein jeder in entgegengesetzte Richtung. An diesem Tag gab ich den Prätorianern Befehl, darüber zu wachen, daß ihre Wege sich nie kreuzten.

Unter solchen Voraussetzungen war die Ehe Julias und Tiberius' von vornherein zum Scheitern verurteilt. Schon nach wenigen Tagen mied der Sohn meiner Tochter Lager, und ein Kind, welches unerwartet in Aquileia zur Welt kam und das Wochenbett nicht überlebte, wurde zum Unglück verheißenden Omen. Fortan mieden sich Julia und Tiberius, und man sah sie nur noch einmal zusammen bei der Leichenfeier des Drusus, des Tiberius' Bruder.

Drusus, der im hohen Norden gegen Chatten, Sueben und Cherusker focht, obwohl düstere Vorzeichen ihn gewarnt hatten, starb an Entkräftung, und Tiberius holte ihn heim, indem er den ganzen Weg dem Leichnam vorausschritt. Ich selbst hielt Drusus die Totenrede im Circus Flaminius – ich hatte mich gerade auf einem Feldzug befunden und durfte nicht die zu Ehren seiner Siege üblichen Bräuche gleichzeitig mit dem Betreten des Pomeriums erfüllen –, und ich bestattete seine Asche in meinem Grabmal.

Damals richtete Julia die Speisung der Frauen aus, mehr widerwillig meinem Befehle gehorchend als in Zuneigung zu ihrem verstorbenen Schwager, und alles, was weiterhin über Julia zu sagen ist, würde besser verschwiegen. Wäre den Göttern und ihren Nachkommen nicht ähnliche Unbill beschieden, ich müßte zweifeln an meiner Göttlichkeit; so aber ist mir dieser Verdruß nur Beweis meiner göttlichen Herkunft als *Caesar Divi Filius*.

Um mich und den rechtmäßigen Gatten zu strafen, vollführte Julia nun ihren liederlichen Lebenswandel nicht nur in den Häusern stadtbekannter Taugenichtse, nein, nun, da sie sich mit Tänzern und Schauspielern auf der Bühne erging, konnte sich jeder selbst ein Bild machen. Tiberius, der sich mehr in den Provinzen als zu Hause in Rom aufhielt, konnte und wollte ihr keinen Einhalt gebieten, und Mahnungen und Warnungen des Vaters fanden keinen Widerhall, forderten sie im Gegenteil zu noch ausschweifenderem Laster heraus. Verfolge ich in Gedanken Nutzen und Schaden meiner mahnenden Worte, so rate ich Vätern eher zur Toleranz bei Generationsproblemen; denn herrschte zwischen mir und Julia zuallererst nur ein Sinnesunterschied, eine Andersartigkeit in der Auffassung von Sitte und Moral, so wandelte sich diese zu offener Feindschaft. Beantwortet mir in diesem Zusammenhang die Frage: Was ist besser, ein Fremder oder ein Feind?

Selbst manchem Philosophen fehlt zum Bart die Weisheit: Als ich meinen Fehler erkannte, war es zu spät. Nicht die ruchlosen Mörder meines göttlichen Vaters, nicht die rauhen Horden Germaniens haben mir ähnlich viel Kraft abverlangt wie das Ringen mit Julia, meiner eigenen Tochter. In meinem dreizehnten Konsulat wurde ruchbar, daß Julia zusammen mit Iullus Antonius, dem Sohn Marc Antons, ein Komplott schmiedete gegen den Ehemann wie gegen den eigenen Vater. Es gibt eine Grenze, an der sich Vaterliebe und Dummheit gegenüberstehen. So mußte ich handeln. Ich machte Iullus den Prozeß, in einem fairen Verfahren wurde er zum Tode verurteilt und hingerichtet. Julia aber sandte ich, ihr Vater, den Scheidebrief an Tiberius' Stelle, der auf Rhodus beschaulichem Leben nachging wie Horaz auf seinem Sabinum, und ich verbannte sie auf die Insel Pandateria, wo das Land kahl ist und karstreich und zu trüben Gedanken verleitet. Daß Scribonia, ihre Mutter, sie freiwillig begleitete, ist für mich nur Beweis für die gemeinsame Sache der beiden.

Jene aber, die zuvor das lockere Leben Julias beklagten, äußerten nun ihren Unmut wegen der Strenge des Vaters, sogar Tiberius bat um Milde und verfügte, der Verbannten sollten all seine Geschenke belassen werden. Dem kecken Dichter im fernen Tomis gleich schrieb Julia weinerliche Briefe, bat einen Tag um ihr Leben, am anderen Tag um den Tod, und falsch wie eine Schlange, stand ihre Mutter dem Winseln nicht nach. Fünf Jahre zeigte ich keine Milde. Unter dem Konsulat des Lucius Aelius Lamia und des Marcus Servilius entließ ich Julia von der Insel, vermachte ihr eine jährliche Rente und sandte sie nach Regium an der südlichen Spitze des Landes, wo Scylla und Charybdis hausen, das eine Ungeheuer mit zwölf Füßen und sechs Köpfen mit schrecklichem Gebiß, das andere dreimal täglich Meerwasser schlürfend, um es brüllend wieder auszustoßen. Scylla und Charybdis sollen sie holen samt ihrer Mutter. Ich will keine von beiden mehr sehen.

XCV

Die Krähe, behauptet Hesiod, der böotische Dichter, lebe neunmal länger als der Mensch, der Hirsch viermal so lange wie die Krähe und der Rabe dreimal so lange wie der Hirsch. Das ist, sagen unsere Weisen, Unsinn; doch wer zweifelte daran, daß alle jene Tiere den Menschen an Alter übertreffen. Wäre ich ein Rabe, ein Hirsch, beim Hercules, sogar eine Krähe würde mir genügen, ich würde heute ein neues Leben beginnen! Nicht daß ich glaubte, alles besser zu machen, nein, aber ich würde auf ein Ziel hinleben, mich nicht treiben lassen vom Schicksal. Dein Schicksal ist nämlich nichts weiter als ein Abbild deines Charakters. Kennst du jedoch deinen Charakter (hier stocke ich; denn wer vermag schon zu sagen, er kenne sich selbst!), so wird dir auch dein Schicksal vorgezeichnet sein.

Damit der Mensch bei dieser Erkenntnis dem Leben nicht mit Übermut begegne, haben die Götter den Parzen befohlen, Schleier und Nebel über den einzelnen zu decken: Nona, die den Lebensfaden spinnt; Decuma, die dich treibt mit der Macht des Sturmwindes; und Morta, die Schwarzgekleidete, die den Faden abschneidet nach ihrem Gutdünken. So weißt du nie, ob du den Höhepunkt des Lebens überschritten, das Glück in seiner höchsten Form gekostet, das Unglück durchgestanden hast.

Verspricht die Hoffnung dir nach langem Aufschub ein Ereignis, so dehnt die Zeit sich wie die Sehne eines Bogens, unendlich scheinend wie der Sonne Lauf; doch scheint es nur, als ob die Zeit sich dehnte – betrachte nur die Bogensehne: Selbst Ulyxes, der den Bogen spannte mit der Wut des gedemütigten Heimkehrers von jahrelanger Irrfahrt, vermochte die Sehne selbst nicht zu verlängern, es schien nur so. Findest du jedoch Gefallen am Leben, weil dir Fortuna hold ist und Venus mit seidenbunten Tüchern winkt, dann, teurer Freund, schickt diese Zeit sich flüchtig kurz, du kannst sie kaum erhaschen. Blicke ich zurück auf 76 Lebensjahre, so sind die Längen nah und weit zugleich, sie finden nur im Alter sich und in der Jugend; die Jugend ernährt sich von Träumen, das Alter von Erinnerungen, und das eine wie das andere scheint endlos. Die

Zeit aber flieht in der Mitte des Lebens schneller als der Schwalbenwind im Frühling, und nie gelingt es, einen Tag festzuhalten. Horatius Flaccus, an dessen Grab ich weinte wie ein kleiner Junge, obwohl er nie mein Freund war, wie behauptet wird (daß er bei Philippi mit den Mördern meines Vaters kämpfte und ruhmlos seinen Schild zurückließ, habe ich ihm längst verziehen), überschrieb eines seiner schönsten Lieder *Carpe diem*. Ich schreibe es aus dem Gedächtnis nieder, denn ich will, daß es die Zeiten überdauert wie das Imperium, das ich schuf.

Pflücke den Tag!

O Leuconoe, wolle niemals erforschen, was unrecht zu wissen,
Wie lange die gnädigen Götter das Leben uns beiden beschieden.
Versuch auch chaldäische Zahlen nicht abergläubisch zu deuten;
Denn wahrlich du handelst viel weiser, dem Ratschluß der Götter zu folgen.
Ob dieser Winter der letzte, ob Zeus noch andere hinzufügt,
Die das Tyrrhenische Meer an wilden Felsen zerschellen:
Erwart es und klär deinen Wein, auch passe die Hoffnung der Zeit an!
Noch während wir plaudern, entflieht die nur zu flüchtige Jugend;
Pflücke den Tag, und traue nicht blind dem trügenden Morgen.

Von meinen kostbarsten Jahren die Hälfte hätte ich gegeben, wären Worte wie diese je aus meiner Feder geflossen. Ist es nicht die höchste Lust, Dichter zu sein? Dichter heilen die Wunden, die der Verstand geschlagen hat. Sie sind die wahren Gesetzgeber. In meinem ganzen Leben bin ich keinem lustvolleren Menschen begegnet als Horatius Flaccus, welcher, der Macht seiner Worte bewußt, behauptete, niemals ganz sterben zu müssen, weil er mit Worten sein eigenes Denkmal errichtet habe, dauerhafter als Erz. Und ich, *Caesar Augustus Divi Filius*, frage heute, wie lange wird mein Ruhm dauern? Beginnt nicht schon heute das Ansehen meines göttlichen Vaters Gaius Julius Caesar zu bröckeln? Ist nicht für viele Pharsalus nur noch der Name einer Stadt am Rand der thessalischen Ebene, obwohl dort die Republik niedersank? Und Sulla, der große Diktator? Der Jugurthinische Krieg und jener gegen Mithridates findet bei den meisten Römern keinen Platz im Gedächtnis, weil zwischenzeitlich größere und folgenschwerere Schlachten geschlagen wurden. So schwanke ich und zweifle, ob der Name des Göttlichen Augustus ein Centennium überdauert, ob er nicht niedergeht wie der mit Früchten beladene Ast, ob er nicht bricht und abstirbt und in Vergessenheit gerät, sobald neue Ernte gedeiht.

Habe ich nicht goldene Zeiten nach Latium gebracht? Habe ich nicht unsere Grenzpfähle außerhalb der Jahresbahn der Sonne gesetzt? Wer wollte leugnen, daß heute schwarzblickende Garamanten und radebrechende Britannier, deren Sprache nur die Raben verstehen, auf einen Wink von meiner Rechten zittern, daß diese Rechte über die Säulen des Hercules ebenso wie die kaspische oder mäotische Steppe gebietet und Inder mir opfern mit olivfarbener Haut? Der siebenmündige Nil ist in römischer Hand und die grenzziehende Donau, deren Quellen die Griechen in den Rhipäen suchten, bis Tiberius sie in Raetien entdeckte. Vergil war kein Schmeichler, als er meinte, andere mögen Gebilde aus Erz wohl weicher gestalten und lebensvoller dem Marmor die Züge entringen, besser das Recht verfechten und mit dem Zirkel des Himmels Bahnen berechnen und richtig den Aufgang der Sterne verkünden; dem Römer aber sei aufgetragen, die Welt zu beherrschen, Gesittung und Frieden zu schaffen, die Unterworfenen zu schonen und niederzuzwingen die Trotzigen. Beim Jupiter, ich handelte nicht anders!

XCIV

Ich will es nicht verschweigen: Heute morgen habe ich die Türe meines *cubiculum* verschlossen und gierig in das Silber des Spiegels geschaut, und als ich den Blick von meinem Ebenbild wandte, leuchtete die Sonne in der Mitte des Tages. Ich gönne mir kaum einen Luxus außer dem Spiegel, dessen Rückseite mit Gold beschlagen und dessen elfenbeinerner Griff der Nymphe Echo nachgeformt ist, die einen Reifen hält. Der Reifen dient als Rahmen des Spiegels. Gold und Silber sind von höchster Reinheit und mit lydischem Stein geprüft.

Es soll mein Geheimnis bleiben bis in den Tod, daß ich nichts mehr liebe als den Blick in den Spiegel. Nicht die Blumen im Frühling, nicht die Früchte im Herbst, nicht den Schoß einer Jungfrau, ja nicht einmal die wogenden Brüste einer duftenden Hure versetzen meine Sinne so in Erregung wie der Spiegel mit meinem Ebenbild. Es gibt Menschen, die hassen ihr eigenes Spiegelbild; ich liebe mein Spiegelbild seit nunmehr sechzig Jahren.

Mit sechzehn Jahren sah ich – genau wie Narcissus – mein anderes Ich zum ersten Mal, was mich zum einen verzückte, zum andern verblüffte; denn – so beantwortete man meine bohrenden Fragen – niemand anderer blickte mir aus dem Silber entgegen wenn nicht ich selbst, hervorgerufen durch abprallende Luft, die in die Augen zurückgelange. Seither wirken Spiegel auf mich wie ein süßes Gift, und ich genieße das funkelnde Silber als Trost im Schmerz, als Lust in der Freude, wunderbar in seiner Eigenschaft, dem, der hineinschaut, zu gehorchen. Spiegel, gewölbt wie ein Becher, vergrößern Auge und Nase und alles, was ihnen nahe kommt. Spiegel mit mehrfachen Wölbungen wie das Gesäuge einer trächtigen Wölfin zeigen dir ein ganzes Volk, auch wenn nur eine Person hineinblickt. Zerrspiegel wie im Tempel von Smyrna stauchen und strecken deine Glieder zum Fürchten und Lachen, und alles geschieht durch die Formgebung des Silbers, mannigfaltig in der Anwendung: hohl, becherartig, eingedrückt in der Mitte wie beim thrakischen Schild, erhaben, quer oder schief, nach vorne oder nach hinten geneigt.

Bedrängte mich Angst vor dem Feind (das Gefühl war nicht selten), so zeigte ich dem Silber mein wutschnaubendes Antlitz, lechzte ich (noch jung) nach Atias Liebe, so bewegte ich gierig die Lippen, und ließ ich hilflos oder trauernd meinen Tränen Lauf, so wurde mir der Anblick quellender Rinnsale zum Trost. Was ist schändlich an diesem Verhalten? Was verwerflich an meinem Geheimnis? Marc Anton prahlte öffentlich, in ein goldenes Nachtgeschirr zu urinieren, und nannte es lustvoll. Ich, *Imperator Caesar Augustus Divi Filius*, wollte mein Spiegelgeheimnis für mich behalten – obwohl ich nicht weiß, warum ich mich genieren sollte –, und ich bin sicher, daß weder Maecenas, mit dem ich lange mein Leben teilte, noch meine Frau Livia, der kaum ein Schritt verborgen bleibt, von meinen Genüssen wußten. Der mich ertappte, mehrmals, nicht einmal, heißt Publius Ovidius Naso – und hier sei der Name einmal genannt.

Hütete ich nicht meine Dichter wie ein Schäfer, der die Lämmer auf campanischen Weiden umhegt? Vergil, Horaz, Properz, Tibull und jener unglückliche Ovid, lebten sie nicht ein beschauliches Leben, so, wie es das Ziel ihrer Wünsche war? Sie glaubten allesamt, Maecenas sei ihr Freund und Förderer ihrer Kunst, ihm sangen sie Loblieder darob, nicht ahnend, daß ich es war, der ihre Neigung finanzierte. Ich will nicht klagen, bei Apoll, was kostet schon ein Dichter! Um solch einen zu kaufen, mußt du nicht einmal reich sein. Nur wer in der Lage sei, eine Legion zu unterhalten – meinte

Crassus, und ich folgte ihm –, sei reich zu nennen. Er mußte es wissen, denn er war nach Sulla der reichste der Quiriten, und obwohl allein seine Ländereien auf zweihundert Millionen Sesterzen geschätzt wurden, genügte ihm das nicht und er brachte darüber hinaus das ganze Gold der Parther an sich.

Der Musen Söhne sind empfindsame Naturen, zumindest scheinbar widersetzen sie sich dem Lohn für ihre Kunst (aber dahinter steckt nicht etwa Bescheidenheit, im Gegenteil, sie glauben, daß ihre Leistung unbezahlbar ist), nur um der Freundschaft willen sind sie dann bereit zu nehmen. Doch gibt es feine Unterschiede: Thalias Söhne, die dem Lustspiel frönen, sind, obwohl von Angesicht und Lebensart gar finstere Charaktere, dem Normalen noch am ehesten vergleichbar; Tragöden unter Melpomenes Schleier haben die Erde längst verlassen und schweben stets auf mächtigem Kothurn, und wehe, wer an ihren Schicksalsfäden zupft. Begegnest du jedoch – was Musagetes, der die Lyra schlägt, verhindern möge – einem von der seltenen Art, dem Erato heilig ist, so nimm Reißaus, flieh zu den Parthern oder westwärts bis nach Lusitanien, denn sie sind sinnlicher als sinnlich, wie Lyrik und Erotik wohl vermuten lassen.

Ein solcher war Ovid. Vom Reh trug er die Scheu, die Frucht vom Hasen, er witterte des Menschen Wärme wie ein Schweißhund, aber wer ihm nahekam, erkannte auch die Falschheit einer Schlange. Denn mögen Generationen erst entscheiden, wer nun der Größte unter meinen Dichtern sei und wem der wievielfache Lorbeer einst gebühre, der Mann in Tomis ist von allen der gescheiteste. Kluge Männer sind jedoch gefährlich. O wäre er nur Beamter geblieben im wasserreichen Sulmo, aber nein, mit Vaters Geld kam er nach Rom, gierig, Rhetorik zu erlernen, reiste nach Griechenland und in Asiens Provinz, erlernte Kunst und Philosophisches und kam zurück, als habe er das Epos bei Homer, den Mythos bei Hesiod, bei Pindar den Hymnus, Bukolik gar bei Theokrit gelernt. Und über allem stand die Kunst der Elegie, in Distichen gefügt (Pentameter dem Hexameter folgend – man weiß Bescheid), zum Vortrag beim Gelage. Wer könnte diesem Wunderknaben das Wasser reichen, macht er die Worte mit Musik sich untertan. Schreibt er Gedichte an Corinna, die Geliebte, die – ich neide ihm die Fähigkeit – nur sein Gehirn geformt hat wie den Marmor Phidias, so weine ich noch heute heiße Tränen und muß zum Spiegel greifen.

Zurück aus den Provinzen traf er auf Valerius Messalla Corvinus, meinen wahren Freund, dem ich den Titel *Pater patriae* verdanke. Ich kehrte damals zunächst ab, als mir das Volk beim Eintritt ins Theater diesen Namen zurief und mich mit Lorbeer überhäufte. Doch in der Kurie tags darauf erhob Valerius Mesalla sich (es war in meinem 13. Konsulat) und sprach – ich werde seine Worte nie vergessen: »Glück und Heil, *Caesar Augustus,* dir und deinem Haus! Denn mit diesem Wunsch sind wir überzeugt, zugleich dauerndes Glück für den Staat und Freude dieser Stadt von den Göttern zu erflehen. Senat und Volk von Rom grüßen dich als Vater des Vaterlandes!« Schon schallte Beifall von den Rängen, denn in Rom gab es nicht einen, der die Rede führte so wie er. Ich aber fand keine besseren Worte des Dankes als den Wunsch, die Unsterblichen mögen mir die einmütige Liebe vom Senat und Volk bis an mein Ende bewahren.

Also verdanke ich ihm viel; Ovid jedoch verdankt ihm alles, nahm er ihn doch auf in seinen Dichterkreis, wo Tibull, Lygdamus, Gaius Valgius Rufus, Aemilius Macer und Sulpicia sich mit Worten stritten, und Mesalla war es auch, der mir den Neuling näher brachte.

Nicht anders als Horaz erkannte ich Ovid für würdig, den Boden zu bereiten für reformatorische Gesetze. Liktoren mögen hundert Rutenbündel tragen vor dem Prätor, Ädilen streng und unnachgiebig sein, ja selbst der Quästor mag sich rauh gebärden – vergeblich: Ein neues Zeitalter ist nicht Ergebnis von Gesetzen und Verordnungen, ein neues Zeitalter will verstanden sein von seinen Menschen. So dachte ich, und ich erkannte weiter, daß Dichter uns mit ihren Worten freier lenken als Gesetze. *Fides*, *pax*, *honor*, *pudor* und *virtus* sind erstrenbenswerte Tugenden, doch schaffen wird sie kein Gesetz der Welt, da kommt Horaz und singt sein *Carmen saeculare*, und siehe, Tugend ist in aller Munde!

Publius Ovidius Naso schien mir der rechte Mann, dem Zeitalter, das meinen Namen trägt, ein wohlklingendes Denkmal zu setzen. Er, dem die Republik nicht einmal eine Erinnerung war, verkündete, andere sollten an der Vergangenheit sich freuen, er sei glücklich, in der heutigen Zeit geboren zu sein. Ovid war der Dichter der Zufriedenheit, und seine Verse verbreiteten Zufriedenheit. Wenn es nicht eine Binsenweisheit wäre, hätte es mich der Bürgerkrieg gelehrt, daß unzufriedene Bürger gefährliche Bürger, zufriedene Bürger aber gute Bürger sind. Also verlangte ich daktylische Hexameter über die Zufriedenheit. Zweien meiner einschneidenden Gesetze (*Lex Julia de maritandis ordinibus* und *Lex Julia de adulteriis coercendis*) sollte das Bett bereitet werden von dem Sohn aus Sulmo, und in der Tat kleidete Ovid mit der List des Fuchses das ernste Thema in ein Traktat, dem er den Titel *Ars amatoria* gab.

Die Liebeskunst, so ließ er wissen, sei eine Kunst, erlernbar wie die Fähigkeit zu schreiben, zu zählen oder deklamieren, da sie gewissen Regeln unterliege. Klang das im Ohr der meisten unmoralisch und frivol – so daß die Schreiber alle Mühe hatten, den Fluß der Federn zu beschleunigen, so vielverlangt war dieses Werk –, so bewegte sich das Lehrgedicht aus reinen Distichen durchaus im Rahmen der Gesetze. Selbst ein Philemon, alt wie ich, lächelte und lernte – lächelnd lernt man bekanntlich am besten –, wie Publius Ovidius Naso ein Mädchen zu vergessen lehrte, das alles Werben unerhört gelassen hatte.

Wende, meinte er, soviel du kannst, zum Schlechten, meinte er. Nenne, wenn es rundlich ist, das Mädchen schlicht gedunsen, schwarz, wenn es braun, und zeihe es der Hagerkeit, wenn schlank es von Gestalt und wenn es plump nicht ist, so kannst du leichtfertig es heißen. Fordere eine Frau auf, daß sie singe, wenn sie ohne Stimme ist. Wenn unrichtig sie spricht, so lasse sie viel reden. Kennt sie die Saiten nicht, so fordere, die Lyra soll sie streichen. Sind ihre Zähne schlecht, erzähle was zum Lachen. Tränen die Augen ihr bisweilen, sprich etwas, daß sie weint. So sagt Ovid, und keiner sagt es besser.

Im Zenit meines Lebens rief ich Ovid und forderte ein Denkmal mir zu setzen gleich dem Vergils in jenem Epos der Aeneis. Wie solle er, fragte der Dichter provozierend, mein Bild in Worte kleiden, wo er mich gar nicht kenne. Das schien verständlich. So bat ich ihn, mit mir zu leben im Hortensischen Haus auf dem Palatin, das, wie jeder Römer weiß, sich weder durch großen räumlichen Umfang noch durch bauliche Pracht auszeichnet: Zwei kleine Säulenhallen sind von Tuff aus den Albaner Bergen, die Räume kennen weder Schmuck von Marmor noch die begehrte Kunst der Mosaiken.

Bewunderte zunächst ich die Kultur und seinen Geist, die hinter jedem seiner Worte sich verbargen, so wurde ich schon bald der prüfenden Blicke überdrüssig, die jede meiner Handlungen verfolgten, ja, ich ertappte mich dabei, das eine oder andere heimlich zu verrichten, obwohl es keinen Anlaß gab, es zu verbergen. Sogar an meinem Liebesleben nahm er Anteil, sei's daß ich Livia mich widmete oder den kleinen Mädchen, die Maecenas mir zuführte, der liebe Freund.

Beim ersten Mal erschrak ich heftig, als er vor dem Spiegel mich entdeckte, ich schämte mich, doch schwand die Scham, je öfter er mich bei diesem Spiel antraf. Ovid schien viel zu klug, als daß er seinen Augen, den Mundwinkeln oder Falten seiner Stirne anvertraute, was er in seinem Innersten bedachte, und dabei unterschied er sich von Horatius Flaccus, der sein Herz stets auf der Zunge trug und seine Meinung in den Falten des Gesichts. Der Mann aus Sulmo beurteilte mich bald besser, als ich selbst mich kannte, verlor auch nie ein Wort des Tadels und sparte mit Weihrauch, den Dichter wie Horaz, Vergil und auch Tibull mir reichlich spendeten.

Redeten wir – und manche Nacht verging dabei im Fluge –, so ging es um Erkenntnis, ein Wort, das unserem Sprachschatz fehlt und das im Griechischen ›sophia‹ heißt. ›*Omnia mutanatur, nihil interit.*‹ So lautete Ovids Erkenntis auf einen kurzen Satz gebracht. Was heißen soll: Des Menschen Seele (und er glaubt fest daran) ist unsterblich, sie geht nicht zugrunde und wechselt nur ihr Äußeres, indem sie nach dem Tode in ein anderes Wesen eingeht. Geformt werde der Mensch von dem, was er tut. Tut er Gutes, Großes, Edles, so werde auch seine Seele sich veredeln, tut der Mensch aber das Gegenteil, so wird auch seine Seele sich verschlechtern. Ovid glaubt die Stimme eines Freundes im Gewinsel eines Hundes zu erkennen, weil sich der Freund dem *Ethos* eines Hundes überließ. Im selben Maße aber – sagt Ovid – kannst du mit Pferden sprechen, aber auch mit Tauben, weil sie auf dem Weg zum Menschen sind.

Die Philosophen Griechenlands, die, wie ihr Name sagt, nach Weisheit streben, verbreiten solcherlei Gedanken in ihren Schulen, und auch der Mann aus Sulmo begegnete ihnen dort in jungen Jahren. Pythagoreer werden die Schüler jener Lehre genannt, die sich nach dem Tode meines göttlichen Vaters in Rom ausgebreitet hat wie eine Seuche. Pythagoras von Samos behauptete, in der Welt herrsche Gesetzlichkeit, Harmonie, und diese drücke sich entweder in Zahlenverhältnissen aus oder stehe zu solchen Zahlenverhältnissen in Analogie.

Betrachte ich den nächtlichen Himmel, so muß ich seiner Lehre folgen; warum aber, beim Hercules, soll ›eins‹ eine gute Zahl, ›zwei‹ jedoch eine schlechte sein? ›Eins‹ sagen jene Jünger, stehe an der Spitze aller Werte, ›zwei‹ sei der Ursprung aller Vielfalt und deshalb der Ursprung aller Widrigkeit. Ja sie predigen sogar, daß ungerade Zahlen, rechts und männlich gut; gerade Zahlen, links und weiblich aber schlecht seien. Was davon wirklich aus dem Kopfe des Pythagoras stammt, vermag von den Eleven keiner recht zu sagen, denn ihr Meister hielt keinen seiner Gedanken schriftlich fest.

Ovid stand dieser Lehre nahe, vor allem jener, welche die Seelenwanderung zum Inhalt hat. Kaum hatte der Dichter mich verlassen, begann er sein Werk ›Metamorphosen‹ mit folgenden Worten:

»Künden will ich, wie sie Gestalten in andere Körper
Wandelten. Götter, o seid – ihr habt ja auch sie gewandet –
Meinem Beginnen geneigt, und vom Uranfang der Schöpfung
Führt bis auf unsere Zeit des Gedichts fortlaufenden Faden ...«

So begann er mit lockerer Zunge, von Göttern und Helden erzählend aus Hellas und Rom, vom Chaos am Anfang bis hin zur Gegenwart, ich kann es nicht leugnen, ein Kunstwerk von höchstem Rang fand mein

Wohlgefallen, und er schrieb Jahr um Jahr, erging sich in endlosen Monologen, ließ Helden in kunstvollen Suasorien mit sich selbst diskutieren, ob dieses löblich, jenes zu widerraten sei. Schon bei den ersten Proben seiner Schöpfung erkannte ich Ovids Bestreben, die Gegenwart zu weben in die Mythen der Vergangenheit.

Da trugen Götter Züge von der tadelnswerten Art, wie sie tagaus tagein auf den Stufen der Kurie zu erkennen ist, wenn Senatoren zur Sitzung eilen. Und manche Buhlschaft Jupiters trifft von Gestalt und Haltung das heimliche Verhältnis eines Konsuls eher als die Vorstellung des Mythus. Ich muß gestehen, der versteckte Spott in seiner noblen Art amüsierte mich köstlich, doch blieb das Lachen mir im Halse stecken, als ich bemerkte, daß Hohn und Ironie des Dichters nicht vor mir, dem Göttlichen, zurückschreckten. Beim Bacchus, der niederträchtige Schreiberling, dem ich unter meinem Dach Aufnahme gewährt hatte wie einem Sohn, drängte mir frech die Züge des Narcissus auf, des spröden Jägers der Diana – jedes Kind kennt die Geschichte –, welche der Blume ihren Namen gab.

Ovid schildert Narcissus – also mich – als Jüngling, zart von Gestalt und von gefühllosem Hochmut, dessen Herz weder Jünglinge noch Mädchen bewegen, liebesunfähig also! So läßt er Echo sterben, die entflammte Nymphe des Waldes, die ungeliebt verschmachtet und nur im Schall ihrer Stimme fortlebt. Narcissus aber streift durch den Wald und an stiller Quelle kniet er, seinen Durst zu löschen; da entdeckt er sein Spiegelbild, und ein anderer Durst wird wach, er hält für Körper, was Schatten, und ist gebannt von seinem Bild wie aus parischem Marmor. Aber sind sie auch frevelhaft, die Verse, so tragen sie doch stille Schönheit, wo ich mich selbst erkenne:

»Liegend betrachtet er stets gleichwie zwei Sterne die Augen,
Schaut mit Entzücken das Haar, das Apollos würdig und Bacchus',
Schaut den länglichen Hals und die Glätte der bartlosen Wangen
Und des Gesichts Anmut und in schneeiger Weiße die Röte;
Alles bewundert er selbst, was wert ihn macht der Bewundrung;
Sich ersehnt er betört; der preist, wird selber gepriesen,
Der da strebt, erstrebt, und zugleich entzündet und brennt er.
Wie oft naht er umsonst mit Küssen dem trügenden Borne.«

So geht es weiter, als bedauernswerte Erscheinung beschreibt mich der Dichter, vom Irrwahn gefesselt, bartlos – was mich von allen unterscheidet –, von Röte überzogen die Brust – ich könnte mich stundenlang kratzen. Schmachtend läßt er mich hinschwinden, doch statt eines Körpers, bestimmt für die Flammen, bleibt nur die Blume zurück, safrangelb um die Mitte, besetzt mit schneeweißen Blättern, Narzisse genannt, die Blume der Unterwelt.

Süchtig las ich die Stelle hundertmal, und so sehr mir die Worte auch gefielen, ihr Inhalt machte mich wütend. Ich, *Imperator Caesar Divi Filius*, würde zum Gespött der Römer werden. So gab ich Order, Publius Ovidius Naso nach Tomis zu verbannen und seine Werke aus den öffentlichen Bibliotheken zu entfernen – einen Grund für diese Handlung nannte ich nicht. Das gab zu vielen Spekulationen Anlaß, denen ich stets mit Schweigen begegnete, so konnte ich sicher sein, daß die ›Metamorphosen‹ des Dichters, deren Umfang auf 15 Bücher angewachsen war, nie veröffentlich würden.

Hartnäckig mied ich seither seinen Namen und duldete nicht, daß er oder auch nur einer seiner Verse auf öffentlichen Plätzen, schon gar nicht in meiner Gegenwart, erwähnt wurden. Es geschah dies unter dem Konsulat des M. Furius Camillus und Sextus Nonius Quinitilianus und ist nun sechs Jahre her. Seither schreibt der Verbannte Klagelieder, traurigschöne – man sagt, ein Dichter könne nie aufhören zu schreiben, und setze er die Arbeit aus, so fände er den Tod –, *ex Ponto* bittet er um Gnade, und seine Worte an Gattin und Tochter sind, wie ich höre, voller Trauer und Schwermut. Er hat, da bin ich sicher, sein Spiel schon tausendmal bereut und wird noch tausendmal bereuen müssen, denn sterben soll er im Barbarenland.

Ich, Polybius, Freigelassener des Göttlichen Augustus und des Schreibens kundig, empfange nun seit sieben Tagen die Schriften des Göttlichen. Des Göttlichen? Dieser Caesar verliert jeden Tag ein Stück Göttlichkeit. Der Erhabene verwirkt seine Erhabenheit. Wie eine Schlange, die sich häutet, streift Augustus Ruhm und Anerkennung ab; aber wie die Häutung der Schlange immer eine neue, schönere Haut hervortreten läßt, so zeigt auch der Caesar tagtäglich eine neue, schönere Seite seines Lebens. Mag der Göttliche kleiner werden durch dieses Tagebuch, der Mensch wächst.

Der Göttliche ein Narcissus? Obwohl ich dem Caesar oft nahe bin, habe ich nichts von dieser Eigenart bemerkt. Richtig muß ich sagen, ich habe nie darauf geachtet, und es spricht nur für die ausgeprägte Beobachtungsgabe Ovids, daß er Augustus auf die Schliche kam. Was ist schlecht an dieser Eigenart? Was dem einen sein Nachruf ist dem anderen sein Spiegel.

Ovid mußte seine Keckheit teuer bezahlen. Sein Verbannungsort Tomis an der Nordküste des Pontus Euxinus ist fremdartig und fern für einen Römer wie das spanische Munda oder das gallische Uxellodunum. Ich glaube, er kommt um vor Heimweh. Und wenn Augustus meinte, das Verbot von Ovids Ars amatoria würde sein Buch vergessen machen, so täuscht er sich gründlich: Raubschreiber verlangen Wucherpreise für das Werk. Man muß ein Buch nur verbieten, dann ist ihm der Erfolg sicher.

Nach meiner heimlichen Lektüre des Tagebuchs ist mir zum ersten Mal klargeworden, wie sehr Staat und Politik sich der Künste bedienen, daß sie als Wegbereiter mißbraucht werden für erstrebenswerte Vorhaben. Das läßt mich erschauern. Die Griechen behandelten jede Art Kunst wie eine Geliebte, die Römer gehen mit ihr um wie mit einem rechtmäßigen Eheweib.

XCIII

Nun weißt du, Livia, warum ich mich bisweilen schämte und das Gesicht vor dir verbarg in meinen Armen. Ich wollte nicht, daß man mich Narcissus nannte oder Selbstgenüger oder mich mit anderen Spottnamen gedachte. Keiner, auch du nicht, sollte von meiner Neigung wissen, die ich ein Leben lang bestrebt war, über den *Kokytus* zu retten. Und vielleicht vernichte ich das Geschriebene vor meinem Ende, so daß es nur mir bleibt. Wozu aber, fragst du zu Recht, schreibe ich dann dies alles nieder? Warum malträtiere ich meinen gichtigen Zeigefinger, der kaum die Feder zu führen in der Lage ist, warum quäle ich mein Augenlicht, warum? Ich will es dir sagen.

Drei Zeiten sind bestimmend für das Leben des Menschen: Gegenwart, Vergangenheit und Zukunft. Als Jüngling kennst du nur die Zukunft; fragst nur nach morgen, nach dem Lohn des Lernens. Trägst du die Toga dann, fährt man die Ernte gar in deine Scheuer und lacht Fortuna dir von allen Seiten, dann möchtest du die Zeit anhalten, doch die Gegenwart ist gnadenlos. Kaum da, ist sie verschwunden, schon Vergangenheit, und du fragst ratlos: Wann, Jupiter, werde ich jene drei Zeiten, die der Inhalt meines Lebens sind, auf einmal überschauen? Und Jupiter wird dir zur Antwort geben: bei deinem Ende. So blicke ich zurück, lasse – wie der blinde Sänger – Vergangenes vergangen sein und lebe, lebe ein zweites Mal. Geschriebene Worte können dein Leben nicht verlängern, nur vertiefen und behilflich sein zu scheiden wie Ulixes von Nausikaa, weniger verliebt als pflichtbewußt.

XCII

Soll ich mich wirklich ganz entblößen? Mich packen Zweifel. Soll ich die ganze Wahrheit meines Lebens niederschreiben? Soll ich tatsächlich mein Leben ausbreiten, mein Innerstes nach außen kehren? Soll ich? Soll ich nicht?

XCI

Ich tue es nicht, nein, bei allen Göttern nein. Will ich wirklich denn noch einmal leben? Noch einmal alle Wege gehen? Alles Leid erfahren? Alle Freude? Alle Dummheit? Alle Weisheit? – Weisheit? Leichter ist es, anderen mit Weisheit zu dienen als sich selbst.

XC

Schweige ich zu meinem Leben, so wird die Zeit kommen, in der andere mich besser kennen, als ich selbst mich kannte. Also sollte ich mein Leben niederschreiben, wie es mir begegnete und keinem anderen, damit nicht Aschehaufen zu Vulkanen werden, der Strom nicht zum Rinnsal versickert. Denn nicht jeder, der die Könige und Konsuln zählt *ab urbe condita*, ist ein Titus Livius. Im übrigen habe ich Geschmack gefunden an der Schreiberei, seit ich so viele Dichter an meinen Brüsten säugte. Drei Monde ist die Zeit, die mir verbleibt, von heute an.

LXXXIX

Ich will von vorne beginnen, dort, wo der Mensch dem Eidolon begegnet, wie die Griechen sagen, dem Abbild blinder Verehrung. Wir Römer haben dieses Wort entlehnt, wie vieles, das uns mangelt, und meist suchen wir auch unsere Idole dort, woher das Wort kommt. Ich mache keine Ausnahme und würde lügen, behauptete ich, mein Göttlicher Vater Gaius Julius Caesar, den ich liebe, sei mir in jungen Jahren als Idol begegnet.

Vorbilder werden nicht geliebt, Vorbilder werden geachtet und bewundert, und so galt meine tiefe Bewunderung dem großen Makedonen Alexander. Ihm fühle ich mich mehr verwandt als Gaius, nicht vom Blute, doch von Seele und Charakter, und von den Umständen, die sein Leben leiteten. Noch heute schaudert mich bei dem Gedanken an mein fünftes Konsulat, als ich dem großen Vorbild gegenübertrat, dem Leichnam wohlgemerkt, einbalsamiert mit Spezereien nach Art der Ptolemäer, doch so, als habe nur der Schlaf ihn übermannt, den Müden von der Eroberung der Welt.

Ihm, und nur ihm, verdankt es das Volk der Alexandriner, daß ich es schonte nach dem Sieg von Actium, daß ich die Stadt nicht schleifte, wie sie es verdiente, daß ich den hohen Palast, der Antonius und Kleopatra Unterschlupf gewährte gegen mich, nicht niederriß am Ufer des Meeres. Ich tat es nicht. Hätte die Rache auch Gerechtigkeit bedeutet, ich zeigte wahren Edelmut, des großen Alexanders wegen, der diese Stadt gegründet hatte am Westrand der Nilmündung, unvermittelt, aber mit Bestimmtheit, als er seinen Mantel in den Sand warf, den rechteckigen Umriß nachzeichnete mit dem Schwert und Straßen und Gebäude markierte – neun andere Städte trugen bereits seinen Namen. Im Grabmal, das ihn barg in rotem Marmor, ließ ich die schwere Platte lüften und trat dem Vorbild gegenüber wie einer Statue des Lysipp, voll Ehrfurcht und Ergriffenheit. Gerade 33 Jahre zählte ich, genau das Alter, in dem Alexander starb.

Den Anblick werde ich nie vergessen. Der Große

zeigte bartlos eine Art von Lächeln, der ich nie im Leben begegnet bin, ein Lächeln der Zufriedenheit, des Wissens seiner Taten, des Stolzes und des Selbstbewußtseins, ja der Selbstgefälligkeit und Überlegenheit. So lächelt sterbend nur ein Mann, der einen festgezurrten Knoten mit einem Schwert durchschlägt, statt Anfang und Ende des Strickes zu suchen, ein Mann, der zu Jupiter Ammon in die Wüste zieht, um sich Göttlichkeit und Weltherrschaft bestätigen zu lassen, ein Mann, der ernsthaft keinen Gegner kannte, wenn nicht sich selbst. Nichts wünschte damals ich mir sehnlicher als so zu sterben wie der große Makedone – mit einem Lächeln. Von Angesicht zu Angesicht, so stand ich Stunden, und meine ungeduldigen Begleiter drängten, die übrigen toten Ptolemäer zu betrachten, die seit drei Jahrhunderten aufgebahrt lägen, in Mumien verwandelt. Einen König, herrschte ich die törichten Begleiter an, einen König wünschte ich zu sehen, nicht aber Leichen. Deshalb vermied ich auch, den Apis zu besuchen, weil es einem Römer zukommt, Götter zu verehren, nicht aber Rinder.

Also wies ich das stockdumme Volk nach draußen, und kein Geschwätz verwirrte meine Andacht. Rot prasselten die Fackeln, ich musterte den kleinen Körper. Wie ich war Alexander von niedriger Statur, was jenen recht gibt, die behaupten, dem Kleinen sei vor allem Großes vorbestimmt, weil alle Energie, die einem Menschen mitgegeben ist, auf weniger Körper sich verteile. Wie ich schrieb Alexander seiner Mutter heimlich Briefe. Sie hieß Olympias, war von der gleichen Leidenschaft wie Atia, und Jupiter Ammon soll auch ihr, so wird berichtet, in Gestalt einer Schlange beigewohnt haben. Wie ich verachtete der große Makedone Spiele mit kraftstrotzenden Athleten, zeigte mehr Neigung zur Philosophie, liebte, wie er sagte, Aristoteles wie seinen Vater, und die Tragödien des Aischylos, Euripides und Sophokles, und wenn er schlief, lag unter seinem Kissen stets die Ilias Homers einträchtig bei seinem Schwert. Und so wie ich Horaz in seinem Glück beneide, der Verse schmiedend Gut, Geld und Ruhm verachtete, so sah auch Alexander sein anderes Ich in einem Weisen. Er solle, sprach in Korinth der Kyniker Diogenes, dem Alexander einen Wunsch freistellte, ein wenig aus der Sonne gehen, sonst nichts. Hochmut und Größe gefielen dem Feldherrn gleichermaßen im hinteren Sinn des Philosophen, daß er die Worte sprach – und keiner versteht sie besser als ich –: »Wäre ich nicht Alexander, so wäre ich Diogenes.« Luxus, sagte Alexander, und auch hierin sind wir eines Herzens, sei sklavischer als jeder Sklavendienst, königlich sei nur die angestrengte Tätigkeit. So tadelte er Männer, die sich der Üppigkeit ergaben und protzenhaften Luxus zelebrierten wie Hagnon aus Teos, der Silbernägel auf den Schuhsohlen trug, Leonnatos, der Sand aus Ägypten karrte für seine Leibesübungen, oder Philotas, der Netze weben ließ von hundert Stadien für seine Jagden. Hier zeigte er sich duldsamer als ich, zwar tadelte er das ausschweifende Verhalten, doch ein Gesetz wie ich, das dem ein Ende machte, erließ der Makedone nicht.

So lehrte mich der große Alexander Toleranz; er lehrte mich, doch trug der Boden, in dem die Saat aufging, zu wenig Frucht in dieser Hinsicht. Denn blicke ich zurück auf 76 Lebensjahre, entdecke ich kaum Duldsamkeit, und wo sie aufscheint unverhofft, ist sie kaum Toleranz zu nennen, viel eher Trägheit, der ich anhing, leider. Ich übte nie, wie Alexander, die Kunst des Bogenschießens, nie den Sprung vom Wagen, wenn wilde Gäule durch die Wälder preschen, und auch den Füchsen rannte ich nicht hinterher, um bei der Rute sie zu fassen. Das lag wohl an der angegriffenen Gesundheit, die sich schon früh bemerkbar machte, die mich zum Haushalten der Kräfte zwang, die mir jedoch dank Musas Hilfe dies hohe Alter gab, beim Jupiter.

Mir, *Imperator Caesar Augustus Divi Filius*, und ihm, dem großen Alexander, bereitete nichts mehr Furcht als die Vorbedeutung übler Träume, Zeichen und Orakelsprüche. Ist das nicht paradox? Ein Wink, ein Federstrich von unsrer Hand, und Völker sterben, Länder brennen, und Flüsse verändern ihren Lauf; doch zuckte unverhofft ein Blitz vom Himmel, so ziehe ich die Haut des Seekalbes über mich, Alexander hingegen griff zum Becher. Männer aus Babylon scharte der große Makedone stets um sich, ich holte mir Ägypter, weil ich den Sternen gegenüber gläubig bin und ihr Gesetz nicht kenne, das sorgsam ihre Bahnen lenkt. Verhieß ihm eine Quelle Glück, die aus dem Boden schoß, als man sein Zelt aufstellte auf dem Weg nach Indien, so war es weißer Morgentau, der mir gesunde Rückkehr prophezeite. Und beide Zeichen kündeten die Wahrheit, das muß ich sagen; denn nie wurde mehr Mißbrauch getrieben mit der Vorsehung der Götter als in dieser Zeit.

Damals, als Lepidus verstarb und ich das Amt des

Oberpriesters übernahm, ließ ich deshalb alle Weissagungsbücher, die in Rom in Umlauf waren, einsammeln und öffentlich verbrennen. Bei Apollo, es waren mehr als zweitausend! Nur die Bücher der Sibyllen bewahrte ich im Tempel des Apollo auf dem Palatin, weil einzig sie die Zukunft kennen bei Aufruhr, Überschwemmung, Mißgeburten und anderen Zeichen des Himmels. Die *Quindecimviri* bewachen ihr Geheimnis. Im Gegensatz zu Alexander begegne ich Orakelstätten skeptisch, die Pythia von Delphi wurde nie von mir befragt, jedenfalls nicht von mir persönlich; und spielt man mir aus Klaros eine Antwort zu, wo sich die Römer drängen, so bin ich skeptisch.

Der Madekonier hingegen behauptete, ihm seien von Orakelpriestern geheime Weissagungen zuteil geworden, und der Prophet des Orakels in der Wüste habe ihn gar Sohn des Jupiter genannt, was andere freilich als eine Legende bezeichnen und wieder andere als Unkenntnis der Sprache. Denn hob der Priester seine Hand zum Gruß, und nannte er den Makedonen ›Paidion‹, so nannte er ihn schlicht ›mein Sohn‹, versprach er sich jedoch, unkundig des Griechischen, und sagte ›Paidios‹, so nannte er den Makedonen ›Sohn Jupiters‹. Man sieht, oft ist es nur ein einziger Buchstabe, der über Göttlichkeit entscheidet.

So dachte ich im Angesicht des toten Alexander, und ich wollte scheiden wie ein Freund vom Freund, der eben erst den letzten Atemzug getan hat, und drückte ihm einen Kuß auf die Stirne, dabei strauchelte ich. Ich drohte – sei's aus Ungeschicklichkeit oder vor Erregung – in den Sarkophag zu stürzen und streckte meine Linke vor, um dieses zu verhindern und berührte die Nase Alexanders. Sie brach wie Glas in viele Stücke, und ehe ich mich versah, klaffte ein Loch an jener Stelle, die vorher noch die Nase trug. Mir stand das Blut still in den Adern bei diesem Anblick; ich wollte fliehen, doch eine dunkle Macht hielt meine Sohlen fest. Ich weiß nicht mehr wie lange diese Starrheit dauerte, zwei Wächter trugen mich nach draußen. Ob dies ein böses Zeichen sei, das mir die Götter sandten, vermochte kein Priester je zu deuten, da ein Zeichen dieser Art allen unbekannt ist und ohne Sinn erscheint.

Glaubt mir, es ist die Wahrheit, die ich schreibe, und ich mühe mich vergeblich, durch Schließen der Augen das Bild zu verdrängen – es gelingt mir nicht. Die Erscheinung verfolgt mich wie mein Schatten, und wie mein Schatten ist sie immer gegenwärtig: ein schwarzfarbiges Loch im Kopfe Alexanders, keine Wunde, die Heilung verspräche bei kundiger Pflege, nein, damals schon schien mir wie heute, als hätte ich diesen göttergleichen Menschen für immer zerstört – mein eigenes Idol.

LXXXVIII

Dem Erbrechen nahe weigert sich meine Hand weiterzuschreiben. Mir will das Loch im Kopf des Alexander nicht aus dem Sinn. Ich sehe es deutlich vor mir, ein tiefes schwarzes Loch anstelle der Nase, darunter eine finstere Höhle – ich kann es nicht beschreiben.

LXXXVII

Als ich ihn sah, war der große Makedonier dreihundert Jahre tot, und ich fragte mich, ob jener konservierte Rest vor meinen Augen Alexander der Große war oder sein Abbild, die Erinnerung, sein Schatten oder nichts als eine abgestandene Ansammlung von Atomen, wie Demokrit, Leukipp und hundert Jahre später Epikur verkündeten. Gewiß, Ägyptens Priester schmückten ihre Toten, als gingen sie zum Gastmahl, badeten sie siebzig Tage lang in Natron, das dem Körper jede Flüssigkeit entzieht, entfernen – wenn man Herodot glauben darf, der darüber umfassend berichtet hat – durch die Nase das Gehirn sowie die Eingeweide nach einem Schnitt in die Bauchdecke, wuschen sie mit Palmwein und wickelten sie zusammen mit wohlriechenden Stoffen in endlose Binden aus Leinwand. Darüber wurde klebriges Pech gegossen. So überdauerten die Toten Jahrtausende, nach dem Wunsch der Priester sind sie gerüstet für die Ewigkeit.

Denn anders als die Griechen, die ihre Toten der Erde übergeben, wo sie zerfallen, und anders als wir Römer, die wir unsere Toten auf dem Scheiterhaufen verbrennen und nur die Asche beisetzen, erhalten die Ägypter ihre Toten lebensecht, bedecken sie mit Schmuck und Spezereien und bahren sie in unterirdischen Gewölben auf, die Wohnräumen mehr ähnlich sind als Totengrüften. Ihr Weg zum Totenrichter ist beschwerlich und mit zahllosen Aufgaben verbunden, und wird ihr Lebenswerk für gut befunden, so kehren sie in ihren Leib zurück.

Nach Ansicht ihrer Priester, die aus Gründen der Reinheit kahle Köpfe tragen, besteht der Mensch aus sechs Elementen, drei materiellen – seinem Leib, dem Namen und dem Schatten – und drei überweltlichen – Aneh, Ba und Ka. Ka ist der Lebenshauch, unvergänglich und unsterblich, Ba nennen sie die geistige, den Tod überdauernde Kraft des Menschen und Aneh die unvergängliche Lebenskraft. Das verstehe wer wolle, mir bereitet es schon Schwierigkeiten, Körper, Seele und Geist zu begreifen, die unsere Philosophen dem menschlichen Wesen zugrunde legen.

Ich wiederhole meine Frage: War dieser tote Leib, vor dem ich in Andacht stand, war das der große Alexander, das, was den großen Makedonen ausmacht? Oder hatte dieser konservierte Körper mit Alexander nur soviel zu tun wie Aristoteles mit seiner Lehre? Ich meine, daß das Ich zwar einen Körper braucht, doch ist es unbedeutend, welchen. Das Göttliche in mir, das mich zum *Imperator Caesar Divi Filius* ausersehen hat, hätte es nicht auch im Leib des Livius, Horaz oder Vergil erstehen können? Hätte mein göttlicher Same nicht auch im Schoße Julias, Scribonias oder Octavias wachsen können statt im Uterus meiner Mutter Atia?

Mein Hausphilosoph Areus, ein Grieche, wie alle Jünger dieser Lehre, mit dem ich täglich über Tod und Leben streite, sagt, die Seele sei es, welche das Wesen des Menschen zusammenhalte; verlasse sie den Körper, verfliege er und verwese. So sagte Areus. Ich würde seinen Worten ja glauben, sagte nicht jener mit dem Namen Philosophus etwas anderes. Nur Menschen, wollen die einen wissen, hätten eine Seele, die anderen behaupten, daß auch Tiere eine Seele haben, und Thales, der die Auffassung vertritt, daß alles sich in irgendeiner Art Bewegende eine Seele habe, sagt, selbst der Magnet sei Träger einer Seele, weil er das Eisen anzieht. *Sic*!

Über die Seele irgendeine Gewißheit zu erlangen, meinte Aristoteles, gehöre zu den mühsamsten Dingen. Er mußte es wissen, denn er schrieb drei kluge Bücher über dieses Thema. Demokrit glaubte die Seele im Feuer zu erkennen. Nicht weit entfernt bewegten sich die Pythagoreer, welche die Sonnenstäubchen in der Luft als Seele bezeichneten. Ihnen könnte ich eher glauben, als Empedokles, sind Feuer und Sonnenstrahlen doch die feinsten und unkörperlichsten Elemente. Empedokles brachte nämlich *alle* Elemente ins Gespräch; Erde, Wasser, Feuer, Luft aus diesen Elementen setze die Seele sich zusammen, was Aristoteles wiederum abstreitet. Dieser behauptet, die Seele sei eine Wesenheit im begrifflichen Sinne, so wie wenn ein Werkzeug, etwa ein Beil, ein natürlicher Körper wäre. Dann wäre das Beil-Sein seine Wesenheit und eben dies wäre die Seele. Wäre diese abgetrennt, wäre es kein Beil mehr außer dem Namen nach. Dies gelte auch für die Glieder des Körpers. Wäre, sagt Aristoteles, das Auge ein Lebewesen, so wäre seine Seele das Sehvermögen; denn das sei die Wesenheit des Auges im begrifflichen Sinn. Das Auge aber sei die Materie für das Sehvermögen; werde es eingebüßt, existiere das Auge nicht mehr, es sei denn dem Namen nach wie ein aus Stein gehauenes oder mit Farben gemaltes Auge. Dies könne vom Teil auf den gesamten Körper übertragen werden.

Ich folgere daraus, und der Gedanke macht mich glücklich, daß der gedörrte Leib, dem ich in Alexandria begegnete, nicht jener große Alexander war, der von Göttern und Menschen seit drei Centennien geliebt wird, sondern nur ein Lebensteil, außer Funktion und unbrauchbar, aber doch endauslösend. So ist das Loch im Kopfe des großen Makedonen, das ich ihm zufügte durch mein Ungeschick, von minderer Bedeutung – wenngleich der Anblick mich immer wieder erschauern läßt. Froh bin ich, daß mir ähnliches Schicksal erspart bleibt. Ich habe verfügt, daß mein Leib sofort am Tag nach meinem Ableben auf dem Marsfeld verbrannt wird.

Ich, Polybius, Freigelassener des Göttlichen Augustus und des Schreibens kundig, fürchte, die Vorzeichendeuter könnten recht behalten. Caesar Augustus zeigt immer stärkere Verfallserscheinungen. Bisweilen steht er am Fenster und starrt hinaus, als warte er auf ein Zeichen vom Himmel. Dann geht er Stunde um Stunde in seinem Zimmer auf und ab, die Hände auf dem Rücken verschränkt, den Blick auf den Marmor des Bodens gerichtet. Wer ihn anspricht, erhält keine Antwort. Doch dann fährt er plötzlich hoch und erschrickt sogar vor mir oder den Sklaven, die ihm das Essen bringen.

LXXXVI

Wenn ich ehrlich bin, so haben eher Frauen mein Leben bestimmt als Schlachten und Kriege, und darin unterscheide ich mich nicht von meinem Göttlichen Vater Julius. Auch der Grund meiner Anwesenheit in Alexandria, wo ich dem großen Makedonen begegnete, war eine Frau, Kleopatra mit Namen, aus dem griechisch sprechenden Geschlecht der Ptolemäer, genannt nach dem ersten König, der in Ägypten auf Alexander folgte, Ptolemaios. Seither trugen alle Könige Ägyptens diesen Namen – ich glaube, es waren drei Dutzend –, wohl um die Einheit ihrer Dynastie zu demonstrieren. Und da schon im täglichen Gespräch, von Urkunden ganz zu schweigen, der Vater nicht vom

Sohne, der Enkel nicht vom Oheim zu unterscheiden war, gab man ihnen Beinamen wie Soter, der Retter, Philadelphos, der seinen Bruder liebt, Euergetes, der Wohltäter, oder Philopator, der seinen Vater liebt – wie seltsam.

Philopator – diesen Beinamen trug auch jene Kleopatra, von der ich hier berichten will. Bei ihrer Geburt war Divus Julius immerhin schon 30 Jahre alt, Marcus Antonius gerade dreizehn, ich selbst noch nicht geboren. Jeder Vergleich schmeichelt dieser ägyptischen Schlampe, die eine unbekannte Mutter und einen sittlich verkommenen Vater hatte, welcher – *o tempora o mores* – als Flötenspieler verkleidet durch die Straßen zog. (Degenerierungserscheinungen dieser Art sind kein Wunder bei Leuten, die über Jahrhunderte ihre Schwestern oder Töchter heiraten!) Das alles zeigt, wie Sittenlosigkeit sogar ein angesehenes Geschlecht zerstören kann und daß meine Sittengesetze notwendig sind wie Weizen aus den Provinzen, soll das römische Volk nicht an sich selbst zugrunde gehen.

Im Jahre meiner Geburt besiegte Pompejus, der als Feldherr für den Staat von Nutzen, als Staatsmann aber ein Verhängnis war, König Mithridates von Pontus und gründete die syrische Provinz. Dabei trieb er die römischen Adler bis an Ägyptens Grenzen. Mein Vater *Divus Julius*, der damals Konsul war und sich mit Pompejus und Crassus in einem Triumvirat verbündet hatte, bot dem Flötenspieler einen Pakt an. Gegen Zahlung von sechstausend Talenten wollte er Ptolemaios als Freund und Verbündeten betrachten. Der Flötenspieler borgte sich das Geld (in Rom, beim Mercurius!), das beinahe der Steuereinnahme eines Jahres entsprach, und zog sich damit den Haß seines Volkes zu. Er mußte um sein Leben fürchten und floh mit seiner Tochter Kleopatra nach Rom, um Beistand zu erbitten. *Ibi fas, ubi proxima merces*: Ptolemaios kaufte mit hohen Bestechungsgeldern Anhänger und nahm den beschwerlichen Heimweg über Kleinasien, wo er und seine Tochter im Heiligtum der Artemis von Ephesus Zuflucht suchten, um abzuwarten, bis aus Rom die Weisung der Rückkehr nach Alexandria käme.

Pompejus war nur auf den eigenen Vorteil bedacht und ließ die Angelegenheit von seinem Parteigänger Aulus Gabinius regeln, zu dieser Zeit Statthalter von Syrien. Gabinius zählte zu jenen Menschen, die mir zutiefst verhaßt sind: Er drängte sich in jedes Amt, aber nicht, um dem Staat zu dienen, nein, des eigenen Vorteils willen erstrebte er den Posten des Volkstribuns, des Konsuls gar und suchte nun als Prokonsul von Syrien Profit zu machen. Zehntausend Talente forderte Gabinius von dem Ptolemäer, und der nahm abermals in Rom Kredit auf und zahlte – was blieb ihm anderes übrig. Betrachte ich mir's recht, so war der Flötenspieler schlauer als die Römer, die, wollten sie ihr Geld je wiedersehen, den Ägypterkönig auf den Thron zurückbringen mußten auf Gedeih und Verderb. Unter dem Vorwand, die zurückgebliebene Königstochter Berenike habe ohne Zustimmung Roms Archelaos von Pontus geheiratet und ihn so zum Herrscher Ägyptens gemacht, wurde dem Senat die Zustimmung zur Invasion in Ägypten abgetrotzt.

An der Spitze der Reiterei stand damals Marcus

Antonius. Ich selbst zählte gerade sieben Jahre, und die Geschichten, die aus dem fernen Ägypten an mein Ohr drangen, begeisterten mich ungemein, hatte doch ein Römer dem unglücklichen König Ägyptens den Thron zurückgegeben, wie es schien ein Sieg der Gerechtigkeit. Beim Jupiter, ich mußte später lernen, daß jene, die sich den Mantel der Gerechtigkeit umlegen, meist die größten Schurken sind. Nehmt Sulla, den ›Glücklichen‹; welch Unglück brachte er über sein Volk um der Gerechtigkeit willen! Kaum war er tot, da versuchte Lepidus seine Gesetze zu beseitigen – ebenfalls um der Gerechtigkeit willen. Und wer weiß, ob meine eigenen Gesetze, die heute keinen Gegner finden, nicht nach meinem Ableben als ungerecht beurteilt werden? Das Recht ist der größte Gegner der Gerechtigkeit.

Marcus Antonius schuf sich in Ägypten viele Freunde, weil er dem ungeliebten Flötenspieler zuwiderhandelte und Archelaos, der bei den Kämpfen umgekommen war, ehrenhaft bestattete und jene Alexandriner schützte, welche die Rückkehr des alten Königs hintertrieben hatten. Doch kam er zu spät, um zu verhindern, daß Ptolemaios die eigene Tochter Berenike, die während seiner Abwesenheit Königin gewesen war, hinrichten ließ. Nun fiel das Thronerbe Kleopatra zu.

Gabinius und Rabirius versuchten daraufhin gemeinsam, ihre Darlehen in Ägypten einzutreiben. Ganze Schiffsladungen ägyptischer Schätze, geraubt, erpreßt, entweiht, sandten sie in italisches Land, bis die Ägypter sich erhoben und beide aus dem Land prügelten. In Rom vor Gericht gestellt, wurde Gabinius verbannt, obwohl hohe Bestechungsgelder im Umlauf waren, Rabirius aber freigesprochen, und als mein Göttlicher Vater aus dem gallischen Krieg nach Rom zurückkehrte, bat er Gaius, dem der Flötenspieler noch immer eine beträchtliche Summe schuldete, auch seinen Teil einzutreiben.

Ägypten galt als das reichste Land der Erde, abseits gelegen und geheimnisvoll. Regelmäßig wie der Lauf der Sterne trat der Nil über seine Ufer, lud fruchtbaren Schlamm ab aus dem Oberlauf des Flusses, dessen Quellen nur die Götter kennen, und sicherte zweifache Ernte, vor allem Getreide – mehr als das Doppelte des eigenen Bedarfs. Ihren Göttern, die den Leib von Menschen tragen, aber die Köpfe von Katzen, Krokodilen und Schakalen, opfern sie seit Jahrtausenden Gold und kostbare Juwelen und bewahren sie in Schatzhäusern, reicher als jene von Delphi in seiner größten Blüte.

Gleicht nicht das Leben eines Volkes der Laufbahn des Sonnengestirns an einem Sommertag? Unergründlich erhebt es sich an einer ganz bestimmten Stelle, steigt steil empor bis zum Zenith, stürzt dann unabwendbar nieder und verschwindet. Über Ägypten lag damals – um im Bild zu bleiben – bereits die Abenddämmerung, und keine Macht der Welt wäre in der Lage gewesen, den Niedergang dieses Volkes zu bremsen. Bei dem Gedanken frage ich mich freilich: Wo steht die Sonne über dem römischen Imperium?

Damals, nach dem ersten Konsulat meines Göttlichen Vaters, konnten die Zustände in Alexandria nicht chaotischer sein als in Rom: Crassus gegen die Parther im Osten gefallen, Divus Julius gegen Vercingetorix in

Gallien kämpfend, Clodius in Rom ermordet, so erkannte der Senat die einzige Rettung darin, Pompejus zum *Consul sine collega* zu wählen. Die *Patres conscripti* fürchteten wohl, in diesen turbulenten Zeiten würde ein neuer Catilina aufstehen und mit demagogischer Zunge den Umsturz planen, in Wirklichkeit aber machten sie mit dieser Entscheidung den Bock zum Gärtner: Pompejus war eine Art Catilina.

Mein Göttlicher Vater erkannte das zuallererst, obwohl er über die Vorgänge in Rom nur aus dem Munde seiner Späher Bescheid wußte, die in regelmäßigem Kurierdienst zwischen der gallischen Provinz und der Hauptstadt pendelten. Beim Mars Ultor, mein Vater *Divus Julius* verfolgte jede von Pempejus' Taten mit Mißtrauen, er ließ sich weder von der Zuneigung des Senates noch vom Jubelgeschrei des Volkes beeindrucken, und erst als er keinen anderen Ausweg sah, überschritt er mit seinem Heer den Rubico, der zu dieser Zeit noch die Grenze zwischen Gallia Cisalpina und dem italischen Mutterland bildete.

Ich selbst war damals erst vierzehn Jahre alt, aber ich schickte mich an, die *toga virilis* in Empfang zu nehmen, wie es einem *vir vere Romanus* zukam, und ich verstand den mutigen Schritt meines Vaters sehr wohl, bedeutete es doch Bürgerkrieg, wenn ein heimkehrender Imperator die Grenzen des Mutterlandes überschritt, ohne seine Truppen aufzulösen. Damals begriff ich, daß es durchaus opportun sein kann, gegen Recht und Gesetz zu verstoßen, wenn das Wohl des Staates auf dem Spiele steht, ja mir wurde klar, nicht die Gesetze sind zu fürchten, sondern die Richter. Denn obwohl Gaius Julius Caesar gegen Recht und Gesetz verstoßen hatte, wurde er nie angeklagt, im Gegenteil, später, als die Römer die Notwendigkeit dieses Schrittes eingesehen hatten, dankten Senat und Volk meinem Göttlichen Vater für diesen mutigen Schritt der Übertretung der Gesetze.

Für mich war dies wenige Jahre später der Anlaß, ähnlich zu handeln, als der Senat sich weigerte, mir während der Kämpfe mit den Mördern des Göttlichen das Konsulat zu übertragen. Wenn auch insgeheim nicht ohne Furcht, zog ich mit meinen Truppen entschlossen gegen Rom und erzwang so meine Wahl zusammen mit Quintus Pedius, meinem Oheim. So scheint es denn Gesetz, daß jene, die das Vaterland retteten, sich mit dem Schwert den Weg nach Rom bahnen müssen.

Zurück zu Pompejus: Der erkannte wohl seine Unterlegenheit gegenüber Divus Julius und floh nach Griechenland, wo ihn mein Göttlicher Vater bei Pharsalos vernichtend schlug. Pompejus sah sein Heil in Ägypten; aber bei seiner Ankunft ermordete ihn ein römischer Söldner.

Drei Tage später landete Gaius Julius Caesar in Alexandria. Ptolemaios war gestorben und Julius gab vor, das Testament des Flötenspielers zu vollstrecken, dessen Abschrift tatsächlich in Rom hinterlegt war und das neben vermögensrechtlichen Verfügungen Kleopatra und dem Jungen Ptolemaios die Nachfolge zusprach. Im übrigen gab er offen zu, die Schulden der ägyptischen Regierung eintreiben zu wollen, beim Mercurius.

Um die Iden des Monats Oktober kam es dann zu jener ungewöhnlichen Begegnung, die der Grund für meine lange Vorrede ist. Spät abends meldeten die Wachen die Ankunft eines sizilischen Händlers, der *Divus Julius* zu sprechen wünsche und eine Nachricht der Königin überbringe. Plautus, der 130 Komödien schrieb in 66 Lebensjahren, konnte die Szene nicht besser erfinden: Apollodoros, so der Name des Sizilianers, legte dem Göttlichen einen Bettsack vor die Füße, und aus dem Leinen schälte sich Kleopatra, Ägyptens Königin. Der weitere Fortgang ist bekannt: Noch in derselben Nacht schliefen beide miteinander, und die Affäre machte Weltgeschichte.

Ich habe mich oft gefragt, was meinen Göttlichen Vater veranlaßt haben könnte, sich der ptolemäischen Schlampe hinzugeben. Heute glaube ich die Antwort zu kennen, weil ich in eben dieser Lage nicht anders gehandelt hätte. Nicht der Altersunterschied von über dreißig Jahren reizte Divus Julius, er war kein Freund von kleinen Mädchen wie Maecenas, nein, Ziel seiner Begierden waren reife Frauen wie die Gemahlinnen seiner Freunde, am liebsten aber seiner Feinde. Ich weiß aus erster Quelle, daß er mit Mucia das Lager teilte, der Frau des Gnaeus Pompejus, mit Tertulla, der Frau des Marcus Crassus, mit Lollia, der Frau des Gabinius, sogar mit Servilia, der Mutter des Brutus, hatte er ein Verhältnis, und sie alle waren Frauen im reifen Alter. Einen Mann wie Julius vermochte auch die Kunst in Liebesdingen, die der Ptolemäerin nachgesagt wurden, nicht derart aus der Fassung zu bringen, daß er bedingungslos die Waffen streckte. Was Gaius Julius Caesar jedoch zutiefst beeindruckt haben muß, war die Abstammung der jungen Königin. Wir Römer – und mich selbst nehme ich da nicht aus – haben nun einmal einen Vergangenheitskomplex, wir leiden unter der ruhmreichen Geschichte Griechenlands und suchen krampfhaft nach gemeinsamen Ursprüngen. So schrieb Vergil seine ›Bucolica‹ in Anlehnung an Theokrit, und ohne die Ilias Homers gäbe es keine ›Aeneis‹. Nicht ohne Grund zählen wir unsere Jahre *ab urbe condita*, damit jeder wisse, wo unsere Vergangenheit, ihren Ursprung hat. Die Römer sind süchtig nach Vergangenheit, ihr schlechtes Gedächtnis vergoldet alles Vergangene, und ich glaube, Rom wird noch einmal an seinem schlechten Gedächtnis zugrunde gehen.

Nehmt Gaius Julius Caesar, meinen Göttlichen Vater, der erhaben ist über jede Kritik. Aber wo blieb sein gutes Gedächtnis, als er sich der losen Ptolemäerin in die Arme warf? Gewiß, unter ihrer Haut floß königliches Blut, das Blut der Pharaonen, ja, in hundert Verzweigungen sogar das Blut des großen Alexander, göttliches Blut. Das reizte *Divus Julius*! Sein Blut und ihr Blut würden einen Gott hervorbringen!

Doch lehrt uns die Vergangenheit, daß selbst Götter Mißgeburten zeugten. Mag sein, daß jener Bastard, den der Göttliche zeugte, Arme und Beine hatte und vielleicht einen Kopf auf dem Hals, mag sein, daß mein Göttlicher Vater, verwirrt von den Liebesschwüren der Ptolemäerin, diesen Bastard sogar wollte, mag sein, daß er der jugendlichen Schlampe nur beweisen wollte, beim *priapus*, wie potent er war mit seinen 52 Jahren – müßige Überlegungen angesichts des traurigen Ergebnisses: Dieses Caesarion, dieses erbärmliche *Caesarlein*, das von seiner Mutter hochtrabend Ptolemaios *Caesar* Theos Philopator gerufen wurde, drohte mir, *Imperator Caesar Divi Filius*, das Erbe Caesars streitig zu machen. Man mußte es befürchten. Zwar verbietet das Gesetz, einen anderen als einen Römer zum Erben einzusetzen, doch kein Gesetz verbietet, einem Ausländer römisches Bürgerrecht zu verleihen!

»Venus und Bacchus haben seine Sinne verwirrt!« – Noch heute, nach so langer Zeit, klingen mir die Worte meiner Mutter Atia im Ohr, wenn sie, die Haare raufend, unruhig auf und ab ging und lautstark beteuerte, ich sei der einzige legitime Erbe des Juliers, ich sei ihr Sohn, und sie sei seine Nichte. Nie gibt es mehr Verwandte als im Erbfall. »Ein ägyptischer Bastard!« schäumte Atia, »mit Wolfskopf und Menschenleib.«

Aber als sich in Rom die Nachricht verbreitete, Divus Julius habe nach dem Sieg über die ägyptische Flotte die fremden Schiffe angezündet, das Feuer habe auf die Hafenanlagen von Alexandria übergegriffen und dabei seien 700000 Papyrusrollen der königlichen Bibliothek den Flammen zum Opfer gefallen, da begann auch ich am Verstand meines Göttlichen Vaters zu zweifeln. 700000 Bücher für eine ägyptische Hure!

Ich sage euch aus eigener Erfahrung, beim Jupiter, es ist anstrengend, ein Gott zu sein.

Welche Wohltat liegt in der menschenlichen Schwäche; doch ein Gott ist göttlich, handelt göttlich. Göttlich, das schließt vieles ein:

anbetungswürdig
exemplarisch
nachahmenswert
rühmlich
untadelig
über alles Lob erhaben
überragend
begnadet
auserwählt
unverwundbar
makellos.

Ein Römer aus der Vorstadt, der es mit seiner Enkelin treibt, wen kümmert es? Aber wenn der Göttliche Julius Kleopatra bespringt, vielleicht nicht einmal aus niederen Trieben, sondern weil es sein Selbstwertgefühl hebt, einer Nachfahrin des großen Alexander dienlich zu sein, dann stürmen die Massen das Forum, und Preisredner singen Schmähgedichte, und das Volk klatscht Beifall. Dann halten sie es mit Plato, der predigte, Göttlichkeit sei nur dann zu erreichen, wenn sich die Seele von den Begierden des Körpers trenne und sich im Erkennen der Göttlichkeit versenke, während dieselben Leute sonst eher Anhänger des Kulturverächters Diogenes sind, der auf den Stufen der Akademie ungeniert sein Glied zur Schau stellte wie ein Deckhengst.

Für meinen Göttlichen Vater Julius wurde das ägyptische Abenteuer, dessen menschliche Seite mir nicht fremd ist, das ich aber in seinen Auswirkungen verurteile, zum Prodigium des Niedergangs. Er mochte von Sieg zu Sieg eilen, Ägypten befrieden, Pharnaces von

Pontus besiegen, die Pompejaner in Afrika und Spanien schlagen und im Triumph durch Rom ziehen, öfter als jeder Imperator vor ihm, Gaius Julius Caesar trug einen Makel, der ihn, den Göttlichen, verwundbar machte. Was nützten öffentliche Bankette unter freiem Himmel, Fleisch, wagenweise herangekarrt, Falerner in hohen Fässern, sechstausend fette Aale und dreifacher Sold für die Legionäre, was zwanzigtausend Pfund Goldbeute? Das Volk ist eine Hure. Für Geld wird sie tanzen, lieben wird sie dich nie.

Ich bin müde ...

LXXXV

Wo endete ich gestern? – Ach ja, hört wie das Leben seinen Lauf nahm.

Zunächst überwog die Neugierde, als die märchenhafte Ägypterkönigin den Weg nach Rom fand, um, wie sie verlauten ließ, den Beistandspakt zu erneuern, den ihr Vater, der Flötenspieler, mit den Römern beschlossen hatte. Ich habe nie einen Hehl gemacht aus meinem Haß gegen dieses Pharaonenflittchen, aber Sinn für das Nützliche kann ich Kleopatra nicht absprechen. Als kenne sie die Römer besser als diese sich selbst, trat sie nicht als Herrscherin eines fremden Staates auf, sondern als Fabelwesen von einem anderen Stern, umgeben von wilden Tieren der Wüste.

Schwarze Sklaven schleppten sie in einer grell bemalten Sänfte, andere fächelten ihr Kühle zu mit baumhohen Wedeln aus Pfauenfedern. Ihre Kleider blitzen von Gold und bunten Steinen, aber – mein Göttlicher Vater Julius möge mir verzeihen – schön konnte man die Ägypterin nicht nennen. Die hohe Haube auf ihren Kopf sollte wohl verbergen, daß sie von Statur ein Zwerg war (in Germanien sah ich Weiber von doppelter Größe), ihre Nase glich der eines Adlers, und die Augen, eingerahmt von schwarzer Farbe, blieben unsichtbar, obwohl ich ihr auf wenige Armspannen nahe kam.

Ich erinnere mich wohl, ich stand auf den Stufen des Vestatempels, zusammen mit Marcius Philippus, dem zweiten Gemahl meiner Mutter Atia, da fiel mein Blick auf das Bündel in ihrem Schoß. Jetzt sah es auch Philippus.

»Da«, sagt er, »den mußt du fürchten!«

»Ja«, sagte ich, »Caesarion.«

»Ein Caesarlein?«, sagte er, »nicht einmal das, ein Bastard.«

»Wie kann Divus Julius mir das antun?«, sagte ich.

»Deine Mutter Atia«, sagte er, »weint Tränen wegen der Schande.«

»Sie darf nicht weinen«, sagte ich.

»Dann sei ein Mann«, sagte er, »handle.«

Ich sah Philippus an. Er schwieg. Aber sein fester Blick verriet, was er meinte. Und auf einmal zitterte ich am ganzen Körper. Ich drängte mich durch die Reihen der Gaffer und lief nach Hause, heulend vor Wut, in die Arme meiner Mutter Atia. Gefragt nach dem Grund meiner Erregung berichtete ich von der demütigenden Begegnung, und Atia drückte mich wie ein Kind und sagte, ich solle mich nicht sorgen, sie würde nicht zulassen, daß ich um mein Erbe geprellt würde. Danach verbarg ich mich einen Tag und eine Nacht in den Gärten, weil meine ohnmächtigen Tränen nicht enden wollten.

Dies Leid des Herzens schwächte meinen Körper derart, daß er sich gegen jegliche Speise auflehnte, sie bald nicht hielt, bald nicht durchließ, bald sie nicht faßte oder nicht verdaute. Ich fühlte mich damals dem Sterben näher als dem Leben, und ein hitziges Fieber schüttelte meine Glieder wie die Äste einer Eiche im Winterwind Aquilo. Wohlbedacht schonte Atia meinen Ruf, indem sie verbreitete, ich hätte mir bei der Vorbereitung der römsischen Spiele einen Sonnenstich zugezogen.

Divus Julius duldete keine Schwächlinge; aber diese Leiden kannte er selbst, scheute doch auch er die Strahlen der Sonne. In Wirklichkeit vermutete Musa schon damals Steine in meinen Organen, ein Leiden, das ich bis zum heutigen Tag mit mir herumschleppe als Bürde des Schicksals. Und heute wie damals verschafft mir Steinsamen Linderung, der auch Zeusweizen oder Herakleskraut genannt wird und wie alle Heilpflanzen betörende Schönheit zur Schau trägt. Die Pflanze gedeiht, kaum einen halben Fuß hoch auf der kretischen Insel, trägt Blätter von doppelter Größe der Raute und holzige Zweige von der Dicke einer Binse. Wo die Blätter aus dem Stengel hervortreten, glitzern kleine Steine wie Perlen, als habe ein Goldschmied sie angebracht. Diese Steinchen, zerrieben, in Weißwein gelöst und getrunken, zerbrechen die Steine im Körper und lösen den Schmerz. Ich genas mit Äskulaps Hilfe, dem ich ein Hähnchen opferte, nach uralter Sitte.

Nun drängte mich Atia, des Juliers Nähe zu suchen; doch mein Göttlicher Vater hatte Rom längst verlassen und war auf dem Landweg nach Spanien geeilt, um Gnaeus und Sextus zu stellen, die Söhne des Pompejus. Ich folgte ihm auf dem Seeweg, erlitt Schiffbruch und wurde von Seeräubern bedrängt, erreichte aber das südliche Spanien, noch bevor es bei Munda zur entscheidenden Schlacht kam. Eingedenk der Worte meiner Mutter, wich ich dem Göttlichen nicht von der Seite, auch dann nicht, als das Kriegsglück Gaius zu verlassen drohte und die ersten ihr Heil in der Flucht suchten. Schreiend rannte Gaius Julius Caesar damals durch die Schlachtreihen, wilde Drohungen ausstoßend wie ein Bestiarius beim Kampf mit dem Löwen. Ich fürchtete um mein Leben und – beim Mars, ich muß es gestehen – ich spähte ängstlich nach einem Fluchtweg, als mein Blick dem seinen begegnete. Heute weiß ich, daß dieser kurze Augenblick über mein Leben entschied.

»Fliehe!« schrie der Julier mit blitzenden Augen, »warum fliehst du nicht mit den anderen, du – Muttersohn!«

Aber ich wollte dem Göttlichen diesen Triumph nicht gönnen. Also brüllte ich, lauter als Caesar: »Elende Feiglinge! Ihr wollt Römer sein?« Meine Stimme überschlug sich, aber das Geschrei nahm mir die Angst.

Heute weiß ich, daß auch der Göttliche Julius mit seinem Gebrüll gegen die Angst ankämpfte; denn nach siegreicher Schlacht sagte er, um den Sieg habe er schon oft gerungen, aber noch nie um sein Leben.

Seit Munda, das 30000 Pompejanern das Leben kostete – nur Sextus entkam –, liebte Gaius Julius Caesar mich wie einen Sohn, obwohl man nie wissen konnte, was gerade in ihm vorging. Tagelang verbarg er den Kopf in der Beuge des Armes, weil ihn stechender Kopfschmerz quälte. Die ›heilige Krankheit‹, von den Ärzten auch Fallsucht genannt, weil die Menschen stürzen wie verwundete Krieger, sobald sie sich ihrer bemächtigt, kündigte sich in langandauernden Dämmerzuständen an. Sie rief auf dem Höhepunkt Zuckungen der Glieder hervor wie bei einem Orakelpriester in Verzückung. Mehr als einmal habe ich dieses schaurigschöne Schauspiel genossen, wenn die Gottheit sich des Körpers bemächtigt, und ich habe nie verstanden, warum das eine Gnade ist, die nur wenigen zuteil wird.

Rastlos zog der Göttliche durch die spanischen Provinzen und gründete neue Kolonien, im Süden Nova Carthago, im Norden Tarraco, Hispalis und Urso nahe der Säulen des Hercules. Im September kehrten wir nach halbjähriger Abwesenheit nach Rom zurück. Geschwächt von den Strapazen des Feldzuges und häufigen Ohnmachten, zog sich der Göttliche auf sein Landgut Lavicum zurück. Hier erfüllte sich mein Schicksal: Es muß um die Iden des Monats September gewesen sein, jedenfalls änderte Gaius Julius Caesar sein Testament. Entgegen alter Gewohnheit, bei Gelagen oder inmitten der Legionäre seinen Letzten Willen öffentlich kundzutun, schwieg er und hinterlegte das Pergament im Tempel bei den Vestalischen Jungfrauen.

Von meiner Mutter Atia erfuhr ich, daß Kleopatra noch immer in der Stadt sei, die Verbindung zu Caesar jedoch abgebrochen habe, den Grund wüßte sie nicht zu nennen. Heute glaube ich, sie wollte ihn nicht nennen; denn in Rom geschah nichts ohne ihr Wissen. Jedenfalls machte die Ptolemäerin nun, da Divus Julius ihr zu entgleiten schien, gemeinsame Sache mit Marcus Antonius.

Beim Jupiter, schon wieder graut der Morgen, während ich dieses zu Papier bringe. Aurora mit den Rosenfingern erhebt sich vom Lager und schirrt die Rosse an den goldenen Wagen, den Tag zu verkünden. Weißer Tau liegt auf den Gräsern, Tränen, die Aurora um Memnon weint, ihren Sohn, von Achilles getötet. Mich fröstelt, und ein Alter wie ich suchte besser die Wärme des Bettes; doch mir bleiben nur noch vierundachtzig Tage zu erklären, woran mir gelegen ist. So will ich zu Ende bringen das Bild jener Zeit, bevor ich das Erbe meines Göttlichen Vaters entgegennahm.

Wie ein Stachel im Fleisch quälte den göttlichen Caesar die Niederlage des Crassus bei Carrhae gegen die Parther. Sieben Legionen, 4000 Reiter, ja Kopf und Hand, die der Proconsul Syriens ließ, hätte Gaius verschmerzt; den Barbaren waren jedoch alle Feldzeichen der Römer in die Hände gefallen, welch eine Schande! Nun plante Caesar einen Feldzug gegen die Parther durch armenisches Land, ein waghalsiges Unternehmen, wie es nur einem in den Sinn kommt, der noch nie eine Niederlage erlitten hat. Von Krankheit gezeichnet hob der Göttliche Truppen aus, sammelte Schiffe und Geld aus den Klientelstaaten und beauftragte mich mit der Erfassung der Vorhut im makedonischen Hafen Apollonia. Designiert zum *Magister equitum* für das folgende Jahr, machte ich mich mit meinen Freunden Agrippa und Maecenas auf den Weg, um in der Provinz nähere Weisungen zu erwarten.

Auf diese Weise blieb mir fremd, daß gegen Gaius Julius Caesar eine Verschwörung angezettelt wurde. *Contra quis ferat arma deos?* Sechzig Republikaner gelobten seine Ermordung, sechzig erbärmliche Kreaturen, beim Pluton, die seine Göttlichkeit leugneten, die Diktatur in Frage stellten und allen Ernstes fürchteten – das Gerücht hatten sie zuvor in Umlauf gebracht –, Caesar wolle Alexandria zur Hauptstadt des Imperiums machen.

Was an den Iden des März auf den Stufen des Pompejustheaters geschah, war nicht nur heimtückischer Mord an meinem Göttlichen Vater, es war der Selbstmord unserer *Res publica*, ein Hohn auf die Menschheit, die einen ihrer Größten opferte. Die Liebe zum Vaterland – so wurde der Mord gerechtfertigt – treibt seltsame Blüten seit alters. Mißtraut denen, die diese Liebe predigen. Sie gleichen grausamen Grillen, sie lieben und morden zur selben Zeit.

Ich erfuhr vom Tod des Göttlichen in einem Brief meiner Mutter Atia, die mich inständig bat, nach Rom zurückzukehren. Ich gehorchte, landete ohne Aufsehen in Unteritalien und nahm den Landweg nach Rom, als mich ein zweiter Brief erreichte mit der Abschrift von Caesars Testament: Divius Julius hatte mich zum Erben eingesetzt und postum an Sohnes Statt angenommen. Fortan trug ich den Namen *Gaius Julius Cae-*

sar Divi Filius; aber ich wünschte mehr als einmal, jener geblieben zu sein, als der ich geboren wurde: Gaius Octavius. Doch davon wird noch die Rede sein.

LXXXIV

Hand, warum weigerst du dich, meine Gedanken niederzuschreiben? Elendes Glied, dürren Ästen im Winter gleich, überzogen von dünner, vielfaltiger Haut, aus der schwarze Adern hervortreten! Schreibe, nichtsnutziges Werkzeug und löse deine Starre, die jeden Buchstaben zur Qual macht. Was ist es, das dich lähmt, was?

LXXXIII

Nil nisi istud.

Ich, Polybius, Freigelassener des Göttlichen Augustus und des Schreibens kundig, behaupte: Der Tod kommt schneller, als man denkt. Ich bin sicher, der Göttliche wird den hundertsten Tag nicht erleben. Er rufe bisweilen seltsame Namen, sagt der Türsklave, und spreche mit Unsichtbaren. Furchtbare Visionen. Aber schon im nächsten Augenblick zitiert Augustus die griechischen Philosophen aus dem Gedächtnis. Merkwürdig. Heute überreicht mir der Caesar ein Pergament, auf dem nur ein Satz geschrieben steht. Er ahnt nicht, daß ich es weiß, und ich lasse ihn in dem Glauben. Wahrscheinlich sind dies die letzten Eintragungen des Göttlichen.

LXXXII

Nil nisi istud.

LXXXI

Seit Tagen finde ich keinen Schlaf, und meine Hände zittern wie Eichenblätter. Die tägliche Niederschrift hatte ich aufgegeben, weil die Furcht vor dem Unbekannten größer ist als die Befriedigung über das

Erreichte. Untätig ruht mein Leib wie der eines Toten, und die Gedanken fliehen, zurück bisweilen in die Vergangenheit, bisweilen in die Zukunft. Denn das Gehirn ist bei Annäherung des Todes weit mehr von göttlicher Eingebung erfüllt als in der Mitte des Lebens. Der Stoiker Poseidonios, von dem auch Cicero seine Weisheit erfuhr, berichtet von einem Mann aus Rhodus, der sterbend sechs seiner Altersgenossen aufzählte, so wie sie der Reihe nach sterben würden. Poseidonios erklärte diese Erscheinung auf dreierlei Weise: Zum Einen sei die Seele in der Annäherung an die Götter in der Lage mehr zu erkennen als im Abstand des Lebens, zum anderen sei die Luft voll von unsterblichen Seelen, und die Wahrheit zu erkennen sei eine Sache von Erfahrung, und letztlich pflegen die Götter Umgang mit jenen, die sich auf dem Wege zu ihnen befänden. Bei Phöbus, dem Gott der Erkenntnis, drängt mich das zweite Gesicht? In meinen letzten Tagen erkenne ich Dinge, die ich nie erlebt habe, höre ich Worte, die nie gesprochen wurden – und dann diese endlosen Nächte! Furchtbare Bilder tun sich auf, Tragödien in einem einzigen Alter, Bilder kommen, verlaufen, Worte verhallen, ich spüre Haß und Furcht und Verachtung, sehe Narren und Bösewichte, aber ich muß niederschreiben, was ich erlebt habe – erlebt, nicht erträumt!

In der Nacht vor der gestrigen traten Männer auf ohne Gesicht. Der erste lebte einsam auf einer Insel, finster und grausam, in ständiger Angst, von Bildern verfolgt. Vom höchsten Felsen blickte der Unglückliche täglich aufs Meer, als warte er auf Rettung. Aber näherte sich einer, so stürzte er ihn vom Felsen, und am

Fuße der Klippen standen Seeleute mit Stangen und schlugen auf das ein, was an dem zerfetzten Körper sich noch bewegte. Der zweite Gesichtslose erstickte den ersten mit einer Decke, weil er, siech und verfallen, trotz hohen Alters nicht sterben konnte. Ein hinkendes, am ganzen Körper behaartes Ekel, hochgewachsen und dürr von Statur, mit hinterhältigem Grinsen, selbst bei Folterungen und Hinrichtungen, die sein Lieblingszeitvertreib waren – gab er sich in Perücke und langem Gewande der Unzucht hin. Sogar der Tod, sagten die Römer, fürchte ihn. Er trat mit der Axt an den Altar, wo der Priester sich anschickte, den Stier zu töten. Doch noch ehe dieser das Opfer vollzogen hatte, holte der Gesichtslose aus und spaltete mit dem Beil den Kopf des Priesters.

»O hätte das römische Volk nur einen Hals!« gellte er, während er durch die leeren Straßen der Hauptstadt torkelte. Für die Spiele im Circus sammelte er alte Männer, Männer mit körperlichen Gebrechen, dann ließ er die Bestien los.

»Oderint dum metuant! ...«, rief er immer wieder.

Auch er starb von Mörderhand und machte einem Idioten Platz, von dem es schien, als habe die Natur ihn nur begonnen und nichts vollendet. Eine Mißgeburt mit krummen Gliedern, die sich nur wackelnd fortzubewegen imstande sah, erlangte er nie mehr als das Gehirn eines Kindes, was dazu führte, daß er jene, die er geistesabwesend hinrichten ließ, tags darauf zum Gastmahl lud. Schaum trat ihm vor den Mund, und seine Nase tropfte heftig. Nachts schlief er kaum oder höchstens ganz kurz, so daß er am Tage bei jeder Gelegenheit einnickte, bei Tisch, im Gericht und während der Vorstellung im Theater. Tatsächlich regierte er nie, sondern wurde von anderen mißbraucht, und diese waren es auch, die seinem Leben ein Ende bereiteten mit giftigen Pilzen.

Und noch ein Gesichtsloser trat vor mich hin: Ein Rotbart, ein Jüngelchen am Gängelband seiner Mutter, dem das Glück nie vergönnt war, mit Pferden zu spielen oder Liedern des Dichters zu lauschen. Sein Schaden wäre gering geblieben. So aber verursachten lächerliche Prahlsucht, groteske Eitelkeit und krankhafter Ehrgeiz verhängnisvolle Auswüchse. Zehn Stunden sang er zur Lyra im überfüllten Theater. Während dieser Zeit blieben alle Türen verschlossen, ja es war nicht erlaubt, sich zu erheben, und weil das erzwungene Publikum größer war als die Einwohnerzahl einer Stadt, starben in dieser Zeit im Theater Menschen, und Kinder wurden geboren. Seine besten Freunde zwang er zum Selbstmord; was vorwiegend durch Öffnen der Pulsadern geschah. Er plante, alle Senatoren zu vergiften, und der eigenen Mutter schickte er mit dem Schwert einen Mörder. So sah ich ihn, ohne Gesicht. Und Rom sah ich brennen, mein Rom, das ich mit Hallen und Tempeln geschmückt habe, und er sang dazu homerische Verse vom Turm auf dem esquilischen Palast des Maecenas. Er starb von eigener Hand.

»Wer bist du?« rief ich ihm nach, als sein Bild sich entfernte, und zaghaft vernahm ich die Antwort: »Der letzte von julischem Blute.«

Wurde mir nun schon das eigene Ende geweissagt, so steht mir – scheint es – noch Schlimmeres bevor, das

Verderben des Staates zu erkennen, herbeigeführt von Schurken und dunklen Ehrenmännern. Welch finsteres Alter, welch unerklärlicher Ratschluß der Götter, die mir zu Lebzeiten Apollos Gabe vermitteln! Sie täten gut daran, diese zurückzuhalten; denn die Kenntnis der Zukunft nützt keinem. Im Gegenteil, sie macht hoffnungslos, ausweglos, trostlos, gebrochen.

Welcher Vorteil wäre Crassus erwachsen, den die Römer *Dives* nannten, den Reichen, der das Volk an zehntausend Tischen speiste in Reichtum und Glück, zu wissen, daß ihm am Euphrat die schändlichste Niederlage bereitet, ihm selbst der Kopf abgeschlagen würde wie einem Stier? Hätte Pompejus, den sie *Magnus* nannten, den Großen, Freude empfunden über sein dreimaliges Konsulat, den Sieg über Mithridates und über drei Triumphe, wäre ihm das Ende geweissagt worden, die Niederlage bei Pharsalus und wenige Tage später seine Ermordung an der Küste Ägyptens? Und Gaius Julius Cäsar, den wir alle *Divus* nannten, den Göttlichen, welche Qualen hätte mein Vater erduldet, zu wissen, von den eigenen Freunden erdolcht zu werden, zwei Tage vor dem größten Feldzug?

Mein Verstand zwingt mir Zweifel auf an dieser plötzlichen Gabe, doch Areus, dem ich das *Phainomenon* berichtete, verwies auf die Stoiker, auf den scharfsinnigen Chrysippos aus Soloi in Kilikien, auf Diogenes, den Babylonier, seinen Schüler, und auf den Tarsier Antipater, einen Jünger des Diogenes, die sich dazu auf folgende Weise geäußert hätten: Wenn es Götter gibt und sie den Menschen das Zukünftige nicht vorhersagen, so lieben sie entweder die Menschen nicht oder sie wissen selbst nicht, was sich ereignen wird, sie glauben, es liege den Menschen nichts daran, die Zukunft zu wissen, oder sie meinen, es sei ihrer Würde nicht angemessen, den Menschen vorher anzudeuten, was geschehen wird. Aber sie lieben uns. Sie sind wohltätig und dem Menschengeschlecht wohlgesinnt, und sie wissen sehr wohl um das, was von ihnen selbst angeordnet und bestimmt ist. Uns ist es nicht gleichgültig, die Zukunft zu kennen, denn wir werden vorsichtiger sein, wenn wir um sie wissen. Die Götter halten die Zukunftsvision keineswegs für ihrer Würde unangemessen; denn nichts ist schöner als Wohltätigkeit. Also ist es nicht denkbar, daß es Götter gibt, und sie die Zukunft nicht anzeigen. Es gibt aber Götter; also zeigen sie sie auch an. Und wenn sie diese anzeigen, so eröffnen sie uns auch Wege zur Erkenntnis, denn sie würden es sonst vergeblich anzeigen; und wenn sie Wege öffnen, so ist es nicht möglich, daß es keine Weissagung gibt. Also gibt es eine Art Zukunftsvision.

So sagen die Stoiker, und ich will an ihrer Lehre nicht zweifeln, empfing ich doch in der *Stoa poikile* tiefe Erkenntnis. Jene zum Beispiel, daß nur der Weise wahrhaft frei ist und daß ein Weiser von nichts auf der Welt erschüttert werden kann; nur er steht jenseits von Glück und Unglück, von Leiden und äußerem Geschick.

Gedanken wie diese stürzen mich stets in tiefe Trauer, nicht die Gedanken selbst, aber die Tatsache, daß kein Römer je eine ähnliche Lehre predigte und daß alles, was den Geist betrifft, von den Griechen kommt. Wir Römer mögen die Erde beherrschen vom

Anfang der Sonne bis zu ihrem Untergang, der menschliche Geist aber wird stets von den Griechen beherrscht werden, also auch der unsere, und ich frage: Wer ist der wirkliche Herrscher über die Welt? Caesar Augustus oder Zenon aus Kition?

Ich liebe den Vater der Stoischen Schule, obwohl er im schroffen Gegensatz zur Lust-Lehre Epikurs steht. Der Lust nachzustreben, sagt er, bedeute Verkennung des eigenen Wesens. Lust ist Leiden. Lust macht unfrei. Lust sucht immer neue Bedürfnisse. Lust ist Unvernunft. Ich hasse die Lust, wenngleich – oder weil – ich nicht frei bin von ihr. *Eudaimonia*, das Leben im Einklang mit sich selbst, blieb stets mein Ziel, doch nun am Ende muß ich gestehen, ich lief nur im Kreis.

LXXX

Was ich über die Philosophie gesagt habe, gilt für die Künste ebenso: Was wäre Rom ohne Hellas? Nennt mir einen lebenden Künstler von Rang aus italischem Land! Ihr schweigt? Das ist klug. Was ist das für ein Volk, dessen Maler stumm, dessen Philosophen gelähmt sind? Ja, ich frage mich, ob ein Volk ohne Künstler, ein Volk ohne Philosophen überhaupt eine Zukunft hat. Das Forum, höre ich einige sagen, quillt über von Kunst und Philosophen – gewiß; aber importieren wir nicht Künstler und Philosophen wie Töpferwaren und Getreide!

Geld hat die Künste verdorben. Einem Römer ist das Material, aus dem ein Kunstwerk besteht, wichtiger als sein Inhalt. Überall stehen marmorne Büsten herum mit austauschbaren Köpfen aus Silber, welch jammervolle Erscheinung; so kommt es, daß nur von wenigen ein lebendiges Bild bleibt. Und weil es an Bildern des Geistes fehlt, vernachlässigt man auch die Bilder des Körpers.

Mir selbst bedeutet die Malerei mehr als die Plastik, weil sie die höhere Kunstfertigkeit erfordert. Wohl tausend Köpfe mögen nach meinem Vorbild in Marmor geschlagen sein, doch kannten mich die wenigsten Künstler von Angsicht, weil einer des anderen Werk zum Vorbild nahm. Bisweilen überkommt mich schweißtreibender Ekel, wenn ich einem derartigen Machwerk gegenübertrete, die fürchterlichsten von ihnen ließ ich zerstören. Wie neide ich Alexander den Maler Apelles, dem als einzigem erlaubt war, Abbilder des großen Makedonen zu schaffen, und ich ruhte nicht eher, bis ich ein solches erwerben konnte. Erst hängte ich es in mein Schlafzimmer, um Zwiesprache zu halten mit Alexander, doch nach Jahren, in denen ich mich veränderte nach dem Gesetz der Natur – mein Spiegel ließ sich nicht täuschen –, weihte ich das Kunstwerk dem römischen Volk, und ich zeigte es öffentlich in der großen Halle meines Forums. Warum, ihr Götter, gabt ihr mir keinen Apelles? Mit Gold hätte ich ihn überhäuft und mit meiner schönsten Beischläferin wie Alexander. Als dieser nämlich Pankaspe, seine Geliebte, von Apelles in anbetungswürdiger Nacktheit malen ließ und wahrnahm, daß die Schöne auch des

Künstlers Sinne erregte, machte er Pankaspe Apelles zum Geschenk. Pankaspe, wird überliefert, sei auch Modell gestanden für jene Aphrodite *Anadyomene*, was in unserer Sprache ›Auftauchende‹ heißt, weil sie schaumgeboren dem Meer entsteigt. Ich habe das Gemälde, das auf der Welt seinesgleichen sucht, zu einem Preis erworben, den zu nennen der Anstand verbietet, und im Tempel meines Göttlichen Vaters aufgestellt. Ich habe nun einmal eine Schwäche für Künstler, deren Werke noch bewundert werden, wenn ihr Leib längst zu Staub verfallen ist.

Von Apelles erzählt man sich – obwohl auch hier die Zeit manchen Mythos geboren hat –, er sei mit anderen Malern seiner Zeit in Wettstreit getreten, wer wohl die fähigste Hand im Nachahmen der Natur besitze. Aber wer sollte diesen Wettstreit entscheiden? Ist es nicht so, daß dem einen dies, dem anderen jenes besser getroffen erscheint, weil der eine dieses so, der andere jenes so erlebt. Also kam man überein, Pferde sollten entscheiden. Ein jeder Künstler hatte ein Pferd zu malen und das Werk nach vollendeter Arbeit den Pferden im Stall vorzuführen. Zunächst geschah nichts, als jedoch Apelles an die Reihe kam und *sein* Pferd vorführte, erhob sich ein freudiges Wiehern, und sooft man den Versuch wiederholte, er zeigte stets das gleich Ergebnis.

Warum, frage ich, ist die Bildende Kunst in Rom nur ein Stiefkind jener Väter und Mütter, die in der achaischen Provinz Triumphe feiern? Ich höre die Antwort, die Griechen seien phantasievoller, verspielter, besessen vom Nachahmungstrieb und Gestaltungsdrang –

Gaben, die uns Römern fehlen. Das ist Unsinn, die Ursache liegt tiefer: Die hohe Kunst der Griechen liegt im Erlebnis der Religion begründet. Anders als der Römer, dem Priester und Propheten die Götter nahebringen, fand ein Grieche nur durch die Stimme des Dichters, durch das Werk des Künstlers Zugang zu den Unsterblichen. Den Hellenen ist der *Pontifex maximus* fremd, ebenso das *collegium* der 16 Priester; sie finden das Züchtigungsrecht an der Vestalin barbarisch, wenn diese das Feuer auf dem Staatsherd erlöschen läßt, und ihre Tötung bei Verletzung der Keuschheit ein Verbrechen. Das alles aber ist dem Römer heiliges Gesetz, die Priester sind Mittler.

Bei den Griechen haben Künstler jene Aufgabe übernommen. Männer wie Homer, Phidias und Apelles haben den Griechen Zeus, Hera, Apollon und Aphrodite geschenkt, und ich glaube, sie haben mit Rhythmus, Wort und Verskunst sowie durch das Nachahmen von Farben und Formen mehr für die Götter getan als alle römischen Priester zusammen. Denn diese – und ich sage das als *Pontifex maximus* – sind nur Erfüllungsgehilfen religiöser Gesetze, jene aber sind Schöpfer des wahren Glaubens. Der Zeus von Olympia, ein Werk des Phidias aus Gold und Elfenbein, lehrte Männer zu glauben; andere haben, beladen von Kummer, Unglück und Trauer, daß nicht einmal mehr lindernder Schlaf sich senkte auf ihre Lider, vor diesem Bilde ihr Schicksal vergessen. Deshalb nannten die Griechen alles Schöne heilig, alles Heilige schön. Und ihre Bilder und Statuen fügten ihren Glauben an die Götter.

Wie anders in Rom! Hier werden Götter auf Weisung geschaffen, mit Gold für sechstausend Talente, und Augen aus Glasfluß, die Sockel von ägyptischem Stein. Und die Schrift, die den Stifter bekundet, ist von größerer Bedeutung als das Kunstwerk. Die Kunst, einst etwas Göttliches, ist zur Hure verkommen, aus Künstlern wurden Kuppler für die Reichen. Vergangenheit ist jene Zeit, in der Künstler schweigen zu ihrer Kunst, weil Kunst für sich selbst spricht. Heute scheint mir die Regel: Je kleiner die Kunst, desto größer das Maul. Fama, Jupiters schweifende Botin, ist steter Begleiter der Künstler, klein tritt sie aus der Verborgenheit, wächst rasch an Kräften und Größe, Flaum auf dem Haupt, mit unzähligen Augen, Zungen und Mäulern. So eilen die Künstler krächzend durch die Gassen, um ihr Wollen zu verkünden, nicht ihr Können, denn sonst müßten sie schweigen. Oder hätte man je über den Maler Arellius ein Wort verloren, wäre es ihm nicht in den Sinn gekommen, römische Göttinnen in Gestalt seiner Beischläferinnen zu malen? Dabei war nicht einmal die Tatsache an sich der Skandal, sondern nur ihre Anzahl.

Wo ist die Zeit, als die Künstler Macht besaßen über die Herrschenden, und diese jenen und ihrer Kunst zu Füßen lagen wie die Kyniker dem weisen Antisthenes? Heute ist es gerade umgekehrt: Die Herrschenden halten sich Künstler wie Haustiere zum eigenen Nutzen, Kunst verkommt zum Kommerz, Bilder verflachen zum Abbild oder zum Wunschbild. Auf dem Forum siehst du nur Helden, Helden aus Erz, Helden aus Marmor, Helden aus Gold sogar, und einer ähnelt dem anderen, Plagiate, beim Jupiter, teuer bezahlte Plagiate!

LXXIX

Ich habe es mit eigenen Augen gesehen! Sie treibt junge, frische Blätter. Jupiter, es wächst neues Leben! Am Tage der Kalenden des Junius sprießt die dürre Steineiche am südlichen Abhang des Palatin, die ein Jahr lang ihre Zweige hängen ließ wie dem Tode geweiht, auf einmal in lichtem Grün, zartes Blattwerk aus knorrigen Ästen, und die Vorzeichendeuter schütteln ratlos die Köpfe. Zum ersten Mal bereue ich es, die Wahrsagungsbücher vernichtet zu haben, in einer der zweitausend Sammlungen wäre gewiß nachzulesen gewesen um die Bedeutung des Wunders. Ja, es kommt einem Wunder gleich, wenn das Leben einer Eiche erlischt mit allen Anzeichen des Todes bei einer Pflanze, dann aber zu neuem Wachstum anhebt gegen jedes Gesetz der Natur.

Nun bedeutet die Vernichtung der Weissagungsbücher nicht ein Ungültigmachen der Vorzeichen. Denn sollten die zahllosen Zeichen, denen ich bisher stets mit Mißtrauen begegnete (vor allem deshalb, weil manche Leute aus jedem Furz ein Geschäft gemacht hatten), sollten sie doch von gewisser Bedeutung sein, so sind weder die Vorzeichen noch ihre Inhalte durch meine Tat zunichte gemacht. Und welche Bedeutung kann die zu neuem Leben erwachte Steineiche am Fuß meines Hauses schon haben, wenn nicht die, daß auch mir neues Leben zuteil wird?

Gewiß, 76 Jahre sind das Doppelte von dem, das

einem Durchschnittsrömer das Leben zugesteht; aber gibt es nicht genügend Beispiele von Menschen, die dieses Alter um vieles übertrafen? Der liebestolle Dichter Anakreon, er ging mit dem Wein so großzügig um wie mit Elegien und Jamben, sagt – und ich hoffe in nüchternem Zustand – Arganthonios, der Tartesierkönig, sei 150 Jahre, Kinyras, der Kyprierkönig, 160 Jahre, und ein gewisser Aigimios gar 200 Jahre alt geworden. Hellanikos, Zeitgenosse Herodots, weiß von in Ätolien lebenden Epeiern zu berichten, die ebenfalls 200 Jahre alt geworden; und darin pflichtet ihm Damastes, der Geograph und Historiker aus Sigeion bei, der eine Aufzählung aller Völker verfaßt hat. Arkadiens Könige sollen 500 Jahre erlebt haben und Periphus, ein König auf der Insel der Lutmier, 600 Jahre, ja, – fast scheue ich mich, es niederzuschreiben – kein geringerer als Xenophon aus Kolophon, der schreibende Schüler des schreibfaulen Sokrates, der sich mit der ›Anabasis‹ ein ewiges Denkmal gesetzt hat, will von 800 Jahren wissen, die der Sohn des Periphus lebte. 800 Jahre – fürwahr, scheinen mir eine Angabe in Unkenntnis der Zeit, die damals den Sommer für ein Jahr, den Winter für ein zweites, bisweilen sogar jede Jahreszeit als neuen Jahresablauf zählte. Doch teilst du die Zahlen entsprechend, so ist das Ergebnis noch immer beachtlich.

Die Eiche sprießt und verheißt mir neues Leben. Jupiter, hat nicht Arganthonios von Gades nachweislich 80 Jahre regiert, nachdem er erst im gesetzten Alter auf den Thron kam? Hinterließ nicht der Numiderfürst Massinissa, der in Hispanien so tapfer gegen die Römer gekämpft hat, einen vierjährigen Sohn, als er mit 90 Jahren verstarb? Und Gorgias, der größte aller Redner der Griechen – wer zweifelte ernsthaft an seinen 108 Lebensjahren, in denen er, kraft seiner Rede, alle Reichtümer erwarb? Haben wir Quintus Fabius Maximus vergessen, den Legaten meines Göttlichen Vaters in der spanischen Provinz, der am letzten Tag seines Amtes als *Consul suffectus* mit 93 Jahren verschied? Oder Marcus Perperna, den ich noch selbst als Censor erlebte, will jemand seine 98 Lebensjahre in Abrede stellen? Stellt irgendein Römer von Rang und Bildung die Person des Marcus Valerius Corvus in Frage (ich setzte ihm auf dem Forum ein Denkmal, in Erinnerung seines Sieges gegen die Kelten mit Hilfe eines Raben – daher sein Name Corvus), nur weil er hundert Lebensjahr erreichte?

Morta, die unabwendbare Parze, sei fern! Mir bleibt noch ein ganzes Leben, genug Zeit, einen Sohn zu zeugen, ihn auszustatten mit Bildung und Macht, genug Zeit zur Vorbereitung auf das Ende, das keinem erspart bleibt. *Mors et fugacem persequitur virum.*

79 Tage, Jupiter, 79 Tage, die mir nach dem Willen der Vorzeichendeuter noch zustehen, reichen nicht aus. Warum traf der leuchtende Strahl des Blitzes das C des verherrlichten Namens, den anzunehmen ich nie bereut habe? Warum nicht das ebenso bauchige D im Worte des Göttlichen? Wäre das D geschmolzen unter der Hitze des Blitzstrahls, würden mir dann noch fünfhundert Tage gewährt? Oder tausend Tage bei Verlust des M in meinem stolzen Titel? Wo, wie, wann zieht Fortuna die Grenze zwischen Glück und Unglück? Sprich,

hätte ich den Namen meines Göttlichen Vaters verleugnet – und nicht wenige rieten mir dies, sogar meine Mutter Atia –, wäre mir dann dieses Ende erspart geblieben, weil der Blitz kein hinweisträchtiges Ziel gefunden hätte?

Viele Vorzeichen, die mein Leben betrafen, haben sich auf wundersame Weise erfüllt, doch waren es stets die guten Prodigien. Von den schlechten hingegen, traf nicht eines die Wahrheit in bezug auf meine Zukunft, entweder, weil sich das Schicksal gegenteilig entschied oder weil das Angekündigte überhaupt nicht eintrat, weder in guter noch auf verhängnisvolle Weise. Selbst Blitzschläge sind mir nicht fremd. Unter dem Konsulat des Marcus Marcellus und Lucius Arruntius traf Jupiters Strahl mein Standbild im Pantheon des Agrippa mit solcher Kraft, daß der Speer, den die Hand hielt, zu Boden geschleudert wurde und zerbrach. Auch damals drohten die Seher mir finstere Tage an, das Kriegsglück, meinten sie, habe mich nun verlassen. In Wahrheit habe ich nach diesem furchtbaren Prodigium ganz Raetien erobert bis zur oberen Donau, Noricum und Pannonien, und römische Feldzeichen erreichten im Norden Germaniens den Albis-Fluß. Und all das ohne Kriegsglück? Welchem Vorzeichen soll ich nun glauben, dem verheerenden Blitz auf dem Forum oder der keimenden Kraft in der Eiche? Vor die Wahl gestellt, halte ich mich an das glückverheißende Prodigium, *spemque metumque inter dubii*. Wer wünscht und hofft, lebt schon in der Zukunft.

Man soll die Eiche mit Wein gießen, wie es Jupiters heiligem Baum zukommt. Nichts fördert das Wachstum mehr als Rebensaft. Andere belächeln uns Römer wegen dieses Brauches, der die Bäume das Weintrinken lehrte, doch geschieht dies entweder aus Neid, weil der Wein bei ihnen ein so kostbares Gut ist, oder aber weil sie es noch nie versucht haben. Den besten Falerner, dem die Kraft der Sonne an den Hängen der Appischen Straße innewohnt, will ich opfern zum Gedeihen der Triebe, und in der Hitze des Sommers werde ich Segel spannen über das zarte Blattwerk des Baumes. Denn solange die Eiche sprießt, solange werde ich leben. Wer wollte zweifeln? Todgeweiht und nur durch Nachlässigkeit noch nicht abgeholzt, sucht glänzendes Blattgrün das Licht – hatte je ein Prodigium tiefere Bedeutung!

Fort mit der bedrückenden Trübsal! Fort mit den finsternen Gedanken! *Dum spiro, spero*! Und Selbst wenn mich der Atem verließe, würde dieses noch nicht der Tod bedeuten, weil auch dem Tod nicht zu trauen ist. Oder ist das Geschick des Prätors Gaius Aelius Tubero schon vergessen, der, als Leichnam betrauert, auf den Scheiterhaufen gelegt wurde nach Sitte der Väter, und, als die Flammen züngelten, aufstand und nach Hause ging? Oder jenes des Ritters Corfidius, der nach Jahren am Grab seines eigenen Leichenbestatters stand, weil er sich, kurz vor der Einäscherung, für das Leben entschieden hatte. Von Gabienus, meinem Flottenkommandanten, der ein so beklagenswertes Ende fand, wird gar erzählt, er habe nach seiner Enthauptung durch die Schergen des Sextus Pompejus noch weitergelebt. Hingerichtet am Strand, daß der Kopf mit dem Rumpf nur noch lose zusammenhing, habe sein

Leichnam einen Tag lang herumgelegen, aber gegen Abend zu seufzen und flehen begonnen, er sei aus der Unterwelt zurückgekehrt und habe Pompejus eine Mitteilung zu machen. Dieser schickte eine Abordnung, und Gabienus erklärte, bei den Göttern der Unterwelt finde Pompejus' Parteinahme Gefallen; dann starb er. Obwohl dies glaubhaft versichert wird, zweifle ich allerdings an der Richtigkeit dieser Darstellung und argwöhne ein Zweckgerücht als Ursache.

Warum, beim Herkules, haben die Götter den Tieren so viel Lebenszeit bewilligt, daß sie fünf oder gar zehn Generationen leben, dem Menschen aber, der doch zu Höherem geboren ist, ein Ende nach drei Generationen bestimmt? Wäre ich ein Hund, stünde ich gerade an der Schwelle der Jugend, tollte läufig durch die Gassen auf der Suche nach dem Duft einer Hündin. Aber ich bin *Imperator Caesar Augustus Divi Filius*, und meine Sinne werden stumpf, die Glieder steif, Augen und Ohren versagen den Dienst, und von den Zähnen ist auch nicht mehr der Biß zu erwarten, der eine gute Verdauung erleichtert. Ich bin nun einmal kein Xenophilos, der nur für die Musik lebte und ohne Gebrechen ein Alter von 105 Jahren erreichte!

Schon kommen Zweifel, ob das Grünen der Eiche eher Gnade ist oder Bestrafung, ob nicht das Leben eines jeden, selbst in seiner Kürze, lang genug ist, wenn man es zu nutzen versteht. Nein, es ist nicht der Tod, den ich fürchte, als vielmehr der Zeitpunkt. Wie neide ich Chilon den Tod, dem Weisen, der vor Freude starb über den Sieg seines Sohnes bei den Olympischen Spielen, oder Sophokles, der in Jubel über den Sieg eines

Dramas verschied. Wie friedvoll endete der Vater meines Göttlichen Vaters: morgens beim Schuheanziehen. Oder der Konsul Juventius Thalna: beim Opfern im Tempel. Oder der Schauspieler Ofilius Hilarus: bei seinem eigenen Gastmahl.

Den schönsten aller Tode jedoch starben der Prätor Cornelius Gallus und der Ritter Titus Hetereius. Sie endeten während des Beischlafs. Venus, o könntest du mir gleiches bereiten!

Ich, Polybius, Freigelassener des Göttlichen Augustus und des Schreibens kundig, klage bei der Gottheit der Venus! Kaum dem nahenden Tode entronnen, möchte der Göttliche während des Beischlafs sterben! Mir scheint, er ist nicht mehr bei klarem Verstand. Ich hätte nie geglaubt, wie viele Quacksalber, Wahrsager und Sterndeuter ein sterbender Caesar anzieht. So wird selbst das Sterben zu einem Geschäft. Ich versuche mir vorzustellen, wie ich, Polybius, mit dieser Situation fertig würde. Der Tod eines Schreibers ist den Vorzeichendeutern gleichgültig, also biete ich keine Voraussetzungen für eine ähnliche Situation und mache mir darüber auch keine Gedanken. Obwohl, Leben ist die Kunst, aus falschen Voraussetzungen richtige Schlüsse zu ziehen.

LXXVIII

Das Volk nimmt Anteil an meinem Schicksal. Kein Tag, an dem nicht ein Weiser den Palatin erklimmt mit guten Ratschlägen im Gepäck, Philosophen aus Achaia, aus Ägypten Gelehrte der Astrologie, Wunderheiler aus den gallischen Provinzen. Ihnen und ihren wundertätigen Mixturen mißtraue ich am meisten, kennt doch keiner das Ziel seiner Heilung, es sei denn das Alter, gegen das ohnehin kein Kraut gewachsen ist. Bei Philosophen und Sterndeutern schwanke ich, wer mein Vertrauen verdiente, lohnte doch beider Gedanken das Grübeln.

Einst lehrten Griechen die Schönheit des Himmels und die Anmut der Welt, ihren Glanz und die unermeßliche Größe, heute predigen die Nachfahren jener Köpfe, die Erde sei eine Dreschtenne, auf der sich Ameisen versammeln, und der Mensch sei mit der Verfeinerung seiner Lebensführung ethisch gesunken (Ihr kennt Poseidonios' starke Worte!). Dieser Poseidonios, ein Freund des Pompejus, lehrt, daß alle Ereignisse mit dem eigenen Leben verbunden sind und dem Menschen nichts bleibt als mutige Standhaftigkeit, indem er lernt, sich selbst zu beherrschen.

Im Grunde leugnete Poseidonios alles und jeden: Plato, der die Himmelskörper als Götter, und Aristoteles, der dieselben zwar nicht göttergleich, doch von unserer Welt verschieden sah. Sonne, Mond und Erde, die er – beim Jupiter – wirklich nicht leugnen konnte, seien, sagt Poseidonios, auf irgendeine Weise das gleiche, Teile eines Ganzen, ein seltsamer Organismus. Das Herz ist die Sonne, die Erde der Magen, das Meer ist die Blase, die Leber der Mond. Ausdünstungen stiegen zum Himmel und versorgten Sonne und Sterne mit Lebenskraft, die nach vollendeter Arbeit, nachts durch den Mond gereinigt, zur Erde niedersinke. Belebt aber werde der gesamte Organismus von einer Art Weltseele.

Inzwischen prägt jede Generation ihre eigene Philosophie, so daß die Söhne jener Väter behaupten, Sonne, Mond und Erde, der ganze Kosmos sei eine einzige Ansammlung von Pneuma, jener Lebenskraft, die in verschiedenen Bestandteilen ständig aufeinander einwirkt. Alles sei demnach irgendwie voneinander abhängig, jeder Stern, jedes Sandkorn sei Glied einer Kette und vom Logos erfüllt, der alles durchdringenden Weltvernunft, die sich als Schicksal äußert. Irgendwann, sagen die Philosophen, werde dieser ganze Kosmos vom Feuer verzehrt und ersetzt werden durch einen neuen Kosmos.

»Und ich, wo bin ich, *Caesar Augustus*«, fragte ich einen wandernden Alexandriner.

Der blieb mir die Antwort nicht schuldig, erklärte, kosmisches Pneuma gelange beim Atmen in meine Lungen, weiter zum Herzen und in den Kreislauf des Blutes, wo es Sorge trage, mich, den Göttlichen, am Leben zu halten, und auf diese Weise stünde ich wie jeder andere mit dem kosmischen Pneuma in Verbindung. Was die Griechen als Kosmos bezeichnen – und in ihrer Sprache auch die Bedeutung von Schmuck hat –, nennen die Römer *mundus*, Welt in ihrer vollendeten Schönheit; doch benötigen wir ein zweites Wort, um all das, was bei den Griechen Kosmos bedeutet, zu umfassen, nämlich *caelum*, den Himmel.

»Und ich, wo bin ich?« wiederholte ich meine Frage, und der Weise bückte sich, griff mit Daumen und Zeigefinger ein paar Sandkörner, streute sie auf die Handfläche seiner Linken, pustete sie fort und sagte: »Hier und da und dort, überall!«

Man sollte nicht mit Philosophen reden, du wirst nur kleiner bei jedem Satz. Behauptete doch der Alexandriner, es gebe unzählig viele Welten wie die unsere, und man müsse ebenso viele erzeugende Naturen annehmen, ebenso viele Sonnen und Monde und ebenso viele schon in unserer Welt unzählbare Gestirne.

Wie wollt ihr Philosphen messen, forschen, registrieren, fragte ich den Weisen, was außerhalb dieser Welt stattfindet, wenn ihr nicht einmal das eigene Maß kennt, den Anfang nicht und nicht das Ende. Glaube er etwa, die Menschen verdienten zu sehen, was die Welt selbst nicht zu fassen imstande sei?

Glauben? Der Alexandriner lächelte weise. (Lächeln ist die schärfste Waffe der Philosophen, sie gebrauchen es stets, wenn Betroffenheit angebracht wäre.) Glauben sei Sache der Priester, entgegnete der Weise, die Philosophen lebten von der Wissenskraft der Beweise. Auch wenn es nicht den Anschein habe, sei die Welt keine Scheibe, sondern zu einer vollkommenen Kugel gerundet, wie der Blick auf das offene Meer verrate. Sie drehe sich senkrecht um die eigene Achse, und obwohl wir das Gleiten schweigend empfänden, verursache ihr Rasen einen mächtigen Schall, dessen Brausen unser Hörvermögen überschreite. Zusammen mit dem Brausen der Sterne herrsche im Kosmos ein lieblicher Vielklang von Harmonie und Süße, den zu erleben der Mensch gestorben sein müsse.

Mein Gehirn weigert sich standhaft, all das zu begreifen, obwohl der Alexandriner mit trächtiger Zunge auf mich einredete wie ein Viehhändler im Macellum. Schon Aristoteles habe gelehrt – er zitierte den Schüler Platons, obwohl er viele seiner Gedanken leugnete –, daß das All allein aus seiner Bewegung heraus endlich sei, nur das Endliche sei geordnet, ja es gebe einen Ort, wohin sich die Erde bewege, weil alles Bewegte irgendwoher und irgendwohin gelange. Und das, woher, und jenes, wohin sie sich bewege, müsse der Art nach verschieden sein. Das begreife, wer wolle; doch scheint ein Nicken des Kopfes angeraten, willst du nicht als Tölpel gelten ohne Verständnis für höhere Zusammenhänge. Wer aber, frage ich, glaubt noch an Götter, wenn Himmel und Erde, Mensch und Dinge, zerlegt und seziert werden wie Innereien eines Opfertieres?

Diese Neunmalklugen reduzieren alles auf seinen Ursprung und teilen auch diesen noch in Elemente und jene in Atome und sind, nach verrichteter Arbeit, weniger glücklich als alle anderen. Wozu das Ganze, frage ich. Nennt mich ruhig postum einen Tölpel, das schmerzt nicht und kränkt nicht, aber mir hat die Wärme der Sonne auf meinem Schädel stets mehr bedeutet als eine Ansammlung wirrer Gedanken in seinem Inneren. Ja, ich glaube sogar, daß es die Philosophen sind, welche die Kriege entfesseln mit ihren Gedanken, weil sie stets in Bewegung sind, das eine gegen das andere auszuspielen, sich nie zufriedengeben in ihrem Drang, das Gesicht dieser Welt zu verändern. Sie sehen die Dinge nie so, wie sie sind, sondern so, wie es ihrer Lehre entspricht.

Also zerrte ich den Alexandriner nach draußen in die Kühle der Nacht, wo das Funkeln der Sterne ein erhebendes Schauspiel abgab, sinnlich genug, einer Schönen an die Brust zu greifen voller Verlangen.

»Was empfindest du, Weiser?« fragte ich.

»Die Verknüpfung der vier Elemente«, erwiderte dieser und wies mit den Händen zum Himmel. »Über allem das Feuer, das höchste, mit leuchtenden Sternen, darunter die Luft, alles durchdringend, darunter Wasser und Erde schwebend im Gleichgewicht.«

»Und sonst empfindest du nichts?«

Entrüstet wies der Alexandriner von sich, was auf Unwissenheit hätte schließen lassen und begann einen Monolog, weitausholend, als wolle er mir den Kosmos zum Kauf aufschwatzen. Sieben Wandelsterne schwebten zwischen Himmel und Erde im Tanz um die Sonne, die Gottheit und Herrscherin sei über die Natur zugleich, licht- und lebenspendend für uns Irdische wie die übrigen Sterne die Schöpfung schlechthin. Schwächling und Kleingeist müsse genannt werden, wer glaubt, die Götter in menschlichen Bildern zu erkennen wie ein Kind den Freund im Gespräch mit der Puppe. Gäbe es überhaupt einen anderen Gott als die Sonne, so sei er ganz Gefühl, ganz Gesicht, ganz Gehör, ganz Seele, ganz Geist, ganz er selbst. Ihren Tugenden entsprechend hätten die Menschen die Götter der Keuschheit, der Eintracht, der Hoffnung, der Ehre, der Milde und Treue geschaffen und ihnen entsprechende Namen gegeben. Das Göttliche werde, der menschlichen Schwäche bewußt, in Teile zerlegt und in Teilen verehrt, ein jeder das, dessen er bedürfe, oder jenes, wovor er sich fürchte.

Dieses, sagte der Alexandriner mit einem Augenzwinkern, treibe seltsame Blüten, wenn Febris, der Göttin des Fiebers, auf dem Palatin ein Tempel geweiht werde, ebenso Orbona, so heißt die göttliche Samentöterin, oder Rumina, der Göttin der säugenden Herden. Ja, meinte der Weise, ob nicht die Zahl der Götter größer sei als jene der Menschen, wo jedes Volk seine eigenen Gottheiten pflege und jeder Mensch seinen persönlichen Schutzgeist. Ob es nicht lächerlich sei, anzunehmen, Götter schlössen Ehen untereinander, und manche blieben stets alt und grau, geflügelt und lahm, während andere Jugend und Schönheit auf Dauer gepachtet zu haben schienen. Wen die Götter verderben wollten, dem raubten sie den Verstand.

Götter seien geflügelte Träume des Menschen, und vielen nicht mehr als ein Alibi. Wisse man selbst keinen Ausweg, so rufe man die Götter zu Hilfe, was einem Mißbrauch der Tugend gleichkomme; denn fromm sei nur jener zu nennen, der den Göttern auch ohne Not opfert. Wie aber hielten es die Römer? Der Himmel sei schwarz vom Rauch der Opferfeuer, und wer sich der Stadt von Ferne nähere, könnte meinen, hier steige unermeßliche Frömmigkeit zum Himmel. Doch im Gegenteil, der Himmel verfinstere sich ob der geballten Verachtung der Götter, die nur des eigenen Vorteils willen oder aus Unsicherheit gegenüber sich selbst angerufen würden: Fortuna soll fügen, daß eine steinreiche Frau den Weg kreuze; einträgliche Geschäfte mögen dem Händler begegnen, beim Mercurius; und Clementia möge verhindern, daß der Betrug hohe Strafen nach sich ziehe.

Für den Augenblick aber sei Fortuna erklärter Liebling der Römer, der – ich kann es nicht leugnen – auf dem Marsfeld ein Tempel *huiusce dici* geweiht sei. Ob ich selbst nicht einen Tempel zu Ehren von *Fortuna Redux* geweiht hätte, nach glückvoller Rückkehr aus dem Osten? Ich nickte. Ob nicht verheiratete Frauen zum vierten Meilenstein der Via Latina zögen, die Treue ihres flatterhaften Gemahls zu erflehen? Ich nickte. Ob nicht die Mädchen an den Kalenden des

Aprilis zu *Fortuna virilis* beteten, um ein bißchen Glück bei den Männern? Ich nickte. Ob es nicht lachhaft sei, *Fortuna equestris*, *Fortuna obsequens* und *Fortuna privata* Tempel zu weihen, ihr jeden Gewinn, allen Verlust zuzuschreiben, sie mit dem unsicheren Schicksal des einzelnen zu identifizieren, wo doch die Götter, so es sie gibt, die Sicherheit in sich darstellen?

Was sollte ich tun, ich nickte, und es entstand eine lange Pause des Nachdenkens.

»Also siehst du keinen Weg, das eigene Schicksal zu beeinflussen?«, fragte ich, nicht ohne Zorn, »du glaubst also weder an Zeichen noch an Prophezeiungen, läßt dich nicht durch Niesen beeinflussen, auch nicht durch Schluckauf, und der Schuh am falschen Fuß bereitet dir ebenfalls kein Bedenken?«

Der Alexandriner gab keine Antwort, doch sein unverschämtes Grinsen verriet, was er dachte.

Ich wurde laut: »An jenem Tag, Fremder, an dem meine eigenen Soldaten das Schwert gegen mich richteten, da – glaub es oder nicht – war mir der linke Schuh verkehrt angezogen worden, beim Jupiter.«

»Welch furchtbares Zeichen, Caesar!«

»Du nimmst meine Rede nicht ernst, Alexandriner!«

»Wie könnte ich das, Caesar, wo täglich tausend mal tausend Menschen schlaftrunken die Schuhe vertauschen, ohne daß ihnen ein Leid geschieht. Doch willst du erfahren, wo über dein Leben entschieden wird, so blicke zum Himmel.«

Da ahnte ich, worauf der Weise hinauswollte, ich bat ihn mit einladender Handbewegung nach drinnen.

Der ließ sich auch nicht bitten. »Die Sternenkunde«,

entgegnete er, und ich erkannte ein Leuchten in seinen Augen, »die von den einen Astrologie genannt wird, weil sie die Gesetze der Sterne lehrt, von den anderen aber Astronomie, was keinen Unterschied macht in der Bedeutung, ist eine Wissenschaft und damit beweisbar.«

Ich: »Beweisbar! *Qui nimium probat, nihil probat*. So einer wie du hat mir vor mehr als einem Decennium den Tod prophezeit. Und du siehst, ich lebe noch immer!«

Er: »Ein schwarzes Schaf macht keine schwarze Herde.«

Ich: »Nein, aber viele. Viele kommen aus dem Osten oder aus deinem Land und verbreiten Fabeln, jedem Menschen sei ein Stern zugedacht, die hellen den Reichen, die kleinen den Armen, die dunklen den Schwachen, und mit ihrem Glanz verbleiche der Mensch. Die Sterne seien also schicksalbestimmend.«

Er: »Halbwahrheiten.«

Ich: »Halbwahrheiten sind die gefährlichsten Lügen.«

Er, unvermittelt: »Hast du nicht Capricornus, dein Geburtsgestirn, auf die Rückseiten deiner Münzen schlagen lassen?«

Ich, abwehrend: »Das ist lange her, Fremder! Sogar mein Göttlicher Vater Gaius Julius Caesar glaubte an die Macht der Sterne. Was ihn dazu brachte, weiß ich nicht. Vielleicht seine alte Feindschaft zu Cicero, der, wie bekannt, ein großer Gegner dieser Lehre war und im Übermut die Frage stellte, ob alle 40000 Römer, die in der Schlacht bei Cannae gefallen seien, denselben

Stern gehabt hätten. Was immer der Julier gut fand, ich fand es auch in jungen Jahren. Doch dann kamen unverhofft Crassus um und Pompejus, denen die Gelehrten der Sterne ein hohes Greisenalter und einen würdigen Tod in den eigenen Mauern geweissagt hatten. Crassus fiel in der Schlacht bei Carrhae an den Ufern des Euphrat, Pompejus wurde nach der Schlacht von Pharsalos in Ägypten schändlich ermordet. Wo, Mann aus dem neunmalklugen Alexandria, bleibt da die lenkende Hand der Gestirne?«

»Astrologen«, erwiderte dieser, »sind keine Priester. Sie waren es im alten Ägypten, weil sie als erste die abweichende Bahn der Irrsterne von jener der Fixsterne beobachteten und aus diesen Konstellationen Krieg und Hungersnöte, Gunst und Ungunst der Götter erkannten. Heute sind Astrologen Jünger von Thales oder Archimedes oder Pythagoras oder Apollonios, weil ihre Lehre keine Sache des Glaubens ist, sondern der Mathematik, die in der Sprache der Griechen Lehren von der Wissenschaft heißt; und deshalb sind ihre Ergebnisse auch keine religiösen Wunschvorstellungen, sondern wissenschaftliche Erkenntnis.«

»Also kamen Crassus und Pompejus aufgrund wissenschaflticher Erkenntnis um.«

»Nicht die Wissenschaft irrt, sondern der Mensch, der sich ihrer bedient – falsch bedient. Die Sterne, Caesar, sind nicht Ursache menschlichen Schicksals, sondern Zeichen, so wie die rötliche Färbung der Blätter nicht Ursache des nahenden Winters ist, sondern Zeichen. Nimmst du aber die Färbung der Blätter zum Anlaß, Nahrung zu horten, dich warm einzukleiden und Holz zu sammeln für die Kälte des Winters, so tust du klug und wirst besser gerüstet sein als jener, den erst der Frost an die unwirtliche Jahreszeit erinnert.«

»Wenn ich dich recht verstehe, Alexandriner, so haben also die Chaldäer in bezug auf Crassus und Pompejus schlechte Arbeit geleistet ...«

»Was mich nicht wundert«, unterbrach mich der Weise, »ich kenne ihre Namen nicht, aber das Ergebnis ihrer Berechnungen – falls sie überhaupt die Winkelgleichung beherrscht haben – spricht dafür, daß es Wanderastrologen waren von jener Art, die dir für ein paar As ein langes Leben prophezeien und dann auf Nimmerwiedersehen verschwinden.«

»Beim Jupiter, so war's!«

»Ein heiliges Gesetz der Astrologen verbietet es, den Tod vorherzusagen. Dieses Gesetz gebietet Schweigen, wenn das Ende deutlich wird. Allein darin magst du erkennen, wes Geistes Kind diese Propheten waren.«

Die Worte des Alexandriners hinterließen tiefen Eindruck; sie klangen einleuchtend apodiktisch und weit weniger gebieterisch als alles, was ich bis dahin von den Chaldäern vernommen hatte. Aber da ich nun einmal dieser Lehre abgeschworen hatte und Alter versteinert, flüchtete ich mich in die frechen Gedanken Ciceros, der mit scharfem Geist und spitzer Zunge den Irrtum der Sterndeuter eine Torheit nannte, jedenfalls, was die Geburtsweissagungen betreffe. Behaupteten doch die Chaldäer, im Zodiakos, dem Gestirnkreis, liege eine gewisse Kraft von jener Art, daß ein jeder Teil dieses Kreises, der eine auf diese, der andere auf jene Weise den Himmel bewegt und verändert, je nachdem, ob der

Stern zu dieser Zeit in diesen oder den benachbarten Teilen steht, und diese Kraft werde von den Sternen, die Irrsterne heißen, auf mannigfache Weise bestimmt. Wenn sie aber gerade einen Teil des Kreises durchliefen, während der Mensch geboren wird, oder den, der irgendeine Verbindung oder Übereinstimmung mit ihnen habe, so würden sie dies den Gedritt- oder Geviertschein nennen. Und weil durch das Vor- und Rückschreiten der Sterne große Veränderungen wie der Wechsel der Jahreszeiten entstünden und alles, was wir sähen, von der Kraft der Sonne bewirkt werde, glaubten sie, daß ein Neugeborenes wie die Temperatur der Luft bei seiner Geburt beschaffen und nach dem Stand der Sterne gestaltet sei in Anlagen, Gemüt und Charakter und daß so das Schicksal des einzelnen gebildet werde. Das aber nannte Cicero einen unglaublichen Wahnwitz. Sogar der Stoiker Diogenes, ein Schüler des Chrysippos, also einer aus jener Philosophenzunft, die der Sterndeutung wohlgesonnen gegenüberstand, sogar dieser Babylonier bezweifelte die Lehren seiner Freunde, nachdem er ihre Wissenschaft studiert hatte, und behauptete, aus den Sternen sei allein die Natur des einzelnen und das, wozu er sich am besten eigne, herauszulesen.

Ich aber stellte auch dies in Abrede und verwies auf das Beispiel von Zwillingsbrüdern, die sich in ihrem Äußeren zwar ähnlich, in Schicksal und Charakter aber meistens ganz verschieden seien, und ich verwies auf Romulus und Remus, die Rhea Silvia dem Kriegsgott Mars gebar am selben Tage.

»Du kennst den Fortgang der Geschichte, Fremder?

Hier an diesem Ort auf dem Palatin gründete Romulus eine Stadt, wie ihm durch Auspizien verheißen. Das ist nun 767 Jahre her. Remus aber lachte seinen Bruder aus, sprang über das karge Mäuerchen, mit dem Romulus seine Gründung eingepfercht hatte. Dieser geriet in Zorn und erschlug seinen Bruder. Warum, frage ich, hat nicht Remus Romulus erschlagen, so daß Rom heute Rem heißen würde, wo doch für beide derselbe Stern aufging bei ihrer Geburt. Und doch wurde der eine zum Mörder, der andere aber zum Opfer.«

Der Sterndeuter lächelte: »Warum erzählst du die Geschichte nicht zu Ende, Caesar? Warum verschweigst du das Ende des Römerkönigs? War es nicht so, daß Romulus sein Heer auf dem Marsfeld musterte und sich der Himmel am hellen Tag verfinsterte und Romulus zu den Göttern gehoben wurde?«

»So war es, in der Tat!«

»Es geschah also bei Tag.«

»Nein, es war Nacht, das heißt, Tag und Nacht zugleich, es schien nur Nacht zu sein, weil die Sonne sich verfinstert hatte, in Wirklichkeit aber herrschte Tag. Was soll dies Gerede?«

»Siehst du«, antwortete der Alexandriner, »wer will sagen, daß Remus ein Unheil erfuhr, als er von seinem Bruder erschlagen wurde? Gewiß, es schien so, als habe Romulus ihm furchtbares Unheil zugefügt, aber vielleicht bedeutete dies für ihn ein großes Glück?«

Da schalt ich ihn einen Sophisten, weil er über eine Sache zwei Urteile fällte, und ich rief nach den Prätorianern, damit sie ihn hinauswarfen, und einen Aureus warf ich ihm hinterher, Astrologengesindel.

LXXVII

Ich finde keine Zeit fortzufahren. Der Alexandriner ließ, als ich ihn hinauswarf, ein Bündel Schriften zurück, die ich, einmal begonnen, nicht aufhören kann zu lesen. Es ist die geheime Lehre von den Sternen. Jupiter, welche Weisheit. Bin ich ein Gefangener des Tierkreises?

LXXVI

Gebt mir noch einen Tag des Nachdenkens.

LXXV

Ein Tag genügt nicht, bei allen Göttern, nein, ein ganzes Leben wäre nötig. Das sagt *Imperator Caesar Augustus* an den Nonen des Junius.

LXXIV

Nil nisi istud.

LXXIII

Nil nisi istud.

LXXII

Ich schicke aus, den Alexandriner zu suchen. Konnte ich ahnen, daß sich in dem gefransten Bündel seiner Schriften alle Geheimnise dieser Welt verbergen? Alle Herbergen sind durchforscht, die Tore bewacht, sogar im Hafen von Ostia wird nach ihm gesucht, dessen Namen ich nicht einmal kenne. *Atrox Fortuna*, warum strafst du mich, daß ich seine Weisheit verkannte, wo sich mir tausend Fragen aufdrängen?

Ein Leben lang war ich umgeben von wohlfrisierten, parfümierten Köpfen, die sich Sterndeuter nannten, glaubte blind ihren vagen Prophezeiungen, errichtete auf ihr Anraten dem Haarstern einen Tempel, und dankbar lohnte jede gute Nachricht ich mit Gold. Nun, nach Kenntnis der Schriften des Alexandriners, wird mir klar, daß ich an der Nase herumgeführt worden bin wie Polyphem von Ulixes und seinen Gefährten. Denn der Komet, der während der sieben ersten Tage meiner Regierung über den nördlichen Himmel zog und in allen Ländern gesehen werden konnte, hatte – wie alle

Haarsterne am Himmel – keine günstige Bedeutung, wie mir weisgemacht wurde. (Es sei mein Stern, der aufging zum Heil der Welt, sagten die Astrologen; um aber bei den Römern Wohlwollen zu ernten, kündeten sie dem Volk, die himmlische Erscheinung zeige die Aufnahme des Göttlichen unter die Unsterblichen an). Heute weiß ich, daß dies geschweifte Licht am Himmel die fruchtbaren Bürgerkriege im Osten androhte.

Haarsterne sind Vorboten großen Unglücks, doch trifft dieses nicht deshalb ein, weil jene Erscheinung vorausging, sondern jene Erscheinungen gingen voraus, weil diese eintreffen sollte. Den Unterschied will ich – so ich die Schriften des Alexandriners recht begreife – versuchen zu erklären, verbirgt sich doch dahinter der ganze Sinn der Sternenkunde. Wo beginne ich? – In Babylon, an der Ostgrenze des Reiches.

Dort im Zweistromland wurden in grauer Zeit Sonne, Mond und die Planeten beobachtet. Weise Männer verglichen ihren Lauf und ihre Konstellation mit den Ereignissen in ihrem Lande, mit Katastrophen, Krieg und Hungersnot, Seuchen, Gunst und Ungunst für die Menschen und entdeckten dabei nach Jahrhunderten des Vergleichens Gesetzmäßigkeiten. In Ehrfurcht neigten sie ihre Häupter von Anbeginn vor Sonne und Mond, die Licht und Leben spendeten, den Planeten aber gaben sie die Namen ihrer höchsten Götter, nannten sie Ischtar, nach der Liebesgöttin, Marduk, wie sie ihren Schöpfergott hießen, Nergal, nach dem Pest- und Todesgott, Ninurtu, nach dem Kriegs- und Jagdgott, und Nabu, den sie als Gott der Weisheit verehrten.

Wir Römer gaben den Planeten die Namen unserer Götter Venus, Jupiter, Mars, Saturn und Mercurius, von denen Jupiter und Venus das Gute, Mars und Saturn das Böse bewirken, jene von warm-feuchter Natur, diese von kalt-trockenem Wesen, während Mercurius mal diesem, mal jenem zuneigt. Sol, die Sonne, Jupiter, Saturn und Mars sind von männlicher Natur und verrichten – sagen die Schriften des Alexandriners – Tagesarbeit; Luna und Venus hingegen sind weiblichen Geschleches, und ihre Zeit ist die Nacht. Dazwischen pendelt Mercurius, ein wankelmütiger Hermaphrodit und zeigt bald hier, bald da seine veränderte Natur. Tatsächlich hegen die Planetengötter Fluchtgedanken, doch Sol wacht heimlich über sie, läßt sie nur bis zu einem bestimmten Punkt entgleiten und holt sie dann mit starkem Arm zurück. Im Gegensatz zur Erde, die nach rechts sich dreht, jagen Sonne, Mond und Planeten in entgegengesetzter Richtung durch das All, so daß die Luft sich nicht nach einer Seite hin zusammendrängt und eine träge Masse bildet, sondern zerschnitten und zerstreut wird von den Bahnen der Planeten.

Dies alles ist bekannt seit mehr als tausend Jahren und unumstößlich in der Lehre, doch nach den Aufzeichnungen der Weisen hinterläßt die Fluchtspur der Planeten auf der Erde ihre Wirkung. So weiß man in den Schriften zu berichten, daß ein Planet in 15 Grad Entfernung von der Sonne (*egkarsios* wird dieser Stand von der alexandrinischen Deuterzunft genannt, was in unserer Sprache soviel wie schräg heißt) besonders wirksam ist in seiner bestimmenden Bedeutung, im

Guten wie im Bösen. Doch nähern sie sich der Sonne noch weiter, geraten sie gar unter ihre Strahlen, so sind sie unsichtbar und ohne Wirkung. Gemeinhin nennen ihre Schriften den *Propodismos*, ihr Vorwärtsgehen, und den *Protos Sterigmos*, den ersten Stillstand, günstig, den *Deuteros Sterigmos*, den zweiten Stillstand, und den *Anapodismos* das Rückwärtsgehen, ungünstig. Wird ein Planet umschlossen von zwei anderen, so kann das Omen gut, aber auch unheilverheißend sein, je nachdem, ob er von den übelwollenden Mars und Saturn oder den glückverheißenden Jupiter und Venus in die Mitte genommen wird. *Agathopoioi* nennen die Weisen diese Freudenspender, den Bösen aber haben sie den Namen *Kakopoipoi* gegeben.

Die Kreise, welche die Gestirne bilden, sind von unterschiedlichem Ausmaß. Wieviel Weisheit kann man ahnen in der Erscheinung des Saturn, er steht am höchsten und scheint uns doch am kleinsten, und er benötigt dreißig Jahre, um an seinen Ausgangspunkt zurückzukehren, und seine Natur sei kalt und starr. Zwölf Jahre braucht Jupiter für seine Bahn, Mars nur den sechsten Teil, und Venus nicht einmal den zwölften. Von den Planetengöttern fasziniert mich Venus wohl am meisten, und nicht nur mich, denn Venus wurde von allen Völkern mit vielen Namen bedacht wie Mutter der Götter, Iris bei den Ägyptern und Juno in unserer Vorzeit. Erscheint sie vor dem Tag am Himmel, so wird sie Lucifer genannt, nach Sonnenuntergang aber heißt sie Vesper. Das sagte schon Pythagoras im Jahre 142 *ab urbe condita*. Geht Venus auf, so spendet sie belebenden Tau, zartfühlend befruchtet sie den

Mutterschoß der Erde, reizt alles Lebende zur Zeugung. Sie ist wie Atia, meine Mutter, ja, ich glaube Atia *ist* Venus.

Nächst Venus begegnen wir Mercurius, und man ist versucht zu glauben, der unentschlossene Hermaphrodit ahme, von der Erscheinungsform des Mutterstern geblendet, Venus nach; er tanzt ebenfalls bald vor Sonnenaufgang, bald nach Sonnenuntergang am Himmel, und beide sieht man bald den vierten, bald den dritten Teil des Himmels von der Sonne entfernt.

Kein größeres Rätsel aber krönt den Himmel als die Mondgöttin, der auf dem Palatin ein Tempel geweiht ist, Luna Noctiluca. Die Griechen nannten sie Selene, was mit dem Wort Licht zusammenhängt wie unser Name Luna, obwohl schon Thales, der Milesier, und von den Sieben Weisen einer, nachgewiesen hat, daß diese Göttin überhaupt kein eigenes Licht aussendet, sondern nur widerspiegelt, was ihr Gott Sel zuteil werden läßt. Voll der Eitelkeit einer herausgeputzten Frau verändert sie ihr Aussehen beinahe täglich, schwellend in ihren Formen bald, bald wieder abnehmend, abweisend, sich krümmend bald nach innen, bald nach außen gewunden empfänglich, runzlig-fleckig, glänzendgepflegt, unübersehbar zur vollen Scheibe gerundet, dann verfinstert, unsichtbar am Ende des Monats.

Endymion, heißt es, habe unter den Menschen all diese Eigenschaften als erster entdeckt, ein König von Elis, wo die Olympischen Wettkämpfe ausgetragen werden seit alters her. Er konnte sich Selenes sicher sein, die sich, kaum hinter den Bergesrücken verschwunden, mit ihm mal tags, mal nachts in einer

Höhle traf, wo beide sich unendlicher Liebe hingaben. Genaugenommen wurde Endymion, der Mann aus Elis, vergewaltigt; denn von Zeus vor die Wahl gestellt, die Art seines Todes zu bestimmen, wählte er den ewigen Schlaf mit offenen Augen. So zeugte dieser fünfzig Töchter mit Selene. Die Zahl entspricht den Monaten einer olympischen Periode.

Wozu Saturn dreißig Jahre benötigt, vollendet Luna in 27 1/3 Tagen, und nach zweitägigem Verweilen beginnt sie ihre Bahn von neuem. So wurde sie zur Lehrmeisterin für alle Erscheinungen des Himmels, zum Maßstab für die Monate und unsere Zeit. Trotz aller Rätsel, welche die Weisen seit mehr als tausend Jahren lösen, knüpft Noctiluca immer neue, und jede Antwort tut neue Fragen auf. Wollten einst die Menschen wissen, warum die Mondgöttin fleckig erscheine bei zunehmendem Volumen, so fanden Männer der Wissenschaft eine einleuchtende Erklärung: Die Sonne, meinten sie – und ihre Lehre steht wohl außer Zweifel –, verzehre jede Feuchtigkeit auf Erden; die milde Kraft des Mondes hingegen vermöge zwar die Feuchte anzuziehen, sie aufzulösen sei sie aber nicht in der Lage. Jene Flecken, die den Menschen stets in Unruhe versetzen, sind jedoch nichts anderes als Verunreinigungen der Erde, die aufgesogen, aber nicht ausgetrocknet würden.

Ist dieses nun hinreichend beschrieben, so folgt das nächste Unerklärliche auf dem Fuße, das – kaum erforscht – eine neue Streitfrage hervorruft. Beginnen wir damit, daß Mond und Sonne sich verfinstern. Wie lange hat es gedauert zu erkennen, daß die Nacht nichts anderes ist als der Schatten der Erde! Angst vor dem Unbekannten schrieb die Nacht alle Übel der Menschheit zu, die ihre Nachkommen und Kinder seien, die sie aus sich selbst gebar: das Schicksal, den Tod, den Schlaf, die Träume, Tadel und Klage, Mühsal, Hunger und Furcht, das Alter, den Zorn und die Unbesonnenheit – alle seien sie Kinder der Nacht, Enkel des Chaos, ein Schatten, nicht mehr, lachhaft. Predigte nicht Sokrates, der einen Steinmetz zum Vater, eine Hebamme zur Mutter hatte, Wissen sei das einzige Gut, Unwissenheit das einzige Übel des Menschen? Ist Pluto, Herr des Schattenreiches, am Ende nicht mehr als der Herrscher über die Naturgesetze, wonach dem Licht das Dunkel, dem Dunkel aber das Licht folgt, dem Leben der Tod, dem Tod aber ein neues Leben – *panta rhei*.

Die Schattennacht bereitet vielen Furcht, ich nehme selbst mich da nicht aus, als sei das Dunkel auch das Ungewisse, deshalb ist Orkus auch der Unsichtbare, der finstere König, doch zeigen mir die Schriften des flüchtigen Alexandriners, daß Schatten und Finsternis mehr Gewißheit und Bestimmtheit in sich tragen können als das Tageslicht, ja daß erst durch die Dunkelheit des Schattens Wahrheit erkennbar wird.

Nicht das Licht gibt Auskunft über die Größe von Sonne, Mond und Erde, sondern ihr Schatten ist der sanfte Hinweis der Natur. Und jene Finsternis von Mond und Sonne, die in früheren Tagen Menschen bewog, sich von Klippen und Felsen zu stürzen, hat von ihrem Schrecken verloren, seit Thales, der Milesier, im vierten Jahr der 48. Olympiade eine Sonnenfinsternis vorhersagte (das war im Jahre 170 *ab urbe condita*) und Sulpicius Galus, der Kriegstribun in Makedonien, vor das Heer des Aemilius Paullus trat und verkündete, der Mond werde sich in der folgenden Nacht verfinstern nach den Gesetzen der Natur und sie müßten darob keine Furcht zeigen (dies geschah am Vorabend der Schlacht von Pydna). Und Hipparchos, der Bithynier, hat gar alle derartigen *Phainomena* 600 Jahre im voraus berechnet, bis ans Ende der Welt.

Die Zeit scheint nahe, da ihr über die Natur der Sterblichen erhabenen Männer der Wissenschaft, die alten Götter verdrängt aus dem Olymp, da die Zahl regiert über das Wort, und Horaz und Vergil verlacht werden als weltfremde Poeten. Die Zeit scheint nahe, da es keine Wunder gibt, sondern nur noch Erklärungen. Was, Jupiter, werden die Menschen dann fürchten? Wird man sich im Circus treffen zur festgesetzten Stunde, um die Schauspiele des Himmels zu betrachten wie die wilden Tiere? Denn nach den Schriften des Alexandriners steht außer Zweifel, daß Finsternisse im Kreislauf wiederkehren und der Mond sich im Schatten der Erde verfinstert, die Sonne aber im Schatten des Mondes. Alles, scheint mir, ist Bestimmung, nichts Zufall, Licht und Dunkel, Freude und Leid sind periodische Wehen der Gestirne. Ich fand Zeichnungen, geheimnisvolle Kreise und Systeme, Symbole im *Zodiakos*, welcher die Sternbilder aufführt. Demnach bin ich im Zeichen der Waage geboren, das von Venus beherrscht wird, und, so die Schrift, Anerkennung und Beliebtheit sucht bei allen (ich will es nicht leugnen). Auch sei ihm Friedensliebe eigen und Sinn für Gerechtigkeit. Dies alles aber interessiert mich wenig, hatte ich doch 76 Jahre Zeit, mein eigenes Ich zu entdecken. Mit Fieber in den Augen zerlas ich diese Ansammlung von Weisheit und Erfahrung und suchte nur das eine zu ergründen, wie lange Morta mir noch gebe.

LXXI

Das Bündel scheint unendlich, und *eine* Schrift erregt meine Sinne mehr als die andere. So kehrte ich, auf der Suche nach Aufzeichnungen über meine Erde, die unterste zuoberst und stieß zwischen geschwärzten abgegriffenen Seiten, die den morbiden Duft getrockneter Häute verströmten, auf eine geheimnisvolle Welt. Sie liegt außerhalb der Grenzen des Imperiums, und das ist gut so. Es fällt mir schwer, die brüchigen Texte zu entschlüsseln, und die altertümliche griechische Sprache tut das ihre, dieses Vorhaben mühsam und zeitraubend zu gestalten.

Lese ich tagsüber, verfolgen mich finstere Gedanken bei Nacht, und die Dunkelheit wird mir unerträglich; lese ich nachts, nehmen die Menschen meiner Umgebung tagsüber bizarre Formen an, die Prätorianer werden zu einäugigen Riesen, Vogelwesen umgeben mich statt meiner Sklaven, und ich verweigere die Nahrung, weil ich in den frischgegarten Klumpen auf silberner Schale Menschenfleisch erkenne, das Wadenbein der Tänzerin Medea oder die Gurgel des thrakischen Gladiators Lollius. Ich zähle die Zehen meiner Besucher, ob es fünf sind und nicht acht, und prüfe, ob sie in dieselbe Richtung weisen wie ihre Gesichter und ob sie einen zottigen Schwanz verbergen im Hinterteil ihres Gewandes, ich bin dem Wahnsinn nahe.

Was mich quält, ist nicht die Ausgeburt meiner Phantasie oder ein Zeichen des nahenden Todes, die furchtbaren Bilder entspringen dem beißenden Moder der Schriften des Alexandriners. Sie scheinen älter als er selbst und zu keinem anderen Zwecke dienlich, jedes Geheimnis festzuhalten, mit dem die Götter die Welt beherrschen, auf daß den Priestern der Götter Macht zuteil werde, zu herrschen über die Menschen. Das Geheimnis ist Ursprung jeder Religion, und so horten die Priester der Ägypter geheimes Wissen über Jahrhunderte, um sich des Unerklärlichen zu bedienen, um Furcht zu verbreiten zum eigenen Vorteil und Staunen und Bewunderung.

Wäre ich ein Mann aus dem Volke, des Lesens kundig und ungewollt in den Besitz jener Häute gelangt, ich würde erstarren in Angst vor dem vielfachen Anderssein, auf die Knie sinken vor Furcht, und nichts anderes ist der Sinn dieser geheimen Aufzeichnungen.

Wie ich aus den schmutzigen Seiten in der vergangenen Nacht erfuhr, gibt es Menschenfresser unter den volkreichen Skythen, die in Schwärmen am Euxinus Pontus siedeln. Sie lieben Gold mehr als das Blut, und Tiere mehr als die Menschen, und dies treibt sie dazu, ihre Tiere in Gold zu schmieden und Menschen zu verzehren in der Rangfolge des Geschmacks ihrer Glieder. Noch weiter nach Norden, am Ende der Welt, hausen die Arimasper, die zwar Gold haben im Überfluß, aber den Überfluß nur schauen mit halber Sehkraft, weil sie nur ein einziges Auge haben inmitten der Stirne, und ihre Namen tragen sie von der Zahl eins, die in ihrer Sprache arima heißt. Das Gold aber, das sie horten, bewachen riesige Greifen, und jeder, der sich den Schätzen der Arimasper nähert, werde zerfleischt und gegessen. Namenlos, so verlautet die Schrift, seien die Menschen, jenen benachbart, die zu rennen verstünden mit der Schnelligkeit eines Pferdes und der Sprungkraft eines Hirsches, aber ihre Füße zeigten nach hinten, als ob sie rückwärts liefen, und sie tränken aus Menschenschädeln, und statt Kleider hingen Felle von Tieren um ihre Lenden.

Die Wunder nach Laune der Götter schienen unendlich und vielfältig wie das menschliche Wesen. Dreizehn Tagereisen hinter dem Borysthenes, dessen Quelle unbekannt ist wie jene des Nils und der das skythische Land einschließt wie der Ozean Britannien, wird ödes Land von den Sauromaten bevölkert, die kaum der Nahrung bedürfen und nur im Abstand von drei Tagen das Mundwerk bemühen. In dieser abartigen Ernährung liegt wohl die Ursache begründet, daß manche Völker gegen das Gift der Schlangen immun sind, ja mit ihrem Speichel Verwundete zu heilen vermögen oder, wie die Psyllen in der Gegend der großen Syrte, Schlangen durch den Geruch ihres Speichels einschläfern. Die Wundertätigkeit jener libyschen Menschen geht sogar so weit, daß die Männer ihre neugeborenen Kinder vor die größten und gefürchtetsten Schlangen werfen, um so die Keuschheit ihrer Frauen zu prüfen: Fliehen die Schlangen vor dem Neugeborenen, so ist alles rechtens, nähern sie sich ihnen aber, so seien jene im Ehebruch gezeugt, und man läßt es zu, daß die Kinder gebissen und getötet werden. Roma Dea! Welches Kindersterben hätte dieser Brauch in Rom zur Folge!

Ist mir die Wirkung des Giftes verständlich, so machen mich andere Wunder fassungslos, denn – so schreiben die Alexandriner – unter den Triballern und Illyrern, die untereinander vermischt sind jenseits des Meeres, gebe es Männer, die den Gegner zu töten in der Lage seien mit dem zornigen Blick ihrer Augen, und dazu gebrauchten sie zwei Pupillen in jedem Auge. Gleiches erfuhr ich vom Stamm der Thibier in Pontus, von dem gesagt wird, sie hätten in einem Auge zwei Pupillen, im anderen das Abbild eines Pferdes.

Das Unerfindliche, Unergründliche verfällt jenseits des Partherreiches dem Wahnsinn und der Verrücktheit, wenn die Menschen Hundeköpfe tragen und Krallen an den Händen und Laute von sich geben, keiner Sprache vergleichbar, die den Menschen eigen ist. Sie tragen acht Zehen an jedem Fuß – sagen die Schriften –, und ein besonderer Stamm, Monokoler genannt, komme einfüßig zur Welt, doch sei das eine Bein mit so großer Sprungkraft ausgestattet, daß ihnen kein Zweibeiner folgen könne. Andernorts gebe es Skiapoden, was in unserer Sprache Schattenfüßler bedeutet, ein Volk, das seine riesenhaften Füße benützt, um sich Schatten zu spenden im baumlosen Land. Erhitzt von der brennenden Sonne, legten sie sich mit dem Rücken auf die Erde und hielten die Füße schützend der Sonne entgegen wie einen Fächer nach Art der Ägypter.

In Indien leben Gymnosophisten, wie ihre Weisen genannt werden, und diese zeichnen sich aus durch göttergleiches Betragen, indem sie auf einem Fuße das Gleichgewicht halten im glühenden Sande stehen und unentwegten Blickes die Sonne betrachten vom Aufgang bis zu ihrem Niedergang. Sie seien heilig und weise, sagen die Inder, und ihre Gedanken dürfe niemand erkennen. In den südlichen Gegenden dieses fremdartigen Landes laufen die Männer großfüßig, während die Füße der Frauen so klein geraten sind, daß man sie Struthopoden nennt, das heißt Sperlingsfüßler. Irgendwelche Skiriten entbehren der Nase und atmen die Luft durch zwei Löcher im Kopf; und das Volk der Astomer an der Quelle des Ganges ist wohl das sonderlichste von allen. Diese Menschen – wenn es sich überhaupt um solche handelt – sind behaart wie Wölfe, doch fehlt ihnen die Öffnung des Mundes. Sie nehmen die Nahrung durch riesenhafte Nüstern auf, aber nicht Speisen und Trank, sondern den Duft von Blumen und Kräutern, Wurzeln und Früchten. Und ihr Organ empfindet so stark, daß herber Geruch in der Lage ist, sie zu töten. Als Sklaven ihrer Triebe begatten manche Inder die Tiere, und das Ergebnis sind wilde Götter oder Menschen mit zottigen Schwänzen wie Stiere oder Ohren wie Elefanten, mit denen sie ihre Blöße bedekken.

Mannigfach sind die Wunderzeichen der Götter, wenn Mägde Schlangen gebären oder Hippokentauren, so daß es nicht Wunder nimmt, wenn ein neugeborenes Kind aus eigenem Antrieb in den Mutterleib zurückkehrt, wie in Sagunt geschehen, im selben Jahr, als

Hannibal die Stadt zerstörte. Derlei Gedanken quälten mich oft in der Jugend. Wenn Atia mich liebkoste, und wenn ich meinen Kopf in ihrem Schoß verbarg, suchten meine Gedanken Zuflucht in ihrem Uterus und ich fühlte mich warm und weich und geborgen, und jede Furcht vor der Welt entschwand. Daran mußte ich denken, als ich in den geheimen Schriften des Alexandriners forschte.

Und ein weiteres macht mich fiebern: Die Aufzählung jener Menschen, die wir Hermaphroditen nennen, Hermes zur Hälfte, zur Hälfte Aphrodite, oder nach unserer Sprache Merkur und Venus in einem, oder jener, die erst Frau, dann aber Mann waren oder umgekehrt. Das ist keine Fabel, auch wenn sich viele Fabeln darum ranken; denn unter dem Konsulat des Publius Licinius Crassus und des Gaius Cassius Longinus, im Jahre 582 *ab urbe condita*, verwandelte sich ein Mädchen vor den Augen der Eltern in einen Knaben, die den Mädchenknaben auf eine einsame Insel brachten. In Argos, so wissen die Schriften, habe ein Argiver mit Namen Arescon gelebt, der ursprünglich Arescusa geheißen und eine Frau gewesen sei mit allen Attributen, die das Bett eines Mannes forderte; dann aber habe ein Bart zu sprießen begonnen und männliche Züge hätten die des Weibes verdrängt.

Bleibt das ungestüme Verlangen auf halbem Wege stecken und verbleiben zwei Geschlechter in einem Menschen, so ringen nicht selten Mann und Frau in einsamem Kampfe wie Hermaphroditos, des Hermes Sohn und der Aphrodite, mit Salmakis, der schönen Najade. Der Göttersohn von den Hängen des Ida zog aus, kaum dreimal fünf Jahre alt, nach Lykien und zu den lykischen Nachbarn, den Karern, und machte dort an einem grünen Tümpel halt, umgeben von rauschenden Wäldern. Seiner staubigen Kleidung entledigt, spiegelte er sich in dem erfrischenden Wasser und sah nicht, daß Salmakis nahte, die schönste von Dianas flüchtigen Begleiterinnen und mehr der Muße ergeben als dem Spannen des Bogens. Sie sprach zu ihm, daß der Jüngling errötete, und sie bot sich ihm an auf raschelndem Laub.

Dies ist der Traum meiner Jugend, bevor ich die *toga virilis* erlangte, daß eine Jungfrau sich fordernd mir nahte am kühlen Gewässer und mein errötendes Haupt umfing mit ihren Armen, daß sie forderte statt zu erdulden und mir Gewalt antat. Doch mir blieb versagt das heiße Verlangen, das ein um das andere Mal den Grund meiner Tränen verschwieg. Wäre mir Salmakis begegnet, ich hätte bereitwillig ihr Begehren erfüllt, mit den Kleidern die Scham abgeworfen und das Bett unter Bäumen gerichtet.

Der prüde Göttersohn zeigte seltsames Gebaren und suchte sich zu befreien aus ihrer Umklammerung. Verlangen wurde zum Kampf, bei dem weder Drängen noch Sträuben als Sieger hervorging. Da rief die Nymphe im aussichtslosen Gemenge die Götter um Hilfe, sie nie mehr zu trennen von dem geliebten Wesen, und ehe Salmakis sich versah, wurde sie eins mit dem Jüngling wie wuchernder Efeu, der unlösbar den Baumstamm umfängt, und aus beiden wurde eins, nicht Knabe, nicht Weib, keines und beides. Weil aber keiner der Sterblichen die Lage des grünen Gewässers kennt, und weil die Götter nicht wollten, daß Hermaphroditos allein bliebe mit seiner Wandlung, entsteigt ein jeder als Zwitter dem grünen Wasser, der es einmal als Mann oder Frau betrat.

Derlei las ich in den vergilbten Schriften des Alexandriners, deren Geruch mich betäubte beim Lesen – oder ist es ihr Inhalt? Ich forsche weiter, denn ich bin sicher, auf einen Hinweis zu stoßen, mein Ableben betreffend. Ich verfluche den Tag, da ich unwissend den Weisen aus dem Haus jagte, ich verfluche ihn zweimal und lege täglich die morbiden Häute vor mir aus wie ein Marktweib das welke Gemüse und wechsle das Auge zwischen unserer Schrift und jener der Griechen, und ich suche die Seiten zu ordnen und das geheime Durcheinander zu lösen, das keinen Anfang zu kennen scheint und kein Ende.

LXX

Am dritten Tag meines Forschens weckte mich morgens ein Adler, einer von der Art des Hypaetos, welche die römischen Haine mit kurzen Flügeln bewachen. Ich mußte eingeschlafen sein beim endlosen Lesen, und die Morgenluft wehte herein mit der Milde Auroras. Wie erschrak ich, als der Vogel sich vor mir spreizte und mit krummem Schnabel, der ihn an jeglichem Trinken hinderte, in die Schriften hackte, die ausgebreitet vor mir auf dem Tische lagen. Betäubt vom kurzen

Schlaf und vom jähen Erwachen von Sinnen, schlug ich um mich, und der Bote des Zeus suchte das Weite. Ich blickte ihm nach von der Brüstung und verfolgte das dithyrambische Flattern bis zu den schwarzen Bäumen des Aventin, wo er lautlos verschwand.

Erst jetzt erkannte ich das zerstörerische Werk, das Krallen und Schnabel des Adlers hinterlassen hatten in den Schriften des Alexandriners. Mit flacher Hand glättete ich die Oberfläche der beschädigten Seiten. Die Häute trugen tiefe Spuren des Vogels, und unwillkürlich begann ich nach den fehlenden Wörtern zu forschen, ein mühevolles Unterfangen, nicht ohne gespannte Erwartung. Auf diese Weise stieß ich unter den Weisheitslehren der Ägypter und Griechen auf ein zerfleddertes Bündel von Häuten, von denen eine jede zuoberst das Zeichen des schlangengestaltigen Gottes Asklepios trug. Sie schienen alt und brüchig, und ein harter Zugriff genügte, die ausgeblichenen Zeilen zu zerstören, so daß ich größte Vorsicht walten ließ mit meinen Händen.

Die Schriften hatten ihren geheimnisvollen Ursprung auf der Insel Kos in der Ärzteschule der Asklepiaden, weiser Männer in der Nachfolge des apollonischen Sohnes. Dort in einem Hain des leuchtenden Gottes, hatten sie all ihr Wissen niedergelegt in Demut, und obwohl man erzählte, sie kennten gegen jede Krankheit ein sicheres Mittel, ja sogar den Schlüssel zum ewigen Leben, starb einer nach dem anderen, wenn er die Zeit für gekommen hielt. Längst ist der Gott auch heimisch in Rom auf Weisung der Sybillinen, doch das geheime Wissen verblieb auf der Insel, von Priestern verwahrt, und der Adler des Zeus schien mir Warnung, die Schriften zu lesen und einzudringen in ihre geheimes Wissen. Der Trieb der Neugierde aber, der die Greise auszeichnet wie die kleinen Mädchen, war allzu mächtig, und ich begann zu schnüffeln wie ein Spürhund, der das fettspendende Dachstier in der Erdhöhlung wittert. Ich wurde fündig.

Obgleich in griechisch und zerfleddert, erkannte ich den Namen meines Vaters Gaius Julius, auch jene Sullas und Pompejus', und mir wurde klar, daß hier von einem Seher die Führer Roms geweissagt waren in alter Zeit, mehr noch, daß eine Zahlenreihe ihr Lebensalter festhielt auf den Tag genau. Sie stand Pompejus 58 Jahre zu, dem Sulla 60, dem Divus Julius aber verwehrte sie die Vollendung des 56. Jahres, wie vom Schicksal ihm beschieden war. Da begann mein Herz zu rasen, und das Blut in meinen Schläfen brauste auf wie Sturmwind in den Eichenblättern, weil ich nun annehmen durfte, auch meinen Namen in der Liste der Weissagungen zu finden.

Als sei mit dem Tode meines göttlichen Vaters ein Kapitel in der römischen Geschichte zu Ende gegangen, schloß die Aufzählung auf diesem Pergament mit dem Namen Gaius Julius', jedoch nicht ohne Hinweis auf ein nachfolgendes Blatt. Nach diesem forschte ich mit zitternder Hand, unsicher, es zu tun oder zu lassen, mußte ich doch fürchten, jede Hoffnung in mir zu töten. Wie von Sinnen wühlte ich in den brüchigen Pergamenten, zog Unterstes zuoberst, schob Gesichtetes beiseite und stieß fürwahr auf meinen Namen *Gaius Julius Caesar Octavianus*, den ersten einer neuen Reihe, und vom krummen Schnabel des Adlers angegriffen.

Wie aber erschrak ich, wie schlug mich das Schicksal, als ich das Unfaßbare erkannte: An jener Stelle, die mit den Jahren und Tagen meines Lebensablaufes beschrieben war, klaffte ein Loch, zerfleddert vom krummen Schnabel des Hypaetos, und im Augenblick schien es mir, als habe der Adler nicht das modernde Stück Pergament, sondern mich und die Jahre meines Lebens verschlungen. Wie die Leber des Titanensohnes Prometheus. Seither umgibt mich Taubheit, ein Nicht-hören-Können von jener Art, das die Stimmen in meiner Umgebung und den Lärm des Tages abschirmt zugunsten des Rauschens eines Sturzbaches am Rande der Alpen.

Zuerst glaubte ich, leben zu können ohne das Geschwätz um mich herum, so daß ich die plötzliche Taubheit nicht bereute, doch treibt mich das Kochen und Brodeln und Fauchen in meinen Gehörgängen zum Wahnsinn, und von Zeit zu Zeit schlage ich meinen Kopf auf die Platte des Tisches oder gegen den Türpfahl, weil ich hoffe – bisher vergeblich – mein Gehör könnte durch die Erschütterung wieder in Gang gesetzt werden und das grauenhafte Rauschen würde versiegen. Kaum finde ich Schlaf wegen des unergründlichen Schwellens des Wassers, endlos scheinen die Nächte, und immer wiederkehrende Gedanken quälen mich wachend. Ich grüble, ob nicht das ständige Zischen und Fließen in meinen Ohren das eindringliche Zeichen der Götter ist, die dem Menschen in seinen letzten Tagen den Strom des Lebens zu erkennen geben, bis er im Tode lautlos versiegt.

Musa, der für alles eine Erklärung findet, schreibt von einem Sturz des Gehörs und träufelt mir siedendes Öl in die Gänge meiner Ohren, daß ich schreie vor Schmerz wie ein Retiarier, den der Dreizack des Gegners durchbohrt. Es sei, bedeutet Musa gestenreich, das einzige Mittel, das Heilung verspreche. Jupiter, was hätte ich in den früheren Jahren gegeben, dem Geschwätz meiner Umgebung zu entgehen und taub zu sein für die Einflüsterungen zweifelhafter Berater, die sich – egal, ob schreibend oder redend – schwerfälliger nicht auszudrücken vermochten. Ich verhehle nicht, daß mir sogar der Modergeruch veralterten Wortformen und das parfümierte Stilgekräusel meines Freundes Maecenas auf die Nerven ging. Noch schlimmer ist es mit den plappernden Poeten, diesen Hungerleidern: Sie überhäufen den Caesar mit ihren Ergüssen, hoffend, sein Ehrensold würde sie dem Kampf um das tägliche Brot entrücken.

Jedem, der einmal meinen Platz einnimmt, kann ich nur raten, seine Begeisterung über das Wort eines Dichters zu unterdrücken, denn wie der liebliche Frühling die lästigen Mücken mit sich bringt, werden die Dichter dir zur Plage mit ihrem nicht enden wollenden Geschwätz. Straucheln sie mit den Füßen, so bleibt es ihr eigener Schaden, das Straucheln ihrer Zunge aber hat bisweilen verheerende Folgen, wie am Beispiel des vorlauten Verbannten von Tomis zu erkennen ist. Zur Last wird dir der ständige Vortrag ihrer Ergüsse, und selbst des Lobes wirst du überdrüssig nach hundertfacher Wiederholung. Nun aber, taub für jeden Laut, wünsche ich nichts sehnlicher als ihr Geschwätz zu vernehmen. Denn selbstgewählte Stille ist eine Erleuchtung, erzwungene Stille aber ist eine Geißel, die dich mit Angst erfüllt. Ich beginne zu sterben.

Ich, Polybius, Freigelassener des Göttlichen Augustus und des Schreibens kundig, bin fassungslos: Ein Gehörsturz hat Augustus das Gehör geraubt. Jetzt tappt er taub herum und obwohl er sprechen kann, verzichtet er auf seine Stimme. Das Ganze gibt seinem Auftreten etwas Unheimliches, Unnahbares. Ich muß zurücknehmen, was ich früher sagte: Ich glaube, der Caesar ist doch ein Gott, und wenn er noch kein Gott ist, so ist er zumindest auf dem Weg zur Göttlichkeit. Nur Götter erfahren solches Schicksal. Schon seit geraumer Zeit plagen mich Gewissensbisse, ob ich einen Frevel begehe, wenn ich die geheimen Gedanken des Göttlichen lese, bevor ich sie in meinem Versteck ablege. Doch die täglichen Pergamente sind wie ein süßes Gift, das süchtig macht. Selbst wenn mir mein Gewissen den Befehl gäbe, ich könnte es nicht lassen. Begierig warte ich, die nächste Schrift des Caesars in Empfang zu nehmen.

LXIX

Seit mir die Ohren ihren Dienst versagen, wurde meine Umgebung zum Theater. Alle, die mir begegnen, treten nah vor mich hin und formen unverständliche Laute mit wallenden Lippen wie Fische im Aquarium des Maecenas. Dazu vollführen sie heftige Bewegungen mit Armen und Beinen. Livia behandelt mich wie ein Kind, ebenso Musa, daß ich den Blick abwende, wenn sie vor mir erscheinen. Areus brachte mir eine Tafel, sie ersetzt mein Gehör ganz vortrefflich, zwingt sie doch jene, die zu mir sprechen, ihren üblichen Wortschall zu reduzieren.

Allmählich beginne ich sogar, meiner Taubheit Vorteile abzugewinnen und im Rückblick meine Gedanken zu ordnen nach Art des Livius und in der Reihenfolge der römischen Konsuln. Denn Rechenschaft werden jene fordern, die nach mir kommen, und dieser Rechenschaft will ich mich nicht entziehen.

LXVIII

Heute, am Tag vor den Iden des Junius, will ich, inzwischen ertaubt, die Umstände nach dem Tode meines göttlichen Vaters Gaius Julius Caesar erklären.

Ich war jung, sehr jung für das Erbe des Göttlichen, und in Rom nannten sie mich damals den ›Knaben‹, was durchaus liebevoll gemeint sein konnte; aber in den meisten Fällen klang Hohn aus ihrer Rede. Glaubte ich damals noch, ich könnte die Welt verändern, so frage ich heute, ob nicht die Welt mich sehr verändert hat seit jenen unseligen Iden. Denn nichts verändert Menschen mehr als Macht. Ich hasse dieses Wort, weil es den wahren Charakter zu verbergen weiß. Macht, was ist Macht? Einfluß scheint mir die schwächste Form von Macht – wir sprechen von *po-*

tentia. Ist Macht von politischer Natur, trifft eher *opes* zu, und Amtsgewalt kommt der *potestas* gleich. Macht im Sinn von Gewalt ist *vis*, und euphemistisch reden wir von *rerum potiri*, wenn einer die Macht an sich reißt.

Rerum potiri scheint mir das rechte Wort in bezug auf Marcus Antonius, der, noch ehe ich von Apollonia nach Rom zurückgekehrt, zum Gegner mir erwuchs, rücksichtslos und scheinbar unbezwingbar. Beinahe ein Lebensalter überlegen, verachtete er mich, den Knaben, den der Göttliche post mortem ins Julische Geschlecht erhoben hatte, raffte den Staatsschatz und alle Privatpapiere meines Vaters an sich und ließ wissen, er erwarte, daß ich das Erbe Gaius Julius Caesars ausschlage.

Ein Mann von der politischen Erfahrung des Antonius – er bekleidete mit dem Göttlichen das Konsulat in dessen Todesjahr – war im Umgang mit der Macht vertraut, er kannte ihr Geheimnis, das in der Hauptsache darin besteht, zu wissen, daß der andere noch feiger ist. Mit dem Geld meines Vaters Divus Julius warb Marcus Antonius 3000 bewaffnete Soldaten an, doch geschah dies weniger zum Schutz des Staates als zur eigenen Sicherheit, und selbst jene, die den Mord an meinem Göttlichen Vater gutgeheißen hatten, weil nach ihrer Überzeugung ein Diktator beseitigt worden war, fürchteten nun, ob nicht der Diktator dem Tyrannen das Feld geräumt habe. Das brachte mir, dem Knaben, große Sympathien ein, zumal ich ohne Rücksicht auf mein eigenes Vermögen die Legate Caesars auszahlte – immerhin 300 Sesterzen an 150000 bedürftige

Plebejer –, wofür ich einen großen Teil meiner privaten Güter versteigern mußte, denn Antonius hatte, weil er glaubte, ich würde das Erbe ausschlagen, das Vermögen des Göttlichen an sich gerissen, und mir blieb nicht ein As.

Die Zeit hat gelehrt, wer von uns beiden klüger investierte. Wäre es möglich, die Welt mit Geld zu regieren, so wären die reichen Bankiers die Götter Roms; aber Mercurius sei Dank, der Umgang mit Geld fordert eine gewisse Klugheit, und die wenigsten, die damit umgehen, sind mit ihr gesegnet, ja, man überschätzt in den meisten Fällen die Schläue der Reichen wie den Fuchs, dem nur die Dummheit der Hühner zum Ruhme gereicht.

Worin aber lag Antonius' Fehler von Anfang an? Ich glaube, er gehörte zu jenen Römern, die den Sieg dem Frieden vorziehen, und obwohl er eine vergnügungssüchtige Jugend durchlebte, obwohl er in Athen die Philosophen der Griechen studiert hatte, liebte er den Waffenklang mehr als seine Frau, sogar mehr als seine Geliebte Cytheris.

Betrachte ich die Heerführer Roms – und ich nehme da nicht einmal meinen Göttlichen Vater Julius aus –, so paart sich stets die Fähigkeit im Krieg mit der Unfähigkeit zu lieben. Änderten nicht Julius Divus und Marcus Antonius über Nacht ihren Charakter, als sie, beide nicht mehr ganz jung an Jahren, zum ersten Mal in Liebe zu jener Frau entbrannten, dieser liederlichen Ptolemäerin?

Ich selbst sah im Krieg stets nur ein notwendiges Übel zur Erlangung des Friedens, der seinen Bestand wiederum dem Kriege verdankt. Warum sollte ich es leugnen? Der Gedanke an eine bevorstehende Schlacht rührte in meinen Eingeweiden wie ein scharfes Schwert, daß die Speisen aus allen Körperöffnungen drängten, und hatte ich mich auf diese Weise vollends entleert, verlor ich bisweilen das Bewußtsein und lag hilflos wie ein Fisch am Ufer. Meine Feinde verlachten mich deshalb und spotteten, ich versuche so Divus Julius nachzueifern, der, wie bekannt, von der göttlichen Krankheit befallen und bisweilen außer sich war wie ein jonischer Branchide, indem er konvulsivisch mit den Gliedern zuckte und die Augen himmelwärts drehte, daß nur noch das Weiße zu erkennen war.

Relata refero. Beim Mars, warum leugnen die Römer die Angst? Das Wort, scheint es, wird verdrängt in unserem Sprachschatz seit den Tagen der unseligen Proscriptionen unter dem Diktator Sulla; und wenn überhaupt noch ein gleichartiges Gefühl vorhanden ist, so ist es die Angst vor der Angst. Ein Römer fürchtet nichts, außer sich selbst. So gesehen bin ich ein artfremder Römer, denn Angst und Furcht begleiten mich von Anfang an. Vielleicht wird man mich in späteren Jahren deshalb einen Feigling nennen, vielleicht aber auch einen Weisen, weil Furchtlosigkeit und Dummheit bisweilen Hand in Hand gehen.

Wie mein Schatten begleitete mich die Angst in jenen Tagen nach dem gewaltsamen Tod des Divus Julius, und es gelang mir nicht, sie abzuschütteln. Wer wessen Feind war, wessen Freund, vermochte niemand zu sagen, auch ich nicht; doch kam mir damals zugute, daß ich, der Knabe, von allen unterschätzt wurde.

Männer wie Marcus Antonius. Dolabella, Lepidus oder Brutus und Cassius waren bekannt für ihren Charakter, der aus ihren Worten sprach und ihren Taten, ich aber hatte noch keine Gelegenheit zu öffentlichem Auftreten gehabt (sieht man einmal von der Leichenrede ab, die ich meiner Großmutter Julia als Zwölfjähriger hielt), und mein Amt als Pontifex bot mir kaum Gelegenheit, mich zu profilieren. Nicht Fisch, nicht Fleisch blieb ich den meisten gleichgültig, doch änderte sich dies von einem auf den anderen Tag, als das Testament des Göttlichen bekannt wurde. Nun, von Gaius Julius Caesar an Kindes Statt angenommen, kamen mir Meinung und Charakter meines Vaters zu, ein neuer Caesar war geboren und – ich gestehe –, ich fühlte mich überfordert. Caesaren werden nicht geboren, Caesaren wachsen heran. So mag die Angst verständlich sein, von der ich sprach, zumal ich nicht nur einen Gegner hatte: Alle sprachen gegen mich, aus unterschiedlichen Motiven, und Rückhalt fand ich nur beim Volk.

Brutus und Cassius, die erklärten Feinde meines Vaters, mußte ich weniger fürchten als Marcus Antonius, den erklärten Freund. Nicht ohne Hintergedanken hatte dieser um die Gunst Julius Caesars gebuhlt, mit ihm hatte er in Gallien gekämpft und auf dem Balkan und bei Pharsalos den linken Flügel angeführt und beim Lupercalienfest versucht, Gaius die Königskrone aufs Haupt zu drücken, was dieser allerdings zurückwies – Antonius, ein Speichellecker um des eigenen Vorteils willen. Nun suchte er die Macht an sich zu reißen, ließ vom Senat sich eigene Gesetze bestätigen und schuf so das furchtbare Gleichgewicht aus Angsterzeugen und Angsthaben, das er Politik nannte.

O welche fragwürdigen Existenzen nannten sich Freunde meines Göttlichen Vaters! Lepidus, dieser phlegmatische Weichling! Am Vorabend der Iden des März war Gaius bei ihm zu Gast, und obwohl die Stadt von Gerüchten schwirrte über ein bevorstehendes Attentat, von allen Seiten Warnungen ausgesprochen wurden an meinen Göttlichen Vater, unternahm er keine Anstrengungen, diesen zu schützen oder zurückzuhalten, wie es einem Freund zukam, einem wahren Freund. Ich glaube, Gaius Julius Caesar hatte keinen einzigen wahren Freund, und ich bekenne mit Scham, nicht einmal ich war sein Freund. Seinen Verehrer würde ich mich nennen, seinen Bewunderer, nicht mehr.

Aber große Männer haben das nun mal an sich: Größe macht einsam. Hätten die Sterndeuter mir in jenen Jahren prophezeit, ich würde dereinst als *Caesar Divi Filius* die Nächte am Ende meines Lebens damit verbringen, einsam und ohne Freunde mein turbulentes Leben zu beschreiben, was hätte ich getan? Ich hätte abgedankt, von allen Ämtern mich zurückgezogen und Horaz nachgeeifert und Vergil und ihrem Traum vom beschaulichen Leben auf dem Lande, ich hätte meinen Neigungen gelebt und so gehandelt, wie es mir gefiel, nicht wie man es von mir erwartete. Vielleicht hätte ich wie Antonius mich mit den lüsternden Weibern Roms geschmückt, vielleicht wie Lepidus die Tage verschlafen und die Nächte durchgesoffen, vielleicht hätte ich wie Dolabella die Frauen meiner besten Freunde geschwängert oder wie Maecenas in Jamben und Elegien gelebt – vielleicht wäre ich dann der geworden, der zu sein mir nie vergönnt war: ich selbst.

So aber suchte ich stets den Kompromiß. Jupiter, ich war nie ein Genie wie mein Göttlicher Vater, der einsame Entscheidungen traf und zielstrebig auf ein Ziel zuging, ich hasse sogar alles Geniale. Genies dulden keine Kompromisse. Ich suchte sie. Ich arrangierte mich mit Antonius und Lepidus im Triumvirat von Bononia, obwohl ich weder die Hilfe des einen noch die Unterstützung des anderen nötig gehabt hätte. Cicero hatte Antonius in seinen ›Philippica‹ niedergeredet, von Hirtius und Pansa, den Konsuln, war er bei Mutina geschlagen worden, daß er nur noch die Flucht ins jenseitige Gallien als Ausweg sah. Über Lepidus, der Gallien und Hispanien verwaltete, hatte der Senat die Ächtung ausgesprochen, und dennoch: Ich ging den Freundschaftspakt mit beiden ein, weil ich den Aufruhr ihrer Anhänger fürchtete, die beide in Rom zurückgelassen hatten. So teilten wir das Reich: Ich bekam den Westen, Antonius den Osten, Lepidus verwaltete die Hauptstadt – ein Kompromiß, dessen Scheitern vorgezeichnet war.

Heute schäme ich mich dieses Kompromisses, weil er Rom und das Reich in die Schreckenszeit der Proscriptionen zurückwarf; aber ich war zwanzig Jahre alt und von der Unerfahrenheit, die diesem Alter angemessen ist. Was sollte ich tun? Denke ich zurück an das Jahr nach dem Tode meines Göttlichen Vaters, so erfüllt mich der Handel um die Parteigänger des anderen mit

Abscheu. Überläßt du mir deinen Freund, der mein Feind ist, zum Töten, so überlasse ich dir meinen Freund, der dein Feind ist, zum Töten. *Homo homini lupus.*

Hilfesuchend hatte ich mich damals an Marcus Tullius Cicero gewandt, seiner politischen Einstellung nach ein glühender Republikaner und somit ein Gegner meines Göttlichen Vaters, aber nie sein Feind. Im Jahre meiner Geburt bekleidete Cicero bereits das Konsulat, und ich suchte bei ihm den Rat und die Weisheit des Alters. Antonius hingegen, von Cicero in seinen philippischen Reden als Diktator gegeißelt, forderte den Kopf des großen Römers – und ich gab nach.

Welch ein niederträchtiger Feigling ich war! Hatte nicht Cicero, den ich der *proscriptio* überließ, mir den Weg nach Rom geebnet, indem er die Senatoren überzeugte, mir, dem Jüngling, Ämter zu übertragen, die mir nach dem Gesetz aufgrund meiner Jugend noch gar nicht zustanden? War es nicht Cicero, der mir jene Mehrheit aus Republikanern und gemäßigten Anhängern des Göttlichen herbeiredete, ohne die ich machtlos geblieben wäre? O Cicero, Vater, welch schmachvolles Ende bereitete dir Antonius! Man schlug dir den Kopf ab und beide Hände. Dort sah ich sie selbst auf der Rednerbühne des Forums, o welche Schande! Ich vergoß damals Tränen der Trauer, doch mischten sich Tränen der Wut hinzu über die eigene Ohnmacht, und ich schwor bei Jupiter, nach der alleinigen Macht zu streben, damit derartige Willkür sich nie wiederhole.

Ich will mich meinen Tränen hingeben ...

LXVII

Jupiter Optimus Maximus sei Dank! Hört, was geschah, in durchweinter Nacht.

Nicht enden wollte der Fluß der Tränen, die ich für Marcus Tullius Cicero vergoß, daß meine Kissen näßten wie die Zeltwand im Morgentau. Wie weinte ich ihm nach, dem Großen des Staates, der ein so elendes Ende fand, wie trauerte ich; und in die Trauer mischte sich der Zorn über meine eigene Feigheit, meine Schwäche, meine Undankbarkeit. Nie habe ich heißere Tränen vergossen. Ich fand keinen Schlaf, und das Rauschen in meinen tauben Ohren schwoll an wie die Brandung an den Klippen von Scylla und Charybdis, und in dieser Qual preßte ich die Daumen in die Eingänge meines Gehörs, als drängte das unerträgliche Geräusch von außen auf mich ein. Stunden lag ich so in dieser Haltung, weinend, bis ich Auroras fahlem rosa Licht entschlummerte.

Ein alter Mann braucht wenig Schlaf; mir sind drei Stunden schon genug, doch ruhte ich nicht halb so lange, als jäh ich aus dem Schlafe fuhr: Als sei die Flut zurückgewichen aus den schäumenden Klippen, als habe sich der Sturm gelegt, umfing mich Stille; doch in die Stille drang der Jubelschrei der Vögel, die den Palatin bevölkern mit buntem Gefieder. Beim Jupiter, ich habe mein Gehör wiedererlangt! Ich kann wieder hören!

Vor der Türe, den wachenden Prätorianer, faßte ich

bei den Schultern und schüttelte ihn und forderte, zu mir zu sprechen mit tönender Stimme.

»Was, Caesar, soll ich sagen?« fragte verängstigt der Wächter.

»Rede, was du willst!« erwiderte ich. »Ich werde alles schön finden, wenn es nur an mein Ohr dringt!«

Da räusperte sich der Prätorianer umständlich wie ein Kandidat beim Wettkampf der Dichter und begann, während ich ihm ein Ohr näher hielt als das andere, die Horazische Ode *Solvitur acris hiems* herzusagen, die zur Schulbildung eines jeden Römers gehört. Er begann langsam und stockend zu deklamieren, auf meine Zwischenrufe hob er die Stimme und rezitierte Horaz mit volltönender Stimme. Erst hörte ich zu mit der Freude des Kindes über ein unverhofftes Geschenk, dann aber fiel ich ein in den lautstarken Vortrag, und gemeinsam vollendeten wir die göttlichen Zeilen:

Der alles erstarrende Winter weicht jetzt dem lieblichen Frühling,
dem sanften Hauche des Westwinds, schon ziehen gewaltige Winden
vom Strande die trockenen Kiele hinab in die brausende Meerflut.
Die Rinder verlassen die Ställe, der Landmann das Feuer des Herdes;
die Wiesen und Felder glänzen nicht mehr vom blitzenden Reife.
Schon führt Frau Venus den Reigen der Nymphen und Grazien bei Mondschein;
sie wechseln in fröhlichem Takte des Tanzes die schwebenden Füße,

indessen dem Jupiter schmiedet Vulkan die feurigen Blitze.
Jetzt ziemt es, das glänzende Haupt mit grünender Myrte zu schmücken,
und Kränze zu winden aus Blumen, die freundlich die Erde uns bietet.
Jetzt bringt auch im schattigen Haine dem Faunus das schuldige Opfer,
verlangt er ein schneeiges Lamm, zieht vor er ein zierliches Böcklein,
es klopft ja nicht öfter der Tod an Hütten als an Paläste,
kurz ist das Leben, mein Sestius, und dauert nicht lange die Hoffnung.
Wie bald schon umgibt dich die Nacht, der Unterwelt dunkele Schatten,
dir öffnet sich Plutos Palast; wenn einmal du diesen betreten,
so fällt dir das Los nicht mehr zu, den Vorsitz beim Festmahl zu führen;
für Lycidas fühlst du, den zarten, nicht mehr dasselbe Entzücken,
für den die Jugend erglüht und bald die Mägde entbrennen.

So rezitierten wir beide aus Leibeskräften. Und nun, da ich sicher sein konnte, von meinen Sinnen nicht schändlich getäuscht zu sein, lief ich eilends, so schnell es mein elendes Knochengerüst noch erlaubte, durch die endlosen Korridore des Palatiums und rief, immer und immer wieder, daß es von den Wänden hallte wie das Echo der Berge: *»Solvitur acris hiems!«*

Schön wie mein eigenes Spiegelbild empfand ich den Widerhall meiner Stimme, ja, zum ersten Mal fand ich Gefallen an diesem Organ, obwohl es doch Ausdruck meiner Gedanken ist seit 76 Jahren. Warum, beim Jupiter, belehrt uns erst der Verlust über den Wert der Dinge?

Wo immer ich Türen aufstieß mit jubelnder Stimme, traf ich auf Unverständnis und Verwunderung, und hier und dort nickten sie mir mitleidsvoll zu in der Meinung, der todgeweihte Cäsar habe wohl den Verstand verloren. »Glaubt, was ihr wollt!« rief ich im Laufen, während die Schar der mir Nachfolgenden immer größer wurde, »aber hört die Stimme des Cäsars, so wie ich die Stimme des Cäsars höre nach dem Willen der Geliebten des Pan.«

Da trat mir Antonius Musa in den Weg, der, um Hilfe gerufen, eine kleine Phiole in der Faust seiner Linken verbarg. »Halte mir gallige Tränke fern, Musa«, rief ich, »denn keine Krankheit, kein Wahn ist der Grund meiner Freude, sondern die Wiedererlangung meines Gehörs!« Zum Beweis meiner Worte hielt Musa die Hand vor den Mund, daß mir die Bewegung seiner Lippen verborgen blieb, und forderte mich auf, ihm nachzusprechen: »Ich, *Imperator Caesar Augustus* – habe auf göttlichen Ratschluß – mein Gehör wiedererlangt.«

Ich wiederholte die Worte, so wie sie an meine Ohren drangen, ich wiederholte sie mehrmals, und Antonius Musa schüttelte den Kopf. »Fürwahr«, murmelte er schließlich, »fürwahr, Caesar, du bist ein Göttlicher!« Mir aber schien es, als hörte ich aus seiner Rede mehr Unmut als Freude.

So geschah es heute, an den Iden des Junius, unter dem Konsulat des Sextus Pompeius und Sextus Apuleius.

LXVI

Bevor ich die Gedanken fortführe im Lauf meines Lebens, die mit Ciceros schändlicher Ermordung endeten, will ich sagen, daß der Vorgang des Schreibens von Stunde an mir neu und andersartig erscheint. Erkannte ich das, was meine hörnerne Schreibkralle mühevoll zu Papier bringt, bisher nur mit dem Licht meiner Augen, so höre ich nun im Stillen jedes niedergeschriebene Wort mit dem Klang meiner Stimme.

Zurück zu Marcus Antonius: Von jenem Tag an, als er Marcus Tullius beseitigen ließ, haßte ich ihn abgrundtief, und mir wurde klar, daß in Rom nur für einen von uns beiden Platz war. Nie mehr im Leben, nicht vorher und auch später nicht, entschied ich derart kompromißlos: Entweder er oder ich! Nie vergesse ich meine ohnmächtige Wut, die mich zwang, diese meine Entscheidung zu verbergen und abzuwarten, bis meine Stunde gekommen schien. Eher beiläufig stellte ich Marcus Antonius zur Rede, ob Rom es sich leisten könne, derart mit seinen bedeutendsten Männern zu verfahren. Er aber erwiderte lachend, er habe aus Liebe zum Vaterland gehandelt (was immer er darunter verstand). Seither ist mir das Wort Vaterlandsliebe ein Greuel. Vaterlandsliebe, das hat mich mein Leben gelehrt, ist die letzte Zuflucht der Schurken.

Zuerst schien Fortuna Antonius zugewandt. Der Senat hatte die Mörder meines Vaters zu *hostes* erklärt, und Brutus und Cassius, die auf verschiedenen Wegen aus Rom geflohen waren, vereinigten sich nun bei Sardes. Zusammen standen beiden neunzehn Legionen zur Verfügung, ein Heer von etwa 80000 Mann, und weil sich alle von Rom abhängigen Herrscher des Ostens inzwischen auf die Seite der Cäsarmörder geschlagen hatten, schien die Lage bedrohlich für Rom und forderte rasches Handeln. Ich gab Antonius' Drängen nach und zog mit ihm gen Osten. Bei der Stadt, die heute meinen Namen trägt, damals jedoch Philippoi genannt wurde, stießen wir auf die Feinde des Staates.

Heute, am 66. Tag vor meinem Ableben – so die Auguren recht behalten –, will ich erklären, daß der Ablauf dieser Schlacht nicht jenem Bild entspricht, das die Chroniken des Reiches auf mein Geheiß hin zeichneten, daß diese Stadt eher *Colonia Antonia* heißen müßte als *Colonia Julia Augusta Philippensium*. Denn damals vor dem entscheidenden Kampf, überkam mich zum ersten Mal jenes Gefühl von Disteln und Dornen in meinen Gedärmen, das ich zeit meines Lebens in ähnlichen Situationen nie mehr verlor. Ich zögerte, ja, in jener schlaflosen Nacht trug ich mich sogar mit dem Gedanken zu fliehen. Antonius aber überrannte im ersten Morgengrauen das Lager des Cassius. Cassius entkam und versteckte sich auf einem Hügel nahe der Stadt. Ohne Verbindung zu Brutus, von dem er glaubte, er habe ein ähnliches Schicksal erlitten wie er, stürzte er sich noch am selben Abend in sein Schwert. *Vae victis*.

Cassius irrte. Brutus stand nämlich kurz davor, mein eigenes Lager zu erobern, und wäre mir Antonius nicht zu Hilfe geeilt, hätte er nicht auch Brutus besiegt, ich wäre verloren gewesen. Auch Brutus entkam, und auch er gab sich, als er von Cassius' Freitod erfuhr, selbst den Tod.

Naiv wie ich damals war, kehrte ich auf dem Seeweg nach Rom zurück, Brutus' abgeschlagenen Kopf im Reisegepäck. Den warf ich vor die Bildsäule meines Göttlichen Vaters Gaius Julius Caesar, zum Zeichen der vollzogenen Rache. Da erhob sich ein Jubelgeschrei unter den Römern, das in drei aufeinanderfolgenden Nächten nicht endete; vor allen Tempeln loderten die Opferfeuer, und die Menschen priesen mich als Retter des Vaterlandes – ich ließ es geschehen.

Was sollte ich tun? Sollte ich auf das Forum treten und lauthals verkünden, ich hätte zum Zeitpunkt der Schlacht im eigenen Kote gesessen, unfähig vor Angst, meine Notdurft zu bändigen? Sollte ich den Jubel des Volkes beschwichtigen, erklären, der wahre Sieger von Philippoi heiße Marcus Antonius und nicht Gaius Caesar?

Warum, fragte ich mich, kostete Antonius diesen Sieg in doppelter Feldschlacht nicht aus und sonnte sich im Glanz eines römischen Triumphes, anstatt im Osten des Reiches unbotmäßige Vasallen zu befrieden? Erst später begriff ich die wahre Absicht des ehrgeizigen Triumvir. Marcus Antonius nahm mich, den Knaben, in keiner Weise ernst, er glaubte, ich sei zu jung, zu unerfahren, um während seiner Abwesenheit viel ausrichten zu können, ihm gar den Rang streitig zu machen, er fühlte sich als *Primus inter pares*. Was aber zog Antonius in den Osten des Reiches?

Im Abstand der Jahre kann ich seine Überlegungen nachvollziehen. Am Testament meines Göttlichen Vaters, das, dafür hatte ich gesorgt, inzwischen überall bekannt war, gab es nichts zu deuten, nach dem Willen Gaius Julius Caesars sollte ich, *Divi Filius*, das Werk seines Lebens fortsetzen. Verbittert und enttäuscht sah Antonius seine einzige Chance darin, mich, meine Jugend, Unerfahrenheit und – wie er glaubte – Dummheit bloßzustellen, während er, im besten Mannesalter, schlachtenerprobt und siegreich, dem Julier nacheiferte, so gut er konnte. Lange, glaubte Marcus Antonius, würde ich dem ständigen Vergleich nicht standhalten können, und die Römer würden ihre Gunst, die bisher fraglos auf meiner Seite lag, ihm bald zuwenden.

Unser Dreimännervertrag gestand Antonius die Verwaltung der fünf Ostprovinzen Achaia, Pontus, Asien, Syrien und Kilikien zu. Im Osten hausen merkwürdige Leute; voll Demut werfen sie sich jedem Sieger vor die Füße und verehren ihn als Gott. In Marcus Antonius erkannten die Menschen des Ostens jenen wilden Dionysos, der mit unserem Gott Bacchus nur den Hang zu Wein und Weib gemeinsam hat, in Asien hingegen wird er noch heute als Gott der Götter verehrt und mit Lärm und Tanz gefeiert, wobei Männer und Frauen sich öffentlich paaren, wenn sie nicht ekstatisch Fakkeln und Thyrosstäbe schwingen.

Antonius kam diese Rolle gelegen, ließ er doch selbst im Krieg keine Frau aus, die von der Natur mit allem ausgestattet war, was so ein geiler Bock wie er von einem Weib erwartet; und manch ein Vasallenfürst, so wird behauptet, überließ ihm seine Frau für ein paar Nächte, um den Römer gnädig zu stimmen bei der Festsetzung der Tribute. In seinem Drang, die Göttlichkeit meines Vaters Divus Julius nachzuahmen, ging Antonius so weit, daß er sich wie Dionysos kleidete, in Begleitung lächerlichen Tanzgesindels auftrat und sich mit Kniefall wie ein Gott verehren ließ. Ich, dem laut Senatsbeschluß Ehren wie diese zukamen, habe nie Wert gelegt auf derlei Äußerlichkeiten. Ein Kniefall macht keinen Gott.

Natürlich erschien Antonius vor allem der Fehltritt meines Göttlichen Vaters mit der ägyptischen Königshure nachahmenswert. Zur Demonstration seiner Macht bestellte er sie ins kilikische Tarsus, und Kleopatra zögerte nicht, dieser Aufforderung nachzukommen. Sie bot Geld und Geschenke und alle orientalische Pracht auf, um Antonius, diesen Hungerleider aus verarmtem Hause, zu beeindrucken, und wie meinen Göttlichen Vater verstrickte sie auch Antonius in eine Liebesaffäre peinlichster Art.

Roms Huren sind, wie man weiß, die teuersten im Reich, und manch einer wurde von ihnen um Hab und Gut gebracht; eine Hure wie die Ptolemäerin, die für ihre Gunst auch noch bezahlt, ist jedoch einmalig auf dieser Welt – beinahe kann ich Marcus Antonius verstehen. Jedenfalls versprach sie ihm – die Götter wissen, unter welchen Bedingungen – ihre Unterstützung bei einem Kriegszug, den Antonius gegen die Parther plante, um die schändliche Niederlage des Crassus zu rächen, ein Vorhaben, das der Tod meinem Göttlichen Vater versagt hattte. So lockte sie ihn in ihre Hauptstadt, und Marcus Antonius kam, um die stolzen Alexandriner nicht zu provozieren, wie ein Reisender ohne militärische Begleitung.

Alsbald drang die Kunde von dieser Liebschaft nach Rom, und Fulvia spritzte Gift und Galle wegen des rufschädigenden Verhaltens ihres Ehegemahls. Über sie machte das Wort die Runde, außer ihrem Körper sei nichts Weibliches an ihr; Habgier und Herrschsucht stellten sie sogar allen Männern voran, ja, sie sei der einzige Mann in Rom. Zwei Männer, Clodius und Scribonius, hatte Fulvia bereits mit ihrer Sucht, Herrschende zu beherrschen, groß gemacht, und in Rom zweifelte niemand, daß sie auch Antonius, der viel lieber soff und mit losen Weibern tändelte, in seine hohe Stellung gedrängt hatte. So mußte Fulvia es als Schmach empfinden, daß Marcus Antonius sie mit der Ägypterkönigin betrog.

Von Art und Charakter ähnelten sich Kleopatra und Fulvia, und ich zweifelte nicht im geringsten, daß die Römerin größte Anstrengungen unternehmen würde, um ihren Gemahl zurückzugewinnen. Dabei habe ich vieles in Erwägung gezogen, doch daß ihr Eifer sich gegen mich richten würde, bemerkte ich erst, als es beinahe schon zu spät war. Niemand ist so unberechenbar und einfallsreich wie eine eifersüchtige Frau! Fulvia verbündete sich mit ihrem Schwager Lucius Antonius gegen mich. Sie legten es auf einen regelrechten Bürgerkrieg an, und Fulvia hoffte wohl, Marcus Antonius würde, sobald die Kunde von dem Konflikt nach Ägypten gedrungen sei, Kleopatra zurücklassen und nach Rom eilen, um einen offenen Kampf zu verhindern.

Jupiter sei Dank, ich habe damals die Situation schnell erkannt und gehandelt und Lucius und Fulvia mit ihren Anhängern nach Perusia vertrieben, wo Lucius Antonius sich ergab. Fulvia floh mit ihrer Schwiegermutter nach Griechenland; dort starb sie, ohne mein Zutun, noch im selben Jahr.

Siege sind häufig Quisquilien im Vergleich zu dem, was dem Sieger bevorsteht. Was sollte ich tun? Sollte ich den Bruder des Marcus Antonius töten. Das hätte den Triumvir erzürnt, und seinen Zorn fürchtete ich mehr als jeden anderen. Ließ ich ihn aber laufen, so mußte ich befürchten, von den Römern verlacht zu werden ob meiner Milde, denn *clementia* war ein Fremdwort in jenen Tagen. Deshalb entschied ich mich für einen dritten Weg und schonte Lucius Antonius. Nachdem er feierlich Abbitte geleistet und gestanden hatte, von Fulvia verblendet worden zu sein, schickte ich ihn mit *proconsularischem* Auftrag in das ferne Hispanien. Den Rittern und Senatoren unter seiner Anhängerschaft aber gewährte ich keine Nachsicht.

Ich erinnere mich an jenen kalten Februartag, als sie in endloser Reihe an mir vorbeizogen, um das Todesurteil zu hören. Einige spuckten vor mir aus, andere fielen auf die Knie und flehten um Gnade. Ich aber zeigte keine Nachsicht, auch wenn es mir bei manchem von ihnen schwerfiel, und der Satz, den ich damals dreihundertmal gebrauchte, wurde zum geflügelten Wort: »Es muß gestorben werden!« Auch das ist *Caesar Augustus*!

Für den perusinischen Sieg sprach mir der Senat die *ornamenta triumphalia* zu, so war ich zum Siegertyp gestempelt, ohne zu wissen, wie mir geschah, und die Chronisten verzeichneten meinen zweiten Sieg in den Annalen. Mich erfüllte dieser Vorgang mit Stolz, heute weiß ich, daß die glücklichsten Zeiten der Menschheit die leeren Seiten in den Annalen sind.

Zu spät, um Fulvia zu nützen, eilte Antonius in italisches Land, nachdem er von dem Bürgerkrieg erfahren hatte, und ich begegnete dem Bündnispartner nun mit stolz erhobenem Haupt, ja, ich forderte Rechenschaft, wie es zum Aufstand unter Führung seiner Frau und seines Bruders kommen konnte. Antonius war die Angelegenheit peinlich, er gab feierliche Beteuerungen ab, unwissend gewesen zu sein, und forderte von sich aus eine Erneuerung des Bündnisses.

Noch während wir in Brundisium verhandelten, traf aus Alexandria die Kunde ein, Kleopatra habe Zwillinge geboren, einen Knaben und ein Mädchen, was Marcus Antonius sichtlich mit Stolz erfüllte. Ich stellte ihn zur Rede:

»Du bist ein Römer«, sagte ich, »und sie ist eine Ägypterin. Du kannst sie nicht heiraten!«

»Wer spricht von Heirat«, entgegnete Antonius, »hätte ich in meinem Leben jede von mir geschwängerte Frau geheiratet, bei Venus und Roma, ich hätte viel zu tun gehabt!«

»Sie ist eine Klette, denke an meinen Göttlichen Vater Julius, hat sie erst einmal einen Mann gefangen, so läßt sie ihn nicht mehr los – zumindest nicht freiwillig. Je länger du dich abgibst mit dieser Frau, desto mehr gelangst du in ihre Abhängigkeit. Noch ist es nicht zu spät, noch sagen die Leute, wenn sie über dich reden, Antonius, der Römer; aber bald werden sie andere Wörter gebrauchen, dich Alexandriner schimpfen, Ptolemäer oder gar Kleopatros.«

»Jüngling« – ja, Antonius nannte mich Jüngling, was mich verdroß und ihm trotz unseres Altersunterschiedes von 19 Jahren nicht zukam – »was verstehst du schon von Frauen! Ich halte es mit Euripides, der meinte, tausend Fragen wiege das Leben eines Mannes auf. Soll heißen: Vor allem nimm die Weiber nicht so wichtig. Kleopatra ist eine Frau, erfahren in allen Liebesdingen, sie hat Geld, Macht und Einfluß, die zu teilen sie bereit ist. Sollte ich das alles ausschlagen, nur weil ich ein Römer bin?«

»Du bist kein gewöhnlicher Römer, Marcus Antonius, du bist ein Römer, dem laut Vertrag die Lenkung eines Teils des Staates anvertraut ist. Du bist ein Römer, auf den sich alle Blicke richten, und sei das Volk selbst noch so unmoralisch, es sucht die Sittlichkeit in seinen Führern.«

Unser Gespräch wurde heftiger, Antonius schimpfte mich einen Eiferer und sparte nicht mit Spott, wie es seine Art war: »Es überrascht mich, dies aus deinem Munde zu vernehmen, wo du doch deinen Göttlichen Vater als Vorbild für jeden Römer auf den Lippen trägst. Hatte nicht Divus Julius ein Gesetz vorbereitet, das ihm, dem zu den Göttern Entrückten, jede Frau gefügig machen sollte, der er lustvoll begegnete? Und wer hat das schamlose Standbild der Aprohodite in Auftrag gegeben, das noch heute den Vorraum des Tempels der Venus Genetrix schmückt und nicht nur die Gesichtszüge, sondern auch Scham und Brüste Kleopatras zeigt? War ich das oder dein Göttlicher Vater Julius, der uns allein ein Vorbild an Tugend und Sittlichkeit ist?«

»*De mortuis nil nisi bene!*« rief ich erregt.

»So schweige auch du wegen Kleopatra!« erwiderte Antonius verdrossen. »Soll unser Bündnis wegen einem Weibe scheitern?«

»Halte dir Konkubinen, die ihre Haut zu Markte tragen, soviele du willst!« versuchte ich die Wogen zu glätten, »doch zahle nicht nur ihre Dienste, honoriere vor allem ihre Verschwiegenheit. Die besten Frauen, sagt man, seien die stummen. Fürs Haus und den täglichen Umgang aber wähle eine Römerin, deren Wert ihre Schönheit überdauert, keine Frau wie Fulvia, mit Galle im Mund und Wut im Herzen, ein edles Frauenzimmer, das deine Sache gut vertritt und dir nicht fremd ist, wenn du in der Ferne weilst.«

»Den Namen eines solchen Weibes nenne mir!« höhnte der Antonier.

Und ich: »Das will ich tun.«

Und er: »Du machst mich neugierig.«

Und ich: »Octavia, meine Schwester.«

»Octavia?« Antonius schwieg.

»Das Schicksal raubte ihr den Mann«, hielt ich die Rede aufrecht, »drei brave Kinder brachte sie zur Welt, was ihrer vielgerühmten Schönheit nicht abträglich war. Und weil sie klug ist und in der Dichtkunst wohlerfahren, haben, obwohl das Trauerjahr noch nicht vorüber ist, schon viele Männer um sie angehalten – ich will hier keine Namen nennen.«

»Witwe mit drei Kindern?« spottete Antonius.

»Das hat Octavia mit der Ägypterin gemeinsam; doch ist sie jünger als Kleopatra, und wer das höhere Ansehen in Rom genießt, muß ich nicht sonderlich ausführen.«

Wir einigten uns, wie unter Männern üblich, mit Handschlag und erneuerten das Bündnis. Lepidus übergab ich die afrikanische Provinz zum Dank für seine Treue im perusinischen Krieg. Der Senat erlaubte Marcus Antonius die Heirat mit meiner Schwester noch vor Ablauf des Trauerjahres. Ich selbst nahm im selben Jahr Scribonia zur Frau, die Schwester des Lucius Scribonius Libo, und glaubte damit meinen Einfluß in Senatorenkreisen zu festigen; doch damit nahm das Unheil seinen Lauf.

LXV

Nachts, wenn ich schreibe, tauchen unzählige Gesichter vor mir auf, aber die wenigsten bereiten mir Vergnügen. Heute begegnete ich Sextus Pompejus. Er war seinem Vater Gnaeus Pompejus, der mit Divus Julius und

Crassus den Dreimännerbund beschlossen hatte, wie aus dem Gesicht geschnitten und ähnelte ihm wohl auch in der Falschheit seines Charakters. Daß beide den gleichen unrühmlichen Tod fanden – der Vater wurde in Ägypten ermordet, der Sohn in der asiatischen Provinz –, ist eine rätselhafte Fügung des Schicksals. Von seinem vor Pelusium ankernden Schiff hat Sextus mitansehen müssen, wie Schergen des Ptolemäus seinen Vater niedermetzelten. Er selbst entkam in die afrikanische Provinz und später nach Hispanien, wo er seinen Bruder gegen meinen Göttlichen Vater unterstützte.

Ich habe aus meiner Abneigung gegen Sextus nie einen Hehl gemacht. War doch die Lage am Beginn meiner politischen Laufbahn verwirrend genug, so daß ein Quertreiber wie Pompejus die Glut nur noch schürte. Nach dem Tode seines Vaters hatte der Senat das beträchtliche Vermögen der plebejischen Familie eingezogen, Gnaeus und Sextus, die Söhne, waren von Gaius im spanischen Munda geschlagen worden, wobei der ältere den Tod fand. Nun aber, da Sextus Pompejus keine Zukunft mehr sah, strebte er zurück nach Rom und forderte vom Senat das Vermögen seines Vaters zurück.

Dabei fand er Fürsprache bei Marcus Antonius, und ich kann mir denken, daß Sextus die Sympathie des Antoniers mit finanziellen Versprechungen erkaufte. Immerhin ging es um 700 Millionen Sesterzen! Antonius schanzte Sextus das Amt des Flottenkommandanten zu, in der hochtrabenden Ämtertitulatur, die uns Römern eigen ist, *praefectus classis et orae maritimae* genannt. Der Handel ging so schnell und heimlich vonstatten, daß Sextus mit der Flotte bereits auslief, bevor der Beschluß in Rom bekannt war. Ein Sturm der Entrüstung brach los, und der neuernannte Konsul Quintus Pedius, der mit Hilfe der nach ihm benannten *Lex Pedia* Sondergerichte gegen die Mörder meines Göttlichen Vaters einsetzte, ächtete Sextus und forderte sein Amt und die römischen Schiffe zurück. Ziemlich blauäugig, wenn man bedenkt, daß die Ächtung einem Todesurteil gleichkam. Glaubten die *Patres conscripti* ernsthaft, Sextus Pompejus würde zurückkehren und sein Haupt auf den Richtblock legen?

Sextus entließ nicht einmal die Seeleute, er weigerte sich, die Schiffe herauszugeben und eroberte mit der römischen Flotte Sizilien, wo er, unterstützt von all den Männern, deren Namen sich auf den Proscribiertenlisten befanden, wie ein Seeräuberkönig herrschte, die Getreideschiffe aus Karthago und Ägypten abfing und Rom an den Rand einer Hungersnot brachte.

Damals zählte ich Salvidienus Rufus noch zu meinen Freunden. Er war von vornehmer Bildung, im selben Alter wie ich und hatte mich im Todesjahr meines Göttlichen Vaters nach Apollonia begleitet. Am perusinischen Sieg kommt ihm maßgebender Anteil zu, weil die Schleuderbleie seiner Soldaten weiter reichten als alle anderen. Mir bereitete Sextus Pompejus Mißbehagen, aber nur der Gedanke, gegen ihn zu kämpfen, brachte meine Gedärme in Unordnung. Also beauftragte ich Salvidienus, unter Einsatz der wenigen vorhandenen Schiffe, Sextus Pompejus herauszufordern.

Ein Sieg hätte mir großes Ansehen gebracht; aber es

kam anders: Sextus schlug Salvidienus mit seiner militärischen Übermacht in der Meerenge von Messana, ein Sieg, der ihm viel Anerkennung, mir aber großen Kummer bereitete. Ermutigt und tolldreist tauchte Sextus Pompejus nun immer häufiger an italischen Küsten auf, plünderte Häfen, überfiel Siedlungen und wurde zum Schrecken für alle Küstenbewohner.

Bis heute ist mir nicht klar, in welchem Verhältnis Sextus Pompejus und Marcus Antonius standen, ob dieser jenen als Quertreiber mißbrauchte oder ob jener diesen und seine Freundschaft suchte; doch kam mir zu Ohren, daß beide sich mehrmals heimlich trafen. Aus den genannten Gründen schien es ratsam, mich mit Sextus zu arrangieren. Wir trafen uns in Misenum und handelten – *manus manum lavat* – einen Vergleich aus, wonach der Rebell sein Seeräuberunwesen einstellen und im Gegenzug die Statthalterschaft über Korsica, Sardinien und Sizilien erhalten sollte, ja, ich sagte ihm sogar ein Konsulat und das rechtmäßige Erbe seines ermordeten Vaters zu. Die versprochenen Inseln, dachte ich, hatte Sextus Pompejus ohnehin in seiner Gewalt, folglich bedeutete mein Angbot lediglich die Legalisierung bestehender Verhältnisse, und das höchste Amt im Staat, das ich ihm in Aussicht stellte, würde ihn gewiß auf den Weg der Tugend zurückführen. Von wegen!

Im Zwiespalt kam ich Sextus' Forderung nach, den Pakt mit einer Heirat innerhalb unserer Familien zu besiegeln, so wie es zwischen Antonius und meiner Schwester Octavia geschehen sei beim Vertrag von Brundisium. Damit der Pakt nicht im letzten Augenblick scheiterte, schlug ich ihm meinen geliebten Neffen Claudius Marcellus vor, Octavias Sohn aus erster Ehe – das Kind war damals gerade drei Jahre alt. Sextus hatte seine Tochter ausersehen, im selben Alter wie Claudius. Also wurden die beiden verlobt. Jupiter, welches Unrecht hätte ich dem Jungen zugefügt, wäre die Ehe je vollzogen worden, und es erfüllte mich mit Gram, daß ich ihn, den ich liebte wie meinen eigenen Sohn, später so schlecht bedachte, indem ich ihm meine Tochter Julia zur Frau gab, das Scheusal einer Medusa. Ich hatte gehofft, meine Zugeständnisse würden Sextus Pompejus zur Vernunft bringen, doch ich sah mich getäuscht. Auch Caesars Hand macht aus einem Lumpen höchstens einen Gauner.

Sextus verunsicherte weiter die Küsten und errichtete Blockaden über den lebenswichtigen Häfen. Meine Versuche, den Rebellen zur See zu treffen, scheiterten allesamt kläglich, aber ich hatte ja Agrippa, meinen treuen Freund seit gemeinsamen Tagen in der Rhetorenschule in Rom. Ich beauftragte ihn mit dem Ausbau des Hafens von Baiae und der Aufstellung einer neuen Flotte, und beide Aufgaben löste er in kurzer Zeit, ja, woran ich scheiterte, gelang ihm im Handstreich: Mehr als einmal hatte ich versucht, auf die sizilische Insel überzusetzen und Sextus Pompejus zu bekriegen, aber jedes Unternehmen war gescheitert an der technischen Übermacht und besseren Ortskenntnissen des Gegners, vielleicht aber auch, weil ich dem Rebellen mehr Angst entgegenbrachte, als er verdiente. Ich hatte zwanzigtausend freigelassene Sklaven rekrutiert, die als Ruderer dienten, und unsere Flotte hatte den ganzen

Winter Manöver abgehalten, meine Furcht war also unbegründet. Aber sage das einem, der allein bei dem Gedanken an die Schlacht der Dünnschiß befällt, eine Zumutung für das Auge wie für die Nase! Deshalb erteilte ich Agrippa den Oberbefehl.

Bis Mylae kam es zu einer auf beiden Seiten verlustreichen Seeschlacht, die keinen Sieger kannte. Sextus Pompejus drängte jedoch auf eine Entscheidung, und unsere Unterhändler einigten sich auf ein Seegefecht in der Bucht von Naulochos. Als Agrippa mir seine Schlachtpläne erläuterte, mußte ich mir auf die Zunge beißen, um zu verhindern, daß ich dem Freund den Rückzug befahl. Angst lähmte meine Sinne, und wie von einer tödlichen Krankheit befallen, stürzte ich, kaum hatte die Schlacht begonnen, zu Boden, wo mich die Sinne verließen bei offenen Augen wie einen jonischen Brancchiden. Mir schien die Nacht meines Geistes endlos, bis ich von Freudenrufen erwachte.

Der Jubel über den errungenen Sieg vermochte nicht die erlittene Unbill abzutöten, und ich schwor, beim Mars, fortan den Krieg zu meiden mein Leben lang. Jene, die mir übelgesinnt sind, haben dies als Feigheit ausgelegt, und sie haben sogar recht, doch ist die Zahl derer größer, die behaupten, ich sei ein Mann des Friedens, und ich habe sie stets in ihrem Glauben belassen. Aber dem Alter ziemt die Lüge nicht. Freimütig will ich bekennen, wie sehr ich die Kriegslust meines Göttlichen Vaters Gaius Julius Caesar bewundert habe, seine Kriege und seine Siege, und es wird meinen Ruhm vor der Nachwelt nicht schmälern, wenn ich gestehe, daß mich die Eroberungszüge des großen

Alexander beeindruckt haben und mir nichts erstrebenswerter erschien, als römische Feldzeichen zum Indus und Ganges zu tragen, eine Blutspur unbezwingbarer Kraft in den Sand zeichnend; doch scheiterten schon die ersten Versuche kläglich, als ich erkannte, allein der Gedanke an Blut und Schmerzen, die Begleiter des Krieges, macht mich unfähig zum Kampfe.

Von allen Ehrentiteln, die Senat und Volk mir im Laufe meines langen Lebens verliehen, ist deshalb jener des Imperators die größte Schmeichelei, ich war doch nie ein Feldherr. Das Gefühl des Erhebenseins ließ mich nie an der Rechtmäßigkeit meiner Göttlichkeit zweifeln, ich bin Augustus, der Erhabene, ich bin *pater patriae*, der Vater des Vaterlandes, aber vom Imperator trennte mich stets eine Welt. Als man mir damals, nach gewonnener Schlacht, per Akklamation den Imperatorentitel zuerkannte, nahm ich die Ehrung dankbar entgegen, fürchtete jedoch die Blamage, falls mein Verhalten während der Schlacht bekannt würde. Deshalb legte ich meinen Vornamen Gaius ab und erkannte den Ehrentitel Imperator als *praenomen imperatoris*, statt Gaius hieß ich nun Imperator.

Siebzehn Schiffe waren übriggeblieben ...

Hier unterbreche ich. Ein fremdes Geräusch in der Hartleibigkeit meines Bauches verspricht mir Erlösung ...

LXIV

Hartleibigkeit.

LXIII

Erlösung.

LXII

Vom Verfall meiner Sinne scheint die Nase am wenigsten betroffen, denn der Modergestank, den meine seit drei Tagen aufgestauten Exkremente verursachen, hinderte mich an der Niederschrift meiner Gedanken, als unerwartet meine Gedärme sich zu entleeren begannen. Einmal in Wallung war ihr ekelerregender Fluß durch nichts aufzuhalten, hatte doch Musa mit öligen Tränken mühsame Vorarbeit geleistet. Mir, auf dem der wulstige Bauch seit Tagen lastete wie ein Fels, geriet das Ereignis zur Befreiung. Nun kann ich vollenden, was durch die Entleerung so jäh unterbrochen wurde:

Siebzehn Schiffe waren übriggeblieben von Sextus Pompejus' gefürchteter Flotte, mit ihnen entkam der Rebell nach Mytilene auf Lesbos, er trieb nun sein Unwesen im östlichen Mittelmeer und machte sich Marcus Antonius zum Gegner. In dessen Gefolge befand sich damals Marcus Titius, eine schwankende Erscheinung, was seine politischen Ansichten betraf, ein Mann, der bald auf dieser, bald auf jener Seite stand, je nachdem, wo er sich den größeren Vorteil versprach. Damals war er gerade Parteigänger des Antonius, verwaltete in seinem Auftrag die Provinz Asien und sollte verhindern, daß Sextus Pompejus mit dem kläglichen Rest seiner Flotte zu den Parthern überlief. Als er es dennoch versuchte, geriet er in Gefangenschaft und wurde auf Befehl des Antonius hingerichtet.

Jener Marcus Titus aber, der das Urteil vollstreckte, schlug sich wenig später zusammen mit seinem Oheim Plancus auf meine Seite. Beide gaben vor, von der Ptolemäerin Kleopatra in ihrer Ehre gekränkt worden zu sein. Sie sprachen tatsächlich von Ehre, ein Wort, das sie nur vom Hörensagen kannten. Mich aber kümmerte das wenig, waren mir beide doch von großem Nutzen bei meinen Plänen, die ich gegen Marcus Antonius hegte.

Gestank lähmte meine Gedanken. Livia ließ Duftwässer versprengen, sie weigerte sich, meine Räume zu betreten. Nun ziehen ekelerregende Duftwolken durch das Palatium, an denen gemessen jedes Bordell am Circus den Geruch einer Frühlingswiese verströmt.

LXI

Warme Nächte. Ich habe mich in eine Laube zurückgezogen, bewacht von zwei Prätorianern. Anheimelnd flackert das Lämpchen. Das schrille Zirpen nimmermüder Zikaden peinigt die Ohren, dazwischen dringt Lärm vom Circus herauf. Ist es wirklich der letzte Sommer, den mir die Götter zu schenken geneigt sind? Ich liebte den Sommer mehr als jede andere Jahreszeit. Das Frühjahr, den Herbst – vom furchtbaren Winter ganz zu schweigen – ertrug ich nur mit mehrfacher Kleidung und Fetzenwickeln um Arme und Beine. Mehr als einmal glaubte ich zu erstarren, als mein Körper, steif von der erbarmungslosen Kühle der Luft, mir jede Bewegung versagte. Heute aber, in wärmende Decken gehüllt, umgibt mich Wohlsein.

Das Chaos des Staates ist stets ein Spiegel seiner Führer. Denke ich zurück an die Tage meines ersten Mannesalters, so erkenne ich Orientierungslosigkeit auf allen Seiten, doch blieb sie dem Volke weitgehend verborgen, jedenfalls was die privaten Angelegenheiten ihrer Führer betraf. Ich will sagen: Krisen des Staates sind im Ursprung persönliche Krisen ihrer Führer. Wäre mir, wäre Antonius und Lepidus damals jene Ausgeglichenheit der Seele zueigen gewesen, die Epikur das höchste Glück nennt, die Geschicke des Staates hätten einen anderen Verlauf genommen. So aber standen an der Spitze des Staates – mich eingeschlossen – drei Chaoten. Mühsam und ebenso vergeblich versuchten wir uns durch Verträge und Bündnisse aneinanderzuklammern – als ob Bündnisse aus Feinden Freunde machten! Das Gegenteil ist richtig: Bündnisse werden zwischen Feinden geschlossen, Freunde brauchen keine Verträge.

Ich, *Imperator Caesar Divi Filius*, Antonius und Lepidus suchten unser Heil im Trimvirat, das wir stets hoffnungsvoll erneuerten, wenn eine neue Krise heraufzog. Mich erinnert dieses Gehabe an jene Tölpel unter den Tieren, die beim Herannahen eines Feindes den Kopf verbergen, weil sie glauben, auf diese Weise unsichtbar zu sein. Jupiter, war ich einfältig, mich an diesem kindhaften Spiel zu beteiligen! Aber sage das einem Fünfundzwanzigjährigen, der darangeht, auf den verworrenen Fundamenten seiner Jugend ein neues Staatsgebäude zu errichten! Dabei war ich der Jüngste in diesem Dreigestirn, Antonius hätte mein Vater, Lepidus mein Großvater sein können, und natürlich scheiterte der Versuch, unser persönliches Schicksal durch familiäre Bindungen zu verflechten, kläglich. Als könnten Söhne und Töchter, Neffen und Nichten jene Steine aus dem Weg räumen, die ihre Väter und Onkel sich gegenseitig vor die Füße geworfen hatten. Daran änderte auch nichts, daß jeder mit jedem verwandtschaftlich verbunden war: Lepidus war der Schwiegervater von Antonius' Sohn. Mir kam die Stellung von Antonius' Schwager zu. Junia, die Frau von Lepidus, war Brutus' Schwester und Schwägerin von Cassius, die meinen Göttlichen Vater Julius getötet hatten. Junia, die Schwägerin, ist, wie ich höre, noch am Leben und mir im Alter ein paar Jahre voraus. Man erzählt sich, sie habe ein großes Vermögen angesammelt. Es gab noch weitere familiäre Bindungen, doch will ich nicht näher darauf eingehen, um die Verwirrung nicht zu steigern, und inzwischen haben sich die Wahlverwandtschaften in dieser Stadt eher noch vergrößert. Rom wird noch an seinen Verwandtschaften ersticken.

Wenn ich sagte, das Chaos des Staates sei stets eine Konsequenz der chaotischen Veranlagung seiner Führer, so will ich das beweisen: Keiner von uns dreien, denen die Lenkung des Staates anvertraut war, stammte aus intakten Familienverhältnissen. Unsere Ehen entsprangen nicht unseren Herzen, sondern unseren Köpfen, und solche Ehen werden besser nicht geschlossen. Eigentlich hätte uns Sulla als warnendes Beispiel dienen müssen. Sulla, der nicht Frauen ehelichte, sondern Familien, der sich von seiner dritten Frau trennte, um durch eine vierte Ehe das mächtige Haus der Meteller an sich zu binden (nicht etwa die edelmütige Cecilia Metella). Doch das Zeitalter, in dem die Menschen aus der Geschichte lernen, muß erst geboren werden.

Was geschah? Ich trennte mich von Scribonia – kaum waren wir ein Jahr verheiratet –, obwohl sie meine Tochter geboren hatte. Ich ahnte schon damals, daß dieses Kind nur ein Abbild seiner liederlichen Mutter sein konnte, deren ausschweifendes Leben ich nicht mehr ertrug. Antonius stand mir nicht nach und verstieß meine Schwester Octavia, obwohl er ihr die Geburt einer Tochter und die Verlängerung unseres Triumvirates verdankte. Ich kann ihm deshalb, auch wenn es mir leid tat für Octavia, keine Vorwürfe machen, handelte er doch aus keinen anderen Motiven als ich. Ich freilich tat einen Glücksgriff mit Livia Drusilla, der Tochter des Marcus Lucius Drusus Claudianus, obwohl mir die Götter meinen Nachkommen aus ihrem Leib versagten. In Rom wurde damals getuschelt, ich hätte Livia nur deshalb geheiratet, weil ich mich mit diesem Schritt an drei Feinden gleichzeitig rächen konnte: an Sextus Pompejus, mit dem sie seinerzeit in Sizilien in Verbindung stand, an Marcus Antonius, den sie nach Achaia begleitet hatte, und an Tiberius Claudius Nero, ihrem Ehemann, von dem sie schwanger war. Bei Venus und Roma, es ist die Wahrheit! Trotzdem sei den Göttern Dank, Livia ist eine wunderbare Frau.

Und Antonius? Er warf sich der ptolemäischen Königshure an den Hals, die alle Sprachen beherrschte, nur nicht die unsere. Im Bett nahm sie ihm blühende Städte, strategische Häfen ab, hart erkämpft von römischen Legionären. Sie drängte den Römer, ihr die alten Grenzen des Ptolemäerreiches zurückzugeben, und Antonius gehorchte wie ein Kind. *Sunt pueri pueri, pueri puerilia tractant*. Die Wärme ihres sinnlichen Körpers ließ Antonius vergessen, warum er aufgebrochen war nach Osten. Schlecht vorbereitet und viel zu spät im Jahr zog er endlich gegen die Parther. Das Unternehmen scheiterte. Achttausend römische Legionäre kamen um. Nach Rom meldete der Schweinehund einen Sieg. Erst als er von mir Nachschub forderte und neue Soldaten (unser Bündnis gestand ihm das zu), wurde die Niederlage bekannt. Ich lehnte ab, das heißt, ich schickte ihm ein paar Legionäre zum Zeichen meines guten Willens und verweigerte ihm ein größeres Truppenkontingent mit dem Hinweis, ich müßte illyrische Stämme bekriegen, welche die Grenzen unseres Reiches bedrohten. Zum anderen stehe mir Lepidus feindlich gegenüber, er bescheide sich nicht mehr mit der afrikanischen Provinz und erhebe Anspruch auf meinen Herrschaftsbereich.

So lotete ich aus wie ein Seemann fremde Gewässer, wie weit ich gehen konnte, und dabei wurde mir Kleopatra ungewollt zur Verbündeten. Sie hielt Antonius im Osten zurück, und die lange Abwesenheit von Rom dezimierte seine Anhänger im Senat von Tag zu Tag. Erst gestand der Senat Antonius den Ehrentitel Imperator zu, bald aber wurden Zweifel laut an seinen militärischen Erfolgen, Zweifel, die ich noch schürte; doch fehlte mir die Gelegenheit, ihn vor Volk und Senat zum *hostis* zu erklären. Unerwartet, so fügte es das Schicksal, stieg sogar noch einmal sein Ansehen, als die Nachricht eintraf, er habe Armenien erobert und König Artavasdes gefangengenommen. Dann aber beging Marcus Antonius einen entscheidenden Fehler: Er brachte den gefangenen König nach Alexandria und schleifte ihn im Triumph durch die Stadt. Es war das erste Mal *ab urbe condita*, daß ein römischer Feldherr den Triumph nicht in Rom zelebrierte.

Antonius mußte den Verstand verloren haben. Statt zu Jupiter Capitolinus, wie die römische Tradition es verlangte, zog er efeubekränzt als Dionysos zum alexandrinischen Serapistempel, wo ihn Kleopatra huldvoll empfing. Damit aber brachte er die Römer um ihr Liebstes, um *panem et circenses*. Ein Triumph ist ein

Schauspiel, das kein Römer sich entgehen läßt; vor allem aber hat der Triumphator die Pflicht, das Volk aus der Beute des Siegers zu beschenken. Antonius betrog die Römer um diese Beute und entlohnte die Alexandriner an ihrer Stelle.

Jene drei Bastarde aber, die er mit Kleopatra gezeugt hatte, macht er zu Kleinkönigen: Alexander Helios, der sechsjährige Knabe, wurde König von Armenien, Medien, von Parthien sogar, das Antonius noch nicht einmal erobert hatte, Kleopatra Selen, die sechsjährige Tochter, wurde Königin von Kreta und der Cyrenaika, der Ptolemaios Philadelphos, der zweijährige Knabe, sollte nach dem Willen seines Vaters über Syrien und die Klientelfürsten der Provinz Asien herrschen. Caesarion, der unverzeihliche Fehltritt meines Göttlichen Vaters, damals kaum älter als dreizehn Jahre, wurde zum ›König der Könige‹ ernannt; Antonius verstieg sich sogar zu der Behauptung, das Caesarlein sei der einzige rechtmäßige Nachkomme des Divus Julius. Das richtete sich natürlich in erster Linie gegen mich und eventuelle andere Ansprüche auf das Erbe.

Ich hätte viel früher reagieren sollen, doch hielt mich der illyrische Feldzug gefangen. Nach erfolgreicher Rückkehr im Jahre meines Konsulates wandte ich mich in einem Brief an Marcus Antonius und stellte ihm ein Ultimatum: Entweder solle er von Kleopatra lassen und seine Gebietsverteilungen widerrufen, oder ich würde unser Bündnis lösen und ihn zum *hostis* erklären. Unbedacht und um sich schlagend wie ein Kind, dem das Lieblingsspielzeug genommen wird, schrieb der Trunkenbold zurück, was über mich gekommen sei, ihm Bedingungen zu stellen, warum ich mich aufrege, daß er mit der Königin das Bett teile, schließlich sei sie seine Frau! Ich selbst sei – das höre sich einer an – weit unmoralischer als er, als ob Livia die einzige Frau sei, mit der ich schliefe, er beglückwünsche mich, wenn ich beim Empfang des Briefes nicht gerade Tertulla, Terentilla, Rufilla, Salvia oder Titisenia bespringe (Rufilla war es, sie hatte die schönsten Brüste!)

Der Schmähbrief raubte mir die nüchterne Besinnung, und keine Macht der Welt gebietet den einmal losgelassenen Furien Einhalt. Entschlossen wie mein Göttlicher Vater gegen den König von Pontus, untergrub ich den Ruf des Marcus Antonius, ließ nachts Flugblätter auf dem Forum verstreuen, in denen die Exzesse des Weiberhelden angeprangert wurden, seine Verschwendungssucht, die darin gipfelte, daß er sich weigerte, in anderes Geschirr als einen goldenen Nachttopf zu urinieren. Verhext sei er worden von der Ägypterin, und römisches Gebiet sei von ihm an fremde Herrscher verteilt worden. Wann würde er Rom verschenken?

Dennoch konnte Marcus Antonius noch immer auf eine gewisse Anhängerschaft im Senat zählen, und ich betrat die Kurie nur in Begleitung meiner Leibwache. Ich hatte Angst, warum sollte ich es leugnen, als ich die Senatoren aufforderte, Stellung zu beziehen: Wer sich zu Antonius bekenne, solle dies öffentlich kundtun und sich dem ägyptischen Sklaven anschließen, niemand würde an der Ausreise gehindert werden. Auf diese Weise gingen mir ein paar angesehene Männer verloren, doch zog ich weit höheren Gewinn durch zwei Überläufer von der Gegenseite. Antonius beging die Unvorsichtigkeit, Titius und Plancus, zwei alte Freunde, von denen bereits die Rede war, nach Rom reisen zu lassen. Den beiden war Kleopatra verhaßt, weil sie den Freund, wie sie erzählten, um den Verstand gebracht habe, und sie entschlossen sich, nicht mehr nach Alexandria zurückzukehren. In Rom herrschte damals großes Rätselraten um ihre Beweggründe, und im Caldarium der Thermen beflügelte der Dampf die Sinne, die gemeinsame Aversion tat ein übriges, und wir drei gebaren den folgenden Plan.

Titius und Plancus, so ließen wir verlauten, hätten das Testament des Marcus Antonius nach Rom gebracht. Wir rollten ein leeres Pergament, versiegelten es mit unleserlichen Töpfersiegeln, die auf der Unterseite ägyptischer Tonwaren angebracht sind, und Plancus übergab, nach alter Sitte, das Dokument der obersten Vestalin zur Bewahrung. Dann trat ich auf den Plan, forderte von der Oberpriesterin die Herausgabe der Schrift und drohte mit Gewalt, falls mir die Einsicht verweigert würde. Jupiter, ein gelungener Schachzug! Vor Zorn bebend trat ich vor das Volk – Phaidros, der Schauspieler, konnte auf hohem Kothurn nicht besser sein – ich mimte Entsetzen, das jeden wahren Römer packt, der vom Verrat am Vaterland erfährt. Mit diesen Augen, sagte ich und deutete mit gespreizten Fingern auf meine Sinnesorgane, die das Böse nie geschaut, mußte ich den letzten Willen Marc Antons erkennen – eine Schande für ihn, der sich aufspielt als Retter des Vaterlands, für Senat und Volk von Rom aber eine Demütigung.

Sodann berichtete ich, was uns im Dampfbad an Schmach, Verruf, Beschmutzung, Herabwürdigung, Kränkung, an Bloßstellung und Entwürdigung eingefallen war. Für den Fall, sagte ich, daß Antonius in Rom stürbe, so habe er verfügt, in feierlichem Zug über das Forum getragen und dann nach Alexandria zu Kleopatra überführt zu werden. Murren. Für den Fall, sagte ich, daß er jedoch im Osten den Tod finde, solle sein Leichnam nicht nach Rom zurückkehren, sondern in Alexandria bestattet werden. Protestgeschrei: Verräter, Abtrünniger! Die Kinder, sagte ich, die er mit Kleopatra gezeugt, seien zu Erben des Reiches im Osten eingesetzt, Rom also um seinen Besitz gebracht, und schließlich habe er Caesarion das Erbe des *Divus Julius* zugesprochen.

Von jenem Tag an hatte Marcus Antonius in Rom nur noch wenige Freunde. Mir aber wurde von einem Tag auf den anderen bewußt, welche ungeheure Macht feindlicher Propaganda zukommt. Ein trefflich schändlich Maul ersetzt zehntausend Schwerter.

LX

Trunkenheit. Beim Bacchus, ich kann nicht schreiben.

Ich, Polybius, Freigelassener des Göttlichen Augustus und des Schreibens kundig, begreife jetzt, wie es zu dem abgrundtiefen Haß kam, der Augustus und Antonius entzweite, und ich glaube, jeder Römer sollte dies erfahren. Erst jetzt begreife ich aber auch, daß der Göttliche von seinen Anlagen her alles andere war als ein Heerführer und Staatenlenker und daß die Götter ihn mit Glück überhäuften. Legte er dies in den vergangenen Tagen mit klaren Gedanken dar und sparte er dabei nicht mit Selbstkritik, so verfinstern sich auf einmal seine Sinne wieder. Er beginnt zu trinken, was ihm – er weiß es – wirklich nicht bekommt. Warum tut er das? Er lallt und streitet mit unsichtbaren Männern, doch dann argumentiert er plötzlich mit wohlgesetzten Worten, und ich frage mich, ob er ernsthaft betrunken oder ob sein Suff nur gespielt ist. Die Männer, mit denen er Zwiesprache hält, sind nämlich allesamt tot: Cicero, Platon, Epikur – keiner ist mehr unter den Lebenden! Und doch scheint der Göttliche ihre Rede zu verstehen.

LIX

In einsamen Nächten lade ich mir weise Männer zum Trinkgelage. Nicht nur die, mit denen ich meine Gedanken teile und deren Wort ich verstehe, nicht selten begegne ich auch Widersachern und Opponenten, wenn es um Erfahrungen des Lebens und die Sache des

Staates geht. Platon ist so ein Quertreiber, der, ach, neunmal gescheite Glatzkopf aus Athen, weiß er doch alles besser und läßt keine Meinung neben sich gelten, und selbst den roten Setiner-Wein verschmäht er und bevorzugt den verwässerten Koer, der zum halben Preis feil ist, und für alles findet er eine Begründung. Ich mag ihn nicht.

Am Tag vor dem gestrigen kam es zum harten Disput, denn neben dem Glatzkopf aus Athen hatte sich Epikur von der Insel Samos eingefunden, Cicero kam aus Tusculum, es wurde eine lange Nacht, und noch heute brummt mir der Schädel, zur Hälfte vom Wein, zur Hälfte vom heftigen Reden. Schon der horazische Trinkspruch, mit dem ich die *comissatio* eröffnete, entzweite uns heftig, denn als ich die Schale mit rotem Setiner zur Ehre der Götter schwang und prostend ausrief: *Nunc est bibendum, nunc pede libero pulsanda tellus*!, als ich anbot *more Graeco*, also ungemischt zu trinken, schleuderte Platon den *magister bibendi* beiseite wie der einäugige Riese Ulixes' Gefährten und polterte gegen die römische Sklaverei, die nicht einmal vor dem Becher haltmache, er ziehe Rebensaft von der Insel Kos vor, mit Meerwasser vermischt nach altem Brauch; dann aber trank er griechisch nicht zu wenig.

Epikur lachte. Er lachte viel und laut, selbst über scheinbar ernste Dinge, er lachte, freudig, verächtlich, entrüstet, verlegen, er lachte – besinne ich mich recht – als einziger, trotz heftiger Blasenschmerzen und obwohl er an seinem *cyathus* nur nippte.

»Ein Narr ist«, sagte Epikur, »wer dir den Rat gibt, in der Jugend ein schönes Leben zu führen und ein schönes Ende zu suchen im Alter – nicht allein deshalb, weil das Leben den Jungen wie den Alten gleich lebenswert erscheint, die Sorge für ein schönes Leben ist die gleiche wie für ein schönes Sterben. Am bedauerlichsten aber erscheinen doch jene, welche verkünden, sie wollten erst gar nicht geboren sein oder, einmal geboren, den Tod herbeisehnen. Nichts hindert sie daran, ihre Rede ernst zu nehmen, ansonsten aber ist es leeres Geschwätz, das niemand hören will.«

»Seid überzeugt«, sagte Epikur, »daß der Tod euch nichts anhaben kann; denn Gutes wie Böses, Schönes wie Schreckliches sind eine Sache des Empfindens. Im Tod aber gibt es kein Empfinden. Dies ist der Grund, warum die wahre Erkenntnis, daß uns der Tod nichts anhaben kann, uns auch die Vergänglichkeit des Lebens zum Genuß werden läßt, nicht, weil sie dem Leben eine endlose Zeit hinzufügt, sie hebt vielmehr die Sehnsucht nach Unsterblichkeit auf.«

Ich lauschte.

Da begann Cicero wie gewohnt mit weitausholenden Armen: »Wer einmal die Grenzen der Bescheidenheit überschritten hat, muß auch ordentlich unbescheiden sein. In mir keimt stets die Hoffnung auf ein Stück Unsterblichkeit, daß kommende Geschlechter meiner gedenken, auch über den Tod hinaus. Aus diesem Grunde habe ich mich an Lucius Lucceius gewandt, den Sohn des Quintus, mit dem, ich glaube, nicht tadelnswerten Wunsch, meinen Namen in einem Werk von ihm verherrlicht zu sehen – was er mir mehrfach schon in Aussicht stellte. Hat er die Geschichte des Bundesgenossen- und Bürgerkrieges so gut wie beendet, so brachte er mich in Erinnerung, er möge in Fortsetzung der Ereignisse in Erwägung ziehen, meine Taten nicht in die übrige Geschichtsdarstellung zu verweben, statt dessen sie in getrenntem Werke zu behandeln. Hat nicht Kallisthenes den Phokischen, Polybios den Numantinischen, Timaios den Pyrrhuskrieg für sich behandelt, abgesondert von der fortlaufenden Geschichte? Sachlich ist dies von geringer, persönlich aber von höchster Bedeutung, spart es doch lange Wartezeit, bis Lucceius chronologisch meine Taten erreicht, anstatt mit der Rettung des Staates durch mich zu beginnen. Schon sehe ich im Geiste vor mir, wieviel reicher und schöner alles ausfallen wird, bat ich doch den talentierten Schreiber, meine Verdienste etwas wärmer darzustellen, als es seiner Überzeugung entsprechen möge, und in diesem Punkt die Gesetze der Geschichtsschreibung ein wenig ruhen zu lassen. Zwar meinte er, Freundschaft könne ihn von der rechten Bahn so wenig abbringen wie Hercules die Wollust, was darauf anspielt, daß Hercules am Scheidewege zwischen vergnügtem Leben und beschwerlichem Weg die Mühsal wählte, die zur Unsterblichkeit führt, doch legte ich ihm unsere Freundschaft warm ans Herz und bat, meiner Liebe vielleicht sogar ein wenig mehr einzuräumen, als die Wahrheit hier und da gestatten mag.«

Ich staunte.

»Mein Schicksal«, sagte Cicero, »wird den Leser fesseln, findet doch nichts größeres Interesse als der Wechsel des Schicksals und der Wandel des Glücks. Gewiß, ich kann nicht behaupten, mein ganzes Leben sei eine angenehme Erfahrung gewesen, doch wird, glaubt mir, eine Befriedigung sein, davon zu lesen. Nichts tut, wenn du in Sicherheit bist, so wohl wie die Vergegenwärtigung vergangenen Leides. Und jenen, die dem Unglück entgangen sind und fremde Schicksale ohne jeden Schmerz betrachten, bereitet die Teilnahme Lust. Nennt mir einen, dem der Tod des Epameinondas vor Mantineia kein aus Leid und Lust gemischtes Empfinden bereitet hätte! Jupiter, er hielt den Speer in seiner Wunde, bis ihm versichert wurde, sein Schild sei geborgen; erst dann starb er, der Schande enthoben, einen schönen Tod. Oder Themistokles! Wer fühlte nicht mit dem flüchtenden Hellenen? Die Annalen hingegen, die Tafeln der Magistrate interessieren nur wenig im Vergleich zu dem wechselvollen, bedrohlichen Schicksal eines bedeutenden Mannes. Gefragt sind Spannung und Bewunderung, Lust und Leid, Furcht und Hoffnung, und gierig warten die Leser auf ein bestürzendes Ende, so finden sie tiefe Befriedigung und reichen Genuß.«

»Verursachen nicht«, sagte Cicero, »sogar bedeutende Männer Kopfschütteln, wenn sie zum eigenen Geschichtsschreiber werden? Nie geht es ohne Peinlichkeiten ab; denn würdigst du dich recht, wird man einen eingebildeten Protz dich nennen, stellst du aber dein Licht unter den Scheffel, so wird dein Bild verfremdet, unterschätzt, und niemand wird sich bereit erklären, deine wahre Leistung zurechtzurücken. Hinzu kommt, daß jeder, der sich selbst beschreibt, weniger Glauben findet und die Kritiker herausfordert, welche dann verkünden, die Herolde bei den gymnischen Spielen seien bescheidener als du, sie überreichten den Siegern die Kränze und riefen laut ihre Namen, doch zum Empfang ihres eigenen Kranzes am Ende der Spiele wendet sich ein jeder von ihnen an einen anderen Herold, um sich nicht selbst als Sieger ausrufen zu müssen!«

Ich verstand die Worte wohl, und daß sie gegen mich gerichtet waren. Denn Cicero zählte zu jenen, denen meine *Res gestae*, jüngst verfaßt, ein Dorn im Auge sind, wagte doch niemand, nicht einmal mein Göttlicher Vater Julius, gleiches in der Ichform. Soll ich deshalb nun meine Taten schmälern? Soll ich von mir, von meinem Leben sprechen wie vom Leben eines Fremden? Soll ich die zahllosen *honores* und *impensae* verschweigen? Was soll ich?

»Ich habe«, sagte ich, »dem Erdkreis ein Zeitalter des Friedens gegeben. Wer wollte es leugnen? Ich habe an der Spitze des Staates die Voraussetzungen geschaffen, daß der Tempel des Janus Quirinus dreimal geschlossen wurde, was vor mir nur zweimal geschah *ab urbe condita*, unter Numa Pompilius und nach dem Ersten Punischen Krieg, als ebenfalls Friede herrscht beim gesamten Reich. Ich habe das Wohl des Volkes vor das eigene gestellt und das Testament meines Göttlichen Vaters, das mir entrissen wurde gegen jedes Recht, aus eigenen Mitteln erfüllt. Dreihundert Sesterzen erhielt jeder Römer damals, das brachte mich an den Rand des Ruins. Dessen ungeachtet wies ich in meinem fünften Konsulat jedem einzelnen vierhundert Sesterzen aus der Kriegsbeute zu, und die gleiche Summe in meinem zehnten Konsulat. In meinem elften verteilte ich zwölf Getreidespenden, so daß keine Not aufkam, an dreimal hunderttausend Menschen.«

»Die Veteranen meines Heeres«, sagte ich, »erhielten tausend Sesterzen pro Mann aus der Kriegsbeute und Ackerland, genug zum Leben. Allein für Ackerland an meine Veteranen zahlte ich italischen Gemeinden sechshundert Millionen für Grundstücke in den Provinzen. Dem nicht genug: weitere vierhundert Millionen Sesterzen ließ ich unter dem Konsulat des Tiberius Nero und Gnaeus Piso und in den folgenden Jahren jenen Söldnern zukommen, die nach Ableistung ihrer Militärzeit in ihre Heimatstädte zurückkehrten. Beim Mercurius, sogar die Staatskasse habe ich saniert, viermal aus eigenem Vermögen, was mich hundertfünfzig Millionen kostete; und für die Militärkasse, aus der auf meinen Vorschlag altgediente Soldaten abgefunden werden, gab ich hundertsiebzig Millionen aus meinem eigenen Vermögen.«

»Soll ich«, sagte ich, »darüber schweigen oder berichten, als hätte ein anderer so gehandelt? Wer fände das gerecht, gewiß doch niemand; es wäre Unrecht für einen Gerechten.«

O hätte ich die Worte nie gewählt! Denn nun hob Platon an mit eindringlicher Gebärde, als gelte es, kritische Akademiker zu überzeugen, und gewiß redete er heute noch, hätten wir übrigen uns nicht, schon graute der Morgen, zurückgezogen ohne Gruß. Denn Platon erklärte ein jedes Wort *ex ovo usque ad malum*, und nicht der Blitz des Jupiter vermag des Philosophen Rede zu unterbrechen. Ich traute meinen Ohren nicht, als der Weise aus Athen sich über Recht und Unrecht ausließ und weinbeseelt das Gute tadelte, das Schlechte aber lobte, so daß ich, *Caesar Divi Filius*, von allen

Römern der Gerechteste, schon zu zweifeln begann an meiner Lauterkeit. Doch dann gelangte ich im Laufe seiner Rede zu der Einsicht, beim Bacchus, Platon war betrunken wie ein Satyr des Dionysos.

»Alle«, sagte Platon, »die sich der Gerechtigkeit befleißigen, üben die Tugend äußerst ungern aus, betrachten sie als etwas Notwendiges, nicht als etwas Gutes, und sie tun gut daran, denn weit vorzüglicher ist das Leben des Ungerechten als jenes des Gerechten. Von Natur ist das Unrechttun gut, das Unrechtleiden aber Übel, und das Unrechtleiden zeichnet sich durch größeres Übel aus als Gutes durch das Unrechttun. Erst als die Menschen einander genügend Unrecht getan und von anderen erlitten hatten, erschien es ihnen vorteilhaft, sich in irgendeiner Weise zu vertragen und weder Unrecht zu tun noch zu erleiden, und sie haben Gesetze und Verträge geschaffen und das vom Gesetz Auferlegte gesetzlich und Recht genannt. Dies ist das Wesen der Gerechtigkeit, welche in der Mitte liegt zwischen dem Vortrefflichsten, wenn einer Unrecht tun kann, ohne Strafe zu leiden, und dem Übelsten, wenn man Unrecht erleiden muß, ohne sich rächen zu können. Dazwischen aber liegt das Gerechte, nicht geliebt werden des Guten wegen, sondern gelobt wegen des Unvermögens, Unrecht zu tun.«

»Wollt ihr erkennen«, sagte Platon, »daß jene, die sich der Gerechtigkeit befleißigen, sie nur aus Unvermögen, des Unrechttuns und widerwillig ausüben, so folgt meinen Gedanken: Gestattet jedem, das zu tun, was er will, dem Gerechten und dem Ungerechten, und seht zu, wohin die Begierde einen jeden führt. Ihr werdet, dessen bin ich sicher, den Gerechten auf frischer Tat ertappen, nach demselben strebend wie der Ungerechte. Ich nehme Gyges, den Ahnherrn der Lyder, als Zeugen, Gyges soll ein Hirte gewesen sein, ein guter Hirte, der dem Herrscher des Landes diente. Da bebte die lydische Erde, und der Boden wurde gespalten, und eine Kluft tat sich auf, und in der Kluft erkannte Gyges ein ehernes, mit Fenstern versehenes Pferd, und in dem Inneren fand er einen Leichnam von riesenhafter Gestalt, nackend, mit nichts am Leibe als einem Ring. Den zog Gyges ab und verschwand. Bei der nächsten Zusammenkunft mit dem König, bei der die Hirten über die Pflege ihrer Herden berichteten, drehte Gyges sinnend an seinem Ring, da traf es sich, daß er den Stein des Ringes nach innen wandte, und er fühlte sich unsichtbar. Die Anwesenden bestätigten das, indem sie über ihn redeten wie über einen Abwesenden. Dem Hirten gefiel der Zauber, und er erschien beim Weib des Königs und verleitete es zum Ehebruch. Schließlich stellte er dem König nach, tötete ihn und riß die Herrschaft an sich.«

»Gäbe es«, sagte Platon, »zwei solcher Ringe, und der Gerechte steckte den einen an, den anderen der Ungerchte, so würde doch wohl ein jeder von seinen Möglichkeiten Gebrauch machen, sich heimlich auf dem Markplatz bedienen, das Lager der stolzesten Frauen aufsuchen, seinen Widersacher töten und Freunde aus ihren Fesseln befreien. Ein jeder täte wohl das gleiche, der Ungerechte wie der Gerechte, und dies ist der Beweis, daß niemand selbstlos gerecht ist, sondern nur aus Zwang.«

Natürlich verstand ich den Tadel gegen mich, aber ehe ich weinschwer meine Gedanken sammelte – trank ich doch, beim Bacchus, gleich für vier –, kam Cicero, der Eloquente, mir mit seiner Erwiderung zuvor.

»Von dir, Athener«, sagte Cicero, »stammt, wenn ich mich recht entsinne, das Wort, Staaten könnten dann erst glücklich sein, wenn sie entweder von Philosophen regiert oder wenn alle Herrscher Philosophen würden. Ich verstehe das so, daß du, Athener, das Heil des Staates in Verbindung von Macht und Weisheit siehst, welch achtsamer Gedanke! Doch sowohl Macht wie Weisheit sind – so wie ich sie sehe – untrennbar mit Gerechtigkeit verbunden, so, daß das eine ohne das andere undenkbar erscheint. Warum aber sprichst du auf einmal wie Sokrates, sogar wie die Sophisten, welche über jedes Ding zweierlei entgegengesetzte Urteile fällten, je nach der Richtung, aus der des Beutels Klang zu hören war. Ihr Geist ist rabulistischer Natur, nicht wahre Philosophie, du aber bist ein Mann des Geistes und der Lehre. Warum also redest du mit ihrer Zunge? Wir Römer stehen in dem Ruf des unnachsichtigen Umgangs mit dem Recht, uns kommt der Ruhm zu, dieses Recht auch anderen Völkern mitgeteilt zu haben; doch schäme ich mich nicht, einzugestehen, daß dieses Recht in Hellas seinen Ursprung findet ...«

Da gab nun ein Wort das andere, lautstark und heftig mischte Koer sich mit kräftigem Setiner, und ein jeder redete an dem anderen vorbei, als hörte er nicht, was jener sagte – am mittäglichen Forum konnte der Lärm verwirrender nicht sein: »Sind nicht die Götter, die Unsterblichen, ein Beispiel meiner Rede? Selbst Zeus, der sich in einen weißen Stier verwandelte und die am Ufer spielende Europa, schön und begehrenswert, auf die kretische Insel entführte? Oder Asklepios, Apollons Sohn, dem in Epidaurus ein berühmtes Heiligtum geweiht ist? Lügt Pindaros, der böotische Dichter, in seinen Götterhymnen, wenn er verkündet, Asklepios habe sich für Geld gewinnen lassen, einen sterbenden reichen Mann zu heilen, und Zeus habe ihn deshalb mit einem Blitz erschlagen. War er, behaupte ich, Apollons Sohn, so ging er nicht auf Gewinn aus; doch tat er dies, so war er nicht Apollons Sohn, oder das Unrecht macht auch vor der Schwelle der Götter nicht halt.« So sagte Platon.

»Ist das nicht wider die Vernunft, wo doch Vernunft der Anfang und das höchste Gut ist, wichtiger als selbst die Philosophie; denn sie ist Ursprung aller übrigen Tugenden. Und die Vernunft lehrt, daß niemand ohne Verstand, ohne Ausgeglichenheit der Seele und ohne Gerechtigkeit ein angenehmes und ohne Annehmlichkeiten kein verständiges, ausgeglichenes und gerechtes Leben führen kann. Also sind Tugend und Gerechtigkeit mit dem angenehmen Leben verwachsen, und das angenehme Leben läßt sich von ihnen nicht trennen. Mir scheint es besser, den Göttermythen Glauben zu schenken als den Naturwissenschaften; denn der Glaube läßt dir stets den Hoffnungsschimmer, die Götter durch Verehrung zu erweichen, während die Naturwissenschaften unerbittlich sind. Trägst du ein Unglück mit Verstand, so ist der Nutzen größer, als wenn du ohne Verstand glücklich bist. Besser, eine gut vorbereitete Sache scheitert, als eine schlecht vorbereitete glückt durch bloßen Zufall.« So sagte Epikur.

»Die Vernunft zwingt uns einzugestehen, daß alles durch das Schicksal geschieht. *Fatum* aber nenne ich, was die Griechen *heimarmene* nennen, die Ordnung und Reihe von Ursachen, indem eine Ursache an die andere knüpft und eine Sache aus sich erzeugt. Daher ist nichts geschehen, was nicht geschehen mußte, und auf dieselbe Weise wird nichts geschehen, was nicht mit seiner Ursache in der Natur enthalten ist. Schicksal ist also nicht das, was tausenderlei Aberglauben gebären, sondern das, was von den Physikern so genannt wird, die Ursache der Dinge, warum das Vergangene geschehen ist als auch das Bevorstehende geschieht.« So sagte Cicero.

»Man soll nicht Achilleus Erzieher Phoinix loben, welcher empfahl, den Achaiern zu helfen, falls er Geschenke bekäme, ohne Geschenke aber nicht von seinem Zorne zu lassen.« – »Wundert euch nicht, daß von Weissagenden Zukünftiges vorausgeahnt wird; denn alles ist da, es ist nur der Zeit nach abwechselnd wie im Samen die Kraft der künftigen Ernte.« – »Lust ist das erste uns eingeborene Gut, sie ist der Anfang und das Ende eines glückseligen Lebens. Nicht die Lust der Ausschweifung und Sinnlichkeit, sondern die Freiheit des Körpers von Schmerzen und der Seele von Unruhe. Nicht Saufgelage und nächtliche Schwärmereien, nicht das Vergnügen mit Knaben und Weibern, nicht der Genuß von teuren Fischen und seltenen Speisen einer reichen Tafel machen das Leben angenehm, sondern ein nüchterner Verstand.«

»Gewisse Zeichen unserer Zukunft liegen in der Natur. Mit Sorgfalt beobachten die Einwohner von

Keos den Aufgang des Hundssternes, um daraus abzuleiten, ob das Jahr gesund oder ungesund sein würde.« – So redeten sie durcheinander, ein jeder, was ihm zukam. Wer zu dieser Zeit welches sagte, weiß ich nicht. Ich weiß nur, daß Platon noch immer redete, als alle schon gegangen waren. Ich hörte ihn noch predigen mit lauter Stimme, daß es durch die Gänge hallte, nachdem ich mich längst wie alle anderen davongestohlen und zu Bett begeben hatte, wohligen Schlaf suchend, wie ihn nur der rote Setiner verheißt. Beim Bacchus, war ich betrunken!

(Das schrieb ich am neunten Tag vor den Kalenden des Quintilis nieder, so wie mir alles im Gedächtnis blieb.)

LVIII

Wenn ich innehalte von Zeit zu Zeit und rückblickend den Spuren meines Lebens folge wie Narcissus seinem Spiegelbild, so handle ich in gleicher Sorge wie der Redner Marcus Tullius, den am Ende nur die Furcht bewegte, die Nachwelt könnte ihn verkennen, zum Narren stempeln, statt zum Helden. Zum einen. Zum anderen wird die Lust zur Wonne, in den eigenen Taten herumzuwühlen wie in feilen Bohnen, die getrocknet und in offenen Säcken angepriesen, erst dann die rechte Kauflust wecken, wenn das Marktweib mit breiten Fingern in den Säcken rührt. So nehmt mich denn als Marktweib, doch meiner Ware zollt den nötigen Respekt:

Die erste Schlacht gewann ich ohne Blutvergießen, dank meiner Propaganda gegen den Buhlen der Ägypterin. Sogar die Götter kamen mir zu Hilfe und sandten Antonius bittere Vorzeichen. Pisaurum, eine von dem Widersacher gegründete Kolonie, verschwand im Meer bei einem Beben, und jedermann konnte mit eigenen Augen erkennen, wie an einer Marmorstatue des Antonius Schweiß ausbrach und nicht versiegte, sooft man ihn auch trocknete. Und in Athen stürzte der Sturmwind eine Statue des Dionysos, den nachzuäffen er berstrebt war wie ein Kind.

Mit Bedacht mied ich die üble Ahnung, einen neuen Bürgerkrieg vom Zaun zu brechen, also schritt ich in feierlicher Prozession zum Marsfeld, die frisch in Blut getauchte Lanze in der Rechten, und gelobte der Kriegsgöttin Bellona Rache. Nicht Marcus Antonius gelte mein Zorn, sondern Kleopatra, seiner Liebschaft, die den tapferen Römer verführt, mit Drogen aus Punt betäubt und gegen das eigene Volk aufgebracht habe. Das ganze Volk stand hinter mir und leistete den Treueid aus freien Stücken, darunter siebenhundert Senatoren. Von den Provinzen schlugen Gallien und Spanien, Sardinien, Sizilien und Africa sich auf meine Seite; und dennoch schien Antonius – er war ja mein eigentlicher Gegner – mir haushoch überlegen. Allein der Gedanke versetzt noch heute meine Gedärme in Erregung, kommt mir das krasse Mißverhältnis in den Sinn: Ich zählte zweihundertfünfzig Kriegsschiffe, Antonius fünfhundert. An Fußvolk standen mir achtzigtausend Soldaten zur Verfügung, dem Gegner hunderttausend. Die Zahl der Reiter war mit zwölftausend gleich.

Meine ganze Hoffnung lag in einer Landschlacht, die das Mißverhältnis hätte weniger deutlich zutage treten lassen, also forderte ich Antonius heraus, erbot mich und mein Heer von der Küste so weit zurückzuziehen, wie ein Pferd laufen könne an einem Tag. Der Gegner und seine Buhlschaft forderten jedoch eine Seeschlacht. Wir sollten uns bei Pharsalos begegnen, wo dereinst Divus Julius und Pompejus aufeinanderstießen. Ich reagierte nicht.

Guter Agrippa, teurer Freund, dir, nur dir, verdanke ich das Glück des Sieges; denn während ich noch zauderte, während mein Leib sich wie eine von der Angst getriebene Schlange wand, nahmst du mir die Entscheidung ab und segeltest mit einem Teil der Flotte in die griechische Provinz, wo Antonius und Kleopatra inzwischen lauerten. Doch packtest du den Stier nicht bei den Hörnern und attackiertest ihr Lager vor Actium, sondern gingst gegen einen Stützpunkt im Südwesten vor, was ihre Stategie auf den Kopf stellte, war doch der Angreifer zum Verteidiger geworden. Denn Antonius und Kleopatra bedurften im fernen Achaia gewaltigen Nachschubs, um ein Heer und eine Flotte dieses Ausmaßes zu unterhalten. Also wandten sie ihren Blick von Westen ab, wo mir noch der größere Teil von Flotte und Heer zur Verfügung stand, und suchten Agrippa im Süden zu vertreiben. Dies war – so hatten wir vereinbart – für mich das Zeichen zum Aufbruch. Schnell wie der günstige Wind kreuzte ich mit meinen Schiffen das Ionische Meer, doch kaum in Epirus gelandet, holte die Angst mich ein beim Anblick der Flotte des Gegners am Horizont, daß ich die Notdurft nicht mehr halten konnte wie in früheren Tagen und an Rückzug dachte. In Kürze wuchs der schnelle Wind zum Sturm, und tagelang war an eine Seeschlacht nicht zu denken. An den Kalenden des September endlich legte sich der Sturm. Agrippa hatte mir Mut zugesprochen und von unglaublichen Zuständen im Lager der Gegner berichtet, von zahllosen Überläufern und dem rasenden Fieber, das ganze Schiffsbesatzungen dahingerafft hätte. Ich aber mißtraute Agrippa, glaubte, er wolle mich täuschen mit seiner Rede, bis ich mit eigenen Augen erkannte, daß auf der anderen Seite Schiffe in Brand gesteckt wurden, weil die Besatzung fehlte. So faßte ich neuen Mut.

Agrippa hatte den Angriff auf den folgenden Morgen festgesetzt, und zweifelte ich noch zaudernd, ob nicht ein späterer Termin uns Vorteile verschaffte, so wurde ich überzeugt, als ich im Morgengrauen auf dem Weg vom Lager zu den Schiffen einem unbekannten Mann begegnete, der einen Esel trieb – Bellona selbst mußte ihn geschickt haben.

»Wer bist du?« fragte ich den Unbekannten.

Und im Vorübergehen lachte er mir zu: »Eutychos werde ich genannt, Herr, und mein Esel trägt den Namen Nikon.« Und schon war er verschwunden samt dem Grautier. Eutychos aber heißt in der griechischen Sprache glücklich, und Nikon wird der Sieger genannt. Dies erwägend, verdrängte ich die Angst, als um die sechste Stunde sich ein lauer Wind hob und unsere Schiffe ihre Segel setzten.

Über die Schlacht vor Actium ist viel berichtet worden, gewiß, die Annalen nennen mich als Sieger; aber der wahre Held von Actium heißt Marcus Vipsanius Agrippa. Mit der ihm eigenen Genialität verstand es der Flottenführer, die Überlegenheit des Feindes zu dessen Nachteil zu wenden. Antonius' Flotte war nicht nur größer von der Zahl der Schiffe, auch ihre Ausmaße übertrafen die unseren bei weitem. Nie wäre es uns möglich gewesen, seine Zehnruderer auf offener See zu besiegen, doch eingedenk der Schlacht bei Salamis, als die unterlegenen Griechen den überlegenen Persern die Schlacht an einer Stelle aufzwangen, wo sie ihre Macht nicht entfalten konnten, suchte Agrippa die Auseinandersetzung in dem engen Sund, den der Ambrakische Golf vor der Halbinsel von Actium bildet. So kämpften Marcus Antonius und die ägyptische Hure gleichsam mit dem Rücken zur Wand, und die Meerenge hinderte sie, die Übermacht ihrer Schiffe auszuspielen.

Als unversehens Kleopatras Schiffe die Segel setzten und mitten durch die kämpfenden Parteien ausbrachen aus der Schlachtordnung und mit vollem Wind Kurs auf die Peloponnes nahmen, sprang Antonius, so wurde mir berichtet, in voller Fahrt vom Schiff des Flottenkommandanten auf einen Fünfruderer und gab, den Sieg vergessend, mit getrübtem Sinn, Befehl, Kleopatra zu folgen, anstatt zu kämpfen. War dies Antonius, der Römer, dem die Nähe des Weibes, das ihn demütigte, mit Mißachtung strafte, mehr bedeutete als der mögliche Sieg? War dies Antonius, der Römer, der mich haßte wie ein Feind den Feind, obwohl wir freundschaftlich verkehrten, mir überlegen war im Krieg und dennoch floh, als hätte ich ihn in die Flucht geschlagen?

Gegen die zehnte Stunde endete die Schlacht, und meine Kriegsbeute betrug dreihundert Schiffe – beim Jupiter, ich übertreibe nicht. Zum Dank ließ ich in Actium, wo ich den Siegesplatz mit Schiffsschnäbeln schmückte, die Statue des Esels und seines Treibers aufstellen, des Sieges eingedenk, der auf so seltsame Weise mir prophezeit war.

Horaz, der teuere Venusier, fand goldene Worte für die Siegesstimmung in einer seiner schönsten Oden, die mir ständig im Gedächtnis ist und die beginnt mit Übermut und Frohsinn: *»Nunc est bibendum, nunc pede libero ...«*

Dies ist der Tag zu tanzen und zu trinken
So tanzt denn, Freunde, bis die Erde bebt.
Tanzt um die Wette mit den Priestern des Mars
Und feiert, um den Göttern zu gefallen.

Nicht lang' ist's her, da wär's Verrat gewesen,
Hätten die Becher wir gefüllt mit Caecubaner Wein.
Denn damals plante jene wilde Königin.
Das Kapitol in Rom noch zu zerstören.

Und zu vernichten das Imperium mit ihren elenden,
Krankhaften halben Männern. Wahn und Ehrgeiz
Hatten sie gepackt; sie taumelte trunken vor Glück!

Doch ihre Flotte ging in Flammen auf bis auf das letzte Schiff.

Das zähmte ihre Raserei; und Caesar mit seinen Schiffen
aus Italien kommend, jagt sie und brachte sie,
Die so berauscht vom süßen Wein Ägyptens,
Zurück in diese Welt der harten Wirklichkeiten und der Furcht.

So wie der Falke folgt der schwachen Taube,
Im schneebedeckten Thessalien der Jäger folgt dem Hasen,
So setzt er seine Segel, um das Ungeheuer
Zu bändigen und dem Weibe Ketten anzulegen.

Nun, da das Blatt sich wendete zu meinem Vorteil, trat das Verwerfliche in diesem Weib vollends zutage. Denn während sie den Buhlen mied, ihn auf ein Inselchen verbannte, wo ihm die Hauptstadt unerreichbar schien, sandte Kleopatra mir, dem Sieger, Abgesandte, die um Gnade flehten für die Kinder. Behend wie eine Spinne, die ihr Netz webt, umfing die Hure mich mit Schmeicheleien, die Euphronios, der Lehrer ihrer Kinder, überbrachte. Nicht unempfänglich für den Honigmund der Weiber, war ich jedoch gewarnt durch den Fehltritt meines Vaters, schlug alle schönen Worte, Kriechereien und alles Süßholz aus und forderte statt dessen Antonius' Auslieferung; töten solle sie ihn lassen, wenn ihr nicht mehr gelegen sei an diesem Mann. Die Metze lehnte ab. Statt dessen lieferte sie Thyrsos, meinen Freigelassenen, den ich beauftragt hatte mit dem Unternehmen, dem trunksüchtigen Antonius aus. Es hieß später, Marcus Antonius habe aus Eifersucht gehandelt, weil Thyrsos zu lange im Gemach der Ptolemäerin verbrachte, doch war es nichts anderes als ein letzter Versuch der Rache, verlottert, schäbig und verkommen, als er den Boten geißelte wie einen ausländischen Verbrecher und in ein Schiff nach Rom verfrachtete mit zerschlagenen Gliedern. Der Bote habe ihn gereizt, ließ er vermelden, mit frechen Worten und mit überheblichem Benehmen, er sei nun einmal aufbrausend wegen seines Unglücks, ich könne, wenn es mir nicht recht sei, an *seinem* Freigelassenen vergelten, was er dem meinen habe angetan.

Mehr und mehr von den Satrapen, die ihr einst Treue geschworen hatten, kehrten der Ptolomäerin den Rükken, weil sie erkannten, daß ich, *Caesar Divi Filius*, vom Schicksal ausersehen war, das Reich zu lenken. Herodes, dem Judenkönig, kam dabei eine Schlüsselstellung zu. Bei Actium einer der Treuesten des Gegners, hatte er die Niederlage besser überwunden als Antonius, und während jener lamentierte und mit dem Schicksal haderte, mobilisierte Herodes alle Kräfte und suchte einen Ausweg, wie er der Niederlage begegnen könne. Er riet Antonius insgeheim, sich von Kleopatra zu trennen, sie zu töten und so seine letzte Chance zu wahren. Doch jene Gottheit, dic mich siegen ließ bei Actium, machte seine Ohren taub, weshalb Herodes sein Heil auf meiner Seite suchte. Er legte seine Krone nieder und trat mir als Privatmann gegenüber, dafür nicht ohne Stolz. Antonius, sagte er, habe ihn zum

König gemacht, und deshalb habe er Antonius gedient und keinem anderen. Die Niederlage Marc Antons sei deshalb auch seine Niederlage, und er komme in der Hoffnung, seine Mannhaftigkeit werde ihn retten. Ich, *Caesar Divi Filius*, solle prüfen, was für ein Freund Herodes gewesen sei – nicht wessen Freund.

Waren das nicht kluge Worte? So schenkte ich Herodes mein Vertrauen, auf daß er meinen Gegner nicht vermißte.

Ich wartete nun jeden Tag, daß die Ägypterin mir den gebrochenen Buhlen ausliefere, aber nichts geschah. Wie sagte der verfluchte Dichter? – *Speremus pariter, pariter metuamus amantes*.

Sie muß ihn wohl geliebt haben, diesen Weiberhelden; beim Jupiter, sie hätte ihren Kopf gerettet, hätte sie Antonius dem Schicksal überlassen. Das aber tat sie nicht – und ich bekenne frei: entgegen meiner Erwartung.

Der bloße Gedanke an dieses Weib bringt meine Galle zum Überlaufen, und ich würge bitteren grünen Fluß aus meinem Inneren, der das Pergament befleckt. Hier will ich – muß ich – enden. Hure, ägyptische!

LVII

Nie werde ich diese kampflose Niederlage gegen Kleopatra verwinden, noch heute schmerzt der Stachel. Zweimal habe ich als Triumphator das Festgewand des Jupiter Optimus Maximus getragen auf dem Viergespann, dreimal den kurulischen Triumph gefeiert, und vom Senat wurden mir weitere Triumphe zugesprochen, die ich allesamt zurückwies, den ganzen Erdkreis habe ich unterworfen und ich ließ Milde walten; an diesem Weib jedoch bin ich gescheitert. Ihr Stolz, der bis zum Tode sie begleitet hat, ist wohl das einzige, was ich an ihr bewundern muß. Nur große Menschen sind wahrhaft stolz, kleine sind eitel.

Ich wünschte für mein Ende mir den gleichen Stolz wie diese große Hure, die noch im Angesicht des sicheren Todes ein großes Schauspiel inszenierte, eines Aischylos im Wettstreit der Tragiker bei den großen Dionysien würdig. Ich fürchte, einen eitlen Tod zu sterben, mit Klageliedern vor dem Totenbett und Rauchopfern auf den Altären, daß sie das Haar mir in die Stirne kämmen und Röte auf die Wangen malen, das Kinn hochbinden, wenn es niederhängt, und Schlafmohn mir im Becher reichen zur Erlangung der Euthanasie – würdelos und schauderhaft. Beim Schlangenhaar der Furien, so stirbt ein neureicher Geld- und Fettsack, der für die Verwandtschaft ein Spektakel gibt, kein *Caesar Divi Filius!* Sprach nicht Julius, mein Göttlicher Vater, enttäuscht zu seinem Mörder, *»et tui, mi* *fili?«*, bevor er stehend sterbend, nach des Feldherrn Sitte, das Antlitz in die Toga hüllte? O welche Würde! Keine Trauer, keine Träne, kein Selbstmitleid, nur Mitleid mit den Mördern – wahre Größe.

Und die Ägypterin? Nicht ohne Neid und angetrieben, die ungeschminkte Wahrheit zu sagen, will ich den Tod Kleopatras so schildern, wie er mir berichtet wurde. O welches Sterben, welch ein Tod!

LVI

Während Antonius Winselbriefe schrieb, die ich allesamt unbeantwortet ließ, nahm ich, mit Herodes' Unterstützung, die Grenzfeste Pelusium und stand nun vor den Toren Alexandrias. Ich war auf eine Schlacht gefaßt – zumindest was den Zustand meiner Gedärme anbelangte; doch es ist kaum der Rede wert, die Einnahme der Hauptstadt zu beschreiben. Die Schwerter blieben in der Scheide, die Lanzen unbenutzt, und mit dem Blick des Siegers zog ich an den Kalenden des Sextilis in die Hauptstadt ein. Senat und Volk von Rom forderten zum Gedenken an diesen Tag alljährlich wiederkehrend einen Feiertag, den Monat aber, der bisher den Namen Sextilis trug, nannten sie mit meiner Billigung fortan Augustus.

Dem kampflosen Sieg zu Lande folgte die Aufgabe der gegnerischen Flotte, doch blieben mir Kleopatra als auch ihr liebestoller Buhle vorerst verborgen. Ein jeder an einem anderen Ort, tauschten sie Botschaften aus, bis Diomedes, der Schreiber, dem Römer die Nachricht überbrachte, Kleopatra habe ihrem Leben ein Ende gesetzt. Kühl plante sie den Ablauf der Geschichte, denn mit der Falschmeldung verfolgte Kleopatra das Ziel, Marcus Antonius in den Tod zu schicken. Ihr Stolz verbot ihr wohl, den Tod, das Eingeständnis ihres Scheiterns, vor Marcus Antonius zu suchen. Verzweifelt, vielleicht aber auch im Suff, den er die letzten Wochen seines Lebens der Nüchternheit vorzog, stürzte Antonius sich in sein Schwert; sterbend erfuhr er, die Ptolemäerin lebe und habe sich in ihrem Mausoleum beim Iristempel eingeschlossen.

An einem Seil wurde die Bahre mit dem Sterbenden nach oben gezogen.

Angeblich starb Antonius in ihren Armen. Ich mag das glauben wie die letzten Worte aus seinem Munde, in denen er beteuerte, es sei nicht unehrenhaft zu sterben; denn ein Römer habe ihn besiegt.

Heute, vierundvierzig Jahre später und im Angesicht des eigenen Todes, kann ich eingestehen, daß ich die Begegnung mit der Ägypterkönigin scheute. Zu viel Verwirrendes, Unheimliches und Unerklärliches aus ihrem Leben war mir bekannt geworden, so daß ich ihren Zauber fürchtete – was sollte ich tun? Sie töten, weil sie Divus Julius verführt und einen Sohn von ihm empfing? Das schien mir brutal und einem Mann des Friedens unangemessen. Sollte ich sie in Ketten legen und im Triumph durch Rom ziehen? Damit hätte ich das Ansehen meines Göttlichen Vaters beleidigt.

Gewiß, ich konnte sie verbannen wie meine Tochter Julia oder sie in ein Hurenhaus stecken, wo sie hingehörte, doch hätte all das böses Blut gezeugt und die Gewißheit, eines Tages aufs neue von ihr bedrängt zu werden.

Also ließ ich vor meiner Abreise nach Rom die Nachricht allergrößter Schmach verbreiten, sie würde im Triumph durch Rom gezerrt. Dem, dessen war ich sicher, würde Kleopatra zuvorkommen, indem sie den Freitod wählte. Epaphroditos, ihrem Wächter, trug ich auf, sich blind, taub und dumm zu stellen, falls die Ägypterin zum Dolch greife – ich war überzeugt, sie würde, falls sie ihren Tod beschlösse, einen Dolch gebrauchen. Erst nach ihrem spektakulären Selbstmord erfuhr ich, daß ihr Tod vorbereitet war von langer Hand, daß sie vielerlei Gifte an vielerlei Tieren erprobt hatte, manche behaupten, sogar an Sklaven.

An den Iden des Sextilis, noch bevor wir die Schiffe bestiegen, erreichte mich Epaphroditos im Lager und überbrachte einen versiegelten Brief der Ptolemäerin, in dem sie den Wunsch vorbrachte, neben Marcus Antonius bestattet zu werden. Mehr enthielt der Brief nicht, aber ich wußte sofort: Kleopatra hatte ihrem Leben ein Ende bereitet.

Mag sie gelebt haben wie eine Hure, gestorben ist sie wie eine Königin, des großen Ahnen Alexander würdig. Ich lehnte es ab, sie, die ich im Leben gemieden hatte, im Tode zu betrachten, doch wurde mir ausführlich berichtet, wie man sie fand im Königsornat, lächelnd auf einem goldenen Bett ohne Spuren und Zeichen eines Todeskampfes. Den Tod gab ihr eine zischende Viper in einem Krug, selbst den Wächtern verborgen, in den sie entschlossen den Arm tauchte. So bereitete sie dem Leben ein Ende nach ihrem Wunsch, nicht dem meinen. Ihr stolzes Sterben, um das ich sie beneide, besang Horaz mit diesen Worten:

Sie wählte eine edle Art zu sterben,
Sie scheute nicht – wie eine Frau – den Dolch
Und suchte nicht, auf schnellem Schiff Ägypten zu verlassen,
Um fremde Küsten anzusteuern.

Sie blickt hinüber zum verlassenen Palast,
Lächelnd, mit ruhiger Hand ergreift sie
Die bösen Vipern, bis tödliches Gift
Ihr in die Adern dringt.

Dann stirbt sie todesmutig, mutiger denn je,
Zu stolz, um im Triumph davongeführt zu werden;
Entthront, begleitet von den Schiffen Octavians.
Kleopatra war dazu nicht bereit.

Wer, frage ich, *Imperator Caesar Augustus Divi Filius*, wird meinen Tod besingen?

LV

Heute, im Abstand der Jahre, liegt die Unbefangenheit, mit der ich das ägyptische Abenteuer anging, verborgen unter den Furchen meines Gesichts, und der Spiegel verrät mir das Verschwinden des Lachens, das Funkeln der Augen, das kühlem Zynismus gewichen ist. Heute scheinen mir der aktische Sieg und die Einnahme Ägyptens unvergleichlich bedeutsamer als zu jener Zeit, und ich spiele nicht selten mit dem Gedanken, was wohl das Schicksal den Römern beschert hätte, wäre nicht ich, sondern Antonius und seine Hure Sieger geblieben.

Jupiter – da stocke ich schon –, weil nicht die römischen Götter des Anrufs bedürften, sondern Amun, Mut oder Chons und jene Kuh- und Widdergötter, die, ich wage nicht daran zu denken, von Stieren begattet werden, während andere ihre Flußpferde schwängern oder nach göttlichem Willen zerstückelt flußabwärts treiben, zur Sorge der liebenden Schwester und Gattin. Beim Flechtbart des Osiris! Welch abscheulicher Gedanke, den eingewickelten Totenrichter anzurufen anstatt Bacchus mit dem Thyrosstab. Auf dem Capitol hätte Amun unseren Jupiter Capitolinus verdrängt, statt reiche Geschenke zu empfangen, lieferten die Römer harte Tribute, Armut beherrschte italisches Land, über mein eigenes Verbleiben will ich nicht nachdenken. Zum Nachteil Roms hätte Athen neues Ansehen erlangt, der gemeinsamen Sprache wegen mit der alexandrischen Hauptstadt und gemeinsamer Ahnen. Rom wäre Provinz am Rande des Reiches, Karthagos trostlosem Dämmern vergleichbar. Der heutige Stolz, ein *vir vere Romanus* zu sein, käme der Schande gleich, und man spuckte auf die Erde bei Nennung des Namens *Caesar Divi Filius*. Statt von der Sendung des Troers Aeneas, des römischen Ahnen, zu künden, der, nach Jupiters Willen, ein Reich gründete von Sitte und Ordnung, hätte Publius Vergilius Maro die Familiengeschichte der Ptolemäer beschrieben, zum Speichellekken gezwungen. Und Horatius Flaccus? Nicht ein *carmen* hätte er zu Papier gebracht, nicht eine Satire; denn Horaz sog das Glück, ein Römer zu sein, in sich auf wie den Duft seines Sabinums. Nur auf diese Weise wurde er zu einem der Größten. Größe aber, der einzig wahre Begriff, der stets mit dem Namen Roms in Verbindung stand, wäre verdrängt, verlacht, verboten worden zugunsten ptolemäischer Überheblichkeit.

Ich hingegen, *Caesar Divi Filius*, unterstellte das Nilland nach meinem Sieg einem *Praefectus Aegypti*, ich ließ dem Volk seine stierköpfigen Götter und strafte nur jene mit dem Tod, die mich selbst in Gefahr gebracht hatten oder eine Gefahr darstellten für die Zukunft des römischen Staates. Niemand, nicht einmal meine Gegner, haben mir je zum Vorwurf gemacht, daß ich diesen Bastard – man höre den Namen – Ptolemaios Kaisar Theos Philopator Philometor (wie gräßlich) – töten ließ, als er vor meinen Leuten die Flucht ergriff. Mag er nun der leibhaftige Sohn meines Göttlichen Vaters Julius gewesen sein oder nicht – ich habe nie ernsthaft daran geglaubt –, er blieb, was er war, ein

Caesarlein. Antullus, dem ältesten Sohn meines Gegners, ließ ich, obwohl er neben einer Statue meines Göttlichen Vaters Zuflucht suchte, den Kopf abschlagen, nicht aus blinder Rachsucht, sondern weil ich fürchten mußte, er würde sich gegen mich verschwören. Den übrigen sechs Kindern des Antonius aber gewährte ich Schonung, Octavia erzog sie in ihrer eigenen Familie.

Bei meiner Rückkehr überschütteten mich die Römer mit nicht endenwollendem Jubel. Am dritten Tag vor den Iden des Januarius schloß ich zum Zeichen des Friedens im gesamten Imperium die Tore des Janustempels, und als der Sommer kam, wurde mir dreifacher Triumph zuteil: der dalmatische, der aktische und der alexandrinische. Damals begann, obwohl mir der Titel Augustus erst zwei Jahre später zuteil wurde, das wahrhaft augustäische Zeitalter, das auf ewig verbunden ist mit Begriffen wie Wohlstand und Frieden, Eintracht und Glück, Gerechtigkeit und Zucht. Das Imperium war befriedet, also konnte ich mich der Neuordnung des Staates widmen und wie Aeneas den Schild mit Roms Geschicken auf die Schultern nehmen.

Keine leichte Aufgabe für einen Mann von dreiunddreißig Jahren, der *Saturnia Tellus* seine Mutter nennt! Italisches Land brachte viele Söhne hervor, viele Töchter, und die wenigsten folgten meinem Beispiel. Ich wollte ein Weltreich nach dem Vorbild meines Göttlichen Vaters Julius oder des großen Alexander, welche die Feldzeichen stets hinter die Grenzpfähle zu tragen trachteten. Ja, heute zweifle ich, ob nicht ein kleineres *Imperium Romanum* ein glücklicheres Reich wäre.

Was aber sollte ich tun? Ich sammelte ein, was Antonius so überaus großzügig verschenkt und verschleudert hatte. Zypern und Kyrene wurden wieder römische Provinzen. Den phönikischen Städten Syriens gab ich die Unabhängigkeit zurück, ebenso Askalon und Chalkis. Herodes stellte ich zufrieden, indem ich ihm die Balsamgärten zurückgab und Palästina obendrein. Auch Phoemetalkes von Thrakien und Deiotarus von Paphlagonien durften ihr Reich behalten. König Amyntas erhielt Isaurien und Kilikien Tracheia, die Marcus Antonius seiner Geliebten geschenkt hatte, hinzu, und Archelaos ließ ich sein Königreich Kappadokien.

Ich suchte die Grenzen des Reiches nach der Natur, nicht nach den Karten, schon gar nicht nach dem Willen der Strategen. Im Norden und Süden setzten Steppen und Wüsten mir Grenzen, im Westen der Ozean, im Osten der größte aller Ströme, der Euphrat. Deshalb ließ ich Artaxerxes von Armenien ungeschoren, ebenso die Parther, obwohl sie noch immer unsere Reichsadler hielten, die Crassus bei Carrhae verloren hatte. Denn wichtiger als ein Fleck auf der Landkarte, der unsere Adler trug, erschien mir ein befriedetes Reich.

LIV

Jupiter, ich bin ertappt! Der kluge Titus Livius, der mich regelmäßig aufsucht, um mit mir über die Geschichte Roms zu diskutieren, zeigte auf den Hökker an meinem Mittelfinger und sprach: »Die Spur der Feder verrät jeden Schreiber!«

Zuerst stellte ich mich unwissend, fragte, was er wohl meine mit seiner Rede, doch dann legte Livius seine Hand neben die meine, und ich erkannte, daß die Druckstelle an meinem Finger der seinen kaum nachstand.

Livius lachte listig mit den hundert Falten seines alten Gesichtes und sagte: »Du wirst doch nicht einen alten Geschichtsschreiber brotlos machen, Caesar!«

Aus dem Munde eines Mannes, der in über hundert Büchern die Geschichte des Reiches niedergeschrieben hat *ab urbe condita*, wirkten die Worte wie Hohn, und mir schien es nicht angebracht, den Alten – Jupiter, er ist drei Jahre jünger als ich! – zu belügen. Also legte ich meine Hand auf seinen Mund zum Zeichen, daß meine Worte nie über seine Lippen kommen sollten, und gestand ihm mein mühsames Werk.

»Ich weiß«, sagte Livius, »du kannst mich nicht täuschen, Caesar«, und als er meinen ungläubigen Blick wahrnahm, fuhr er fort: »Ich erkenne dein Tun auch ohne die Spuren an deiner Hand, ich erkenne es an deinem Schweigen!«

»An meinem Schweigen?«

»Schreiber schweigen. Sie schweigen über die Dinge, über die sie früher mit Vorliebe geredet haben. Der Grund ihres Schweigens ist leicht erklärt, denn das Schweigen ist die Vorstufe des Schreibens. Betrachte nur die Kinder, die mit dem *stilus* kämpfen. Jedem ihrer Schreibversuche geht ein kurzes Schweigen voraus. Es ist eine Zeit des Sammelns der Gedanken. Du, Caesar, sprachst mit Vorliebe über den Tod, den Zeitpunkt des Todes, das Leben nach dem Tod. Seit Wochen schweigst du darüber. Was liegt näher, als daß du nun darüber schreibst?«

So verriet ich dem klugen Patavier denn das Geheimnis meiner letzten hundert Tage, gab zu bedenken, ob es lohnend sei für die Nachkommen, doch es sei heilsam für mich.

Lohnend? Livius lächelte. Er zweifle, etwas Lohnendes zu tun, wenn er die Geschichte des römischen Volkes beschreibe von Anbeginn, auch ohne Zweifel würde er nicht wagen, das zu behaupten. Doch bereite es ihm tiefe Befriedigung, die Anfänge Roms zu erhalten, und sollte sein Name unbekannt bleiben in der großen Zahl der Geschichtsschreiber, so wären ihm Berühmtheit und Größe derer Trost, die seinen Namen in den Schatten stellten. So sprach der Mann, der beredt wie Cicero und gewaltig wie Demosthenes die Ereignisse der römischen Geschichte festgehalten hat mit achaischer Strenge von der Landung der Trojaner in italischem Land bis zur Schlacht von Actium.

Ich liebe ihn nicht, wie ich Agrippa liebte, doch achte ich ihn über Gebühr und nenne ihn sogar einen Freund. Gewiß, er ist kein glühender Anhänger meiner

Politik und hat aus seiner republikanischen Gesinnung nie ein Hehl gemacht; seines Urteils über Gnaeus Pompejus wegen nenne ich ihn gar bisweilen spöttisch einen »Pompejaner«, doch sind seine Schriften unbestechlich vor der eigenen Überzeugung, und selbst die reichsten Männer des Staates vermochten den Fluß seiner Feder nicht zu lenken – sei es aus persönlicher Eitelkeit oder dem Antrieb, Vergangenes zu ihren Gunsten zu schönen.

Nur Schwächlinge verbieten Gedanken, und wo Gedanken verboten sind, kränkelt der Staat. Ist mir nicht Divus Julius leuchtendes Beispiel, mein Göttlicher Vater, der auf Ciceros Schrift, in der Cato in den Himmel gehoben wird, statt mit Schmähreden zu antworten mit einer nüchternen Gegenschrift reagierte? Ich neide Livius seinen untadeligen Ruf, der Männer aus Gades und Tarsus nach Rom führt, nur, um ihm ein einziges Mal zu begegnen. Der Caesar hat viele Bewunderer, doch ist die Zahl seiner Feinde, die mich zwingt, mich mit einer tausendköpfigen Leibwache zu umgeben, nicht geringer. Livius braucht keine Leibwache. Dabei ist unser Tun das gleiche. Beide lieben wir unseren Staat – er, indem er die Vergangenheit erhellt, um zu zeigen, was für das eigene Wohl oder den Staat heute nachahmenswert erscheint oder nach schimpflichem Beginn und furchtbarem Ende vermieden werden kann; ich, indem ich die Gegenwart lenke nach dem Vorbild der Väter, welches Livius so trefflich beschrieben hat.

Daß auch er mich nicht liebt, sondern achtet, ist kein Geheimnis. Er verschmäht jeden Prinzipat und verweist auf zweihundertvierzig Jahre römisches Königtum, das dem Volk stets Unglück bescherte, von Vorbildhaftigkeit ganz zu schweigen. So kommt keiner der Könige gut weg, die Rom einst regierten, der erste nicht und nicht der letzte, denn Mord, Totschlag und Vergewaltigung sind ihnen ständige Begleiter. Schon Romulus, der erste, ging aus einer Vergewaltigung hervor, die Mars der Vestalin Rhea Silvia antat. Seines Zwillingsbruders Remus entledigte er sich mit roher Gewalt, und selbst in Friedenszeiten, weiß Livius zu berichten, habe er sich stets mit dreihundert Bewaffneten umgeben. Mit feiner Ironie zweifelt Livius an den finsteren Wolken, die den König eingehüllt haben sollen mit schützendem Mantel und seiner Entrückung gen Himmel. Schon damals, meint er, habe es Leute gegeben, die ›leise vermuteten‹, Romulus sei umgebracht worden. Nicht anders erging es Tarquinius, dem letzten. Aufs schändlichste mißbrauchte er Lucretia, die Frau eines Freundes, indem er ihr mit dem Schwert drohte, falls sie ihm nicht gefügig sei. Er wollte sie töten und ihr einen nackten erwürgten Sklaven ins Bett legen, und jedermann würde glauben, er habe sie beim Ehebruch ertappt. Diese Drohung überwand den Widerstand der Tugend, doch nachdem sie ihrem Gemahl die Spuren des Fremden im eigenen Bett bedeutet hatte, gab sie sich selbst den Tod mit dem Dolch. Dies Schicksal rührte die Römer mehr als das eigene, denn der König hatte aus Soldaten und Freien Arbeiter im Steinbruch und Sklaven gemacht. Also jagten sie ihn und seine Familie in die Verbannung und mordeten ihn aus Rache.

Könige, sagt Livius, seien allesamt Tyrannen, und das Volk fürchte Tyrannen wie das Feuer.

Ob ich ein Tyrann sei, wollte ich wissen.

»Ein Tyrann bist du nicht, Caesar«, erwiderte er, »aber eine Art König.«

»Aber sagtest du nicht, Tyrannen und Könige seien eins?«

Da schwieg Livius, wie es seine vornehme Art war. Erst im Gehen sagte er: »Du bist ein Caesar, das ist mehr als ein König!«

»Also mehr als ein Tyrann?« rief ich ihm nach.

Die Antwort blieb er mir schuldig am gestrigen Tage, dem fünften vor den Kalenden des Quintilis.

LIII

Wie der rote Setiner im Glase funkelt! *Nunc est bibendum!* –

Es fällt mir zunehmend schwerer, meine Gedanken festzuhalten, nicht nur, weil das verbleibende rechte Auge nach kurzer Zeit tränend den Dienst versagt, auch mein Gedächtnis läßt mich nun immer öfter im Stich. Was ist das für eine Welt, in der wir ein ganzes Leben nach Bildung und Weisheit streben, und kaum haben wir ein Quentchen erlangt, sterben wir wie ein Baum nach der Ernte. Wie ein abgeernteter Baum verlieren wir alles schmückende Beiwerk, Haare und

Zähne fallen aus, die Haut verkümmert zu Runzeln, und der Magen verträgt nur noch leichte Kost wie der eines Kindes. Du suchst in den Windungen deines Gehirns nach Namen, Daten und Fakten, aber du findest nur Stumpfsinn oder vermeintlich Richtiges, das sich später als falsch erweist. Hier bin ich keine Ausnahme von der Masse der Menschen, und dies läßt mich bisweilen an meiner Göttlichkeit zweifeln: Ein Jupiter, der ins Stocken gerät bei der Aufzählung seiner Beischläferinnen, ein Janus, der den Anfang eines Endes vergißt, Apollon ohne Erinnerung an den Namen des Drachen?

Ich hatte nie ein Gedächtnis wie Divus Julius, der stets die Zahl der durch ihn Gefallenen aufzusagen wußte nach neuestem Stand (entsinne ich mich recht und läßt mich mein Gedächtnis nicht im Stich, so waren es am Ende seines Lebens 1192000), der das Schreiben und Lesen gleichzeitig beherrschte, der Botschaften hörte und gleichzeitig diktierte, und wenn er nur diktierte bis zu sieben Schreiber in Anspruch nahm. Ich war nie ein Kyros, der alle Soldaten seines Vieltausendköpfigen Heeres mit Namen nannte, auch kein Scipio, der dies bei den Römern tat, nicht einmal Kineas, dem Gesandten des Königs Pyrrhos, kann ich das Wasser reichen, der am Tage nach seiner Ankunft alle Adeligen und Senatoren Roms beim Namen zu nennen wußte. Zwar beherrschte ich einigermaßen die Sprache der Griechen, die schwer genug ist für einen Römer, aber ein Mithridates bin ich nicht, der, König über zweiundzwanzig Völker, in ebenso vielen Sprachen redete.

Wer bin ich? Ich meine, wer bin ich über den Namen *Gaius Caesar Divi Filius* hinaus? Gewiß, der Name wird bleiben wie der Bienenkorb, der auch dann noch herumsteht, wenn das fleißige Volk längst geflüchtet, ja sogar ausgestorben ist. Aber was ist schon ein Name. Der Spiegel! Kennst du die Antwort, Spiegel, so rede! Was steckt hinter den triefenden Augen, was hinter der rotblauen Umrandung? Was birgt die furchige Stirn, dieser Acker, in den das Leben sein Zerstörungswerk so langsam und gesetzmäßig eingegraben hat, daß es der Wahrnehmung entging? Wie gut, dann erkannten wir den Wechsel des Lebens an einem einzigen Tage, Schreck und Verzweiflung über das Geschaute würden uns töten.

Was meinten die Sieben Weisen, als sie an den Eingang des Apollotempels von Delphi, in dem alles Wissen verborgen lag, die Worte schrieben: Erkenne dich selbst? Was willst du erkennen, wenn du nicht weißt, was Erkenntnis ist? Wer nicht weiß, was ein Lügner ist und daß es Lügner gibt, kann niemals einen Menschen als Lügner erkennen. Nichts aber, beim Hund, ist schwieriger als Selbsterkenntnis, denn wer danach trachtet, ist Subjekt und Objekt des Erkennens zugleich und kann nur durch ständigen Wandel beider Haltungen zu Ergebnissen gelangen. Antworte mir, gottverdammter Spiegel, bevor ich in die abgezehrte Fratze spucke, die mir entgegenblickt.

»Abgezehrt? Du scheinst zu träumen! Sieh das Rosige meiner Haut, von Salböl geglättet, die Frische des Fleisches!«

Das kenne ich allzu gut, diese zweite Jugend, dieses

letzte Aufflammen, das dem Menschen noch einmal unnatürliche Blüte beschert, rosig wie ein frischgeworfenes Ferkel.

»Warum bist du so streng mit dir selbst?«

– Streng? Nenne es Einsicht! Ein Leben lang bin ich dir, mir – nenne mich, wie du willst – aus dem Weg gegangen, habe die Diskussion gescheut wie die Katze das Feuer und die höchste Tugend geschmäht, die Treue gegen mich selbst. Ja, Untreue ist es, den Menschen deines Namens darzustellen und dich selbst zu verleugnen. Ich habe das Laster bekämpft mit Gesetzen, daß die Guten mich gut, die Schlechten mich schlecht nannten, und dabei stellte ich mir nicht selten die Frage, wozu ich gehandelt habe, da doch kein Schlechter von Gesetz wegen gut wird und kein Verwerflicher edel. Ich aber lebte – zumindest nach außen – das Leben des edelmütigen Mahners, weil ich nun einmal in diese Rolle gedrängt war, aber manches Mal hätte ich lieber herumgehurt wie mein Göttlicher Vater, dem die Triebe beim Volk eher genützt als geschadet haben, fürwahr.

»Göttlicher! Hat dir nicht Livia manchmal heimlich eine Dirne ins Bett gelegt, breitbrüstig, wie du sie gern hast, mit dunklen Augen wie Glasfluß, damit sie dir Vergnügen bereite?«

Heimlich, ja heimlich und ohne mein Wollen mußte ich Sklavinnen bespringen, wenn Livia es wollte, Weiber, die ihrem Geschmack entsprachen, Huren, die ich verachtete, während Divus Julius sich nur mit den vornehmsten Frauen einließ, ohne sich zu verbergen.

»Was hinderte dich?«

Mein tugendsamer Name, mein Name, der, weil mich das Leben so formte, als Synonym gilt für Tugendhaftigkeit. Ich hasse die Tugend, aber was ich verachte ist die Anbiederung an die Tugend; deshalb verachte ich mich.

»Du verachtest mich, deinen Spiegel?«

Ja, dich, der du mir so edelmütig entgegenblickst, hochherzig, ohne Tadel, schales Abbild jener Tugend, der auf meinen Wunsch ein Festtag geweiht ist vor den Iden des Monats, der nun meinen Namen trägt. Tugend, was ist das schon! Erkennt nicht ein jeder die Tugend ganz anders? Im Blickwinkel der Stoiker verbarg sich hinter der Tugend das vernunft- und naturgemäße Leben, nichts weiter. Epikur erkannte darin die rechte Einsicht in die Bedingungen der wahren Lust. Platon predigte Tugend als Tauglichkeit der Seele zu dem ihr gemäßen Werk, und Aristoteles nannte die Tugend ein Mittelding zwischen zwei Extremen (die er beide verwarf), also Besonnenheit zwischen Zügellosigkeit und Gefühlsstumpfheit, Tapferkeit zwischen Tollkühnheit und Feigheit, Gerechtigkeit zwischen Unrechttun und Unrechtleiden, Freigebigkeit zwischen Kleinlichkeit und Vergeudung, Sanftmut zwischen Jähzorn und Unfähigkeit zu gerechtem Zorn, Schamgefühl zwischen Ausschweifung und Prüderie. – Trefflich gesagt, doch scheint mir, der Peripatetiker vergaß zu erwähnen, Tugend ist eine Last und fordert moralische Stärke in Befolgung der Pflicht. Und da ich sicher sein kann, daß niemand meinen wahren Charakter vor Ablauf dieser hundert Tage erfahren wird, kann ich meine ehrliche Meinung bekennen: Tugend ist nichts weiter als die Nachgeburt des Lasters.

»Und das sprichst du, Tugendsamer?«

Daß ich nicht lache, Tugendsamer! Gewiß, sie nennen mich den Gerechten, weil ich Gerechtigkeit predige; aber an meinen Fingern klebt Blut. Ich habe selbst nie gemordet, nein, doch wo ist der Unterschied zwischen dem Mord und dem kalten Auftrag? Nach der Schlacht bei Philippi entledigte ich mich gefährlicher Widersacher durch das Schwert, ja sogar ein Sohn des Antonius mußte sterben, obwohl er nie ein Wort gegen mich gerichtet hatte – aus Furcht, er könnte mir irgendwann einmal gefährlich werden. Der Bastard Kaisarion wurde auf meinen Befehl gemordet. Mögen Antonius und Kleopatra sich selbst entleibt haben, ich fühle mich schuldig an ihrem Tod. – Der Sittenstrenge werde ich genannt, Jupiter, weil ich Gesetze erließ, die das wilde Zusammenleben von Männern und Frauen bestrafen und Kinderlosigkeit ahnden mit drastischen Steuern. Ich verbannte Julia, meine sittenlose Tochter, weil sie das scheinbar untadelige Bild ihres Vaters beschmutzte. Ich tat dies unter Tränen, glaubt mir, um meinem Amt im Staate genüge zu tun, nicht aus Überzeugung, und wenn ich früher anders geredet habe über mein Kind, so geschah das aus dem genannten Grund. Denn Julia in ihrer Zügellosigkeit ist ihrem Vater nicht unähnlich, der, von Leidenschaften gepackt, Jungfrauen schwängerte und ihr Schweigen erkaufte, ehrbare Frauen besprang, am liebsten die seiner Freunde, und ohne ihr Wissen zwischen Apfel und Ei, und Livia hochschwanger im Bett ihres Mannes Tiberius Claudius Nero Gewalt antat, aber so, daß sie lustvoll stöhnte und keinen Augenblick zögerte, als ich verkündete, ich wolle sie heiraten und dafür ihrem Mann eine ansehnliche Summe bot. War das tugendhaft? Ich gelte als friedfertig, als ein Mann, der den Krieg verabscheut – wie wahr. Aber nicht um des Friedens willen schätze ich den Frieden, im Gegenteil. *Si vis pacem, para bellum.* Ich leide darunter, daß ich, obwohl mir der Titel Imperator auf Lebenszeit zuerkannt ist, nie eine Schlacht geschlagen habe an vorderster Front, weil nur der Gedanke an den bewaffneten Feind meine Gedärme entleerte wie einen Schlauch gegorenen Wein. Friede hat bisweilen seltsame Ursachen. Augustus nennt mich das Volk, den Erhabenen, was mir schmeichelt, weil noch niemand, auch mein Göttlicher Vater nicht, mit einem derartigen Titel bedacht wurde, und spätere Generationen werden daraus den Schluß ziehen, ich sei beliebt gewesen beim Volk wie kein zweiter und hätte ohne Feinde gelebt. Dabei betrat ich den Senat nie ohne Brustpanzer, den ich unter der Toga verbarg, und diese Wehr schützte mich auch auf den Straßen. Also bleibt nicht viel von dem, was man mit meinem Namen verbindet, außer daß ich stets bemüht war, das jeweils Passende zu tun.

»Ein Opportunist also?«

Wenn du unter einem Opportunisten einen Mann verstehst, der sich bedenkenlos auf den Boden gegebener Tatsachen stellt – ja.

»Aber Opportunisten sind Schwächlinge!«

Im Alter kränken dich andere Dinge als der Vorwurf, du seiest ein Schwächling. Ulixes, der tapfere Ahne, ist er ein Schwächling zu nennen, weil er den süßen Gesang der Sirenen fürchtete und sich an den

Mast seines Schiffes binden ließ? Ulixes kannte seine Schwäche und handelte danach. Hätte er seine Stärke überschätzt, wäre er wie alle anderen vor ihm an den Klippen des Meeres gescheitert. Lieber also ein Schwächling, der seine Schwächen kennt, als ein Starker, der seine Stärken überschätzt. Das ist meine Art von Tugend.

So sprach ich zu dem Spiegel, und ich brachte ihn zum Schweigen. Der Spiegel ist mein zweites Ich, mein Gewissen, das mir aus dem Silber entgegentritt. Nennt es kindisch oder senil, nennt es wie ihr wollt, ich lebe mit meinem Spiegelbild, ich rede mit ihm und es mit mir, ich liebe es an manchen Tagen und hasse es bisweilen – muß ich mich schämen, das einzugestehen? Redete nicht Aristoteles, dem Größe abzusprechen noch keiner gewagt hat, mit seiner Seele, obwohl er diese Seele, wie er selbst eingesteht, nie zu Gesicht bekam. Ja, er sagt sogar, es gehöre zu den mühsamsten Dingen, irgendeine Gewißheit über die Seele zu erlangen. Mein Spiegelbild aber erkenne ich wohl, und ich muß es nur lange genug betrachten, damit es zu reden beginnt aus eigenem Anstrich. Es ist, als ob mein eigenes Ich aus mir heraussträte, um mit mir zu sprechen. Ich lebe mit meinem Spiegel wie mit einem Freund, grüße ihn des Morgens, zürne ihm bei widernatürlicher Strenge, und wenn ich weine, liebe ich ihn am meisten.

Nunc est libendum!

Ich, Polybius, Freigelassener des Göttlichen Augustus und des Schreibens kundig, nahm selbst einen Spiegel zur Hand, um zu erfahren, was mein Spiegelbild sagte. Man müsse, meint der Caesar, nur lange genug hineinblicken, um die Sprache seiner Seele zu erfahren. Ich saß die halbe Nacht beim Lampenschein und glotzte. Sich selbst ansehen zu müssen ist eine Tortur, und schon nach kurzer Zeit kommst du dir blöde vor. Gehört habe ich jedenfalls nichts – von den Lauten abgesehen, die ich selbst verursachte. Und das wirft bei mir zwei Fragen auf: Entweder ist der Göttliche verrückt, oder ich habe keine Seele. Vielleicht haben aber auch nur Gebildete und Philosophen eine Seele oder Freigeborene wie die Römer. Bisher jedenfalls habe ich diese Einrichtung nicht vermißt. Im Gegenteil, wenn ich lese, welche Schwierigkeiten der Göttliche mit seiner Seele hat, so will ich gerne darauf verzichten.

LII

Ich liebe den roten Setiner. Bacchus sei Dank.

LI

Ich hasse den roten Setiner. Er fließt ...
Er fließt oben und unten aus mir heraus. Ekel ...

L

Seit zwei Tagen habe ich das Bett nicht verlassen, und selbst zum Entleeren der Säfte des Körpers schiebt Antonius Musa mir ein Glasgefäß unter, in das ich meinen schmerzenden Penis stecke. Beim wundertätigen Sohn Apollons, meine Blase bringt mich um, in unregelmäßigen Intervallen schneidet der Schmerz wie ein Dolch in mein Inneres, und bis gestern wollte ich nicht mehr leben, wollte ich auf die verbleibenden Tage verzichten, den Tod dem Leben vorziehen.

Musa hat mich behandelt wie ein geschlachtetes Huhn, stieß die zwei längsten seiner spinnenartigen Finger unter Qualen in meinen After, daß ich dort zu würgen begann wie mit der Gurgel bei Überfüllung des Magens. Gleichzeitig preßte er mit der anderen Hand meine Bauchdecke wie den Leib einer Kreißenden, um so mit den Fingern der anderen meine Blase zu tasten. Nach erfolgtem Eingriff, der mich an den Rand der

Besinnungslosigkeit brachte, nickte Musa befriedigt, als habe sich sein Verdacht bestätigt, und auf mein Drängen eröffnete er mir den Befund: In meiner Blase haben sich Steine angesammelt, größer als die Goldperlen, welche die Bewohner von Thurioi aus dem lukanischen Fluß waschen. Musa schlug vor, das Gestein aus der Blase zu schneiden nach neuester Kenntnis, um die Vergiftung des Harns oder eine Sprengung der Blase zu verhindern.

Der Schmerz in meinem Innern trübte meine Sinne derart, daß ich Musa mit den Vorbereitungen für diesen Eingriff gewähren ließ. Erst als die Helfer darangingen, meine Beine nach Art der Folter auseinanderzuziehen und ein jedes mit ledernen Riemen an den Rand des Bettes zu fesseln, gebot ich Einhalt und forderte Aufklärung. Musa drängte zur Eile, doch ließ ich ihn nicht gewähren, ehe er mir sein Vorhaben erklärt hatte. Er werde, sagte er, jetzt mit der ganzen Hand verrichten, wozu kurz zuvor zwei Finger genug waren; doch führe er nun in der Hand ein Messer, mit der Absicht, die Blase zu öffnen. Mit Hilfe einer langschnäbeligen Zange, sagte Musa, wolle er jeden einzelnen Stein aus der Blase ziehen und das geschnittene Wundmal natürlicher Heilung überlassen.

Allein das Niederschreiben dieser hippokratischen Tat raubt mir die Sinne, und ich schalt Musa einen Menschenverächter, wenn er derlei Operationen – wie er seine Handlungen nannte – bei lebendigem Leibe vornehme. Was unterscheide ihn überhaupt noch von den gefürchteten Alexandrinern, die sich an Toten vergreifen, sie in Gras, Bast und Hanf wickeln, um die Verwesung hinauszuschieben, und dann Stück für Stück zerteilen – aus Liebe zur Wissenschaft, wie sie verkünden. Was aber, frage ich, *Caesar Divi Filius*, ist das für eine seltsame Liebe, welche den 300 Knochen, 500 Muskeln, 210 Gelenken und 70 Blutkanälen mehr Beachtung schenkt als dem Gesamten, dem Menschen?

Ich jagte Musa fort samt seinen wachsbleichen Knechten und schrie ihm meinen ganzen Schmerz hinterher. Das aber, als wäre es ein Zeichen der Götter, linderte meinen Schmerz augenblicklich, jedenfalls in der Art, daß jene wohligen Wogen sich meines Körpers bemächtigten, die durch den Wechsel von Schmerz und Schmerzfreiheit entstehen. Musa ging, doch er kehrte zurück mit einem Gebräu aus Eppichsamen und altem Wein, das ich trotz seines galligen Geschmacks gierig trank. Ich hätte, beim Äskulap, auch gestoßene Froschaugen in Ochsenblut getrunken, hätten diese eine Linderung versprochen.

Er wolle, bedeutete Antonius Musa, nicht verschweigen, daß Eppich die Ärzteschaft teile wie der Rubicon das Mutterland von den Provinzen. Die einen hielten ihn für wundertätig, die anderen für todbringend, er aber habe das Geheimnis des Eppichs gelüftet und unterscheide ihn nach seinem Geschlecht. Der weibliche Eppich habe harte, krause Blätter, einen dicken Stengel und sei von brennendem Geschmack. Dieser sei der Sehkraft schädlich und mache Männer und Frauen unfruchtbar. Die männliche Pflanze aber löse Krämpfe, erweiche die Brüste der Frauen, fördere die Menstruation und die Austreibung der Nachgeburt. Vor allem aber sei sie harntreibend.

Ich werde dem Eppich im Tempel des Äskulap ein goldenes Standbild setzen von der Höhe karthagischen Weizens, dem männlichen Eppich natürlich, zum Gedenken an die Linderung der Qualen des *Divius Augustus*. Musa aber soll eine Statue erhalten neben jener des Äskulap.

XLIX

An den Kalenden des Monats Quintilis bin ich, *Imperator Caesar Augustus Divi Filius*, zum ersten Mal frei von den schlimmsten Schmerzen, doch traf mich, kaum hatte ich mich von meinem stinkenden Lager erhoben, ein neuer Schicksalsschlag. Wie erschrak ich beim Blick aus dem Fenster: Die grünenden Blätter der Eiche, die vor wenigen Tagen noch neues Leben verhießen, krümmten sich welk im Sonnenlicht, zum Sterben verurteilt. Nun ist meine letzte Hoffnung, das Naturwunder würde die Vorzeichendeuter Lügen strafen, zerronnen. Vorbei ist die Hälfte der mir verbleibenden Tage, und es ziemt sich, diskret nach dem Ausgang zu spähen. Sei ehrlich, Freund, es wäre wenig erstrebenswert, lebte dieses eingefallene, gealterte Ich, das mehr nach Sterblichkeit riecht als nach Mensch, länger als ihm verheißen. Sprich, warum hängst du so an deinem Leben? Nimm die welke Haut an Brust und Armen, und ziehe sie hoch, und lasse sie los, klatscht sie nicht schlaff wie ein nasser Lappen zurück? Und deine Beine, die dir mehr und mehr den Dienst versagen, ähneln sie nicht grünen Getreidehalmen, die in Knoten sich verdicken? Was blieb vom Stolz deines Haupthaares? – Gelicht ein Kranz. Und bist schon du kein erfreulicher Anblick, so hindert die Schwäche der Augen dich am Erkennen der Schönheit der Welt.

Ich rief nach Musa, er möge den Ekel von mir nehmen, der mich zu ersticken droht. Es brennen tausend Totenfeuer, und der Qualm raubt mir den Atem. Die ältesten Römer, sagt Musa, hätten ihre Erben beauftragt, Opfertiere auf den kapitolinischen Hügel zu führen zum Dank, daß ich, *Caesar Divi Filius*, sie überlebte. Überall in der Stadt, sagt er, brennten Freudenfeuer, weil ich den Tod bezwungen hätte wie Äskulap, der, entsinne ich mich recht, vom Blitze Jupiters getroffen wurde. Ich aber glaube, es sind Totenfeuer, ich glaube, Musa hat meinen Tod angekündigt und ist nun selbst überrascht, daß ich noch lebe. Ich lebe, mit schmerzenden Wogen im Leib, aber ich lebe!

XLVIII

O Livia. Traumselig erwachte ich morgens in süßer Wollust – ich weiß nicht, was jene bewirkte –, doch stand mein Stab steif und gewaltig, daß ich keine Erinnerung finde, wann dies zuletzt ähnlich heftig geschah.

Ungläubig wie ein Kind, das den Augen weniger traut als den Händen, betastete ich mein Geschlecht, was meine Erregung sichtlich steigerte. Noch im Bett klatschte ich nach dem Sklaven, er solle Livia herbeirufen, Begierde habe *Caesar Augustus* befallen, sie solle ihm beiliegen.

Fünf Jahre trennen uns nur im Alter, und doch ist Livia mir ein ewiges Abbild der Jugend, anbetungswürdig wie Venus und Roma. Der Duft ihrer Haut steht der Blüte der teuersten Huren nicht nach, läßt sie sich doch morgens, mittags und abend baden und salben, und zwischen Schenkeln und Brüsten trägt sie täglich frische Duftsträußchen seltener Pflanzen aus der asiatischen Provinz. Gemeinsam alternd blieb Livia mir stets jene, der ich in jungen Jahren begegnete, großgewachsen und breithüftig, das lange wellige Haar züchtig gescheitelt (sie vollendet noch heute mit Safran die leuchtende Farbe), mit Augen von Feuer. Ihr Blick, dem ich einmal so selbstbewußt begegnete, daß ich Livia, obwohl schwanger von Tiberius Claudius Nero, zur Scheidung veranlaßte, verrät jene Mischung aus Schamlosigkeit und Selbstbewußtsein, die Frauen so begehrlich macht. Für mich hat sich daran nichts geändert.

Je älter ich wurde und je mehr mir mein Spiegel davon Kunde gab, desto schwerer wurde es mir, ihrem offenen Blick standzuhalten, der mich täglich prüfend musterte und eine unsichtbare Mauer errichtete zwischen uns. Ihre Lebenskunst besteht darin, mir nie zu widersprechen, sich fernzuhalten von jeder Kritik und mir dennoch – unmerklich, wie sie meint – ihren Willen aufzudrängen. Ich lasse sie in ihrem Glauben (was nimmt sie mir von meiner Göttlichkeit?) und habe sie, damit ihr Gehabe nach außen hin legitimiert erscheine, zur *Augusta* erhoben, ein Titel, der sie zur Mitregentin macht. Seit jenem Tage aber begegnet sie mir herrisch, wie es einer Frau ihres Standes zukommen mag, aber nicht der Frau des *Imperator Caesar Augustus*. Rufe ich nach ihr, so gehorcht sie, doch genügt allein der Aufschlag ihrer Augen, um ihren Unwillen zu bekunden, so daß ich irritiert ihrem Blick auszuweichen bemüht bin. Ich muß mich überwinden, sie an mein Lager zu rufen, seit mein Begehren ein um das andere Mal gescheitert ist; verriet doch ihr Blick jedesmal mehr jene Art Mitleid, das kein Mann schadlos erträgt. Wo ist mein Spiegel?

Ich erinnere mich an jene erste Begegnung, als mir Livia unvermutet gegenübertrat. Maecenas gab ein Fest in seinen Gärten, und halb Rom war auf den Beinen. Fackeltanz und wilde Musik und die schönsten Frauen der Stadt – die schönsten wohlgemerkt, nicht die anständigsten! Hieß ich Claudius Nero seine Frau mitzubringen nach neuer Sitte, noch dazu in ihrem Zustand? Ich sah Livia Drusilla, und ich war entflammt, ich war so von Sinnen, daß ich sie vom Arm ihres Mannes zog, als pflückte ich eine Birne vom knorrigen Ast, und mit schmeichelnden Worten drängte ich sie in ein nahes Heiligtum, das Maecenas zwischen schwarzen Pinien der Erdgötting Lara geweiht hat. Mit wachsender Gier betastete ich ihren schwangeren Leib, entkleidete sie auf kühlem Marmor mit zittrigen Händen, verschlang mit den Augen, was mir das Mondlicht zugestand, und kam ungestüm über sie mit der Kraft eines Stieres.

Natürlich erinnere ich mich. Ich fühle das Wachs ihrer Haut, den Flaum ihres Venushügels. Ich höre ihr wohliges Wimmern und das sanfte Geräusch unserer sich vereinigenden Leiber. Das alles ist mir so nahe, als sei es gestern gewesen, ja, ich glaube, es kommt mir näher mit zunehmendem Alter, wie überhaupt die Erinnerung mit zunehmenden Jahren das Unterste zuoberst kehrt, während sie das Nächstliegende zurückdrängt. Damals, Leib auf Leib, glaube ich, ihr meinen Samen geben zu müssen, ich glaubte, dieser Saft meines Körpers würde das Leben in ihr nach meinem Charakter beeinflussen, denn schon in jener Nacht wußte ich, ich würde Livia Drusilla heiraten.

Warst du also erfolgreich?

Erfolgreich? Am folgenden Tage schon schwatzte ich Livia ihrem Gatten ab, was, ich gestehe, nicht ohne Drohungen gegen Tiberius Claudius Nero abging, das war gewiß ein Erfolg, doch ich schien nicht weniger glückhaft im Gebrauch meines Samens. Der Sohn, den Livia gebar am Tag vor den Iden des Januarius war Drusus, und nannte man ihn auch von Geburt einen Claudier, beim Jupiter, er war zeitlebens ein Julier mit höchsten Tugenden, mein Drusus, mein Sohn. Drei Tage nach seiner Geburt habe ich Livia geheiratet. Ein Kind von mir kam unzeitig zur Welt, Drusus starb in jungen Jahren; blieb Tiberius, der seine wahre Vaterschaft nicht verleugnen kann. Ich konnte Livia den Wunsch nicht abschlagen, Tiberius zu adoptieren, aber seht ihn euch doch an! Hört, was er sagt und denkt!

Denkt? Er ist Befehlsempfänger seiner Mutter, und das mit sechsundfünfzig Jahren!

Verärgert legte ich den Spiegel beiseite, gerade als Livia mein Cubiculum betrat. Sie wies ihre Sklavin mit einer Handbewegung vor die Türe und trat an mein Bett. Ihr loses Gewand war locker gegürtet und aufgeschlitzt an der Seite, und ein fremder Geruch ging von ihm aus. So stand sie und musterte mich.

»Du ließest mich kommen, Caesar.«

»Gewiß, Livia.« In meiner Stimme lag Triumph, der Stolz eines Mannes, der unverhofft seine Manneskraft zurückerlangt hatte. Freundlich streckte ihr ihr meine Hand entgegen: »Komm!«

Ich hatte erwartet, Livia würde nun meine Hand ergreifen, würde kniend mein Bett besteigen und über mich kommen wie eine willige Göttin – aber Livia blieb regungslos. Ich sah sie an und erkannte, wie sie ihre Lippen aufeinanderpreßte und ihre Mundwinkel sich zu einem spöttischen Lächeln verzogen. Ihr Augenaufschlag verriet eine Regung, die nicht anders zu deuten war: Mitleid.

Wut überkam mich von einem Augenblick auf den anderen und steigerte meine Geilheit nur noch mehr. Mit einem Ruck riß ich das Laken beiseite, Livia sollte meine Manneskraft sehen, ihr Spott würde dann schnell verfliegen. Stolz blickte ich an mir herab wie ein Jäger auf seine Beute.

Livia hingegen weigerte sich, ihren Blick meinem *priapus* zuzuwenden, sie sah mir ins Gesicht, ohne ihr Lächeln zu verändern. »Komm!« wiederholte ich, diesmal beinahe flehentlich.

Und während Livia ihr anbetungswürdiges Knie auf den Rand meines Bettes setzte, während sie ihr Gewand hob mit beiden Händen wie eine campanische Bäuerin, welcher der Sklave Feigen vom Baume schüttelt, da senkte sich mein gottverdammter Priapus nieder – ich will ehrlich sein –, er fiel in sich zusammen, und ehe ich mich versah, hing er schlapp wie ein Lauchstengel.

Starr und gleich einer Statue lag ich da, unfähig, das Laken über mich zu ziehen. An diesem Morgen starb ich einen kleinen Tod. Als sie erkannte, was geschehen war, hielt Livia inne. Sie sagte nichts, ihr Lächeln schien verstummt. Stumm stieg sie von meinem Bett, ordnete ihr Kleid und wandte sich der Türe zu. Im Gehen drehte sie sich um, sie sagte irgend etwas, das ich nicht verstand, aber in diesem Augenblick starb meine Liebe zu Livia.

Unfähig jedweden Gedankens griff ich zum Spiegel, ich erblickte ein wildes Gesicht mit geröteten Augen, Haare wie Wurzelwerk und Gräben von furchiger Haut. Blätter sprossen auf einmal aus den verschlungenen Wurzeln, von Rinde umwunden ein Stamm, daß Angst mich befiel, und ich schleuderte das Silber weit von mir.

Nun weiß ich, der Tod ist keineswegs ein einzelner Vorgang, du stirbst, bevor du das Leben verlierst, viele kleine Tode, und deren Summe ist wohl eine Erlösung.

XLVII

Behalten die Seher recht, so bleiben mir noch 46 Tage. Warum, frage ich, sollten die Götter sich selbst belügen? O nein, Apollon, Weissagender, du hast geweissagt, nun stehe zu deiner Weissagung! Auskosten will ich jeden dieser 46 Tage, schlürfen wie rhätischen Wein, auf der Zunge zergehen lassen wie schwarzen ägyptischen Honig, ein neues Leben beginnen mit jedem Aufgang der Sonne. Fort mit den trüben Gedanken, der Schmerz soll weichen, woher er gekommen, Musa mag seine Künste an alexandrinischen Leichen erproben, nicht an der mit Steinen gefüllten Blase des Caesars.

Seit jenem verhinderten Eingriff zweifle ich ernsthaft, ob er seine Kunst zu meinem Vorteil anwendet oder zu seinem, ob nicht Feinde Musa gedungen haben mit dem Ziel, mein Leben vorzeitig zu beenden. Noch fehlt mir der letzte Beweis; warum aber belügt mich der Arzt wider besseres Wissen? Warum nannte er die Erfolgsaussichten der Operation gut, wo doch bekannt ist, daß während meiner Regierung, und die währt immerhin schon über 40 Jahre, kaum ein Dutzend den Eingriff des Steinschneiders überlebte?

Meine Feinde sind nicht weniger geworden im Alter. Wer über Menschen herrscht, kann nicht den Beifall aller finden. Und ist es schon schwierig, mit meinen Feinden fertig zu werden, so fällt es noch schwerer, mit meinen Freunden zurechtzukommen. Zu viele, die sich meine Freunde nannten, erwiesen sich als Feinde, wenn es um den eigenen Vorteil ging, und – wenn ich ehrlich bin – die Ichsucht machte auch vor mir nicht halt: nicht, als ich Livia begehrte aus dem Bett des Freundes Tiberius Claudius, nicht, wenn es darum ging, den eigenen Wohlstand zu mehren aus den Erträgen der Provinzen. Ich gab Agrippa nur, was ich ihm schuldete, kein As zuwenig, aber auch nicht mehr, als ob Freundschaft eine Sache von Prozenten wäre. Mercurius, das reut mich.

Musa und seinen geheimnisvollen Tränken bin ich stets mit Mißtrauen begegnet, wie überhaupt jede Art von Medizin Argwohn verdient, Freund nannte ich ihn nie. Er zählt zu jener Sorte Heilkundiger, die ihren Beruf nur wegen des Profites ausüben und sich jede Handreichung mit Gold aufwiegen lassen. Musa ist ein Freigelassener, und seine Freiheit sei ihm gegönnt, doch heute trägt er den Reichtum zur Schau, den ihm meine labile Gesundheit einbrachte; denn jedwede Regung meiner Gedärme vermehrte sein Vermögen. Doch nicht nur dies – der Senat verlieh ihm, kaum daß ich ein Zipperlein überwunden, das Recht, goldene Ringe zu tragen, kaum daß ich vom Durchfall erholt, Steuerfreiheit auf Lebenszeit. Was blieb da noch für weitere Taten?

Ich übertreibe nicht: Schmerzte ein Zahn und fand er ein Tränklein, so wurde die Steuerfreiheit auf Musas Nachkommen ausgedehnt, quälte die Gicht meine Knie und legte er heiße Kräuter auf, so wurde allen Ärzten Steuererlaß gewährt, die Rom je hervorbringen würde. Ärzte, scheint mir, kann man nie gut genug honorieren. Dabei sterben mehr Menschen an ihren Ärzten als an ihren Krankheiten. Musa versagte kläglich mit seinen kalten Bädern und Tränken, als Marcellus, mein geliebter Neffe und Schwiegersohn, am gleichen Fieber erkrankte, das auch mich dahinzuraffen drohte. Beide erfuhren wir damals dieselbe Behandlung, aber während ich überlebte nach dem Willen der Götter und meine schwächliche Natur sich aufbäumte gegen den frühen Tod, starb Marcellus, dem nie eine Krankheit begegnet war, am folgenden Tag im neunzehnten Lebensjahr.

In die Trauer um meinen Liebling mischten sich schon damals bittere Zweifel, ob Musa, der Mortas Aufgaben für sich in Anspruch nahm, sich nicht in Fortunas Netz verstrickte wie jeder andere Römer, ob seine Kunst nicht nur ein gutbezahltes Hoffnungmachen war.

Ich hielt die Leichenrede vor dem Scheiterhaufen auf dem Marsfeld unter Tränen, und während ich mit Worten dem Schmerz in meinem Herzen Ausdruck verlieh und die Flammen unnachsichtig loderten, blickte ich unvermittelt in das Gesicht von Tiberius Claudius Nero, des Sohnes meiner Frau Livia, und ich erschrak: Nicht eine Spur von Mitgefühl war in diesen Zügen zu erkennen, von Trauer ganz zu schweigen, obwohl er, der Gleichaltrige, doch bestürzt sein mußte über das Schicksal des Freundes. Mit versteinertem Gesicht stand Musa neben ihm und mied es, seinen Blick den Flammen zuzuwenden, wie es dem frommen Römer zukommt. Vom Schmerz getroffen mehr als wäre es der eigene Sohn, maß ich dem Vorfall keine größere Bedeutung bei, erst Jahre später, als Tiberius und Musa sich häufiger begegneten als der Gesundheitszustand des Tiberius es erfordert hätte, erinnerte ich mich an das Leichenfeuer des Marcellus. Der Stiefsohn und der Schwestersohn waren Freunde von Anbeginn, doch in der Tat war nur für *einen* Platz in der Geschichte. Ich wünschte, Marcellus wäre es gewesen, aber seine Asche ruht seit nunmehr 37 Jahren in meinem Grabmal auf dem Marsfeld.

So sehr ich Livia geliebt habe – ich schreibe habe, und ich wundere mich nicht –, Tiberius, ihr Sohn, blieb mir stets fremd, auch nachdem ich ihn auf Drängen Livias adoptierte, den Claudier. Daß Tiberius meine Schwester Octavia, seine Tante, mehr liebte als seine Mutter Livia, blieb mir nicht verborgen und schürte nur den Zwiespalt meiner Gefühle für den Jüngling. Tiberius ist unberechenbar und falsch wie eine Schlange, und es würde mich nicht wundern, wenn er, den ich testamentarisch zu meinem Erben bestimmt habe, bei Musa Hilfe suchte, um mein Leben vorzeitig zu beenden. Beim Jupiter, Tiberius ist sechsundfünfzig Jahre, ein Alter, in dem Divus Julius den Tod fand. Ich selbst hatte mit sechsundfünfzig Jahren mein Leben schon gelebt, hatte alle Gegner beseitigt, und alle Freunde verloren. Vergil, Horaz, Maecenas waren bereits von mir gegangen, und mir blieben zwei Decennien zur Trauer. Mit sechsundfünfzig Jahren sein Leben zu beginnen – welch schauderhafter Gedanke!

XLVI

Seit Tagen quält mich der Gedanke, ob ich genug getan habe für die Unsterblichkeit. Gewiß, die *Pax Augusta* düngt die Felder, schmückt die Städte, und die Märkte quellen über. Nie war der Reichtum größer, der Zins für Schulden niedriger als in dieser Zeit; das Volk rülpst laut vor Übersättigung und stellte diese praller nie zur Schau. Wie Kühe auf den campanischen Weiden würgen sie ihre Sattheit empor, kauen sie immer wieder genußvoll und verschlingen sie ein um das andere Mal aufs neue. Herrscht kein Krieg, so herrschen die Triebe: das Fressen und Saufen, das Huren und Wohlleben, und bisweilen regen sich sogar die Künste.

Ein Blick in die Annalen aber verrät mir Drohendes: Dort ist der Friede nie verzeichnet, nennenswert erscheinen nur die Kriege. Die aber spielten in den fünfundvierzig Jahren meiner Herrschaft eine Nebenrolle wie der Chor in der Tragödie, der zwar die Handlung lenkt, aber nichts zu tun hat mit den agierenden Personen. Schon heute spricht kein Mensch mehr über die Klugheit und Güte meines Göttlichen Vaters, doch seine Schlachten weiß jedes Kind aufzuzählen samt Anzahl der geschlagenen Feinde. Ich muß gestehen, ich habe versucht, dies in meinen *Res gestae* nachzuahmen, doch ich erschrak, kaum hatte ich geendet: alles Nennenswerte fand auf einer einzigen Tafel Platz, obwohl ich jede meiner Taten von meinem neunzehnten bis sechsundsiebzigsten Lebensjahr erwähnte.

Milde und Gerechtigkeit, Vaterlandsliebe und Friedfertigkeit nehmen nun mal weniger Raum als Gewaltherrschaft und Korruption, Profitgier und Kriege. Denn Gewaltherrschaft ist keine Sache von Vernunft und Einsicht, Geschichtsschreibung entspringt der Wunschvorstellung überforderter Nachkommen. Frieden, sagen die Philosophen, sei nur die Abwesenheit von Krieg, und Krieg sei der natürliche Zustand. Oder wie Homer sich ausdrückte: Eisen verführt und reißt von selbst den Mann mit sich fort. Er scheint im Recht bei Prüfung der Annalen. Seit Gründung der Stadt mähte das Schwert mehr als die Sichel, und ich fürchte, nach meinem Ableben wird es nicht anders sein. Ein Volk, das sich zwanzig *Fetiales* leistet, die ein Leben lang nichts weiter tun als seinen Feinden Kriege zu erklären, ein solches Volk hat den Frieden nicht verdient.

Über die Gründe meiner Friedensliebe habe ich vor Tagen schon berichtet. Sie lassen sich für die Nachwelt in einem Satz zusammenfassen: Ich haßte den Krieg. Ich haßte ihn, weil ich ihn fürchtete, alles andere ist bereits gesagt. Krieg ist ein gewalttätiger Lehrer, er hebt nicht nur Gesetze auf, er verkehrt des Menschen Tun und Handeln in das Gegenteil: Unbedachtes Losstürmen wird zur Tapferkeit, Nachdenken heißt auf einmal Feigheit, Sittlichkeit wertet man als Deckmantel einer ängstlichen Natur; Eiferer und Hetzer gelten als glaubwürdig, als verdächtig jene, die ihnen widersprechen. Niedertracht und Tücke werden mit Klugheit gleichgesetzt, und wer sie durchschaut, von dem heißt es, er zittere vor den Gegnern. Lob bringt es, bösen

Plänen mit bösem Tun zuvorzukommen. Und im allgemeinen heißt der Mensch lieber ein Bösewicht, aber gescheit, als ein Dummkopf, wenn auch anständig. Des einen schämt er, mit dem anderen brüstet er sich.

Urheber dieser klugen Worte ist Thukydides, einer der Größten aus dem alten Hellas vor dessen Niedergang, der in Sallust einen gelehrsamen Nachahmer fand und über die Kunst seiner Geschichtsschreibung die Worte sprach: »Wer vom Vergangenen Erkenntnis sucht wie auch vom Künftigen, das, nach der menschlichen Natur, gewiß wieder einmal gleich oder ähnlich sein wird, der mag meine Darstellung für nützlich halten, und das soll mir genug sein.« – Ich habe seine streng gesetzten Worte wiederholt gelesen, mit denen er den Bürgerkrieg beschreibt, und nehme ich ihn beim Wort, so wird mir bange um die Zukunft Roms, weil Rache, Rohheit und das Recht des Stärkeren stets Sieger bleiben über Recht und Tugend. O könnte Thukydides mit Worten mir ein Denkmal setzen wie Pausanias, dem Spartaner, oder Themistokles, dem Athener, die beide einen unrühmlichen Tod fanden, deren Namen aber für alle Zeiten in hohem Ansehen stehen, weil der Athener ihre Taten rühmte.

Das Wesen des Staates sei die Macht, sagte Thukydides und erntete bei Platon Schweigen, weil dieser die Gerechtigkeit als das Wesen des Staates ansah. So kam es zum Zwist zwischen zwei Männern, die beide den Frieden wollten; aber jeder auf seine Art.

Ich frage mich, warum rechtfertigen wir unser blutiges Handwerk seit Jahrhunderten mit unserer menschlichen Gesittung, die den Fremden fern ist wie einem

Römer die Religion der Ägypter. Es überzeugt mich nicht, was Philosophen in der achaischen Provinz behaupten (wo Heraklit, der ›Weinende‹, uns glauben machen wollte, der Krieg sei der Vater aller Dinge), daß Krieg und Frieden ein Naturgesetz seien wie Sympathie und Antipathie und sogar in der leblosen Natur zu finden seien, wo jedes Ding seinen Meister finde.

Das Wasser, meinen sie, lösche das alles verzehrende Feuer, die Sonne sauge das Wasser in sich auf, und jeder Himmelskörper, auch die Sonne, werde durch die Gewalttätigkeit eines anderen verfinstert. Der Magnetstein, sagen sie, ziehe das Eisen an, seinesgleichen aber stoße er ab, und keine Macht der Erde vermöge sie zusammenzubringen. Der Diamant, sagen sie, seltene Freude eines reichen Besitzers, sei auch durch rohe Gewalt nicht zu brechen, im Bocksblut aber zerspringe er wie ein Glas in der Flamme. Das alles mag seine Richtigkeit haben und nicht zuwider sein der Natur, aber ist es Beweis genug, daß Krieg zwischen Menschen sein muß? Mich erschreckt der Blick in die Annalen des Reiches, welche die Namen der Magistrate aufführen, Sonnen- und Mondfinsternisse und andere Prodigien, die Teuerungen und Getreidespenden nennen und den Tapfersten in der Schlacht, aber nie den Friedliebendsten. Als Tapferster gilt der Volkstribun Lucius Siccius Dentatus, der nach der Vertreibung der Könige in hundertzwanzig Schlachten gekämpft hat. Fünfundvierzig Wunden auf der Vorderseite des Körpers waren sein Stolz, sein Ruhm aber die Tatsache, daß sein Rükken nicht eine aufwies. Vor neun Feldherrn schritt Dentatus im Triumph. Marcus Sergius, der Urgroßvater Catilinas, verlor auf seinem zweiten Feldzug die rechte Hand und wurde dreiundzwanzigmal verwundet. Hannibal nahm ihn zweimal gefangen, zweimal entkam er, zuletzt nach zwanzig Monaten in Ketten. Tapfer kämpfte er weiter mit einer Hand aus Eisen und eroberte so, obwohl man ihm zwei Pferde unter dem Sattel wegstach, Cremona, Placentis und zwölf feindliche gallische Lager. Wenn Tapferkeit eine Tugend ist, dann waren diese beiden Männer die tugendsamsten des Reiches; ist Tapferkeit aber nur eine Erscheinungsform von Eigennutz und Habgier, so wäre ihr Tun verwerflich. Für welche Ansicht soll ich mich entscheiden?

Ich bin kein Tapferer gewesen, eher ein *cunctator* wie Quintus Fabius, der Diktator; aber wie Quintus Fabius später den Beinamen *Maximus* erhielt, kam auch für mich die Zeit, da mein Zögern als Größe ausgelegt wurde. Und galt der Zauder vor Quintus zunächst als Schandtat, so wurde es im Krieg gegen die Karthager auf einmal zur Tugend, und Ennius pries den Zauderer mit den Worten: *Unus homo nobis cunctando restituit rem.* So relativ sind Tapferkeit und Tugend.

XLV

Ich habe den Sklaven, der mir morgen die Schüssel mit Duftwasser reicht, beauftragt, mir beim Erwachen die Zahl der Tage zu nennen, welche mir noch verbleibt.

XLIV

Ich habe den Sklaven auspeitschen lassen. Er sagte, mir blieben noch 44 Tage. Es ist mir unerträglich, den Tag so zu beginnen.

XLIII

Die furchtbarste Erfahrung des Alters ist die, seine Freunde zu überleben. Ich habe alle überdauert: Vergil, Agrippa, Maecenas und Horaz.

Ich komme mir vor wie der letzte Baum eines Waldes, der abgeholzt wird, bevor die Holzfäulnis einsetzt – ein Fossil, begafft und bestaunt, ein Hindernis, das der nachfolgenden Generation im Weg steht, ein Kuriosum wie die Riesen Pusio und Secundilla in den Gärten des Sallust oder wie die Zwergin Andromeda.

Mit jedem Freund, der dich verläßt, stirbt ein Stück von dir. Vergil schenkte mir Selbstvertrauen, Maecenas ein Stück Unsterblichkeit, Horaz gab mir die Lebensfreude, Agrippa aber war mein zweites Ich. Ihn vermisse ich am meisten. Wir lebten zusammen auf dem Palatin unter einem Dach. Ihm gab ich meinen Siegelring, als ich sterbenskrank und unfähig, die Regierungsgeschäfte zu führen, darniederlag. Doch nicht ich ging ihm im Tod voraus, sondern er mir. Das ist nun sechsundzwanzig Jahre her und geschah im Konsulatsjahr des Marcus Valerius und des Publius Sulpicius. Auf dem Rückzug von Pannonien starb Agrippa an einer rasenden Krankheit, wie sie bei den Wilden in den nördlichen Provinzen verbreitet ist. Acht Tage weinte ich ohne Unterlaß, dann hielt ich ihm die Leichenrede auf dem Forum, und ich bestattete ihn in meinem eigenen Grabmal.

Was das Volk an mir, *Caesar Augustus Divi Filius*, so liebt, ist eigentlich das Werk Agrippas. Meine Siege, meine Eroberungen in den Provinzen sind seine Erfolge, meine Großzügigkeit ist seine Generosität, meine Würde ist die seine. Wir kannten uns seit Jünglingstagen, als wir in der Rhetorenschule die Kunst der freien Rede übten nach dem Vorbild der Hellenen, und waren seither wie ein Bruder dem anderen. Seine Härte half meiner Weichheit auf die Sprünge, sein Wagemut überflügelte mein Zaudern. Es hieße Eulen nach Athen tragen, wollte ich alle seine Taten aufzählen. Agrippa stand bei Philippi an meiner Seite und befehligte bei Actium die Flotte, bei Naulochai siegte er über Sextus Pompeius; doch er war nicht nur ein Mann, der Schlachten schlug. Als Praetor urbanus schenkte er dem Volk Wasserleitungen und Bäder, er ließ das Reich vermessen von Gades bis an die Grenzen des Partherreiches, von Britannien bis in die ägyptische Provinz, erstellte Itinerarien und verzeichnete alles auf Tafeln, die er den Römern zugänglich machte in der Säulenhalle auf dem Marsfeld. Allen Göttern zur Ehre errichtete er einen Tempel, so hoch und schön wie der Himmel, und zum Dank forderte er nichts als jene Inschrift auf dem Epistyl der Vorhalle: *Marcus Agrippa Consul Tertium Fecit*. Die Römer nennen den Tempel Pantheon, weil er die Bilder vieler Gottheiten birgt und sein Gewölbe bis in den Himmel zu reichen scheint, und sie lieben das Bauwerk, weil es kurz nach der Fertigstellung von einem Blitz getroffen wurde zum Zeichen der Freude der Götter; denn – so sagen die etruskischen Schriften – neun Götter des Himmels schleudern ihre Blitze, doch welcher der Götter sich in dem Bauwerk des Agrippa kundtat, bleibt ein Rätsel.

Obwohl gleichen Alters zügelte Agrippa nicht selten mein Temperament; der Adler besiegte den Falken, Besonnenheit das Ungestüme. Einst hielt ich Gericht über kleine Ganoven und trachtete, im Zorn Todesurteile zu vollstrecken, als mir Agrippa aus der Menge ein Täfelchen zuwarf, auf das er die Worte gekritzelt hatte: Steh auf, Henker! So besänftigte er meinen ungebührlichen Zorn und rettete den Angeklagten das Leben. Agrippa tat immer das Rechte zur rechten Zeit, wechselte Lob und Schelte wie die Situation es erforderte und verstand es stets, den Eindruck zu vermitteln, jedweder Situation gewachsen zu sein. Den Göttern sei Dank, daß nicht ich gegen die Cantabrerstämme im jenseitigen Spanien ziehen mußte, deren Wildheit und Unkultur gefürchtet ist seit alter Zeit, meuterten doch die Soldaten nach jahrelangen vergeblichen Kämpfen und gestanden offen ihre Furcht ein vor dem unberechenbaren Gegner. In dieser Situation zeigte Agrippa Härte, degradierte die gesamte Legio Augusta, und zwang so die Soldaten zum siegreichen Kampf. Ich sprach dem Freund aufgrund dieser Leistung einen eigenen Triumph zu, doch Agrippa verzichtete und zeigte die gewohnte Bescheidenheit.

Ich habe Agrippa oft gefragt, ob er glücklich sei, aber nie eine Antwort erhalten und nur ein Schulterzucken geerntet; denn Agrippa war ein ›Schwergeborener‹, einer, der, mit den Füßen voran zur Welt kam statt mit dem Kopfe, was zum einen wider die Natur, zum anderen ein untrügliches Vorzeichen ist für großes Unglück. Als der Tod ihn im einundfünfzigsten Jahre dahinraffte, sahen die Vorzeichendeuter darin den Beweis für das Unheil, ich aber zweifelte und schwanke noch heute, ob ich wegen jener sechsundzwanzig Jahre, die mir mehr beschieden sind als ihm, glücklich genannt werden könne, ob nicht Agrippa, den ich, so wie er geboren wurde, mit den Füßen voran zum Scheiterhaufen tragen ließ, das bessere Los gezogen hat.

Aber was ist schon Glück? Wie töricht sind die Thraker, jene dem Trunk ergebenen Barbaren, die am Ende eines Tages verschiedenfarbige Steinchen in eine Urne legen, ein weißes für das Glück, ein schwarzes für das Unglück. Stirbt so ein Thraker, werden seine Steine gezählt und die Mehrheit ermittelt. Die Hinterbliebenen nennen sein Leben dann glücklich oder unglücklich. Als könnte nicht eine Stunde des Glückes den Kummer eines ganzen Lebens vergessen machen! Törichte Thraker! Wollte ich euch einen Rat geben, so wäre es dieser, zu wägen anstatt zu zählen. Ein Fels wiegt mehr als zahlloser Schotter.

XLII

Libelli und *epistulae*, die tägliche Pflicht des *Caesars*, stapeln sich turmhoch auf meinem Schreibtisch. Sie warten auf die *subscriptio* – wie ich den Schriftkram hasse. Jeden Tag schleppt Tiberius ncue Akten herbei, die Ergebnisse des Census, und ich fürchte in Pergament zu ersticken, in Zahlen zu ertrinken.

Angst befällt mich, wenn ich an die Zukunft unseres Volkes denke. Rom hat 800000 Einwohner, und wie die Listen zeigen, sind 200000 von ihnen Plebejer, die mit offenen Mäulern auf kostenloses Getreide warten, und die Zahl der Sklaven ist noch höher, teure Bäuche, mit denen sich viele Reiche umgeben – nicht, weil sie ihrer bedürfen, sondern weil es ein Zeichen von Wohlstand ist, hundert, fünfhundert oder gar tausend Sklaven sein eigen zu nennen.

Die Häuser, unter deren Dächern sich die Menschen drängen wie Ameisen in ihrem Bau, wüchsen bis zu den Wolken, hätte ich nicht kraft Gesetz ihre Höhe auf sieben Stockwerke begrenzt. In mancher dieser *insulae* leben fünfhundert Menschen unter einem Dach, elende Löcher, welche die Menschen krank, die Mietwucherer aber reich machen. Ich habe, nach dem Vorbild meines göttlichen Vaters, den *humiliores* einmal durch Gesetz die Jahresmiete erlassen, doch hüte ich mich dies zu wiederholen; denn was nützt die Sympathie der kleinen Leute, wenn man sich gleichzeitig den Haß jener zuzieht, die im Staat das Sagen haben. Viele bedeutende Männer wie Cicero und Maecenas verdankten ihren Reichtum der Boden- und Wohnungsspekulation, auch wenn das kaum bekannt ist; denn die Hausbesitzer Roms vermieten ihre *insulae* an gewerbsmäßige Großpächter, die Unterpächter mit dem Eintreiben der unverschämten Mieten beauftragen. Die dünnwandigen Holzbauten sind katastrophal überbelegt, und es vergeht kein Tag in Rom, an dem nicht eine *insula* abbrennt oder zusammenbricht wie ein Getreidehalm unter der regenschweren Ähre. Jupiter, wo soll das enden? Und dennoch ist die Ausdehnung Roms kleiner als jene Karthagos, das vor der Zerstörung 300000 Menschen Platz bot, oder jene von Syrakus oder Babylon, in deren Mauern einst 400000 Einwohner lebten.

Während die Reichen sich mit ihrem Reichtum mästen und ohne Zutun immer reicher werden, frißt Armut die Plebejer auf. Bläst der kalte Nordwind, so frieren diese, weil es ihnen an Kleidung mangelt, jene aber, die sich wärmende Gewänder leisten können, brauchen sie nicht, weil sie die Fenster ihrer Häuser mit Glas verschließen, durch das kein Luftzug dringt. Diese Gegensätze schüren Neid und Haß, und dennoch drängen täglich Tausende nach Rom und pochen auf das während der Bürgerkriege erkämpfte Recht, sich auf Kosten des Staates verpflegen und amüsieren zu lassen: *Panem et circenses.*

Gemeinhin herrscht die Meinung vor: Lieber ein armer Römer als ein reicher Provinzbewohner. Das klingt verrückt und ist einsichtig zugleich, hat doch der römische Plebejer mehr Rechte als ein Großgrundbesitzer in der Provinz; denn Rom ist nicht nur die Hauptstadt des Imperiums, Rom ist das Imperium, eine Insel im Meer provinzieller Begierde. Dabei sind es die Provinzen, die diese Stadt, die auf sich gestellt längst nicht mehr lebensfähig wäre, am Leben erhalten. Mein Ziel war es, durch die Aufnahme angesehener Provinzbewohner in den Senat eine neue Reichsaristokratie zu schaffen, wissend, daß ich mir dadurch in Rom viele zum Feind machen würde. Aber während ich glaubte, auf diese Weise den Provinzen mehr Ansehen zu verschaffen, und hoffte, die auswärtigen Senatoren würden die Sache Roms in ihrer Heimat vertreten, übersiedelten viele von ihnen mit großer Anhängerschar im Gefolge, überwältigt vom äußeren Glanz dieser Stadt, nach Rom. Ich selbst trage Schuld an dieser Entwicklung, habe ich doch eine Stadt aus Holz und Lehm zu einer Stadt aus Marmor gemacht.

Um der Wohnungsnot zu begegnen, ließ ich Vorstädte bauen und teilte Rom in vierzehn Regionen auf. Es sind dies:

1. *Porta Capena*
2. *Coelomontium*
3. *Isis und Serapis*
4. *Templum Pacis*
5. *Esquiliae*
6. *Alta Semita*
7. *Via Lata*
8. *Forum*
9. *Circus Flaminius*
10. *Palatin*
11. *Circus Maximus*
12. *Piscina Publica*
13. *Aventin*
14. *Trans Tiberim*

Rom, das ist ein immerwährendes Blähen und Platzen. Straßen und Wege sind so schmal geworden zwischen den Häuserschluchten, daß die Bewohner der oberen

Stockwerke sich die Hände reichen können. Und mehr als einmal war ich von dem Wunsch beseelt, die schändlichsten Viertel der Stadt abzubrennen und neu aufzubauen. Es ist nun schon acht Jahre her, damals unter dem Konsulat des Marcus Aemilius Lepidus und des Lucius Arruntius, wurden mehrere Stadtviertel von Bränden heimgesucht. Ich will den Brandstifter nicht nennen, doch kann ich meine Enttäuschung nicht verschweigen, daß die Flammen schon am folgenden Tage gelöscht waren, und widerwillig und dem öffentlichen Druck gehorchend stimmte ich der Gründung einer 7000 Mann starken Feuerwehr zu. Nun wachen diese 7000 Mann, damit kein Haus den Flammen zum Opfer fällt, und ich fürchte, Rom wird sein Gesicht nie mehr verändern.

XLI

Mit Stolz erfüllt mich das Ergebnis des Census.

Ich, *Imperator Caesar Augustus Divi Filius*, beherrsche die Welt. Ich gebiete über 54 Millionen Menschen, von denen nicht einmal der zehnte Teil die römische Staatsbürgerschaft besitzt. 4233000 römische Bürger hat Tiberius gezählt. Vier Millionen sind Juden, sieben Millionen bevölkern die gallischen Provinzen, allein in Ägypten wurden acht Millionen registriert. Meine Herrschaft erstreckt sich von den Säulen des Hercules bis vor Indiens Tore. Es mag Völker geben und Länder, in denen römische Adler noch unbekannt sind, es mag Landstriche geben im Norden und Süden, unwirtlich kalt und in ewiger Finsternis, denen der Name des Caesars fremd ist, doch gibt es kein Volk von Kultur, das nicht das Knie beugt vor mir, *Imperator Caesar Augustus*.

Mein Imperium ist nie ohne Sonne, denn sinkt Sol im äußersten Westen, um der Nacht Platz zu machen, so verdrängt er diese im Osten, wo zur selben Zeit ein neuer Tag beginnt. Ursache dieser wundersamen Erscheinung ist die Kugelgestalt der Erde, welche Länder und Meere an sich bindet wie der Magnetstein Eisen. Nach Artemidoros, dem Geographen aus der asiatischen Provinz, beträgt die größte Entfernung von Westen nach Osten einmal 8 578 000 Schritte, ein anderes Mal 8 945 000 Schritte. Der Babylonier Isidoros berichtet gar von 9 818 000 Schritten, doch rührt der Unterschied vom Verlauf des Weges.

Artemidoros hat die Entfernung auf zweifache Weise bestimmt: Er zählt 5 215 000 Schritte von der Gangesmündung im östlichen Ozean über Indien, Parthien bis zur syrischen Stadt Myriandrus am Issischen Meerbusen, 2 113 000 Schritte von dort bis zur Insel Cypern, Patra in Lykien, Rhodos, Astypalaia im Karpathischen Meer, Taemarum in Lakonien, Lilybaeum auf Sizilien und Karalis auf Sardinien. Von dort bis Gades sind es 1 250 000 Schritte, insgesamt also 8 578 000 Schritte.

Der andere Weg durchmißt 5 169 000 Schritte vom Ganges bis zum Euphrat. Vom Euphrat bis nach Mazaca in Kappadokien 244 000 Schritte. 499 000 Schritte von

Kappadokien durch Phrygien und Karien nach Ephesos. Weiter bis Delos 200000 Schritte, und 212500 Schritte bis zum korinthischen Isthmus. Nach Patrae auf der Peloponnes 90000, bis Leukas 87500 und bis Korkyra noch einmal 87500 Schritte. Weitere 82500 bis Akrokerannia, 87500 bis Brundisium, und von hier nach Rom 360000 Schritte. Über 519000 Schritte führt der Weg zu den Alpen bis zum Dorf Scingomagus, durch Gallien wird Illiberis an den Pyrenäen nach 468000 Schritten erreicht. 831000 Schritte führen zum Ozean an der Küste Hispaniens. Verbleiben 7500 Schritte bis Gades. Diese Entfernung von Osten nach Westen beträgt 8945000 Schritte. Ich habe all diese Zahlen im Kopf, weil ich über jeden dieser Schritte gebiete.

Von Süden nach Norden scheint meine Welt kleiner, doch scheint das nur so, weil Süden und Norden unerforscht sind in ihrer Kälte und Finsternis. 5462000 Schritte maß Isidoros vom Äthiopischen Ozean im äußersten Süden bis zur Mündung des skythischen Flusses Tanais im Norden. Gewiß dehnt sich Land weiter nach Norden, und Isidoros behauptet, nach 1250000 Schritten erreiche man die rätselhafte Insel Thule; doch ist dies nur eine Vermutung, eine kühne Behauptung wie jene des Bibliothekars Eratosthenos, welcher schon vor zweieinhalb Jahrhunderten den Umfang der Erde auf 252000 Stadien berechnet haben will, was nach römischem Maß 31500000 Schritte ausmachte.

So groß ist mein Imperium, über das ich nach dem Willen der Götter herrschte seit einem Menschenalter, daß die Menschen ihre Hautfarbe verändern und die Sonne ihren Schatten. Haut und Haar der Menschen erhellen sich nach Westen und Norden, nach Osten und Süden hin werden sie dunkler und pechschwarz wie von der Sonne verbrannt an den äußersten Grenzen. Am Mittag der Tag- und Nachtgleiche, mit Beginn des Sommers, ist der Schatten der Sonnenuhr in Rom um den neunten Teil kürzer als das Gnomon, während in Syene, fünftausend Stadien südlich von Alexandria, der Stab am selben Tag keinen Schatten wirft, und ein Brunnenloch, senkrecht in die Erde getrieben, allseitig von der Sonne erhellt wird. Dies ist der Tag, an welchem in Venetien der Schatten die Länge des Gnomons erreicht.

Mein Arm reicht bis an die Grenzen Indiens, wo die Oreten einen Berg bevölkern, auf dem die Schatten sommers nach Süden fallen, winters aber nach Norden und wo es Orte gibt ohne Schatten, welche ›Askia‹ heißen, Schattenlose. Mein Arm reicht bis nach Britannien, wo die Nächte im Sommer kurz, die Tage aber endlos scheinen, während der Winter diese Erscheinung umkehrt. Mein Arm reicht so weit, daß die Völker sogar den Tagesbeginn auf unterschiedliche Weise bezeichnen, weil Leben und Gewohnheit der einen den anderen fremd sind. Nach Maßgabe der römischen Priester beginnt der Tag nach Mitternacht und dauert bis zur folgenden Mitternacht, und diese Weisheit entspricht der Lehre der Ägypter, die in allen Dingen des Messens als Erfahrenste gelten. Von den Athenern hingegen, denen Kunst und Philosophie mehr am Herzen lagen als alles andere, wird der Tag von einem Sonnenuntergang bis zum anderen gemessen. Die Umbrer zählen von Mittag zu Mittag, die Babylonier von Sonnenaufgang zu Sonnenaufgang.

Die geographische Lage innerhalb des Imperiums weist uns Römer als Volk der Mitte aus. Rom ist der Mittelpunkt der bewohnten Erde und von den unsterblichen Göttern ausersehen, die Welt zu regieren. Nirgends erweist sich die Erde fruchtbarer für alle Gewächse als in italischem Land. Nirgends ist der Wuchs der Menschen so ebenmäßig, von ansehnlicher mittlerer Größe und treffender Mischung der Hautfarbe. Nirgends sind die Sitten so mild, ist der Geist so beweglich. Der Römer ist das treffliche Mittelmaß zwischen dem kühlen Gallier, dem trutzigen Britannier auf der einen Seite und dem leicht erregbaren Ägypter, dem zornigen Äthiopier auf der anderen Seite und auch von daher als Mittler und Herrscher ausersehen.

Was ihn unterscheidet von allen Völkern ist der hitzige Gebrauch des Schwertes, das zu ziehen er gewohnt ist ohne Bedenken. Verhandlungen liegen ihm nicht, auch nicht große Umschweife; der Römer sucht mit dem Schwert, was die Natur ihm versagt, und er macht dabei nicht einmal vor den eigenen Volksgenossen halt. Das haben die Bürgerkriege gezeigt, die das römische Volk auf grausame Weise dezimierten. Vor zweihundert Jahren, nach dem Triumph des Publius Cornelius Scipio über die Karthager, besiedelten vier Millionen Menschen italisches Land, der vierte Teil von ihnen Sklaven, hundert Jahre später, als Marius den Jugurthinischen Krieg erfolgreich beendet hatte, zählte man sieben Millionen, und heute, im Abstand von weiteren hundert Jahren, wird diese Einwohnerzahl unterschritten. Es scheint, als sei das römische Volk ausersehen, sich selbst zu zerfleischen, damit es nicht zu mächtig werde. Bei diesem Gedanken ziehe ich die Toga über mein Haupt.

XL

Genug der Trauer. Noch pulsiert Blut in meinen Adern. Ach, hätte ich Horaz an meiner Seite, den Unsterblichen, der für jede Stimmung Trost fand. Gierig nach Labsal des Herzens wühle ich in seinen Schriften und finde ›Grenzen der Trauer‹:

Nicht immer entströmt den Wolken auf öden Fluren der Regen,
Und wilde Stürme durchwühlen nicht immer das Kaspische Meer.
Du siehst die armenische Küste, mein Valgius, nicht immer im Eise
Noch Garganus' Eichen gebogen und laublose Eschen vom Nordsturm.
Du aber weinst ewig um Mystes, zu früh deiner Liebe entrissen,
Und nimmer verläßt dich die Sehnsucht, mag Hesperus glänzen am Himmel,
Mag langsam er sinken ins Meer beim strahlenden Aufgang der Sonne.

Nicht immer entströmten die Tränen um Antilochus, den geliebten,
Nestor, dem greisen, den dreimal erneute Geschlechter umstanden.
Um Troilus weinten nicht immer, den Knaben, die phrygischen Schwestern.
Gebiete doch endlich dem Schmerze, hör auf mit den weichlichen Klagen!
Besinge vielmehr die letzten Triumphe des Caesar Augustus,
Den wilden und rauhen Niphates, den Strom auch der trotzigen Meder,
Der, ungern dem Joche sich beugend, in engen Ufern dahinfließt!
Vom tapfren Gelonen erzähle, der oft die Grenzen bedrohte,
dem Caesar in engster Gemarkung die Rosse zu tummeln gestattet.

XXXIX

Ich, *Imperator Caesar Augustus*, gebiete über ein Reich, das dem Willen der Götter entspricht in seiner Gesamtheit. Wie anders wären die Wunder erklärbar, die häufiger sind als alle Greuel der Natur, Mirabilien, die an einem Ort auftreten, nicht aber an einem anderen, was allein mit der Größe dieses Imperiums zusammenhängt und der spezifischen Eigenart seiner Landstriche. Ich will nicht von Epimenides, Pythagoras oder Empedokles reden, die mit Hilfe der Wissenschaft Göttergleiches vollbrachten, auch die Orakel und Träume der Menschen sollen hier nicht erwähnt werden, weil sie ohnehin als Zeichen der Götter bekannt sind, bei der Gottheit des Summanus, hier sollen nur die Wunder der Natur im Osten und Westen, im Süden und Norden des Reiches erwähnt sein, die uns rätselhaft erscheinen, am Ort des Geschehens, aber nicht als ungewöhnlich zu gelten haben, denn – so sagte Cicero – Gewohnheit ist eine zweite Natur.

In Samosata in der syrischen Provinz brodelt brennender Schlamm in einem Sumpf, Maltha genannt, und jeder, der mit dem Schwarzblut der Erde in Berührung kommt, steht in Flammen wie eine Fackel. Lucullus und seine Soldaten machten mit diesem Erdpech Bekanntschaft, als sie Samosata belagerten: Soldaten und Waffen brannten lichterloh, und nicht einmal Wasser vermochte das Lodern des Feuers zu löschen, nur Sand und erstickende Erde. Andernorts wird das Erdpech Naphtha genannt. Einmal entzündet, verzehrt es sich selbst, und dabei macht es vor nichts halt, mit dem es in Berührung kommt, und selbst Steine, die dem Feuer gemeinhin keine Nahrung bieten, beginnen zu brennen wider die Natur. Medea, die zauberkundige Tochter des Königs Aietes von Kolchis, soll auf diese Weise Kreons Tochter Kreusa, die Nebenbuhlerin in ihrer Liebe zu Iason, mit den Flammen des Opferfeuers getötet haben, indem sie dieses mit Naphtha benetzte.

Brennen hier die Sümpfe, so lodern andernorts die Berge, Hephaistos' Berge, des hinkenden Gottes glühende Essen: der Ätna auf der sizilischen Insel, der Berg Chinmära in Lykien und der Kophantos in Baktrien, ja ganze Eilande stehen in Flammen wie Hiera Hephaiston von den Äolischen Inseln, das während des Bundesgenossenkrieges zu verbrennen drohte wie ein glühendes Scheit, bis Sühneopfer des Senates das Erdfeuer erstickten. Die Alten berichten, einst habe sogar der Spiegel des Trasimenischen Sees gebrannt, was besonders erstaunlich wäre, weil seither nie eine ähnliche Erscheinung beobachtet wurde.

Welche Vielfalt der Wunder! Suchten Götter ihr Heil nicht selten in Höhlen und Bergen oder in Spalten der Felsen, so lauert in anderen tödliches Unheil. Grotten des Charon, des zahnlosen Fährmannes über den Acheron, überziehen das Reich wie eine stinkende Seuche. Dort dringt aus zugigen Höhlen tödlicher Dunst. Keine Zwei-Tage-Reise, in Sinuessa und Puteoli, brechen Dämpfe aus dem Erdinneren, die betäuben und töten. Und im Hirpinerland liegt im Amsanctus-Tal, von düsteren Bäumen umdrängt und zwischen rauhen Felswänden, ein Ort des grausigen Pluto, den kein Neugieriger lebend verläßt, weil giftiger Hauch seine Sinne verwirrt und ihn mordet. Wir begegnen einer ähnlichen Erscheinung im phrygischen Hierapolis, nahe der karischen Grenze, wo Kybele, der Magna Mater, ein Tempel geweiht ist. Dringt ein Gewöhnlicher in den geheiligten Raum, so befällt ihn lähmende Ohnmacht, und er verendet qualvoll. Die Priester Kybeles aber betreten das Bauwerk mit frommen Gebeten und entgehen dem tödlichen Hauch.

Für gewöhnlich sind Inseln auf einem Sockel fest mit der Erde verbunden, und ihre Lage ändert sich nie; andere Inseln in fernen Provinzen jedoch schwimmen auf den Wassern wie Floße und zittern unter den Füßen wie mooriges Land. Calaminische Inseln nennt man jenes schwimmende Erdreich in der lydischen Provinz, das vom Winde getrieben und mit Stangen bewegt werden kann, und viele dieser Inseln waren den Menschen im Mithridatischen Krieg eine Zuflucht. Ähnlichen Erscheinungen begegnen wir bei Nymphaion, aber auch bei Caecubum, Mutina und Reate. Siebzig Stadien von Reate entfernt befindet sich die Aboriginerstadt Cutilia, und ein gleichnamiger See mit einem schwimmenden Wald, der täglich seine Lage verändert; und wegen der gleichen Erscheinung ist der Vadimonische See, ein kreisrundes Gewässer im Süden Etruriens, berühmt. In Karien, wo der Fluß Harpasos die asiatische Provinz in vielen Windungen durchströmt wie der rechtsdrehende Maeander, begegnet man einem schwimmenden Fels, der mit einem Finger bewegt werden kann, doch hält dieser Stein sonst jeder Gewalt stand.

Keines der Elemente gibt uns größere Rätsel auf als das Wasser, das verschieden ist in seiner Art, je nach der Herkunft; und groß und unendlich wie das Imperium ist die Vielfalt seiner Erscheinungen. Ich will gar nicht reden vom Wasser, das hier kalt ist wie das Eis, dort aber heiß wie im Schwitzbad aus der Erde sprudelt, auch vom Süßwasser, das man im Meer antrifft wie bei Gades oder vor den Chelidonischen Inseln soll hier nicht die Rede sein, sondern von den wahren Rätseln des Wassers wie der Quelle von Dodona. Dort in der makedonischen Provinz, wo Jupiter sich im Rauschen der heiligen Eiche offenbart, sprudelt eine kalte Quelle. Taucht der Besucher eine Fackel in das Wasser, so verlischt sie – fürwahr nichts Ungewöhnliches. Verwirrung aber löst der umgekehrte Vorgang aus; denn näherst du dich der Quelle mit ausgelöschter Fackel, so setzt das sprudelnde Wasser des Jupiter die Fackel wieder in Brand. In Illyrien, wo mich die Nachricht vom Tode meines Göttlichen Vaters erreichte, begegnen wir einer ähnlichen Erscheinung. Spannen die Bewohner Kleidungsstücke über das Loch einer Quelle, so entzünden sich diese von selbst, obwohl das aus der Erde sprudelnde Wasser kalt und keine Flamme erkennbar ist.

So vielfältig sind die Wunder der Quellen, daß das Wasser des Flusses Asiakes im Pontusgebiet die Milch der Stuten schwarz färbt. Die Bewohner von Pontus ernähren sich von dieser Schwarzmilch und zeichnen sich durch längeres Leben aus als alle umliegenden Völker. Trunken machen die Wasser von Lynkestis im oberen Makedonien, die dem Erigon zufließen; man nennt sie Sauerwasser, und ihre Wirkung ist nicht anders als jene des Weines. Wie Wein schmeckt auch die Quelle im Tempel des *Pater Liber* auf der Insel Andros – jedoch nur einmal im Jahr an den Nonen des Januarius, weshalb dieser Tag auf Andros den Namen ›Geschenk des Gottes‹ trägt, und ich zweifle nicht an dieser Erscheinung, obwohl ich sie nicht selbst nachgeprüft habe, weil sie Mucianus, der dreimalige Konsul, berichtet hat nach eigener Anschauung. So unglaublich es klingen mag: der Xanthos-Fluß bei Ilion färbt Rinder, die von seinem Wasser trinken, rötlich; der böotische Melas-Fluß, der bei Orchomenos aus der Erde hervorquillt, läßt Schafe schwarz werden, während der von den Hängen des Parnaß fließende Kephisos die Schafe weiß färbt.

Niemand mag glauben, daß all diese Erscheinungen auf ferne Provinzen beschränkt sind und sich auf dem Wege nach Rom vervielfachen wie ein Gerücht, das aus der Vorstadt Trans Tiberim zum Palatin vordrängt, denn auch in nächster Nähe begegnen wir einer derartigen Erscheinung: Im Süden Etruriens, an der Mündung der Treia in den Tiber, wo Falerii liegt, das sich nach dem Ersten Punischen Krieg gegen Rom erhob, färbt das Wasser der Flüsse die Rinder weiß.

Wie groß, wie unterschiedlich, wie furchteinflößend und verwirrend sind die Werke der Natur in diesem Imperium Romanum! Unendlich wie der Verlauf seiner Grenzen. Länder tauchen auf aus dem Meer, und Inseln werden, als wollten die Götter alles wieder ins Gleichgewicht setzen, unvermutet von den Wassern verschlungen. Nach dem Willen Jupiters ist in alter Zeit Sizilien von Italien gerissen worden, Euböa von Böotien, Cypern aus dem cilicisch-syrischen Dreieck, Besbikos von Bithynien und Leukosia vom Vorgebirge der Sirenen im südlichen Campanien. Länder tauchten unter im Meer wie die Insel Atlantis, die Plato betrauert und die dem Ocean im Westen ihren Namen gab, oder Akarnanien im ionischen Meer, dessen Einwohner sich rühmten, nie ohne Waffen zu gehen. Nach einem Beben im Korinthischen Busen, versanken die Städte

Helike und Bura, und Kea, unter den Kykladeninseln die schönste, brach ein wie ein Stein in das Eis und versank auf 30000 Schritte. Der Pontus verschlang Pyrrha und Antissa am Maeotischen See, der von der Seichtigkeit ein Tümpel, vom Umfang aber ein Meer ist. Und wo nicht das Meer seinen unersättlichen Hunger stillt, verzehrt sich die Erde selbst wie in Tyndaris, der treuesten aller Städte Siziliens, meiner achtbaren Kolonie, die ein gewaltiger Erdrutsch zur Hälfte verschluckte. Selbst der Caesar steht ratlos vor dem unerfindlichen Willen der Götter, erwies doch Tyndaris den Römern die festeste Treue bei den Punischen Kriegen wie bei den Wirren der Sklavenaufstände. Warum, so fragt man, wurde Karike von der Erde verschlungen samt dem Berg Kibotus, warum Sipylos am gleichnamigen Fluß in der asiatischen Provinz, wo der Seleukide Antiochos von den Römern besiegt wurde?

Die Meere, welche das Reich von allen Seiten umgeben, erkennen den Mond als ihren Gebieter, doch weil das Reich von unendlicher Ausdehnung ist und die Wirkung des Mondes sich ändert nach dem Standpunkt des Beobachters, erscheinen die Bewegungen des Meeres unterschiedlich, vielfältig und wundersam. Zweimal schwillt das Meer zwischen zwei Mondaufgängen und zweimal weicht es zurück in derselben Zeit, jedenfalls in italischem Land; andernorts erscheinen seine Bewegungen häufiger, wie vor der Insel Euböa, wo Ebbe und Flut siebenmal wiederkehren, und heftiger, wie im Norden Britanniens, wo achtzig Ellen die Gezeiten unterscheiden.

Abstoßend und freundlich wie die Gewässer, die sie

bewohnen, erscheinen die Götter, freundlich und dem Menschen wohlgesinnt wie Neptun Poseidonios, dem in Rom zwei Tempel geweiht sind, oder abstoßend wie Phorkys, der Vater der Scylla, der Ulixes sechs seiner Gefährten opfern mußte, weise wie Proteus, der die Bewohner des Meeres weidet, oder furchterregend wie der fischleibige Seedämon Triton. Beständig reinigt der Mond die Meeresgewässer, und bei Messina häuft die See allen Unrat auf, und die Sage, die Rinder der Sonne hätten dort ihre Ställe, ist auf jene Erscheinung zurückzuführen. Andere behaupten – unter ihnen kein Geringerer als Aristoteles –, nur bei Ebbe stürben die Menschen, niemals bei Flut, und in der gallischen Provinz wurde jene Behauptung geprüft und für richtig befunden.

Der Mond, heißt es, trage den Atem des Lebens in sich, und die Leiber schwellten bei zunehmendem Licht, was bei Austern und anderen blutlosen Tieren beobachtet wurde. Auf diese Weise, sagt man – ich kann es nicht nachprüfen –, vermehre sich auch das Blut des Menschen bei zunehmendem Mond und dieselbe Kraft bringe die Säfte der Kräuter und Pflanzen zum Steigen. Uralt wie das Leben der Menschen ist der Streit, ob der Mond ein erdartiger Körper zu nennen sei, wie das von Anaxagoras und Demokrit behauptet wurde, oder ob seine Zusammensetzung erdfremd ist und andersartig, eine Ansicht, welcher die Stoiker, Platon und Heraklit zuneigten. Einig sind sich Griechen und Römer jedoch in der Ansicht, das Nährende, Schwellende, Milde mache den Mond zu einem weiblichen Gestirn, während die Sonne mit ihrer verzehrenden Glut als männliches Gegenteil anzusehen sei. Finde die Sonne im Meer ihre Nahrung, so sauge der Mond seine Nässe aus dem süßen Wasser des Landes.

So groß ist das Imperium, daß der Sturmwind, der sich an den Grenzen des Reiches erhebt mit verwüstender Kraft, die Mitte nur mit schwachem Lufthauch erreicht, erschöpft vom Weg über Land und Meere. So groß ist das Imperium, daß gefürchtete Stürme aus den Provinzen in Rom nicht einmal dem Namen nach bekannt sind, weil sie nie über eine gewisse Zone hinauswehen. Aus diesem Grund sind auch italische Winde in den Provinzen unbekannt. Die Zeit, als es – wie Homer sagt – nur vier Winde gegeben haben soll, liegt weit zurück, und Aiolos, der einst alle Winde auf einer schwimmenden Insel gefangenhielt, zählt heute hundert Söhne und Töchter, und es fällt schwer, die einzelnen beim Namen zu nennen: *Volturnus*, *Phoenix* und *Auster*, oder in der Sprache der Griechen *Eurus*, *Euronotus* und *Notus*, *Africus*, *Libs* bei den Griechen genannt, *Libonotus*, und wie sie alle heißen. Überall bekannt in den Provinzen sind die *Etesien*, kräftige Winde, wenngleich sie hier und dort mit unterschiedlicher Heftigkeit und aus verschiedenen Richtungen brausen. Wir Römer blicken nach Süden, von wo sie um die Mitte des Julius einsetzen und vierzig Tage andauern, in Spanien und Asien wehen sie von Osten, in der achaischen Provinz von Nordosten, und die Griechen mieden während der Etesien jede Kriegsfahrt nach Norden, weil ihre Schiffskünste bescheiden und die Seefahrer nicht in der Lage waren, ihre Segler gegen den Wind zu steuern.

So groß ist das Reich, daß die Quellen der Flüsse, die das Land in allen Richtungen durchqueren, unbekannt sind, jedenfalls was die größten Ströme betrifft. Sagen die einen, der Nil habe seinen Ursprung im Westen der afrikanischen Provinz, so wird von anderen behauptet, die endlosen Wässer wälzten sich aus Indien herbei. Und auch Petronius, Präfekt von Ägypten zu Beginn meiner Regierung, vermochte das Rätsel nicht zu lösen; doch erkannte er den Irrtum Herodots, der die Quelle zwischen den Felsen Krophi und Mophie ansiedelte. Dagegen wurde die Quelle des Danuvius, der von Thrakern und Pannoniern mit Einbäumen befahren wird, von römischen Söldnern nördlich der Alpen entdeckt, und seit kurzem wissen wir auch von der siebenarmigen Mündung. So wie der Danuvius – die Griechen nannten ihn Istros – das römische Imperium nach Norden hin abgrenzt, bilden Euphrat und Tigris eine natürliche Grenze gen Osten.

Unterschiedlich wie der Lauf dieser Zwillingsströme, die sich bis auf eine halbe Tagesreise einander nähern, dann aber wieder auseinanderstreben (der eine nach Süden, der andere nach Osten), ist auch der Schiffsverkehr auf diesen Strömen. Stromabwärts trägt der reißende Tigris hölzerne Flöße, stromaufwärts hingegen ist der Fluß nicht zu befahren, weil Klippen und Strudel jedes Schiff zerschlagen. Anders der Euphrat, er trennt Kilikien und Armenien und wird von Schiffen befahren, die aus Weidenholz und Fellen gebaut sind. Ihre Form gleicht eher der eines Schildes als jener eines Schiffes, und auf jedem führen die Schiffer einen Esel mit sich, auf den größeren sogar mehrere. Angekommen am Ziel werden die schwimmenden Schilde zerlegt, die Weiden verkauft, die Felle eingerollt, und die Schiffer verladen sie auf ihre Esel; dann ziehen sie zu Lande stromaufwärts zum Ausgangspunkt ihrer Reise.

Die gallische Provinz Cisalpina teilt der Padus in Gallia Cispadana und Gallia Transpadana. Er fließt aus Ligurien und führt um den Aufgang des Hundsgestirns das meiste Wasser. Zu dieser Zeit verläßt er häufig sein Bett und sucht neue Wege. Ich habe, damit Padua und Ravenna auf dem Schiffsweg erreichbar seien, die Mündungsarme des Padus durch einen Kanal verbunden, der meinen Namen trägt.

Vielfältig wie die Wunder der Meere in meinem Reich sind die Mirakel der Flüsse: Manche versickern nach tagelangem Lauf und kommen an anderer Stelle wieder zum Vorschein wie der Tigris in Mesopotamien, der Lykos in der asiatischen Provinz und der Erasinos in der Argolis. Andere weigern sich, ihr süßes Wasser mit dem salzigen Wasser zu mischen wie der Alpheios, der reich an Wassern ist auf der Peloponnes, der mit Abscheu auf dem Grund des Meeres fließt, im Norden Siziliens als Quelle hervorbricht, die den Namen Arethusa trägt. Wie anders wäre es zu erklären, daß Dinge, in der achaischen Provinz in den Fluß geworfen, an der Küste Siziliens wieder auftauchten? Aus dieser Erscheinung hat sich die Legende gebildet, der Flußgott Alpheios verfolge in Liebe die Nymphe Arethusa am Grunde des Meeres und breche, mit ihr vereint, aus der sizilischen Quelle hervor. Auch gibt es eine geheime Verbindung zwischen der Quelle des Äskulap in Athen und jener von Phaleron; denn was in jener versenkt wird, würgt diese hervor.

So zahlreich sind die Wunder der Natur in diesem Imperium Romanum. Und schmerzte nicht der Gesundheitsfinger meiner Rechten, trieften nicht meine müden Augen, ich würde kein Ende finden in der Aufzählung der wundersamen Dinge. Ich, *Caesar Divi Filius*, gebiete über das Reich; doch über das Leben gebieten die Götter.

Ich, Polybius, Freigelassener des Göttlichen Augustus und des Schreibens kundig, muß um mein Leben fürchten. Wohin ich auch gehe, fühle ich mich verfolgt. Rom ist voll von Gerüchten. Von einem Komplott ist die Rede gegen den Göttlichen. Gewisse Leute zweifeln wohl an den Vorzeichen, die dem Caesar nur noch achtunddreißig Tage zugestehen. Oder kann ihnen sein Tod nicht schnell genug gehen? Es fällt auf, daß ich, Polybius, als einziger den Caesar täglich aufsuche, und im Palast fragt man sich wohl, zu welchem Zweck. Augustus diktiert keine Briefe, dazu ist er viel zu sehr mit sich selbst beschäftigt. Und Livia oder Tiberius oder Musa oder alle drei halten nun alle Schriftstücke zurück, die an ihn adressiert sind. Ich habe nur einen Wunsch: Ich möchte nicht so einsam sterben wie Caesar Augustus.

XXXVIII

Angst. Zuviele Soldaten umgeben mich. Ich lebe in einem Wald von Lanzen, im Gestrüpp drohender Schwerter, und überall blinken Dolche. Ich habe Angst. Gewiß, ich rief die Prätorianer zu meinem Schutz, damit sie meine Furcht besänftigen; nun aber fürchte ich jene, die mir die Furcht nehmen sollen.

Sie kommen immer näher. Erst bewachten sie die Tore, dann patrouillierten sie in den Gängen und noch bis vor wenigen Wochen kreuzten sie ihre Lanzen vor meinen Türen; doch seit dem gestrigen Tage stehen sie innerhalb der Türen zu meinen Gemächern, sie blicken reglos an mir vorbei, und der Präfekt, den ich kommen ließ, erklärte, Livia habe den Befehl erteilt. Livia aber rechtfertigte sich, Tiberius habe die Wachen verstärkt, weil Unruhe herrsche in der Stadt. Man habe Schmähschriften auf dem Forum verteilt, die in unflätigen Worten von meinem Ableben kündeten, Zeichnungen an den Wänden machten sich lustig über einen kränkelnden Elefanten, der meine Gesichtszüge trägt und sich im Unterholz verkriecht zum Sterben.

Das ist der Fluch des Eisens: Richtest du das Schwert nicht gegen andere, richten die anderen es gegen dich. *Homo hominis lupus.* Waffen haben ihre eigene Moral, und ihre Träger singen stets das Lied des Stärkeren. Schwächlinge ernten nur Spott, und ich bin in meiner derzeitigen Verfassung schwach. Doch scheint mir, nur Schwächlinge begreifen das Unglück, das Waffen verbreiten, Schwächlinge wie der alternde Cicero oder – ich kann nicht umhin, ihn hier zu erwähnen – der Verbannte von Tomis, der so treffend klagte: Wer würde Hektor kennen, wäre Troja glücklich geblieben? Nur auf der Unglücksbahn schreite zum Ruhme der Held.

Verdankte ich meinen Ruhm dem Lärm der Waffen, so wollte ich nicht geboren sein; und jeden, der mir nachfolgt und zum Schwert greift, sollen die Götter strafen mit Tod und Auslöschung seines Namens. Blicke ich zurück mit der Erfahrung des Greises, so erkenne ich den Grund für die römische Kriegslust, die – kaum wage ich es auszusprechen – als Tugend gilt wie Sanftmut und Schamgefühl; es ist der Stolz, der dem Römer eigen ist vor allen Völkern, der Hochmut zu glauben, er allein sei von den Göttern ausersehen, die Welt zu beherrschen. Bei der Gottheit des Mars, es sind unsere Niederlagen, die diesen Dünkel schüren. Mögen Niederlagen andere Völker vernichten, den Römer erfüllen sie mit Stolz.

Wer spricht vom Siege des Gaius Flaminius über die Insubrer am Flusse Adda? Kein Mensch. Doch die Niederlage gegen Hannibal am Trasimenischen See, die ihn und 15000 tapfere Römer das Leben kostete, ist, obwohl 230 Jahre zurückliegend, noch heute in aller Munde, weil er, alle Prodigien mißachtend (er stürzte ohne ersichtlichen Grund mit seinem Pferd vor dem Standbild des Jupiter Stator), furchtlos in die Schlacht gezogen war. Die Niederlage bei Cannae, das 50000 Römern zum Grab wurde, wird heute wie ein Sieg gefeiert – bei objektiver Betrachtung nicht einmal zu Unrecht, verstand es doch Hannibal nicht, Vorteile aus diesem Sieg zu ziehen. Rom stand dem Karthager offen, überall in der Hauptstadt loderten Totenopfer, und die alten Männer standen bereit, Frauen und Kinder zu erdolchen, damit sie nicht dem Todfeind in die Hände fielen. Aber Hannibal zögerte, und die größte Niederlage wurde zum größten Sieg, denn Karthago fiel; Rom aber steht noch immer, und Livius spottete in seiner Geschichte des Staates: ›*Vincere scis, Hannibal, victoria uti nescis.*‹ Derlei Ereignisse, die sich trotz Niederlage häufig zum Besten wendeten, haben uns zur Hoffart verleitet, die Götter hätten das römische Volk ausersehen, über alle anderen zu herrschen, und es sei nur eine Frage der Zeit, wann jene, die uns bisher noch die Stirne böten, niedersänken unter den römischen Adlern.

Heute erkenne ich das Unrecht vieler Angriffskriege, und dabei nehme ich meinen Göttlichen Vater nicht aus. Warum, beim Jupiter, muß das Römische Imperium sich mästen mit immer neuen Kolonien? Groß ist die Gefahr zu ersticken wie ein Prasser im Überfluß seiner Speisen. Ich glaube, es gibt keinen *bellum iustum*, keinen gerechten Krieg und keinen ungerechten Krieg, es gibt nur Krieg, so wie es nur das Vergnügen gibt (kein billiges und kein teures;), von dem Diogenes sagte: Gehe in ein Bordell, und du wirst sehen, es gibt keinen Unterschied zwischen billigem und teurem Vergnügen.

Ich muß lachen. Ich muß lachen, weil mein Lachen die Prätorianer irritiert. Sie vermögen es nicht zu deuten: Ein schreibender alter Caesar, der in sich hineinkichert, überfordert ein Prätorianergehirn mit einem Jahressold von siebenhundertfünfzig Denaren. Sechstausend dieser stumpfsinnigen Tölpel haben sich angesammelt im Laufe der Jahre zu meinem Schutz. Zu meinem Schutz? Ich fürchte mich vor den Idioten und habe verfügt, daß nie mehr als der dritte Teil sich in der Stadt aufhält. Die übrigen hausen im Prätorianerlager im Norden von Rom zwischen Via Nomentana und Via Collatina.

Meine Legionen kenne ich nur noch auf dem Papier, nach den Gehaltslisten, die jedem einzelnen nach zwanzig Dienstjahren zwölftausend Sesterzen zugestehen. Sind es fünfundzwanzig Legionen? Sind es weniger? Tiberius wüßte die Antwort, aber ich darf ihn nicht fragen. Die Frage könnte als Schwäche ausgelegt werden: Ein Imperator, der die Anzahl seiner Legionen vergessen hat! Also beginne ich mit steifen Fingern zu zählen: Drei Legionen tragen meinen Namen, eine *Legio Augusta* hat ihr Winterquartier in Oberbritannien, eine in Numidien und eine in Obergermanien. In Phönikien ist die *Gallica* stationiert, die *Cyrenaika* in Arabien. Die *Scythica* bewacht Syrien, die *Macedonia* Dakien. In Unterbritannien steht die *Victrix*, in Judäa die *Ferrata*, in Obermösien die *Claudia*, die zweite *Claudia* in Untermösien, bleiben die *Fulminata*, welche – beim Mars, ich bin nicht sicher – in Kappadokien stationiert ist wie die *Apollinaris*. Beinahe vergaß ich die *Valeria* in Oberbritannien. Drei *Gemina* stehen, aus anderen Legionen rekrutiert, in Oberpannonien, Judäa und Dakien. Bei der Gottheit des Mars, wo sind meine übrigen Legionen?

Ein alter, verfallener Greis wie ich sollte nicht über dieses Imperium gebieten. Warum tötet ihr mich nicht, ihr Tölpel? Wozu tragt ihr die Lanzen, die Schwerter, die Dolche? Zu meinem Schutz? Zu meiner Angst! Angst! Warum tötet ihr mich nicht, ihr Tölpel? Wartet ihr noch auf euren Auftrag? Wo lauert mein Mörder? Hinter welcher Säule verbirgt sich mein Feind? Wer ist mein Feind? Livia, der mein Sterben nicht schnell genug gehen kann? Tiberius?

XXXVII

Schweigen, sagt Aischylos, sei ein gutes Heilkraut gegen das Unglück.

XXXVI

Mit meinen Gesetzen, die der Zahl nach gering sind, von ihren Auswirkungen aber weitreichender als alle bisherigen *leges datae*, habe ich mir viele Feinde geschaffen in den besitzenden Klassen, weil sie deren Vorteile schmälern, und Recht stets die Mitte bilden soll zwischen Vorteil und Nachteil. Ein Volk, das mit Hingabe streitet, ob der Schatten im Mietpreis enthalten sei, den der Esel bei Sonne spendet, bedarf einschneidender Gesetze. Und so erließ ich die *Lex Julia de ambitu*, mit der ich der Amtserschleichung Einhalt gebot, indem jene, die ein Amt mit Geld erkauft hatten, fünf Jahre von der Ausübung jedweden Amtes ausgeschlossen wurden. Dies mehrte die Chancen der Minderbegüterten und schaffte mir die Zuneigung all derer, die bisher das Nachsehen hatten, wo Gold alle Türen öffnete. Noch unbeliebter machte ich mich mit meinen Sittengesetzen *Lex Julia de maritandis ordinibus*, *Lex Julia de adulteriis coercendis* und *Lex Papia Pop-*

paea, weil die Sittenlosigkeit, hervorgerufen durch die Wirren der Bürgerkriege, vor allem in besseren Kreisen Einzug gehalten hatte. Ich legte Junggesellen und unverheirateten Frauen hohe Steuern auf, gewährte andererseits Vergünstigungen bei Eheschließungen und Geburten. Dies schien mir der einzige erfolgversprechende Weg, der erschreckenden Bevölkerungsabnahme unter den römischen Bürgern zu begegnen. Ja, ich ging sogar soweit und erlaubt den Römern kraft Gesetz die Eheschließung mit einer Freigelassenen, und ich erklärte – entgegen dem bisher gültigen Recht – alle Nachkommen aus einer solchen Verbindung für legitime römische Bürger.

Nicht ohne Grund erließ ich die *Lex Papia Poppaea* in dem Jahre, als Marcus Papius Mutilus und Quintus Poppaeus Secundus das Konsulat bekleideten, zwei untadelige Beamte, aber stadtbekannte Lebemänner, vor denen kein Rockzipfel sicher war – unverheiratet natürlich. Sagt nicht die Überlieferung, selbst die unsterblichen Götter seien teils männlichen, teils weiblichen Geschlechtes und hätten bei ihrer Begegnung neue Götter gezeugt nach göttlichem Willen? Römische Konsuln aber trieben Verkehr mit dieser oder jener nach Lust und Laune und gebrauchten gar stinkende Fischblasen, um der Gefahr von Nachkommenschaft aus dem Wege zu gehen, beim Hades. Ein Weib, häuslich, rein, wirtschaftlich und kinderlieb, Trost im Unglück und Pflege im Alter, war ihnen fremd wie der Gedanke an das Fortbestehen des Staates, an Junge, die das Land bebauen, ein Handwerk betreiben, das Meer kreuzen mit reich beladenen Schiffen und schöne Gedanken betreiben und schöne Künste im Frieden, im Kriege aber das Land verteidigen vor seinen Feinden. Eigensucht prägte ihr Verhalten, die Wonne des Bettes, der Umgang mit vielen Frauen, wie er auch meinem Göttlichen Vater nachgesagt wurde.

Zur Durchsetzung der *Lex Papia Poppaea* rief ich das Volk auf das Forum und forderte, Ledige sollten sich von Verheirateten trennen, die *Via sacra* solle die einen von den anderen scheiden, und nicht anders als erwartet übertraf die Menge der Unverheirateten jene der in einer Lebensgemeinschaft Verbundenen und mit Kindern gesegneten bei weitem. Zunächst lobte ich das staatserhaltende Bewußtsein der einen und versprach ihnen Steuererlaß; dann aber wandte ich mich an die hämische Menge auf der anderen Seite der Straße und sagte ihnen etwa folgendes:

»Wie kann ich euch wohl nennen? Männer? Nein, denn ihr vollbringt ja keine Männerpflichten. Bürger? Nein, denn nach euren Taten zu schließen, geht der Staat zugrunde. Römer? Nein, schließlich arbeitet ihr daraufhin, diesen Namen auszulöschen. Was immer ihr demnach zu sein glaubt, ich, *Caesar Augustus Divi Filius*, bin erschüttert, weil, obwohl ich alles tue, um die Zahl der Römer zu erhöhen, ihr weit mehr seid als die anderen – ich wünschte, es wäre umgekehrt. Ihr strebt, ohne euch um die Vorsehung der Götter und die Fürsorge unserer Vorfahren zu kümmern, danach, unser Geschlecht auszurotten, das römische Volk, dem die furchtbarsten Feinde nichts anhaben konnten, zu vernichten. Euer Verhalten ist schlimmer als jenes von

Mördern und Tempelräubern, ihr werdet zu Mördern, wenn ihr Kinder nicht zur Welt kommen laßt, die eure Nachkommen werden sollen, zu Frevlern, wenn ihr dem Namen und der Ehre eurer Vorfahren ein vorzeitiges Ende setzt. Verrat am Vaterland ist es, dieses unfruchtbar zu lassen wie ein verwildertes Feld im fruchtbringenden Campanien. Es sind die Menschen, die ein Volk ausmachen, und das Volk ist es, das eine Stadt ausmacht, nicht die Säulenhallen und Plätze.

O wie grollte Romulus, unser aller Vater, sähe er das sittenlose Verhalten seiner Nachkommenschaft. Wie zürnte Marcus Curtius; er, der sich bewaffnet und mit dem Mut des Kriegers in einen tiefen Spalt stürzte, der sich auf dem Forum aufgetan hatte. Der gefährliche Spalt, so hatte das Orakel verheißen, werde sich nicht eher schließen, bis Roms höchstes Gut geopfert werde. Curtius' Tapferkeit hatte Erfolg, denn über ihm stürzte die Erde zusammen, und der Erdspalt verschwand. Und Hersilia, die geraubte Sabinerin, würde sie nicht Tränen der Trauer vergießen, weil sie aus freien Stücken in Rom zurückblieb, jener Stadt, die heute vom Aussterben bedroht ist? Unsere Väter haben noch mit den Sabinern um ihre Frauen gekämpft und nicht eher Frieden geschlossen, als Frauen und Kinder darum baten. Ihr aber lebt ohne Partner des anderen Geschlechts wie Vestalische Jungfrauen. Dann aber, ihr nichtsnutzigen Römer, soll euch die gleiche Strafe treffen wie jene, wenn sie unzüchtige Handlungen begehen mit einem andern: Man soll euch einmauern bei lebendigem Leibe!«

»Eurer Geilheit und Zuchtlosigkeit«, so etwa sagte

ich, »frönt ihr heute mit dieser, morgen mit jener, denn euer Vergnügen besteht keineswegs im Alleinsein, im Gegenteil, ihr schlagt Kerben in die Stämme der Bäume, eine für jede Buhle, und der Rinde entblößt sterben die Bäume. Habt ihr noch nicht bemerkt, ihr Marcier, Fabier, Quintier, Valerier und Julier – auch euch nehme ich nicht aus –, daß auch ihr dabei absterbt? Daß Rom überfremdet ist von Ausländern, Freigelassenen und Sklaven? Daß man, nach dem Vorbild des Philosophen, zur Laterne greifen muß, um einen wahren Römer zu finden? Glaubt ihr, Menschen würden aus der Erde wachsen, um euer Besitztum und öffentliche Aufgaben zu übernehmen, wie uns die Mythenschreiber blumig erzählen? Dabei waren die Sittengesetze in Rom nie freizügiger als heute. Das Gesetz erlaubt euch nicht nur die Heirat einer Freigelassenen, es gestattet sogar, sich mit einem Mädchen zu verloben, das noch nicht einmal zwölf Jahre und damit noch nicht einmal mannbar ist, und in beiden Fällen versprechen euch die Gesetze niedrigere Steuern.«

So etwa sagte ich: »Ihr nennt mich Vater des Vaterlandes, das klingt wie ein Hohn, solange ihr nicht selbst an diesem Namen teilhabt. Wenn ihr mich liebt und wenn ihr mir diesen Titel nicht aus Schmeichelei verliehen habt, sondern mir zur Ehre, so strebt danach, Männer und Väter zu werden.«

Ich zweifle, ob die Kraft meiner Worte ausreichte. Sittenlosigkeit erniedrigt den Menschen so sehr, daß er sie am Ende zu lieben beginnt. Und mir scheint, es sind die Gesetze, welche die Sittenlosigkeit erst interessant machen.

XXXV

Zum Henker mit jenem, der das Gold in der Erde entdeckte, sei es Prometheus gewesen oder ein anderer, es bringt nur Unglück. Einst war Ägypten das goldreichste Land der Erde, so reich, daß die Ägypter sogar ihre Toten mit Gold bedeckten; Ägypten versank, heute übertrifft kein Volk die Römer an Schätzen, und jeder Freigelassene trägt die *coticula* in der Tasche, um unbeobachtet das Geschirr seines Gastgebers zu prüfen. Sie hängen Gold an ihre Körper, sie schlagen es an Decken, Wände und Betten, ja sie fressen und saufen es gemahlen wie Gerste, weil sie glauben, auf diese Weise das ewige Leben zu finden.

»Jetzt fürwahr ist die goldene Zeit; denn die größte Ehre zollt man dem Golde, um Gold steht auch die Liebe zum Kauf.« Der Verbannte von Tomis fand diese spöttischen Worte, und ich kann nicht umhin, sie zu loben. Warum, beim Jupiter, benimmt die Welt sich wie rasend beim Anblick des Goldes, warum, beim Jupiter, erkennt keiner den Fluch, der an ihm haftet? Nennt mir einen, der im Umgang mit dem Golde glücklich geworden ist, einen einzigen! Etwa Kroisos, den Lyder, dem der Paktolos-Fluß so viel Gold anschwemmte, daß er darin baden konnte? Er lebte im Überfluß, puderte Füße und Haupthaar mit Goldstaub, gewiß, doch er starb von der Hand seines Erzfeindes Kyros, das Lyderreich ging zugrunde. Etwa Philipp, der Makedonenkönig, der Vater des großen Alexander? Er pflegte auf einem goldenen Becher zu schlafen, den er unter sein Kissen legte. Philipp wurde während seiner Kriegsvorbereitungen ermordet. Etwa Kleopatra, die Ägypterkönigin, deren Palast überquoll von blinkendem Golde? Ihr kennt das schmachvolle Ende. Divus Julius etwa, der Zehntausende Goldbarren hortete? Schweigen wir über seinen grausamen Tod. Vielleicht gar Marcus Antonius, der sich weigerte, aus anderen als aus goldenen Gefäßen zu trinken und in andere als goldene zu urinieren? Auch er gab sich selbst den Tod.

Nun fordern die Römer Gold-Tribut von den Provinzen, und ich weiß keinen Rat, dies zu verhindern. Jahrhunderte wurde mit Silber bezahlt, selbst das besiegte Karthago mußte mit Silber bezahlten, 800 000 Pfunde, 16 000 Pfund jährlich auf 50 Jahre verteilt. So blieben wir Sieger nach dem Willen der Götter. Doch nun, da die Steuern der Ägypter und Asiaten, Bithynier und Hispanier in Gold entrichtet werden sollen, bange ich um den Fortbestand unseres Volkes. Nicht eher werden die Römer ruhen, bis die Appische Straße zu ihren Gräbern mit goldenen Steinen gepflastert ist.

Gold! Ich verstehe den Wahn nicht, nicht die Anbetung, die dem dunklen Metall entgegengebracht wird. Silber ist heller, dem Tageslicht ähnlicher, und in der Schlacht reicht sein Glanz weiter als jener des Goldes, und doch ist es den Menschen weniger kostbar. Wem, beim Hercules, gebührt der fragwürdige Ruhm, zum ersten Mal Münzen aus Gold geprägt zu haben? Ich schäme mich für jeden Aureus, auch wenn er mein Bild trägt. Prägt ein Schwein darauf oder einen Hahn, wie es unter König Servius Tullius Brauch war in den Anfängen Roms, den Gegenwert eines Kleinviehs (*pecus*), woher das Geld seinen Namen hat. Warum muß es der Kopf des Caesars sein, beim Jupiter, mein kahler, knochiger, kantiger, ausgemergelter Schädel mit tiefen, unsichtbaren Augen und einem Mund wie ein Strich? Prägt den doppelköpfigen Janus auf euer Geld, und erspart mir diesen Betrug, denn nichts anderes ist dieses Geld. Ja, damals, vor dem ersten Punischen Krieg – Quintus Ogulnius und Gaius Fabius waren die Konsuln –, als die ersten Silbermünzen im Umlauf waren (man schrieb das Jahr 484 *ab urbe condita*), damals trug eine Münze noch den Wert ihrer Beschriftung, egal ob Bronze oder Silber; aber dann kam der Krieg, der Staat konnte die hohen Kosten nicht mehr begleichen, und jene, denen der Staat für ein Jahr in die Hände gelegt war, betrogen das Volk zugunsten des Staates, als ob das Volk für den Staat, und nicht der Staat für das Volk da wäre. Sie schlugen Münzen zum sechsten Teil ihres Gewichtes, und mit der Differenz wurden die Schulden bezahlt. Beim Mercurius, dem göttlichen Spitzbuben, an diesem Verfahren hat sich seither nichts geändert. Geld ist Betrug. Und Betrug gebiert immer neues Unrecht. Kann man Septumuleius verurteilen, weil er dem abgeschnittenen Kopf des Gaius Sempronius Gracchus Blei in den Mund goß, bevor er ihn dem Münzmeister Lucius Opimius überbrachte? Der Kopf des Gracchen sollte dem Überbringer mit Gold aufgewogen werden. Nichts anderes ist heute das Geld: ein wertvoll scheinender Kopf mit Blei beschwert. Aus diesem Grunde verachten die Römer das Geld, und aus demselben Grunde verehren sie das Gold wie ein göttliches Wesen.

In goldenen Schuhen stolzieren Huren durch die Straßen, und der Abdruck ihrer Sohlen im Staub hinterläßt ihren Namen. Sind sie deshalb glücklich zu nennen? Prasser belegen die Speisen mit Blattgold und geben dem Braten kostbareres Aussehen. Eine Sau bleibt eine Sau, auch wenn sie in Gold eingehüllt ist. Und das gleiche gilt für Senatoren und ihre geltungsbedürftigen Matronen. Sie tragen Kleider, mit Goldfäden durchwirkt, und manche tragen schwer an dieser Last. Der Purpursaum genügt ihnen nicht, es muß Gold sein. Fürwahr eine goldene Zeit!

In späteren Jahren, so es diese noch gibt, werden die Menschen vom Goldrausch unseres Jahrhunderts sprechen, einer Zeit, die den Aureus wie einen Gott verehrte. Dabei haben die Götter der öffentlichen Prunksucht eine natürliche Grenze gesetzt, indem sie dem Gold so viel Gewicht gaben, daß es am schwersten wiegt von allen Metallen. Das Gesetz erlaubt nur Senatoren und Männern von Adel, goldene Ringe zu tragen am Finger, der dem kleinsten am nächsten ist, und dies seit den Tagen unserer Vorväter. So sehen wir es an den Statuen des Numa Pompilius und des Servius Tullius. Unsere Väter trugen den Ring am Finger, der dem Daumen am nächsten ist und nach römischem Brauch Gesundheitsfinger genannt wird, und als ich noch jung war, diente der kleinste Finger dem Ring. In Gallien aber und in Britannien, wo alles anders ist und wider die Natur, sahen unsere Soldaten den beringten Mittelfinger dieser Leute, und sie brachten die Unsitte nach Rom. Fazit: Heute begegnest du auf dem Forum durchaus ehrenwerten Männern, die an jedem ihrer zehn Finger einen Ring tragen, um damit Wohlstand und Glück zu demonstrieren, das ihnen die Götter angedeihen ließen, als wäre Fortuna käuflich.

Dabei hat Herodot ein beredtes Beispiel gegeben, daß ein Ring aus Gold keineswegs Glück bedeutet, sondern nur das Schicksal, das die Götter jedem einzelnen zuerkannt haben. Herodot erzählt von Polykrates, dem Sohn des Aiakes, der über Samos herrschte und viele Inseln und Küstenstädte Kleinasiens und der berühmt war in Jonien und im übrigen Griechenland, weil alles, was er in Angriff nahm, glücklich vonstatten ging. König Amasis von Ägypten, mit dem ihn enge Freundschaft verband, warnte Polykrates vor dem Neid der Götter und riet dem Tyrannen, die Unsterblichen zu besänftigen nach Vätersitte, indem er das Wertvollste, das, über dessen Verlust er am meisten Schmerz empfinden würde, wegwerfe, auf daß es nie mehr zu den Menschen kommen könne.

Polykrates dachte nach, er erkannte den guten Rat des Freundes und wählte unter seinen Kleinodien einen goldenen Ring, prächtig glänzend mit einem Stein von Smaragd, ein Werk des Samiers Theodoros, Sohn des Telekles, und er beschloß, sich von diesem Ring zu trennen. Ein Fünfzigruderer trug den glückhaften Tyrannen hinaus auf die See. Dort zog er den kostbaren Schmuck vom Finger und schleuderte ihn ins Meer. Zu Hause in seinem Palast fühlte Polykrates sich unglücklich, doch er glaubte, er habe den Göttern Genüge getan.

Keine sechs Tage waren vergangen, da brachte ein Fischer Polykrates einen Fisch von seltener Größe, nie habe er einen stolzeren Fang getan, des Königs und seiner Herrschaft würdig. Zum Dank lud der König den Fischer zum Mahle, doch als die Köche den riesigen Fisch ausnahmen, entdeckten sie im Magen des Fisches den Ring des Tyrannen. Da wandten sich alle Freunde ab von Polykrates, weil, wie sie sagten, so viel Glück im Leben eines einzigen Menschen furchterregend und unheimlich sei. Und in der Tat ist vor seinem Ende ein gesunder Bettler glücklicher zu preisen als ein kranker König.

So starb der glücklichste unter den Tyrannen qualvoll wie ein Löwe im Circus und würdelos wie ein numidischer Sklave, weil er sein Glück mit Hilfe des Goldes noch zu steigern trachtete. Oroites, ein persischer Satrap, dem der König von Samos verhaßt war, versprach Polykrates die Hälfte seines Goldschatzes, wenn er ihn gegen den persischen Großkönig schütze, er solle seinen Treuesten schicken, ihm werde er seine Schätze zeigen. Eilends machte Maiandrios, der Schreiber des Königs von Samos, sich auf den Weg nach Sardes, um die Reichtümer des Bittstellers zu besichtigen. Mit Oroites Reichtum war es jedoch nicht weit her; deshalb füllte der listige Satrap acht Truhen mit Steinen und legte oben auf die Steine alles Gold, das er besaß. Dies sah der Schreiber mit gierigen Augen, und er berichtete seinem Herrn, was er geschaut. Ihn trieb das Gold in asiatisches Land, und er verschmähte die mahnenden Worte der Tochter, die ein düsteres Traumgesicht sah: Polykrates flog durch die Luft wie ein Vogel und wurde von Zeus gebadet, von Helios aber gesalbt.

Kaum hatte der glückliche Samier den Fuß auf asiatischen Boden gesetzt, da traten die Schergen des Persers hervor, durchbohrten ihn mit ihren Lanzen und hingen seine Leiche an gekreuzten Pfählen auf. So fand das Traumgesicht seine Erfüllung: denn bei Regen wurde der tote König von Zeus gebadet, bei Sonne aber strömte Schweiß aus seinem Körper. Das ist das Glück, welches Gold genannt wird.

Ich schrieb dies an den Iden des Quintilis, die mir noch vierunddreißig Tage verheißen.

XXXIV

Viele glauben, Siege seien das Wichtigste im Leben eines Mannes. O nein, Freunde, ich deutete es schon an, es sind die Niederlagen, Niederlagen sind es! Nennt mir einen Sieger, welcher sich ernsthaft Gedanken macht über die Umstände des Sieges, Gaius Julius nicht, mein Göttlicher Vater, und ich gestehe freimütig, auch ich nicht, nein. Siege sind stets das eigene Verdienst, Niederlagen die Schuld der anderen. Zähle ich die Siege meines Lebens, reichen die Finger beider Hände nicht, für meine Niederlagen genügt der Daumen.

An jenem Tag, als ich von der Niederlage des Quintilius Varus erfuhr, überkam mich solcher Schmerz, daß ich mein Haupt gegen den Türpfosten schlug und weinend ausrief: »Varus, Varus, gib mir meine Legionen wieder!« Als die Nachricht vom Raub der Adler und Feldzeichen eintraf (es war der vierte Tag vor den Iden des September unter dem Konsulat des Quintus Sulpicius Camerinus und Gaius Poppaeus Sabinus – nie werde ich diesen Tag vergessen!), da weinte ich wie ein Kind, dem ein Fremder das Lieblingsspielzeug entreißt, ich verweigerte die Nahrung, und monatelang ließ ich Bart und Haupthaar ungeschoren zum Zeichen der Trauer, was, beim Jupiter, nie geschehen war, in über siebzig Jahren. Ich proklamierte den Tag der Schande zum Trauertag, der bis heute begangen wird, schlimmer noch, ich begann damals an meiner Göttlichkeit zu zweifeln und hegte Argwohn gegen Jupiter, ja, ich gestehe, ich zweifelte an seiner Existenz, weil er mich, den Sohn der Götter, im Stich gelassen hatte.

Damals häuften sich die bösen Omen: Der Tempel des Mars wurde vom Blitz getroffen, Heuschrecken überfielen die Stadt, sie machten nicht einmal vor den Menschen halt und fraßen das letzte Grün des dürren Sommers und ließen Pflanzen und Bäume als Skelette zurück. Über den Alpen stiegen feurige Säulen gen Himmel, es schien, als ob der Himmel brannte, und ein Haarstern zog seine Bahn von Norden. Auch die Truppen, die in Germanien lagerten, meldeten düstere Vorzeichen, nie war ihnen ähnliches begegnet: Römische Feldaltäre wurden von Bienenschwärmen mit Waben überzogen bis zur Unkenntlichkeit, ein Standbild der Siegesgöttin, stets dem Feindesland zugewandt, drehte sich und blickte nach Rom, und in die Lager wurden Speere geschleudert von unsichtbarer Hand.

Germanien ist ein unheimliches Land mit Sümpfen

und Wäldern, und seine Bewohner sind unheimliche Menschen. Meine Späher schätzen ihre Zahl auf drei Millionen. Das Volk setzt sich aus vielen Stämmen zusammen, von denen einer wilder ist als der andere und von denen jeder glaubt, über den anderen zu herrschen. Sie selbst bezeichnen sich keineswegs als Germanen, der Name wurde ihnen von den Galliern gegeben. Seit alters her trennt beide Völkerstämme der Rhenus-Fluß. Julius Caesar, mein Göttlicher Vater, lernte seine strudelnden, reißenden Wasser, die in den raetischen Alpen ihren Ursprung haben, kennen, als während des Gallischen Krieges Sueben unter Führung des Ariovist den Fluß überschritten. Es gelang Divus Julius jedoch, die Sueben zurückzuschlagen, ebenso wie drei Jahre später die Usipeter und Tenkterer, doch seither vergeht kein Jahr, in dem nicht an diesem Strom ein neuer Unruheherd entsteht.

Im Vergleich zu uns Römern sind die Germanen Riesen, ihre Weiber vor allem sind größer von Wuchs als alle, denen man auf der Erde begegnet; überhaupt spielen Frauen eine bedeutendere Rolle als bei uns. Priesterinnen versehen den Götterdienst, sie weissagen aus Losorakeln, und ihre Macht erstreckt sich sogar auf die Politik, indem sie den Männern zum Kampfe raten. Die germanischen Stämme verehren Sonne und Mond, vor allem letzteren, weil er bei ihnen häufiger in Erscheinung tritt als die Sonne, und ihr oberster Gott ist Mercurius. Wie ihre gallischen Nachbarn beten sie jedoch auch zu Hercules und Mars, aber nicht an Tempelstätten wie wir, sondern in zugigen Hainen unter freiem Himmel, und darüber hinaus ist Kultur bei ihnen unbekannt. Jeder Stamm kennt drei Stände: Freie, Halbfreie und Knechte, was unserem Adel, den Freigelassenen und Sklaven ähnlich ist. Sonst aber ist der Römer nicht zu vergleichen mit dem Germanen; denn der Germane ist mittellos, kennt keinen Grundbesitz, und er erhält von seinen Oberen alljährlich ein Stück Land zur Ausbeutung zugewiesen. Dort züchtet er Schafe, Ziegen, Rinder, Pferde und Schweine, die ihm Nahrung, Haupteinnahmequelle und Grundlage bescheidenen Wohlstandes sind.

Ihr Verstand ist zu dumm, als daß sie einen Feind fürchteten, und deshalb sind sie den Römern besonders gefährlich. Sie kennen nicht unsere siegreiche Geschichte und wissen nichts von unserem göttlichen Auftrag, denn sie sprechen eine harte, unmelodische Sprache, die keiner versteht, außer ihren Haustieren, und nicht einmal ihre Anführer sind unserer Sprache mächtig. Beim Jupiter, sie sind von einem anderen Stern! Wären sie klug und handelten sie nach der Vernunft und nicht nach dem Augenblick, so wären die Germanen jedem Volk auf der Welt überlegen, sogar den unbezwingbaren Parthern. Es scheint jedoch göttlicher Wille zu sein wider die eigene Vernunft, daß die Germanenstämme sich untereinander Feind sind wie Wölfe in den Steppen Asiens und daß nur jener Stamm sich zum Angriff entschließt, dem der Lebensraum zu eng wird, und daß nur jener sich verteidigt, der angegriffen wird, während die übrigen den Krieg als ein Schauspiel betrachten, das sie nichts angeht.

Ich will mehr berichten von den Germanen am morgigen Tage, ist doch mit jenem Feldzug der Name eines Weibes untrennbar verbunden.

XXXIII

Meine erste Begegnung mit den Germanen liegt lange zurück, Jupiter, beinahe dreißig Jahre, und ging wie durch ein Wunder kampflos vonstatten. Ich erinnere mich wohl, es begab sich unter dem Konsulat des Lucius Domitius und des Publius Scipio; und der Feldzug ist mir vor allem deshalb im Gedächtnis, weil die Umstände höchst ungewöhnlich waren. Zu dieser Zeit pflegte ich mit Terentia, der Gemahlin meines Freundes Maecenas, eine heftige Liebschaft. Maecenas wußte von unserem Verhältnis, er machte mir Vorhaltungen. Ich widersprach ihm nicht. Wie sollte ich? Wenn Leidenschaft die Türe öffnet, springt die Vernunft aus dem Fenster. Welch ein Weib, diese Terentia! Augen wie Feuer, gelockt wie ein Schaf, Brüste wie der ausladende Bug einer Triere und Beine wie zwei jonische Säulen aus parischem Marmor – Venus konnte nicht anmutiger sein. Ihr Gang glich dem Tänzeln eines edlen Pferdes und erregte mich, sooft sie mir nahekam. Irgendwie ähnelte sie Atia, meiner Mutter, in ihrer Sanftmut und Sinnlichkeit, und dies war wohl der Grund für meine blinde Leidenschaft, die mich das Vorrecht des Freundes vergessen ließ.

»Was forderst du für Terentia?« bestürmte ich Maecenas, den Freund, bei einem unserer abendlichen Gelage zur Winterzeit.

Maecenas knallte den Becher mit rotem Raetier, den ich nicht unbedacht *more Graeco* hatte servieren lassen, auf den Tisch und rief: »Terentia ist keine Hure, die man kaufen kann, Caesar, Terentia ist meine Gemahlin!«

»Gewiß, Freund Maecenas«, wandte ich ein, »du mißverstehst mich, ich rede nicht von Geld. Nie würde ich wagen, dir klingende Münze anzubieten für deine Frau, aber du könntest mir, dem Freund, diesen einen Gefallen tun und mir Terentia für die Dauer meiner Leidenschaft überlassen. Ich meine, auch Livia ist eine schöne Frau, und sie würde es sicher verstehen, dich während dieser Zeit zu trösten!«

»Caesar!« Maecenas gab sich entrüstet (vielleicht war er es sogar) und schalt mich mit kräftigen Worten: »Kaum ist ein Jahr vergangen, seit du einschneidende Ehegesetze erlassen hast, die dir den Ruf der Prüderie und Unaufrichtigkeit einbrachten. Ich habe dich stets gegen alle Vorwürfe verteidigt und beteuert, daß weder das eine noch das andere zutreffe und du nur in Sorge um die *res publica* gehandelt hättest. Wie soll ich deinen Kritikern begegnen, wenn du ihnen den Beweis in die Hand gibst?«

»Es braucht niemand zu erfahren!« entgegnete ich, »die Angelegenheit soll ein Geheimnis bleiben zwischen uns!«

»Ein Geheimnis! Daß ich nicht lache!« rief Maecenas erregt, »nenne mir ein Geheimnis, das in Rom ein solches geblieben ist! Je geheimer eine Angelegenheit behandelt wird, desto mehr Mitwisser hat sie, weil ein jeder unter dem Siegel der Verschwiegenheit dem anderen Mitteilung macht, und dieser dem nächsten. Glaube mir, Caesar, ich würde dir Terentia gönnen, aber das Gerücht, *Caesar Divi Filius*, der strenge Gesetzgeber, schlafe mit der Gemahlin seines Freundes Maecenas, würde schneller durch die Straßen eilen als der Schwalbenwind um die Kalenden des Maius. Ja, wenn es nicht Rom wäre, sondern das asiatische Ephesus, das spanische Corduba oder das gallische Alesia; aber ausgerechnet hier in Rom?«

Ob es der raetische Wein war, der mich beflügelte, oder der Gedanke, Terentia zu besitzen, vermag ich nicht mehr zu sagen: Ich sprang auf, faßte die Arme des Freundes und rief: »So nehme ich dich beim Wort. Schon morgen will ich in die gallische Provinz aufbrechen. Terentia möge mir folgen auf anderem Wege. So kann niemand Argwohn schöpfen!«

Und noch ehe Maecenas irgendeinen Einwand vorbringen konnte, küßte ich ihn und dankte ihm mit Tränen der Rührung. In der Nacht rief ich Tiberius und erklärte ihm, ich sei nicht länger gewillt, die Einfälle germanischer Stämme in italisches Land hinzunehmen, und die Niederlage des Marcus Lollius gegen Usipeter, Sugambrer und Tenkterer, die den Rhein überschritten hatten, müsse getilgt werden.

Tiberius bewunderte meinen Tatendrang, nicht minder aber den Mut, die Hauptstadt des Reiches ohne Führer zurückzulassen zu einer Zeit, da aufgrund der strengen Sittengesetze Unruhen an der Tagesordnung seien und geheime Verschwörer ihr Unwesen trieben. Betört von Terentias Reizen ließ ich mich nicht abbringen durch solche Reden, und um meiner Pflicht als Caesar genüge zu tun, ernannte ich Titus Statilius Taurus, einen verläßlichen Beamten, zum *praefectus urbi* –

Agrippa, dem diese Aufgabe zuallererst zugekommen wäre, befand sich in militärischer Mission in Syrien.

Nüchtern betrachtet handelte ich damals leichtsinnig wie kein zweites Mal in meinem Leben und entgegen meinem Grundsatz: Besser ein bedächtiger als ein kühner Feldhauptmann! Aber Terentia gebührt der Ruhm, mich verhext zu haben wie Kirke Ulixes und seine Gefährten. Denn ich ließ nicht nur die Fakten außer acht (wegen der Verschwörungen wurden sogar Todesurteile ausgesprochen), ich ignorierte auch das Vorzeichen, welches die Priester als unglückverheißend deuteten: In der Nacht vor meiner Abreise nach Gallien hetzte ein Wolf über die Heilige Straße zum Forum und richtete unter den Römern ein Blutbad an. Aber damals hätte ich mein Leben gegeben, um wenigstens für kurze Zeit Terentia zu besitzen. Wen die Götter verderben wollen, dem rauben sie den Verstand: Das Abenteuer mit Terentia dauerte zwei Jahre. Es war eine glückliche Zeit, in jeder Beziehung. Ich siegte kampflos. Terentia war mir zu Willen; die germanischen Stämme, deren Wildheit unberechenbar ist wie der Atlantische Ozean, zogen sich in die Wälder zurück, woher sie gekommen waren. Die Götter standen auf meiner Seite.

Sugambrer, Usipeter und Tenkterer, die allesamt rechts des Rheines hausen, hatten im Übermut einige römische Soldaten überfallen, verschleppt und gekreuzigt, und obwohl ich in Eilmärschen gegen sie vorging, bekamen wir nirgends den Feind zu Gesicht. Es war zu gefährlich, den Wilden in ihre Wälder zu folgen, deren Schluchten und Saumpfade nur ihnen bekannt sind. In diesem unwegsamen Gelände melden Späher jede Bewegung des Gegners, während dieser in den dunklen Wäldern die Orientierung verliert. Ihre Späher setzten die Germanen wohl auch vom Aufmarsch zweier Legionen in Kenntnis. Sie fürchteten vor allem die römische Reiterei, denn das Pferd als Reittier ist ihnen in gleicher Weise unbekannt wie den Römern der Elefant vor den Punischen Kriegen. Unaufgefordert schickten sie daher Friedensstifter, ja, sie stellten freiwillig Geiseln, und so stimmte ich einem Friedensschluß zu, vor allem, um mehr Zeit für Terentia zu haben, ihre trierenhaften Brüste und ihre jonischen Beine.

Ich muß gestehen, daß ich unter dem Einfluß der sinnlichen Frau eine Gelegenheit verstreichen ließ, die sich kein zweites Mal bot. Hätte ich damals weniger das Wohl meines *priapus* im Sinne gehabt als jenes der *res publica* und hätte ich, mit Tiberius an der Spitze, das Germanenpack zum Kampfe gefordert, ich glaube, der Sieg wäre uns nicht zu nehmen gewesen, wir hätten Ruhe gehabt vor den ständigen Einfällen, und den Römern wäre die spätere Demütigung in den rechtsrheinischen Wäldern erspart geblieben. Aber der Reihe nach.

Während meines Aufenthaltes in Gallien beauftragte ich meine Stiefsöhne Tiberius und Drusus mit der Eroberung Raetiens und Vindeliciens. Sie drangen auf getrennten Wegen über die Alpen vor und stießen bei den dumpfen Bergvölkern auf keine nennenswerte Gegenwehr, so daß es genügte, die neugewonnene Provinz einem Centurio zu unterstellen. Meinen geliebten

Drusus, er war gerade 25 Jahre und berechtigte zu größten Hoffnungen, machte ich zum Statthalter aller drei gallischen Provinzen.

Weil aber immer wieder germanische Angriffe aufflammten, bat mein jugendlicher Stiefsohn um die Erlaubnis zum Kampf gegen die nordischen Horden. Ich willigte ein. Drusus marschierte gegen die Sugambrer, setzte bei der Bataverinsel zum Land der Usipeter über und fuhr rheinabwärts bis zum Ozean. Dabei unterwarf er die Friesen, die rote Bärte tragen und blonde Haare, und drang in das Chaukenland ein, wobei seine Schiffe durch die Ebbe des Ozeans auf dem Trockenen liegenblieben, bis die Flut aufs neue einsetzte.

Unter seinem Konsulat, das er mit Titus Crispinus bekleidete, zog Drusus ein zweites Mal gegen Germanien, um Chatten, Sueben und Markomannen zu besiegen und das Land der Cherusker bis zur Elbe, einem Strom, der aus dem Vandalengebirge fließt, zu vernichten. Der Versuch, die Elbe zu überqueren, mißlang, und auf dem Rückzug trat ihm ein germanisches Weib von übermenschlicher Größe entgegen und sprach: »Wohin willst du, unersättlicher Drusus? Dir ist es nicht vergönnt, alle diese Länder zu schauen. Kehre um, denn das Ende deiner Taten naht!« Dann verschwand das Weib hinter Bäumen und wurde nicht mehr erkannt. Drusus strebte zurück an den Rhein, den er von Süden bis Norden mit Befestigungen und Kastellen bewehrt hatte, und auf diesem Weg geschah das Unfaßbare: Nero Claudius Drusus, der verwegene Feldherr, stürzte vom Pferd und starb, während Wölfe heulend sein Lager umkreisten.

Ich habe Drusus geliebt wie meinen leibhaftigen Sohn und ich ließ seine Leiche von Centurionen und Kriegstribunen und von den vornehmsten Männern der Städte nach Rom tragen. Zusammen mit Tiberius hielt ich ihm die Leichenrede; bestattet wurde er in meinem Grabmal. Für seine Verdienste als Feldherr aber verlieh ich ihm postum den Namen Germanicus.

Ich weine, und meine Trauer ist grenzenlos, weil die Parzen so grausam sind zu den Menschen und nicht auf das Alter sehen und die Eignung und Lachesis herrisch bestimmt über jedes einzelne Schicksal. Neunundzwanzig Jahre zählte Drusus, als Morta seinen Lebensfaden abschnitt, gnadenlos, während er dem Höhepunkt seines Lebens zustrebte. Und hier sitzt ein sechsundsiebzigjähriger Greis mit triefenden Augen, die ihm den Dienst versagen, halb steif in den Gliedern, ängstlich nach der Türe blickend und bebend bei jedem Geräusch ...

XXXII

Warum ich so plötzlich endete am gestrigen Abend: In meinem Schmerz über Drusus preßte ich die Feder über Gebühr auf das Pergament, daß der Panzer aus Horn, der meinem unbeweglichen Gesundheitsfinger Stärke verleiht, knickte wie ein Schilfrohr im Wind. Mit einer neuen Spange vom Horn eines Büffels aus dem

Süden der gallischen Provinz versuche ich nun meine Schrift zu lenken und den Bericht forzusetzen über die germanische Niederlage.

Der rechtsrheinische Osten kam nie zur Ruhe; denn kaum hatten wir einen Barbarenstamm befriedet, erhob sich ein anderer von neuem, und im ständigen Kampf gegen geordnete römische Kohorten lernten sie von Mal zu Mal Kriegshandwerk und Taktik besser kennen. Ich warnte Tiberius, der nun allein unsere Sache in Germanien vertrat, eines Tages würden uns die Barbaren mit unseren eigenen Methoden schlagen.

Maroboduus, der König des Markomannenstammes, war von Drusus gezwungen worden, mit seinem Volk vom Main-Fluß nach Osten zu ziehen, und hatte dort eine Reihe germanischer Stämme um sich geschart, die er zu einem Heer von siebzigtausend Mann und viertausend Reitern formierte. Von Alter und Krankheit gezeichnet wie ein grauhaariger Wolf drängte ich Tiberius, einem Angriff des Maroboduus zuvorzukommen; aber während des Angriffs erreichte Tiberius die Nachricht vom Aufstand der Pannonier, er machte kehrt und warf seine zwölf Legionen nach Süden in jene Provinz, die erst wenige Jahre zuvor erobert worden war. Der Markomanne nutzte die günstige militärische Lage nicht und schloß mit uns Frieden; ich habe dieses Entgegenkommen bis heute in dankbarer Erinnerung. Maroboduus, der Germane, ist ein Freund der Römer. Er lehnte es sogar ab, gegen uns zu Felde zu ziehen, als der Cherusker Arminius Unterstützung forderte.

Dieser Arminius ist ein erschreckendes Beispiel, wie

die Germanen allmählich von der Kriegskunst der Römer profitierten. Tiberius hatte den Neunjährigen nach Rom gebracht und, weil er von besonderer Schlauheit zu sein schien, ausbilden lassen nach römischer Sitte. Schon mit einundzwanzig Jahren erhob er den Fremdling in den Rang eines Tribuns und beauftragte ihn mit der Führung germanischer Hilfstruppen. Doch ein Germane bleibt im Herzen ein Germane, wie ein Römer Römer bleibt in seinem Herzen, selbst wenn er, so wie Arminius, das römische Bürgerrecht innehat. Als nämlich Quintilius Varus, der Statthalter der Provinz Germanien, im Barbarenland römisches Recht einführte und die Germanenstämme mit den üblichen Steuern belegte, da schlug sich Arminius auf die Seite unserer Feinde, aus deren Mitte er einst gekommen war, und suchte Unterstützung bei den übrigen Stammesfürsten.

Der Plan, den Arminius gegen die Römer in Szene setzte, war genial und eines römischen Feldherrn würdig. Bevor der Cherusker sich als Feind zu erkennen gab, zettelte er Aufstände unter den an der Ostgrenze siedelnden Barbarenstämmen an, Varus jedoch wähnte sich auf dem Marsch dorthin in befreundetem Gebiet. Zunächst gaben ihm die Verschworenen sogar das Geleit, zogen sich aber in der Mitte des Weges zurück, um, wie sie sagten, verbündete Kontingente zu sammeln. In Wirklichkeit aber standen die Truppen schon in feindlicher Absicht bereit.

Ein römischer Soldat fürchtet nichts mehr als die Wälder Germaniens. Nicht der Wüstensand von Carthago, nicht die kretischen Schluchten, nicht die

Sümpfe am Nil oder die wogenden Fluten zwischen Scylla und Charybdis jagen dem *miles* solche Furcht ein wie das finstere Dickicht in diesem gottverlassenen Barbarenland. Zu allem Unglück folgte dem heißen Sommer ein plötzlicher Herbsteinbruch, Nebel hüllten die Wälder ein, Sturm und Regen fegten über das Land, und die römischen Legionäre hatten Mühe, sich auf dem schlammigen Boden und den Wurzeln, die ihre Wege kreuzten, auf den Beinen zu halten. Vom Sturm wurden knorrige Laubbäume aus der Erde gerissen, Baumkronen brachen und begruben unter sich treugediente Soldaten.

Vier Tage wütete das Unwetter in Germaniens Wäldern, da wurde in der allgemeinen Mutlosigkeit bekannt, barbarische Stämme unter Führung des Cheruskers Arminius hätten die Römer mit erhobenen Waffen von allen Seiten umzingelt. Weil aber Kälte die Glieder der Soldaten lähmte, vermochte nicht einer seine Pfeile und Wurfspieße zu gebrauchen, ja selbst ihre Schilde, mit denen sie sich hätten schützen können, waren durch den Regen unbrauchbar geworden, weil sich die Felle vollgesogen hatten mit Wasser zu doppeltem Gewicht. In ihrer Verzweiflung verbrannten die Römer ihre Wagen, damit, so sie, was zu erwarten war, dem Feind in die Hände fielen, dieser keinen Vorteil daraus ziehen könne.

Den Germanen sind derartige Witterungsverhältnisse ebensowenig fremd wie die an Hinterhalten reiche Landschaft. Sie trieben das römische Heer in den Wäldern zusammen, und vor jeder Orientierung, die ihnen vielleicht einen Fluchtweg ermöglicht hätte, wurden Reiter und Fußvolk Schulter an Schulter niedergemetzelt wie afrikanische Sklaven.

Quintilius Varus erkannte als erster, daß die Schlacht für die Römer verloren war, und ohne zu zögern stürzte er sich in das eigene Schwert. Alle Offiziere folgten seinem Beispiel, und als die letzten kämpfenden Soldaten davon hörten, rannten sie blind in die Waffen der Germanen; sie wußten, daß an Flucht nicht zu denken war. An diesem vierten Tag vor den Iden des September unter dem Konsulat des Quintus Sulpicius Camerius und des Gaius Poppaeus Salinus verlor ich drei Legionen bis auf den letzten Mann. O Varus, Varus, gib mir meine Legionen wieder!

Wild und grausam, wie der Charakter der germanischen Stämme ist, gingen die Barbaren mit dem Leichnam des Quintilius Varus um. Arminius schnitt ihm den Kopf ab, sandte das Haupt dem Markomannenkönig zur Ansicht und forderte im Anblick des blutigen Hauptes, Maroboduus möge mit ihm gegen Moguntiacum ziehen, wo die römische Rheinarmee lagerte. Der Haß des Cheruskers gegen das Lager Moguntiacum lag darin begründet, daß Drusus von dort alle Germanenfeldzüge unternommen hatte. Maroboduus aber lehnte ab. Ich glaube, die Götter Roms haben ihn dazu bewogen; denn der Abfall der Provinz hing damals am seidenen Faden; aber Jupiter war stärker als der kriegerische Odin, von dem gesagt wird, er sei der schlaueste unter den Göttern Germaniens, grübelnd von morgens bis in die tiefe Nacht.

Diesem Grübler wird die Erfindung der Runen zugeschrieben – so nennt man die unverständlichen germanischen Schriftzeichen – sowie der Wissenschaft, Dichtkunst und Weissagung. Hoch war der Preis, den Odin für seine Weisheit zu zahlen hatte: Um eines Schluckes willen aus der Quelle des Riesen Mimir gelangte jener zwar zu höchster Erkenntnis, mußte aber dafür ein Auge lassen. Zwar hinderte ihn der halbierte Blick allenthalben, doch fand er Ersatz durch allerlei wundersames Getier wie Hugin und Munin, zwei Raben, die ihm alle Nachrichten überbrachten aus dem ganzen Erdenrund, und Sleipnir, ein achtfüßiger Rappe, verlieh dem Asen – so nennt das Barbarenvolk seine Götter – die größte Schnelligkeit von allen.

Mit Vorliebe sät Odin Feindschaft unter den Menschen, und Kriege sind seine liebste Beschäftigung. Das mag die germanische Kampflust erklären. Doch darüber hinaus behaupten sie, nur der finde Zugang zu den fünfhundertvierzig Türen des Hades, der die Waffe gebrauchend auf dem Schlachtfeld sein Leben lasse.

Diese Feindschaft unter den Menschen macht auch vor dem eigenen Lager nicht halt, nicht einmal vor der eigenen Familie. Im cheruskischen Stamm erhob sich Segestes gegen den siegreichen Arminius, er legte ihn in Ketten, mußte aber seinerseits wenig später Ketten tragen. Der Feindschaft der beiden Cherusker liegen private Ursachen zugrunde. Segestes ist Vater eines Sohnes und einer Tochter, und beide sind, im Gegensatz zu ihrem Vater, den Römern feind: Segimundus, vom Vater Segestes im frommen Glauben der Römer erzogen und in Ehren zum Priester am Altar der Ubier geweiht, zerriß nach der römischen Niederlage seine Priesterbinde und lief zu den Rebellen über. Thusnelda ließ sich, vom Vater mit einem rechtschaffenden Manne verlobt, von Arminius entführen und teilt seither bereitwillig das Lager. Segestes aber ist uns ein treuer Freund. Jupiter stehe ihm bei.

Ich, Polybius, Freigelassener des Göttlichen Augustus und des Schreibens kundig, lese mit gemischten Gefühlen, wie der Caesar über das Germanenvolk denkt. Meine Vorfahren stammen aus Germanien. Zwar bin ich selbst ein Libertinus und damit ein Römer, aber Freigelassene sind immer Römer zweiter Klasse, und das Blut in meinen Adern ist zweifellos germanischer Herkunft. Ich habe dieses Land nie gesehen und verstünde auch nicht die Sprache seiner Bewohner, dennoch geht mir das Schicksal dieses Landes nahe. Warum und mit welchem Recht behandeln die Römer alle Menschen, die anders sind als sie selbst, wie Idioten?

XXXI

Ich bin in Sorge um die Zukunft des Reiches an seinen nördlichen Grenzen, denn die Germanen sind kein Gegner, den es zu besiegen gilt, sie sind ein Volk von vielen Feinden und führen heute diesen, morgen jenen Plan im Schilde. Kaum hast du über einen die Oberhand gewonnen, ersteht dir schon ein neuer Gegner, und die Römer stehen den Germanen gegenüber wie Hercules der lernaiischen Schlange, dem neunköpfigen Ungeheuer, dessen Köpfe der Recke vergeblich zerschmetterte, weil ein jeder sofort nachwuchs. Hercules löste seine Aufgabe, indem er die Keule fortwarf und statt dessen mit brennender Fackel kämpfte und die aufkeimenden Häupter ausbrannte. Wie aber, sinne ich, wenn ich keinen Schlaf finde, sind die Germanen auszubrennen?

Ein Mann in meinem Alter schätzt eher die weichen Kissen des Bettes als das harte Leder des Sattels, und deshalb habe ich Tiberius und Drusus' Sohn Germanicus mit der germanischen Sache beauftragt. Germanicus ist, mehr als Tiberius, ein Mann nach meinem Herzen: Er ist entschlossen und mutig und bringt mir die Treue entgegen, die schon seinem leiblichen Vater Drusus zu eigen war. Und da er noch Kinderlocken trug, als Drusus so plötzlich verstarb, zwang ich Tiberius, das Kind zu adoptieren, bevor ich Tiberius selbst an Kindes Statt annahm. Heute zählt Germanicus neunundzwanzig Jahre, ein Alter, in dem ich schon die höchsten Ämter des Staates innehatte und mit Antonius um den Prinzipat rang: Ihn würde ich lieber als meinen Nachfolger erkennen als Tiberius, dessen Charakterbild schwankt wie ein blühender Grashalm – nicht zu reden von seinen sechsundfünfzig Lebensjahren. Schon heute schallt es ihm auf den Straßen entgegen: *»Ave, senex Imperator!«*, ein Gruß, den noch nicht einmal ich vernommen habe.

Ich glaube, das Volk zählt auch nicht seine Lebensjahre, Tiberius war schon als Jüngling vergreist in dem Sinn, daß es ihm stets an Entschlußkraft fehlte. Männer wie Tiberius sind ideale Befehlsempfänger, prädestiniert für ein nachgeordnetes Amt, und ich kann keine Klage führen über seine Leistungen, weil er stets ausführte, was ich ihm auftrug; ich, *Caesar Divi Filius*. Doch frage ich mich, je näher ich dem Ende komme, was wohl geschieht, wenn meine Befehle ausbleiben und Tiberius gezwungen ist, Eigeninitiative zu ergreifen. Soll dann Germanicus, vom Typ her ein Macher mit schnellen Gedanken, dem Vater befehlen? Wie leicht schlägt die Knechtschaft eines Lebens um in rachsüchtige Willkür! Auch Spartacus war ein aufrechter Fechtmeister, bevor er die Sklaven aufwiegelte und gegen unser Volk loszog.

Weil er keines forderte, mußte ich Tiberius in alle Ämter drängen, ich habe ihm Frauen ins Bett gelegt, von denen ich annahm, sie würden ihm guttun (wobei er nicht einmal vor Julia zurückschreckte, diesem Drachen!), ich habe ihn in die Gesellschaft von Dichtern und Philosophen eingeführt, weil er, abgesehen von Soldaten, den Umgang mit Menschen mied, aber all dem begegnete Tiberius mit Gleichmut. Er führt, wo immer er sich aufhält, ein einfaches Leben, und in Rom verschmäht er sogar die Begleitung durch Liktoren, während andere, niederen Standes, gar nicht genug um sich scharen können. Täppisch und linkisch tappt er durch Rom, und jeder seiner Bewegungen sieht man an, daß ihm das Schwert fehlt.

Dabei ist Tiberius nicht dumm, bei der Gottheit des Apollon, nein, er genoß die beste Ausbildung in griechischer Rhetorik, allerdings scheint er gehemmt, sie anzuwenden, wie ein Knabe im Lupanar, der sich zum ersten Mal als Mann beweisen soll und dabei scheitert. Einmal sagte er morgens, um seine Güte zu beweisen, er wünsche alle Kranken zu besuchen, die in Rom ein schweres Schicksal erduldeten, um ihnen Trost zu spenden nach dem Vorbild des Göttlichen Augustus. So sagte er. Doch leiteten die Männer in seiner Umgebung daraus den Auftrag ab, alle Kranken ohne Rücksicht auf ihre Transportfähigkeit zusammenzutragen, nach Krankheiten zu ordnen und so dem Imperator ein aufregendes Schauspiel zu bieten. Tatsächlich hatte Tiberius jedoch die Absicht gehabt, jeden einzelnen an seinem Lager zu Hause aufzusuchen. Als er den Irrtum seiner Leute bemerkte, verschlug es meinem Stiefsohn die Sprache, und erst nach langem Zögern, das die Kranken über Gebühr der Hitze des Tages aussetzte, trat er an jeden einzelnen heran und stammelte nicht etwa Worte des Trostes, sondern Worte der Entschuldigung für Leute niedrigsten Standes.

Nein, Tiberius ist nicht der Nachfolger im Prinzipat, den ich mir wünschte, den ich aus freien Stücken zu meinem Erben machte, wie dies mein Göttlicher Vater Julius mit mir getan hat. Ich gestehe, ich gab dem Drängen Livias nach, die alle Wunderzeichen und Verheißungen dieser Erde bemühte, um zu beweisen, daß Tiberius ein Caesar nach dem Willen der Götter sei. Noch während sie mit Tiberius schwanger ging, führt Livia zum Beweis auf, habe sie ein Ei aus dem Nest einer Henne genommen und es abwechselnd mit den Sklavinnen in der Hand erwärmt, bis nach Tagen ein Hähnchen aus der Schale brach mit einem Kamm in der Form einer Krone, und der Sterndeuter Scribonius habe dem Knaben eine große Zukunft vorhergesagt, in der er eine Krone tragen werde ohne Diadem, und als Tiberius auf dem Weg nach Illyricum das Orakel des Geryon befragte, da wurde ihm geheißen, drei goldene Würfel in die Quelle des Aponus zu werfen, und alle drei zeigten die höchste Zahl an. Sagt Livia.

Es ist kein Geheimnis, daß Tiberius nicht aus freien Stücken nach Rhodus ging, wo er acht Jahre das griechische Pallium trug und hochgeschnürte Sandalen und das einfache Leben lebte auf einem Landgut; dies erfolgte auf mein Drängen. Seine Ernennung zum *legatus* diente mir nur als Vorwand, der Weggang aus Rom – es geschah unter dem Konsulat des Decimus Laelius Balbus und Gaius Antistius Vetus – sollte nicht wie Verbannung aussehen, obwohl es nichts anderem gleichkam. Damals habe ich meinen Neffen Gaius und Lucius als Nachfolger vorgesehen, ohne mich für den einen oder anderen zu entscheiden, da mußte ein dritter Kandidat nur noch größere Unruhe hervorrufen.

Als ich Tiberius meinen Entschluß mitteilte, brach dieser in Tränen aus, stampfte auf den Boden wie ein zorniges Kind und verweigerte vier Tage jegliche Nahrung; aber ich kannte meinen Claudier und wußte, daß er nicht fähig war, in letzter Konsequenz durchzuhalten. Und obwohl er zu dieser Zeit meiner ihm zur Gemahlin gegebenen Tochter Julia längst überdrüssig war, faselte er von ehelicher Treue und seinen Pflichten als Vater; ich aber blieb hart, versprach aber, nie das Wort »Verbannung« in Zusammenhang mit seinem Namen zu gebrauchen. Vielmehr wollte ich stets das leuchtende Beispiel des Marcus Agrippa anführen, der, als Marcus Marcellus zu den Staatsgeschäften gerufen wurde, sich nach Lesbos zurückzog, um dem anderen nicht im Wege zu sein. Und war nicht Agrippa ein bedeutender Mann?

Dies Beispiel blieb nicht ohne Wirkung; denn Tiberius lebte mit Vorbildern, ja er fand seine Erfüllung im

Kopieren von Vorbildern, beim Jupiter, welch jämmerliche Erscheinung! Eigene Ideen und Initiative sind ihm fremd wie die tierköpfigen Götter Ägyptens. Sogar die Trennung von Julia habe ich durchgesetzt, indem ich ihr in seinem Namen den Scheidebrief sandte, wie das Gesetz es vorsieht. Ich glaube, er hätte den ehebrecherischen, ausschweifenden Lebenswandel dieses Ungeheuers bis an sein Lebensende ertragen, hätte ich nicht gehandelt. Warum, o ihr Götter Roms, nahmt ihr mir Gaius und Lucius und ließt mir diesen frühvergreisten Tiberius? Der Not gehorchend holte ich Tiberius nach dem jähen Tode der beiden nach Rom zurück. Was blieb mir übrig, als ihm die *tribunica potestas* zu verleihen und ihn zum zweiten Mann im Staate zu machen? Das war falsch.

Zu Lebzeiten solle der Caesar keinen Mitregenten ernennen, denn das ist sein eigenes Todesurteil; der Caesar sollte regieren zum Wohle des Staates, umfallen, wenn seine Zeit gekommen ist, und sterben nach dem Willen der Götter. Auf diese Weise und auf keine andere sollte er dem Nachfolger Platz machen – so wie es mein Göttlicher Vater getan hat. Alle anderen Gedanken und Pläne, und seien sie noch so ehrlich gemeint, verwirren das Volk. Ein Volk kann nicht zwei Herren dienen; und ein Prinzeps wird nicht erzogen, er wird geboren.

Nun, da ich anders gehandelt habe, muß ich um mein Leben fürchten, um lächerliche dreißig Tage, die mir verbleiben.

XXX

Ich vergaß zu erwähnen (in bezug auf das, was ich am zweiten Tage vor dem gestrigen niederschrieb), daß meine Affäre mit Terentia ein unwürdiges Ende fand wie alle Affären. Männer leben vom Vergessen, Frauen von Erinnerungen. So wich die Leidenschaft der Gewohnheit, und enttäuscht kehrten wir beide nach Rom zurück. Maecenas hat seiner Frau Terentia unser gallisches Abenteuer nie verziehen. Die Ehe wurde bald darauf, es war unter dem Konsulat des Marcus Valerius Messalla und des Publius Sulpicius Quirinus, geschieden. Mir machte Maecenas nie einen Vorwurf, aber alle meine Versuche, Terentia über das Erlöschen meiner Leidenschaft zu trösten, scheiterten an ihrer Verbitterung. Botschaften, die ich ihr zukommen ließ, blieben unbeantwortet, und eines Tages war Terentia verschwunden, und niemand kannte ihren Aufenthaltsort.

Damals verachtete ich mich selbst, und keine Frau, nicht einmal Livia, der mein Verhältnis nicht unbemerkt geblieben war, vermochte mich abzulenken von meinem Ekel wider mich selbst. Angewidert schickte ich die wohlgepuderten, kaum mannbaren Mädchen, mit denen sie mir in ähnlichen Situationen zu gefallen suchte, unberührt zurück. Das Bett, in dem ich mich schlaflos wälzte wie ein suhlender Eber, erschien mir modrig und fusselig-feucht, obwohl die Laken dieselben waren wie immer, und ich erhob mich, bekleidete mich flüchtig und stahl mich, vorbei an den schlafenden Wachen, heimlich aus dem Palast.

Die Nacht verändert eine Stadt, und Dunkelheit macht die eine zur Nymphe, die andere zur Hure. Bei Nacht ist Rom eine Hure, nichts anderes, ein ruheloses abstoßendes, quäkendes, stinkendes, käufliches Wesen, und nie verstand ich besser als in dieser Nacht, warum Horaz, Vergil, Properz und Tibull dieser Stadt den Rücken gekehrt hatten. Abgeschminkt wie eine Hure nach verrichteter Arbeit, des Glanzes der Tempel und Hallen entkleidet, lag sie da. Mir schien es, als wollten sich vielbeinige schwarze Tiere ihrer bemächtigen, um sie zu verschlingen. Bei der Gottheit von Venus und Roma, welch eine Stadt! Wo war das Lächeln, das eine Frau des Nachts begleitet, der Wunsch zu gefallen? Diese Stadt zeigt statt Lächeln ein zynisches Grinsen, Zynismus bis unter die hohen Dächer. Statt Liebreiz und Anmut trug sie Schamlosigkeit zur Schau, unbekümmert, als gäbe es keine Gesetze, ja ich glaubte zu erkennen, daß jene, die mit der Aufsicht über die Stadt beauftragt waren, sich einreihten unter die Gesetzlosen, die Wucher trieben mit heimlichen Zinsgeschäften, dem Glücksspiel frönten am Rinnstein und Sklavenhandel betrieben auf verbotenen Wegen. Gesichter im Fackelschein trugen die hämische Maske von Zuhältern, Hehlern und Dieben oder die artfremden Züge von Menschen, denen der Aufenthalt in Rom versagt war. Wie gefräßiges Ungeziefer wühlten sie sich aus ihren Löchern, umlagerten die Kochfeuer in hockender Haltung und wechselten verbotenes Gut, Gold und Gedanken – gewiß nicht zum Wohle des Staates.

Als wollte ich möglichst viel aufnehmen von diesem Rom, das ich nicht kannte, von dieser Stadt, die ich nicht mochte, begann ich zu laufen, die Gefahr verachtend, in ein Loch zu fallen oder mich zu verirren. Propheten fremder Religionen tanzten mit ihren Anhängern um die Wette, Bäder, die nach dem Gesetz zur Nachtzeit geschlossen sein sollten, verzeichneten stürmischen Andrang, und beinahe wäre ich das Opfer messerstechender Räuber aus den Pontinischen Sümpfen oder den Albaner Bergen geworden, hätte ich nicht geistesgegenwärtig meinen Umhang ausgebreitet, um anzuzeigen, daß ich nichts bei mir trug, außer meiner Nacktheit. Dies schien den schwarzbärtigen Anführer zu amüsieren, und er warf vor mir eine Münze auf das Pflaster, die aufzuheben ich mich jedoch hütete.

Beim Circus tanzten die Menschen im Rausch des käuflichen Glücks, das in jeder Nische feilgeboten wurde: berauschende Tränke aus Schläuchen, Wunderheiler mit magischen Zeichen, Sterndeuter und Huren zu Tausenden. Sie hoben die Röcke, zeigten ihre Brüste im Vorbeigehen und machten unzüchtige Bewegungen mit dem Becken. Manche stießen spitze Schreie aus oder riefen eine Zahl, ihren Kaufpreis. Von Bacchus erfüllt, dem Schwinger des Thyrsus, tanzten sie wie wilde Thyiaden, hitzige barbarische Weiber und edle Frauen von Angesicht, deren Leib nie ungeschmückt war, und ehe ich mich versah, hatte eine tanzende Menschenschlange mich in ihre Mitte genommen, zog mich lärmend durch die dunklen Gassen, an lauten Schenken vorbei, die widerwärtige Gerüche verbreiteten, wie ranziges Fett, verschütteter Wein und der Schweiß erregter Menschen sie hervorrufen. Ich ekelte mich, versuchte mich loszureißen, doch zwei kräftige Weiber mit strähnigen Haaren umklammerten meine Arme mit festem Griff und ließen nicht locker. So stampfte ich, nüchtern an Körper und Geist, mit der trunkenen, grölenden Horde weiter; meine Stimme zu erheben wagte ich nicht, aus Furcht, erkannt zu werden.

Das also war das Rom der *plebs*, das Rom der Massen, die nach Brot und Spielen gierten, denen die *patres conscripti* und ihre Entscheidungen fern waren wie die östlichen Provinzen und die in Caesar ein fremdes Wesen erkannten, dem ägyptischen Osiris gleich, dem Tempel errichtet wurden aus alter Gewohnheit. Ich bin es, wollte ich rufen, *Caesar Augustus, pater patriae*, doch ich unterließ es in der Gewißheit, mich lächerlich zu machen. Jupiter, wer hätte mir geglaubt?

Mit unflätigen Rufen stürmte die Schlange ein Lupanar, in dem sich ehrbare Männer mit Frauen verschiedener Hautfarben vergnügten, und ihre Schamlosigkeit ging so weit, daß weder die Dirnen noch ihre Liebhaber von ihrem lüsternen Treiben abließen, wenn einer den Vorhang beiseite zog, der die düsteren *cellae* abschirmte, ja manche ergingen sich unter den Anfeuerungsrufen der Eindringlinge in besonderem Einsatz ihrer Bewegungen. Und inmitten dieses faunischen Treibens brünstiger Menschen stand ich, geschubst, gezerrt, gedrängt und getreten, ich, *Caesar Divi Filius*.

Das Haus schien mir eines von der übelsten Sorte, in denen die *lupae* sich zu mehr hergaben als zum gewöhnlichen Verkehr mit dem anderen Geschlecht. Unter dem Einfluß von Hippomanes, einem Liebestrank aus der Scheide rossiger Stuten, zeigten die *lupae* sich in artistischen Haltungen, welche die Sinne der Freier weit mehr als gewöhnlich erregten, und obwohl mir das Laster der käuflichen Frauen nicht fremd, ihr lustvolles Treiben nicht unbekannt ist, habe ich nie zuvor und nicht später derartige Ausschweifungen erlebt.

Irgendeiner meiner übermütigen Begleiter schien wohl mein Staunen, mein neugieriges Interesse, das sich mit Angewidertsein vermischte, zu bemerken und gab mir einen Stoß, daß ich, einen fleckigen Vorhang herunterreißend, in eine Cella stürzte auf einen Berg schwitzenden, keuchenden Fleisches, einen Mann von der Muskelkraft eines Gladiators, der die *lupa* unter sich mit seinen Stößen zu vernichten drohte. Es schien, als sei der Muskelprotz derart von Sinnen, daß er meinen Sturz überhaupt nicht bemerkte, jedenfalls ließ er nicht ab von seinem Opfer. Dieses jedoch warf den Kopf zur Seite und schrie laut, als es mich erblickte, ich aber erstarrte.

Ich erkannte Terentia, und es dauerte eine Weile, bis unsere Blicke sich aus der Umklammerung lösten. Dies alles geschah, ohne daß der Gladiator davon Kenntnis nahm – was die Peinlichkeit der Situation nur noch erhöhte. Kaum aber hatte ich mich gefangen, da stürzte ich ins Freie, die Griffe meiner Begleiter mit wilden Schlägen abwehrend. Ich hetzte durch die dunklen Gassen, stürzte, raffte mich auf und fand endlich die Richtung wieder, die zum Palatin führt. Tags darauf schickte ich einen Tribun zu dem Lupanar, um nach Terentia zu forschen. Der Tribun kam zurück mit der

Antwort, in dem bezeichneten Hause sei der Name Terentia unbekannt.

Von jenem Tag an fand ich keinen Gefallen mehr am Verkehr mit Frauen, nicht Livias Mütterlichkeit und nicht die Liebreize kleiner Mädchen vermochten meine Triebe zu wecken. Ich fühlte mich schmutzig und leer und nur noch Knaben zugetan mit enthaarten, offenen Schenkeln. Livia ließ mich gewähren mit dem ihr eigenen Verständnis, sie forschte sogar nach den edelsten Knaben der Stadt, die mir zu Willen sein sollten. Ich liebte sie alle nach griechischer Sitte, *a tergo*, entlohnte sie königlich, so ich Gefallen fand an ihren festen Lenden, schlanken Armen und lockigen Haaren. Doch mein Vergnügen währte nicht lange, und Feigwarzen taten das ihre: Was war ich anderes als ein alter, verkommener *exoletus*, eine beklagenswerte Erscheinung, dem Gespött der Römer ausgeliefert?

Ekelhaft.

XXIX

Meinen Spiegel in der Linken, in der Rechten die Feder, sitze ich da und versuche vergebens, jene erniedrigenden Erlebnisse zu verdrängen. Ja, sieh dich nur an, elender Lustgreis! Hat Pudor deine Augen gerötet? Hat Jupiters Zorn dein Gesicht zerfurcht mit rächender Pflugschar? Hat rasend Vulcanus Krater auf deiner

Nase hinterlassen? Erbärmliche Larve! *Imperator Caesar Augustus Divi Filius??* Lachhaft. Ein abgehalftertes Scheusal bist du, Caesar, eine widerliche Erscheinung, und ist schon dein Äußeres abstoßend genug, daß, liefest du bei hellem Tage zu Fuß über das Forum, Kinder dich lärmend mit spitzen Fingern begleiteten wie einen heruntergekommenen Gaukler, so wage ich nicht, mir dein Inneres vorzustellen, das, vermutlich von Würmern zerfressen, in stinkende Fäulnis übergeht.

Du magst roten Raetier in dich hineinschütten, soviel du kannst oder besser: soviel dein Magen zu behalten in der Lage ist, er wird dich nicht verändern, nur deinen Blick. Des Lebens Grausamkeit ist die Wahrheit, der du stets aus dem Wege gingst. Blicke ihr ins Auge, blicke dir ins Auge! Hast du nicht, gemessen an der geringen Achtung, die du dem Leben entgegenbrachtest, zuviel Achtung vor dem Sterben? Bleibt dir am Ende ein Lächeln, dann war dein Leben ein Gewinn. Nur dann.

Also versuche ich zu lächeln.

Erster Versuch: Grienen. Kein Lächeln.

Zweiter Versuch: Zähne blecken.

Dritter Versuch: Feixen. Jupiter, ist es so schwer zu lächeln?

Vierter Versuch: Glucksen.

Fünfter Versuch: Kichern.

O Jupiter, der du das Reich mir zu Füßen gelegt hast von den Quellen des Euphrat bis zu den Säulen des Hercules, schenke mir ein Lächeln!

XXVIII

Auf der Suche nach einem Lächeln. Trunkenheit. Gezwungen trinken, sagt Sophokles, ist nicht besser als gezwungen dürsten.

XXVII

Kein Schlaf, heute nacht. Kaum hatte ich die Niederschrift meiner Gedanken beendet, mich zur Ruhe begeben in mein *cubiculum* und das Licht meiner Augen Hypnos überlassen, dem Freunde Apollons und der Musen, da schreckte ich hoch, weil ein Grollen die Mauern des Palastes erschütterte, als ob die Erde bebte. Ich rief nach der Wache, um zu erfahren, was geschehen sei, aber die Prätorianer, die im selben Augenblick in der Türe erschienen, gaben keine Antwort und verwehrten mir mit gekreuzten Lanzen den Durchgang.

»Wer gab euch den Auftrag, mich, den Caesar, so zu behandeln?« schrie ich die Rothelme an, doch ich erhielt keine Antwort. »Bin nicht ich es, der euch mit Ländereien belohnt nach Beendigung eurer Dienstzeit? Ich, *Imperator Caesar Augustus Divi Filius*?« Mir schien es, als redete ich gegen eine Wand. Die Prätorianer blickten erhobenen Hauptes an mir vorbei, durch mich hindurch, sie ignorierten meine Anwesenheit. Ich begann von neuem: »Wer, ihr Hundesöhne, steckt hinter dieser Verschwörung? Ist es Livia? Oder hat Tiberius seine Finger im Spiel? Beim Mars, wer?«

Schweigen.

»Ihr werdet es nicht wagen, die Hand zu erheben gegen den Vater des Vaterlandes!« schrie ich die Meuterer an, »nicht gegen einen alten Mann, den die Götter erhoben haben vor allen!« und ich machte Anstalten, mich an den Wachen vorbeizudrängen – vergeblich. Mit sanfter Gewalt, so als seien sie bedacht, mir nicht wehezutun, drängten sie mich zurück in mein Zimmer. Verzweifelt, in hilfloser Wut ließ ich mich auf mein Bett fallen, ich weinte. So verbrachte ich die Nacht.

Am Morgen kam Livia, und ich beklagte mich über die Behandlung durch die Prätorianer. Wer diese Anordnung getroffen habe, fragte ich.

Niemand habe den Prätorianern befohlen, mich am Verlassen meiner Räume zu hindern, erwiderte Livia, sie nicht und Tiberius nicht, ihr Sohn, mein Stiefsohn; wenn die Wachen solches Verhalten an den Tag legten, dann nur aus Sorge um meine Sicherheit. Es herrschte große Unruhe in Rom, und Aufgabe der Prätorianer sei es, das Leben des Caesars zu schützen.

Und dann berichtete Livia, daß in der vergangenen Nacht der goldene Adler über dem Eingang des Palastes, geheiligtes Symbol des Imperium Romanum und seines Imperators, zu Boden gestürzt und auf dem Pflaster zerschellt sei – die Götter mögen uns schützen.

XXVI

Je mehr ich nachdenke über den Vorfall der vergangenen Nacht – und dabei ist der Schlaf mir fern wie Jugend und Gesundheit –, desto mehr befällt mich die Sorge um das Imperium Romanum. (Oder quält mich die Sorge um mich, um meine letzten Lebenstage?) Tatsache ist, daß mein Herz jagt wie ein asiatischer Reiter, daß der Schweiß mir im Nacken steht mit klebriger Kälte, daß das Alleinsein mich frösteln macht und ängstlich wie einen verurteilten Verbrecher. Das *supplicium ultimum* rückt näher mit jedem Tage, mit jeder Nacht, und mein Tagebuch, das ich unter ganz anderen Voraussetzungen begonnen habe, ist jetzt die einzige Ablenkung eines Caesars, dem keiner mehr zuhört, weil jedermann die Zahl der ihm verbleibenden Tage zu kennen glaubt und seinen Nachfolger, der nach dem Ablauf der unabwendbaren Frist an seine Stelle tritt. Ich fühle mich abgeschoben, ausgedient wie eine brüchige Schale, die nur schlecht ihren Zweck erfüllt, die einer neuen Platz zu machen hat und nun wartet, bis sie auf dem Scherbenhaufen landet.

Je mehr ich nachdenke über den Vorfall der vergangenen Nacht, desto mehr begreife ich, daß die Römer mehr am Frieden leiden als am Krieg. Zur Zeit der Bürgerkriege war das Volk zwar gespalten in verschiedenen Parteien, aber in der Durchsetzung ihrer Ziele sahen die Bürger Zufriedenheit. Nun aber, geeint unter dem Prinzipat, unterliegen die Römer dem Übel eines langen Friedens, und mehr als jede Waffe setzt ihnen die Einigkeit zu. Ich glaube, die Zukunft des Imperiums hängt davon ab, ob es den Römern gelingt, die Barbarei der Bürgerkriege in ihren Köpfen zu überwinden. Denn Kriege finden, bevor der erste *miles* das Schlachtfeld betritt, in den Köpfen der Menschen statt, und deshalb sind sie zu allererst eine Angelegenheit der Köpfe und erst in zweiter Linie Sache der Fäuste.

Je mehr ich nachdenke über den Vorfall der vergangenen Nacht, desto notwendiger erscheint mir die Niederschrift meiner Gedanken. Denn nichts ist vergänglicher als ein Gedanke, der nicht seine Niederschrift auf Pergament gefunden hat. Nicht jeder ist ein Sokrates, der sich weigerte zu schreiben und dessen Gedanken dennoch nicht dem Vergessen anheimfielen, weil er jeden Gedanken laut aussprach und unter seinen Schülern bereitwillige Handlanger fand, die seine Worte auf Papier bannten. Zugegeben, ich faßte spät den Entschluß und unter dem Druck jener hundert Tage, aber wer in den Tag hineinlebt, ausgeliefert seinen Gelüsten, der erfüllt täglich den Zweck seines Lebens, und der Tod trifft ihn niemals zur Unzeit; wer jedoch wie ich sich um die Nachwelt sorgt und sein Werk erhalten will zum Wohle derselben, für den ist das Sterben immer unzeitgemäß, weil er etwas Begonnenes abbricht. Ich bin kein Herodot, der zur Feder griff, damit durch die Zeit nicht in Vergessenheit gerate, was von Griechen und Barbaren vollbracht und oft ruhmlos geblieben und was Cicero mit den Worten umschrieb: *»Nescire quid ante quam natus sis acciderit, id est semper esse puerum«*, kein Thukydides, dem die Frage am Herzen lag, warum Athener und Spartaner um die Hegemonie kämpften, auch Livius ist meinen Zeilen überlegen, weil er den Römern in seinen Büchern zurückgab, was sie in aufreibenden Kämpfen verloren hatten: die Geschichte ihrer Vergangenheit. Und doch habe ich den großen Geschichtsschreibern etwas voraus, politische und militärische Erfahrung. Das Folgende ist kein Vorwurf: Thukydides ist der einzige Historiker, der sich als Feldherr versuchte; das Ergebnis ist hinreichend bekannt, es trug ihm zwanzig Jahre Verbannung ein, und doch erklärte keiner politische Ereignisse besser aus dem Charakter der Herrschenden als er. Wer aber liefert den Beweis, daß Thukydides die Charaktere – und damit die Ursachen ihres Handelns – richtig gedeutet hat? Aus diesem Grunde erscheint mir mein mühsames Schreibwerk so wichtig.

Je mehr ich nachdenke über den Vorfall der vergangenen Nacht, desto mehr wird mir das Schicksal des Judenkönigs Herodes bewußt, der selbst kein Jude war, aber über die Juden herrschte gewiß vierzig Jahre lang. Unter dem Konsulat des Gaius Calvisius Sabinus und des Lucius Passienus Rufus, da Herodes beinahe siebzig Jahre zählte, begab es sich, daß Feinde des Staates den römischen Adler, der über dem Eingang zum Tempelbezirk von Jerusalem thronte, zu Boden stürzten, und dieser zerbarst. Der Sturz des Adlers, Symbol römischer Herrschaft und herodianischer Politik, verursachte Aufruhr unter der Bevölkerung und das Ende seiner Herrschaft. Und da sich die Vorzeichen wiederholen, zweifle ich nun nicht mehr an meinem nahen Ende.

Herodes zählte zu den schillerndsten Figuren, die mir in meinem Leben begegnet sind. Ich sage dies, obwohl er siebenunddreißig Jahre den Ehrentitel *rex, socius et amicus populi romani* führte, obwohl er mir und Livia eintausendfünfhundert Talente vererbte (die ich jedoch seiner Verwandtschaft zukommen ließ), obwohl ich ihm zu Zeiten äußerst gewogen war und obwohl er an der phönizischen Küste eine Hafenstadt baute, die meinen Namen trägt, Caesarea. Der Judenkönig hat es immer verstanden, auf das richtige Pferd zu setzen, nur sein Volk mag Schwierigkeiten gehabt haben, den ständigen Sinneswandel nachzuvollziehen. Opportunisten gibt es überall.

Die Juden begegnen uns Römern mit tiefem Haß, seit wir uns ihres Gebietes bemächtigt haben. Herodes muß noch ein kleiner Junge gewesen sein, als dies geschah, Sohn des Idumäers Antipatros und einer glutäugigen Araberin, deren Schönheit berühmt war im Lande. Vom Vater erbte Herodes das römische Bürgerrecht, ohne zu wissen, auf wessen Seite er sich in den verwirrenden Zeiten des Bürgerkrieges schlagen sollte. Sein Vater stand noch auf seiten der Caesarmörder, er selbst wandte sich zunächst Marcus Antonius zu, erkannte aber bald den wahren Siegbringer und stellte sich auf meine Seite. Dies geschah in schwerer Zeit, ich habe ihm diese Tat nie vergessen und war ein großer Förderer seiner Laufbahn. In einem Alter, das einem Römer den Senat verwehrt – an das Amt eines Konsuls gar nicht zu denken –, bekleidete Herodes bereits den Posten des Statthalters von Galiläa, und bald darauf setzte ihn der Senat auf mein Drängen als König der Juden ein.

Wie einfach das klingt, wenn dazwischen ein halbes Jahrhundert verstrichen ist, beim Jupiter, in Wirklichkeit erwartete Herodes damals eine Situation, um die ich ihn nicht beneidete: Die Parther hatten nach ihrem Einfall in die syrische Provinz den Makebäer Antigonos zum König gemacht, auf Herodes Thron saß also ein anderer. Mit Geld und klugen Worten verstand er es jedoch, ein Söldnerheer anzuwerben, und dabei kam ihm zustatten, daß die Parther bei ihrem Einfall in Jerusalem die Stadt geplündert hatten, während Antigonos tatenlos zusah. Drei Jahre zog Herodes durch das Land, um das Reich zu erobern, das ihm zugedacht war; doch in Antigonos erwuchs ihm ein schier unbezwingbarer Gegner, und als es darum ging, die Hauptstadt Jerusalem zu erobern, da kam Sosius, der Statthalter von Syrien, zu Hilfe mit elf Legionen, und nach fünfundfünfzigtägiger Belagerung wurde Jerusalem erobert.

Um sich bei den Bewohnern der Stadt einzuschmeicheln, versprach Herodes jedem unserer Legionäre, der verzichtete, die Stadt und ihre Bewohner auszuplündern, gleichwertigen Ersatz. Er hoffte damit Freunde zu gewinnen unter den Juden; aber sein Einsatz blieb ohne Wirkung, weil Herodes, ohne jüdische Mutter, nach dem Gesetz ein Fremder blieb im eigenen Land. Seine Versprechungen brachten ihn an den Rand des finanziellen Ruins. Antigonos wurde von den Römern gefangen und hingerichtet.

Die Juden sind ein merkwürdiges Volk. Ihr tausendjähriges Schicksal hat ihre Köpfe verwirrt. Ständig reden sie von der Endzeit. Dabei leugnen sie das Fortleben der Seele nach dem Tode, wie es die griechischen

Philosophen gelehrt haben, und ebenso die schicksalhafte Bestimmung des menschlichen Daseins. Wie Küken, die die Wärme der Henne suchen, scharen sie sich um ihren Tempel und verwehren jedem Fremden Zutritt unter Einsatz des Schwertes, als könnten Geheimnisse des Geistes fortgetragen werden.

Obwohl ihr Tempel größer ist als alle Tempel in Rom, gereicht er nur einem einzigen Gott zur Ehre, von dem sie behaupten, er sei der einzige, wahre. Diese Hybris ist ihnen eigen, und deshalb hasse ich sie. Denn mögen die Ägypter Götter verehren wie schwangere Nilpferde und katzenköpfige Frauen, so wagt keiner ihrer kahlköpfigen Priester, die römischen Götter zu leugnen.

Heute bereue ich, daß ich den Juden ihren Gott gelassen habe. Ich glaubte, ein einziger Gott habe keine Macht gegen das römische Pantheon. Das war falsch. Ein Volk, das nur einen Gott verehrt, ist diesem mehr verfallen als ein Volk mit hundert Göttern. Wir opfern Göttern, deren Geschlecht wir nicht einmal kennen, wie Pales, der Gottheit der Weiden, der zu Ehren wir im Aprilis die Pallien feiern mit Strohfeuern und aus Hirse gebackenen Kuchen. Wir verehren Cardea, die Göttin der Türangeln, und Abundantia, die Göttin des Überflusses, und keiner ist ein Tempel geweiht im ganzen Imperium. Würde ich ihr Ende verkünden, wie es dem *Pontifex maximus* zukommt, kein Römer würde seine Stimme erheben. Doch würde ein Fremder nur seinen Fuß über die Schwelle des Judentempels setzen, in dem sie ihren einzigen Gott ohne Bildwerk verehren, alle Juden würden sich erheben wie ein Mann.

Das ist lachhaft, denn an sich sind die Juden zerstritten, und ein Jude ist dem anderen feind. Jene, die unserem Adel ähnlich sind, der die Ämter des Staates bekleidet, werden Sadduzäer genannt. Sie akzeptierten Herodes und die römische Oberhoheit, und ihr Glaubensbild ist konservativ wie das des römischen Senates. Diese Sadduzäer, die das Fortleben der Seele bestreiten, finden in den Pharisäern ihre Gegner. Jene, meist der Mittelschicht des Volkes angehörenden Juden sind religiösen Neuerungen zugetan und auch politisch kompromißbereit. Essener werden jene Asketen genannt, die sich zum Beten in die Wüste zurückziehen. Zeloten aber heißen die radikalen Besitzlosen, und ich halte sie für die Gefährlichsten von allen, weil Phantastereien und seltsame Hirngespinste ihr Handeln bestimmen.

Das Schlimmste ist nicht, daß ihnen irgendwann irgend jemand erzählt hat, ein Prophet würde kommen, sie von allen Feinden befreien und ein jüdisches Imperium des Friedens und der Gerechtigkeit errichten, das Schlimme ist, daß sie fest daran glauben. Das Schlimme ist, daß sie nicht mich, *Caesar Augustus Divi Filius*, als diesen Mann erkennen, mich, der ihnen Frieden gebracht hat unter Herodes und die Grenzen eines Reiches, das zu Zeiten ihres Königs nicht viel größer war.

Überall im römischen Reich erheben sich, von den Zeloten verführt, Sektierer und falsche Propheten und verkünden das Kommen eines Retters der Welt. Worauf warten sie noch? Habe nicht ich, *Caesar Augustus Divi Filius*, den Menschen den Frieden gebracht? Hat nicht Vergil mich als Retter der Welt gepriesen in seinen

»Georgica«? Was wollt ihr mehr, ihr maßlosen Menschen?

Die Juden haben Herodes nach dessen Tod vielerlei Schandbares angedichtet, weil er im Gegensatz zu den Massen stand und mich als Retter und Erlöser pries, als den Messias, dessen Kommen die Wahrsager verkünden seit alter Zeit. *De mortuis nil nisi bene.* Doch die Juden erzählten, kaum war Herodes in seiner Residenz Herodeion beigesetzt, der König habe im Jahre seines Todes alle Neugeborenen morden lassen, weil Sterndeuter aus Mesopotamien von der Geburt eines Messias berichtet hätten, und ein Haarstern habe ihnen den Weg zu ihm gewiesen. Als hätte ein Säugling einem Siebzigjährigen den Thron streitig machen können!

Aber so wie das Volk uneins ist untereinander, leben auch alle Familien im Zwist. Juden kennen keine Ehrfurcht vor dem Alter, und das Gesetz der Ehe gilt ihnen mehr als Übel denn als Pflicht. Zehn Frauen nannte Herodes sein eigen – was ihm in Rom die Verbannung eingetragen hätte – und, ich glaube, ebenso viele Söhne, und einer war des anderen Feind und jeder dem Vater. Im Streit um die Nachfolge des alternden Mannes kam es zu solchen Heftigkeiten, daß Herodes unter dem Konsulat des Marcus Valerius Messalla und des Publius Sulpicius Quirinus nach Aquileja floh, wo ich mich gerade aufhielt. In seiner Begleitung befanden sich die Söhne Alexandros und Aristobulos, die, so erzählte Herodes, ihm nach dem Leben trachteten, um selbst nach der Krone zu greifen. Ich, *Caesar Augustus Divi Filius*, solle als Vermittler auftreten zwischen den Generationen. Also schalt ich die Söhne, weil sie in finsteren Gedanken den Tod ihres Vaters herbeiwünschten, den König aber tadelte ich wegen seines Argwohns gegenüber den eigenen Kindern, und meine Worte blieben nicht ohne Wirkung: alle Beteiligten vergossen Tränen und versöhnten sich in inniger Umarmung.

Der jüdische König stiftete darauf den Römern dreihundert Talente für Zirkusspiele. Herodes liebte *ludi*, und zu jener Zeit planten die Eleer, ihre Spiele, die seit ältester Zeit gefeiert wurden, einzustellen und alle *Hellanodiken* zu entlassen. Nicht einen Augenblick zögerte der König, er stellte selbst sich als Hellanodiken zur Verfügung und verschenkte eine große Menge Goldes, durch das die Spiele bis auf den heutigen Tag erhalten sind.

Als die Hafenstadt Caesarea eingeweiht wurde mit wohlgefälligem Pomp, da organisierte der König griechische Spiele, Spiele in sportlichem Wettkampf und musischem Wettstreit und römische Spiele mit Wagenrennen und Gladiatorenkämpfen und Hetzen auf wilde Tiere. Damals kam das Gerücht auf, wohl weil man Herodes soviel Großzügigkeit nicht zutraute, ich, der Caesar Roms, habe den gigantischen Wettstreit bezahlt, der eines römischen Ereignisses würdig gewesen sei. Ich ließ die Leute in ihrem Glauben, denn zu schämen hätte ich mich nicht gebraucht.

So war er, der Judenkönig Herodes, der selbst kein Jude war. Noch auf dem Sterbebett hielt er Gericht über jene Wirrköpfe, die den römischen Reichsadler vom Tempeleingang gestürzt hatten. Und obwohl er selbst die Nähe des Todes fühlte, forderte er den Tod für jene jüdischen Verbrecher und ließ sie bei lebendigem Leibe verbrennen. Sein Tod verbreitete wenig Trauer, und kaum hatten sie Herodes zu Grabe getragen, da reisten die Söhne Archelaos und Antipas und die Tochter Salome auf getrennten Wegen nach Rom, um vor mir das Testament ihres Vaters anzufechten. Dem nicht genug, zur selben Zeit erschienen fünfzig Juden vor mir, die dafür sprachen, sie von der Herrschaft der Könige zu befreien. Wegen der Zerrissenheit dieses Volkes faßte ich den folgenden Entschluß, und er ist bis zum heutigen Tage gültig: Die jüdische Königsherrschaft ist beendet. Es gibt keinen König der Juden mehr.

Was aber wird morgen sein?

XXV

Was den einen Gott der Juden betrifft, den sie Jawe nennen, so habe ich Schwierigkeiten, ihn zu erkennen. Ich überlege, ob die Vielgötterei eine Degenerationserscheinung ist oder ob der Glaube an einen einzigen Gott eine verspätete Entwicklung der Vielgötterei darstellt. Eine Antwort hat mein kleiner Geist nicht gefunden, und so ist mir Jupiter weiter heilig wie Apollon, dem meine besondere Zuneigung gilt. Ich habe Areus gefragt, den Weisen, und er hat mir unter Hinweis auf Aristoteles, Platon und Xenophanes erklärt, die Weisesten unter den Griechen hätten den Götterhimmel verspottet, wie Homer und Hesiod ihn beschrieben, weil weder Geburt und Tod noch Ehebruch und Betrug einer Gottheit angemessen seien. Und Xenophanes aus Kolophon, der jede Gewißheit menschlichen Wissens leugnete, kam zu dem Schluß, es gebe überhaupt nur einen Gott, ungleich jeder Erscheinung des Menschen und ohne Glieder und fähig, alles zu sehen, zu denken, zu hören, ohne sich von einem Ort zu anderen zu bewegen. Unsere Götter, sagt Xenophanes, seien nichts weiter als überhöhte Vorstellungen von uns selbst. Hätten Rinder, Pferde oder Löwen bildnerische Fähigkeiten, so sähen ihre Götter wie Rinder, Pferde und Löwen aus.

Welch furchtbare Faszination von diesem Gedanken ausgeht! Hätte Xenophanes recht, so hätten uns nicht die Götter das Sittliche gelehrt, sondern die Unsterblichen hätten das Sittliche von den Menschen gelernt. Jupiter, welch frevelhafte Gedanken! Bisweilen denke ich wie ein Grieche, und das ist für die Philosophie von Nutzen, für die Religion aber ist es ein Frevel, denn die Philosophie ist der Götter Feind.

Die Griechen, die Väter der Philosophie genannt werden müssen, kennen kein Wort für Religion, sie sprechen von Eusebeia, von Frömmigkeit, was, nach den Worten des Stoikers, Gerechtigkeit gegen die Götter bedeutet. Was aber ist Gerechtigkeit gegen die Götter? Ist es nicht jene Gerechtigkeit, die der Mensch für den Menschen fordert? Sind nicht die Götter Homers ein Abbild der menschlichen Gesellschaft? Das einzige, was ihnen fern bleibt, sind Alter und Tod, doch leiden sie nicht anders als wir, sie werden schläfrig und müde, und Hunger und Geilheit sind ihnen nicht weniger fremd als den Menschen, so daß man, nach griechischer Lehre, zwei Schlußfolgerungen ziehen könnte: Entweder sind auch die Menschen Götter oder die Götter sind nichts anderes als menschliche Wesen.

Aristoteles bemühte bei der Suche nach dem Göttlichen die Geometrie, indem er erklärte, eine Gerade mit dem Ursprung A und dem Ende B sei unvollkommen in jeder Beziehung, während dieselbe Linie zu einem Kreis gebogen, zu höchster Vollkommenheit, ja zur Göttlichkeit gereiche, weil sie unendlich sei, also ohne Anfang und Ende. Eine schöne Parabel, doch befriedigt sie mich nicht. Ich meine, es ist nicht Sache der Geometrie, nach den Göttern zu forschen, weil Götter in ihrer Absolutheit, so sie vorhanden, sich dem Hilfsmittel der Zahlen und Linien entziehen. Zudem läßt sich mit Hilfe des Kreises alles und nichts beweisen, wie uns Platon gezeigt hat, der den Kreis verwandte, um die unterschiedlichsten Dinge aufzuzeigen. Wenn ich den Hellenen etwas verüble, so ist es dies, daß sie nur mit Vernunftgründen zu belehren sind, als ob den Göttern auf diese Weise beizukommen sei. Ich glaube, mit dem Göttlichen ist es wie mit der Liebe: Du fühlst sie und kannst dich ihr nicht entziehen, und doch bleibt sie unsichtbar und erhaben über jeden Beweis. Ich will nicht abschweifen.

Auf der Suche nach dem einen Gott las ich die Schriften des Stoikers Zenon, der behauptet, es gebe nur eine einzige Gottheit, den Weltenlogos. Dieser jedoch, sagt der Philosoph aus Kition, zeige sich überall, im Kosmos wie im Menschen, der nichts anderes darstellt als ein Abbild des Kosmos, ja selbst die funkelnden Sterne am Himmel nennt Zenon reines Logosfeuer, so daß ich mich frage, was, beim Jupiter, ist nicht göttlich auf dieser Welt? Von Pythagoras hingegen, der das Wort Philosophos erfunden haben soll – was aber schwer zu beweisen ist, weil er, um die Weitergabe seines Wissens an Unbefugte zu verhindern, die Aufzeichnung seiner Lehren ablehnte –, von diesem erfuhr ich durch samische Lehrer, der Mensch sei keineswegs gottgleich, und der Gott sei Vorbild des Menschen. Sokrates, von bescheidener Herkunft und dennoch einer der klügsten Köpfe der Menschheit, wurde verurteilt wegen Verächtlichmachung der Götter, doch ist es falsch zu glauben, er sei gottlos gewesen. Getragen von der eigenen Erkenntnis, verachtete Sokrates den griechischen Götterhimmel mit frevelhaftem Spott zugunsten einer einzigen Gottheit, deren Namen er jedoch nie nannte, und er fand in seiner Lehre zahlreiche Anhänger. Selbst seine Richter waren sich uneins: zweihundertachtzig verurteilten ihn schuldig, zweihunderteinundzwanzig sprachen ihn frei, und ich überlege, wie ich wohl geurteilt hätte.

Ich weiß, allein der Gedanke ist frevelhaft für einen *Pontifex maximus*, und ich habe ihn nie ausgesprochen, nicht einmal vor meinen wenigen Freunden, aber soll ich mich selbst belügen im Angesicht des nahen Endes und verschweigen, daß mir die Vielgötterei in vielfacher Hinsicht zuwider ist? Auf dem Forum treten einem allenthalben goldene Götzen entgegen mit Namen, die längst der Vergessenheit anheimgefallen sind. Nennt mir die Bedeutung Vacunas, Ruminas und

Laras, denen stattliche Tempel geweiht sind in Rom mit ehernen Bildern, obwohl doch Numa Pompilius dereinst die Errichtung von Götterbildern verbot! Mir scheint, es ist nur eine Frage der Zeit, wann sie alle absterben, um einem einzigen Platz zu machen. Nur ein Gott ist allmächtig, nur einer ist der Ursprung allen Seins. Wir Römer nennen ihn Jupiter, die Griechen haben ihn Zeus geheißen, und andere mögen ihm einen anderen Namen geben. Ich frage mich nur, warum haben die Griechen, von denen doch alles Geordnete, Klare, Erklärte kommt, mit der Beständigkeit einer sprudelnden Quelle uns Heutigen keine Antwort gegeben auf diese dringliche Frage, warum ist keiner der großen Philosophen über schöne Ansätze des Geistes und der Seele hinausgekommen, uns den einen Gott zu erklären, während sie mit Akribie versuchten nachzuweisen, daß der fliegende Pfeil ruht, sich also nicht bewegt, wie man annehmen möchte (Ihr wißt, an wen ich denke!). Es ist nicht der Irrtum an sich, der mich bewegt – Leben ist Irrtum, Wissen ist Tod –, es ist die Vorstellung, ein Leben lang Götzen verehrt und den einen Wahren vernachlässigt zu haben in Ehrerbietung.

Jupiter, was anderes konnte ich tun, als die alten Philosophen zu studieren? Beruht der Glaube auf einer Übereinkunft, die man mit sich selbst trifft, so habe ich recht gehandelt vor meinem Gewissen, weil ich den Göttern der Väter diente wie meinem Land, das mir von meinem Göttlichen Vater übergeben wurde, ist aber der Glaube ein Gut, das es zu erobern gilt und zu formen nach eigener Vorstellung, so habe ich geirrt, weil ich den Vorderen mehr glaubte als meinem Gewissen. Wahrscheinlich ist Glaube stets ein Wagnis, er ist blind und kann keine guten Gründe aufweisen, denn objektive Sicherheit und echter Glaube schließen sich aus. Wer weiß, braucht nicht zu glauben.

In der Hinsicht bin ich ein *vir vere Romanus* und unterscheide mich kaum vom gewöhnlichen Römer, der in Unsicherheit um das Göttliche bereit ist, allen Göttern zu dienen, in der Hoffnung, der richtige werde dabei sein, ja sogar dem unbekannten Gott Weihestätten errichtet, aus Angst, er könnte einen vergessen haben. Der Zeitgeist aber, den der gebildete Römer verkörpert, ist auf der Suche nach dem einen Gott, und ich bin sicher, viele Gottheiten, deren Blutdurst bisher geopfert wurde, werden ihr Gesicht verlieren und mit den Jahren in Vergessenheit geraten, und das ist gut so; denn ein Gott, der in Vergessenheit gerät, ist kein Gott: Er ist nicht mehr als die Vergöttlichung der Attribute eines allmächtigen Gottes, die heute geschätzt, morgen aber verachtet werden. Offen gesagt, ich glaube, unser Pantheon, die drangvolle Ansammlung von römischen Göttern, besteht aus einer solchen Vergöttlichung göttlicher Attribute und geht zurück auf den einen allmächtigen Zeus-Jupiter.

Was aber haben wir Menschen aus diesem Gott gemacht? Wir haben ihm menschliche Züge zugewiesen, das Aussehen, Fühlen und Denken eines Menschen, nicht einmal eines intelligenten. Und wenn ich etwas fürchte bei den Juden, vor denen im übrigen kein Römer Furcht haben muß, so ist es ihr entwaffnender Glaube, welcher nach dem Gesetz die Darstellung ihres Allmächtigen verbietet und jede Legendenbildung, die nicht im Buch ihrer Bücher aufgeschrieben ist. Nein, nicht die Juden müssen wir fürchten, aber ihren Gott, weil er ungeteilte Macht ausübt.

Damit keine falsche Meinung aufkommt: Ich bin stolz, ein Römer zu sein, seit ich denken kann. Aber gerade weil ich Rom, das Imperium Romanum, liebe, darf ich Kritik und Bedenken in Worte fassen in bezug auf die Götter. Wie es scheint, sind wir unfähig, unsere eigenen Götter zu bilden, Gottheiten, die unserem Wesen näher kämen als die phantastischen, poetischen, mythenbeladenen Götter Griechenlands. Vielleicht war es aber auch die Bewunderung unserer Ahnen gegenüber den griechischen Bildern, die lebensechte Kunstwerke schufen, vor denen es lohne, die Knie zu beugen, während die Römer den Jupiter in einem Kieselstein, Mars in einem Speer anbeteten. Kein Lebender stellte Zeus so machtvoll und lebensecht dar, obwohl er statt Haut und Knochen Gold und Elfenbein gebrauchte, wie Phidias aus Athen. Nie wurde die Göttin der Liebe anmutiger, verehrungswürdiger gestaltet als von Praxiteles in parischem Marmor. Aber war das ein Grund, die Götter der Griechen zu unseren Göttern zu machen?

Da uns diese Götter nun einmal zugedacht sind und sich hinter einem gewiß das Urgegebene des menschlichen Bewußtseins verbirgt, erfüllt mich der Zuzug fremder Gottheiten mit Sorge. Die kindliche Frömmigkeit der Römer bereitet jeder fremdartigen Gottheit das Bett, wenn sie nur fremd und abartig genug ist. Seit mein Göttlicher Vater die ägyptische Hure nach Rom einschleppte, seit Kleopatras kahlköpfige Priester ihre unsittlichen Götterbilder mitten in Rom zeigen durften, ist die Isis-Göttin nicht mehr aus den Köpfen der Römer zu verdrängen. Hauswände sind mit ihrem Symbol beschmiert, einem Thron; und ich weiß von geheimen Zusammenkünften ihrer Jünger in obskuren Gegenden, wo die Menschen unverständliche Gebete murmeln zu ihrer Ehre und, bevor sie eingeweiht werden in ihre Mysterien, mit bloßen Händen in Körben rühren, die mit giftigen Schlangen und Skorpionen gefüllt sind. Nur wer diese Handlung lebend überstehe, sagt das geheime Gesetz ihrer Anhänger, sei der Gottheit willkommen.

Aus dem Osten kommt Mithras, und seine Jünger tragen den Hahn als Symbol ihrer Anhängerschaft. Sie propagieren den Kampf für das Gute und müssen, bevor sie zum heiligen Bankett mit dem Lichtgott zugelassen werden (man reicht Wasser, Brot und Wein), sieben Stufen der Dienerschaft durchlaufen, als *Corax*, *Nymphus*, *Miles*, *Leo*, *Persa*, *Heliodromus* und *Pater*, was den Aufstieg des Menschen durch die Planetensphären symbolisieren soll. Diese seltsamen Torturen, die ich nicht verstehe und die mir zuwider sind wie das unter dem Sattel weichgerittene Fleisch der Britannier, versprechen die Wiedergeburt nach dem Tode. Wie das geschehen soll, ist mir ebenso unklar wie das Totengericht, das entscheiden soll über das ewige Leben. Ihre Heiligtümer suchen die Jünger des Mithras nicht in Tempeln, sondern mit Vorliebe in Felsenhöhlen, weil der Mysteriengott, wie sie behaupten, aus einem Fels entsprossen ist. Zum Gedenken an diese Geburt wird von den Mithras-Jüngern gegen Ende des Jahres ein ausschweifendes Fest gefeiert, und, wie ich hörte, legen sie ein neugeborenes Kind in die Höhle und beten es an.

Was ist besser an diesem Glauben?

Ich, Polybius, Freigelassener des Göttlichen Augustus und des Schreibens kundig, beginne zu zweifeln, ob dieses geheime Tagebuch des Göttlichen Caesars für die Nachwelt bestimmt ist. Ob Augustus überhaupt will, daß je ein Mensch auch nur eine Zeile zu Gesicht bekommt. Ob der Göttliche nicht nur seine Gedanken niederschreibt, weil nichts soviel Klarheit verschafft wie der Vorgang des Schreibens. Denn das, was der Pontifex Maximus in den letzten Tagen dem Pergament anvertraut hat, stellt nicht nur die römischen Götter in Frage, es gibt sogar anderen, fremden Göttern, ja einem einzigen Gott unbekannten Namens den Vorzug! Frevel ist überhaupt kein Ausdruck für diesen Vorgang, ist doch der Caesar nicht irgendein Römer, auch nicht ›nur‹ Lenker des Staates, Augustus ist Pontifex Maximus und damit die bedeutendste Persönlichkeit der römischen Staatsreligion. Behauptete er in seiner Eigenschaft als Caesar, ein ägyptischer Pharao würde eigentlich besser über das römische Imperium herrschen – der Skandal wäre der gleiche. Meine persönliche Religiösität besteht in der Vorstellung, daß irgendwelche Götter das Konzept dieser Welt zwar diktieren, ihr Diktat bis heute aber nicht unterschrieben haben.

XXIV

Unsere Zeit ist eine Zeit der Mysterien und fordert Toleranz. Denn was dem einen Kuh und Butterlieferant, gilt anderen als himmlische Göttin. Alle Religionen sind gut, die uns zu guten Menschen machen – das gilt auch für die Mysterien. Ursprung aller Mysterien ist der Wunsch. Hätte der Mensch keine geheimen Wünsche, gäbe es keine Mysterien.

Das alles verpuppt sich mit Unerforschtem und geheimen Lehren, und ich will darauf nicht weiter eingehen, zähle ich doch selbst zu den Eingeweihten solcher Mysterien, denen bei Todesstrafe versagt ist, die Vorgänge im Heiligtum zu beschreiben. Als ich nach Griechenland reiste in jungen Jahren zum Studium der großen Philosophen, begegnete ich dem Hierophanten des eleusinischen Tempels, so wird der Oberpriester des Heiligtums genannt, und ich erklärte, auf der Suche nach Wahrheit und Klarheit den Weg nach Hellas gewählt zu haben. Der Hierophant aber, dessen Namen ich verschweigen muß, erklärte, nicht auf der Agora, nicht in der Akademie würde ich der Wahrheit begegnen, denn die Wahrheit der Philosophen sei nur ein Ringen nach Wahrheit, Wahrheit bedürfe nicht vieler Worte, Wahrheit müsse schweigen, nur Schweigen führe zu Erkenntnis. Jupiter, die Worte faszinierten mich, und ich bat den Alten, mir von seiner Lehre zu berichten. Da legte der Hierophant den Finger auf den Mund. Ich sah ihn fragend an, schließlich antwortete er: »Komme am 14. Tag des Monats Boedromion und schaue!«

Boedromion nennen die Griechen den Monat September, und obwohl mich in Rom wichtige Termine erwarteten, harrte ich aus bis zu jenem Tag, den der Priester mir nannte. In attischen Nächten, die der Sternenhimmel in mildes Licht taucht, zog ich Philosophen und Priester zu Rate, um zu erfahren, welches Mysterium das Heiligtum von Eleusis umgebe. Demeter, die Korngöttin, hieß es, habe den Ort heimgesucht zu einer Zeit, als Eleusis noch ein Königreich war mit fruchtbaren Ebenen, in denen das Korn stand. Mit sich führte Demeter ihre Tochter Persephone, ein weißgelocktes Mädchen, vom Aussehen allerliebst. Am Ufer des eleusinischen Flusses tat sich die Erde auf, Hades brauste herauf, der Gott der Unterwelt, griff das Mädchen und verschwand. Verzweifelt zog Demeter nun durch das Land, Persephone zu suchen, und dabei bediente sie sich der Gestalt eines buckeligen Weibes, damit niemand sie erkenne. König Keleos, der über Eleusis herrschte, nahm Demeter auf zur Erziehung seiner Kinder. Vor allem Demophon, der junge Thronfolger, gewann die Zuneigung der Göttin, und sie beschloß, das Knäblein unsterblich zu machen, indem sie es des nachts über das Feuer hielt. Dies entdeckte die Königin, und da sie glaubte, die buckelige Alte wolle das Kind töten, schrie die Mutter in Todesangst und schlug auf das Weib ein. Erzürnt unterbrach die Göttin ihr Werk. Sie offenbarte sich dem Königspaar, und weder Versprechungen noch fromme Gebete vermochten Demeter zu besänftigen. In ihrem Zorn forderte sie vom König, man solle ihr einen Tempel errichten. Dem Wunsch kam König Keleos nach. Demeter aber schloß sich ein, und sie verbot der Erde, Früchte zu tragen, und die Menschen verhungerten in Scharen. Da sah Zeus, daß es falsch war, dem Hades Persephone zu überlassen, und er befahl, das weißgelockte Mädchen dürfe zu seiner Mutter zurückkehren und fortan zwei Drittel des Jahres auf der Erde leben, das restliche Drittel aber in der Unterwelt. Auf diese Weise versiegte Demeters Zorn, sie gab der Erde neue Fruchtbarkeit und beschloß, den Tempel zu verlassen. Zum Abschied versammelte sie die Priester des Heiligtums und lehrte sie, was zu tun sei, damit sie ein besseres Auskommen auf Erden erlangten. Die Priester bewahrten das Geheimnis in ihren Herzen, und ein jeder erzählte es dem nächsten vor seinem Tode. Aufgeschrieben aber wurden die Worte der Göttin nie, denn ihr Sinn war auf Pergament nur schwer zu begreifen.

Das ist es, was ich von den Priestern und Weisen erfuhr bis zum Beginn der Mysterien. Am genannten Tag im Monat Boedromion aber kamen die Priester des Heiligtums nach Athen, um am Fuße der Akropolis den Beginn der Feiern zu verkünden. Zu diesem Ereignis war noch jedermann zugelassen, so er der griechischen Sprache mächtig und keiner Mordtat verdächtig war. Auf der Heiligen Straße nach Eleusis, welche die Menschen dann singend und tanzend gingen, fieberte ich an der Seite des Hierophanten dem Ereignis entgegen, das seinen Anfang nahm, nachdem die Sonne hinter den Hügeln versunken war. Jetzt wurden Eingeweihte und gemeines Volk von Fackelträgern mit lodernden Lunten geschieden, man gab mir zu trinken, warf mir einen Sack über den Kopf, Todesschreie von Opfertieren drangen an mein Ohr, Nacht umfing mich, auch in mir machte sich eine süße Verzückung breit.

Hier will ich dem heiligen Gesetz Genüge tun und über alles weitere schweigen, denn der Weg, eins zu werden mit der Gottheit, ist bedrückend und verschlungen wie die Heimkehr des Ulixes, und was haften bleibt in deinen Gedanken, ist nur ein verschwindender Teil des Geschauten, die Oberfläche sozusagen und vergleichbar mit der holzigen Schale der Nuß. Wer die Süße des Kerns nie gekostet hat, wird nicht begreifen, daß der Genuß hinter der sichtbaren Schale liegt. Doch nun schweige, Caesar, denn die Erkenntnis ist unaussprechlich.

XXIII

Der Tod wird mir vertrauter, von Nacht zu Nacht, von Tag zu Tag. Ich lausche nächtens den Sterbegesängen. Der Türsklave, den ich fragte, woher der Klang orphischer Gesänge dringe, hob die Schultern und gab vor, nichts zu hören. Er lügt natürlich, er lügt auf Anweisung Livias. Sie will mich nicht beängstigen. Ein Caesar stirbt vielstimmig besungen, ich weiß. So üben sie meinen Tod ein. Wer stirbt hier eigentlich, beim Jupiter?

Der Tod wird mir vertrauter, seit Orpheus hervortrat hinter dem Vorhang meines Bettes, wo ich ihn schon seit vielen Nächten vermutete. »Orpheus«, rief ich, »göttlicher Sänger, du kennst das Totenreich besser als die Gestade der Erde, wo dir nur Böses widerfuhr, und Angst vor dem Hades ist dir fremd. Nimm die Furcht von mir, so sie unbegründet, doch wenn die Sterblichen die Unterwelt fürchten müssen, so sprich die Wahrheit.«

Da erhob Orpheus die Laute, und er begann schmeichelnde Töne zu singen, die keine Worte formten, doch der Wohklang der Silben, das Klagen und Lachen der Töne, das Vögel und Fische herbeilockt und sogar Bäume und Felsen anzieht wie der Magnetstein, vermittelte mir seinen Inhalt, und ich verstand seine Antwort. »Komm«, sang Orpheus, »komm mit mir, und ich werde dir zeigen, was du zu sehen begehrst!« und er streckte mir seine Rechte entgegen.

Einen Augenblick zögerte ich, zweifelnd, ob nicht mein Wunsch Frevel bedeute, ob das Reich der schweigenden Schatten begehrenswert sei oder nicht eher jenes der linden Lüfte, der warmen Sonnengefilde, der herbstlichen Nebel sogar; aber der Drang, das Unabwendbare zu erkennen, zerstreute meine Bedenken, und ich ergriff seine Hand. Da sang Orpheus mit gewaltiger Stimme, und gewohnt, den Schnee der Berge zu schmelzen, gebot sein Gesang den stürmischen Winden, und mit geblähten Kleidern erhoben wir uns, langsam zuerst, doch dann immer schneller Erde, Wasser, Luft und Feuer durcheilend. Ich blickte an mir hinab und staunte, wie mein vom Alter gebeugter Körper, der mühsam mir dient seit einer Reihe von Jahren, sich streckte und dehnte wie ein gestählter Gladiator, und ich fand Gefallen daran, schwerelos wie eine Feder durch die Elemente zu gleiten.

Mit einem Mal ließ Orpheus die Stimme verklingen, und mit ihr verstummte das Brüllen des Feuers, das Brausen der Lüfte verebbte ebenso wie das Rauschen des Wassers, und der Lärm der Erde machte Stille Platz. Angst befiel mich, und ich faßte fester die Hand meines Begleiters.

»Orpheus«, rief ich, »Orpheus, was bedeutet das?«

Aber noch während ich redete, bemerkte ich, daß meine Stimme versagte: Ich bewegte die Lippen, und meine Stimmbänder vibrierten, die Lungen ließen Luft ausströmen, all das spürte ich, doch ich brachte keinen Laut hervor. Seltsam nur, daß der Sänger meine Frage verstand. Auch er bewegte die Lippen, und ohne daß ich seine Rede hörte, verstand ich die Antwort.

»Das ist die Quintessenz«, erwiderte Orpheus, »das fünfte der Elemente, Äther genannt, der Urstoff, der den Menschen fremd ist, weil kein Sterblicher begreifen kann, daß Vergangenheit und Zukunft eins sind wie Höhe und Tiefe, Wasser und Feuer, Dunkel und Licht.«

»Ich begreife es nicht!« rief ich stumm.

»Noch zählst du zu den Sterblichen, Caesar. Hast du die Sterblichen erst verlassen, wirst auch du es begreifen!«

»Es gibt also eine Zeit, wo auch du die Quintessenz nicht verstandest?«

»Die gab es, gewiß«, entgegnete Orpheus, »zu jener

Zeit, als ich nach Eurydike forschte im Hades. Schwach wie alle Sterblichen, handelte ich wie ein Sterblicher, töricht und dumm, und nicht die Macht meiner Stimme vermochte Hades umzustimmen. Du kennst die Geschichte?«

»Ich kenne sie; doch lasse sie hören aus deinem Munde!«

»Sie klingt nicht anders als jene der Dichter: Durch den Biß einer Schlange verlor ich Eurydike, kaum hatte ich sie gefreit. Mein Klagegesang erweichte die Steine; Menschen und Tiere scharten tröstend sich um mich, doch wurde meine Trauer größer von Tag zu Tag. So beschloß ich, die Geliebte zu suchen im Reiche der Schatten und den Herrscher der Unterwelt zu betören mit meinem Gesang. Glaube mir, nie glitten die Finger zarter über die Saiten, nie wurde die Stimme von größerer Inbrunst getragen als in jener Nacht, da ich Hades erweichte. Doch gab es eine Bedingung, die zu erfüllen mir Hades gebot. Ich sollte alleine den Weg zurückgehen, auf dem ich gekommen war. Eurydike würde mir folgen in gebührendem Abstand. Sollte ich auch nur einmal mich wenden, so sei die Gnade verwirkt. Also ging ich. Unverzagt setzte ich einen Fuß vor den anderen, schon bald aber befielen mich Zweifel. War den Schatten zu trauen? Ich ging weiter, das Bild Eurydikes vor Augen. Die Vorstellung, das geliebte Wesen im Arme zu halten nach tausend – und seien es tausend mal tausend – Schritten, machte mich rasend, und meine Sehnsucht schwoll wie ein reißender Bach. Da wandte ich sachte im Gehen den Kopf. Du kennst das Ende.«

Ich nickte: »Du bekamst Eurydike nicht mehr zu Gesicht.«

»Ich sah einen Schatten, und der Schatten verschwand.«

Ergriffen schwieg ich eine ganze Weile, dann fragte ich: »Und welche Bedingung hält Hades für mich bereit, Sänger?«

»Du darfst dich niemandem zu erkennen geben«, erwiderte Orpheus, und er entwand sich meiner Hand, daß ich hilflos stand wie ein Fohlen auf einsamer Weide. Der Sänger entfernte sich rückwärts, noch ehe ich eine weitere Frage stellen konnte, und im Gehen rief er mir zu, und seine Worte hallten mit seltsamem Echo von unsichtbaren, schwarzen Wänden: »Schreite immer voran auf das Licht zu, das dir vorausgeht!« Dann warf er mir eine Münze zu und verschwand.

Ich hörte Stille. Nie im Leben bin ich ähnlicher Lautlosigkeit begegnet: Schweigen, Stummheit, Unbewegtheit, Stillstand, Gelassenheit, Gleichmut, In-sich-Ruhen, Verweilen, Dauern, Innehalten in einem. Mein Atem stockte, ohne jene Gefühle auszulösen, die dem Ersticken vorausgehen. Ich brauchte ihn nicht. Im Gegenteil, ich hatte den Eindruck, daß ich durch meine lautlose Anwesenheit das unendliche Nichts zum Leben erweckte. Schritt ich aus, so wallte Staub auf in grauschwarzen Wolken, und das Licht vor mir begann zu wandeln wie die Laterne des Tempelwächters auf dem nächtlichen Capitol. Ich fühlte keine Angst, wie überhaupt jede Art von Gefühl ausgelöscht schien. Mir wurde klar, daß Zeit ein Gefühl ist, daß Vergangenheit, Zukunft und Gegenwart nichts weiter sind als eine

Empfindung, daß Jugend und Alter Eindrücke sind, selbstgeschaffene Ahnungen, in Wirklichkeit ist das eine wie das andere, und es kann keine Rede sein, daß das andere dem einen Platz macht, weil ja auch du selbst dir selbst nicht Platz machen kannst. So schritt ich im Staub, ob Tage oder Nächte oder nur einen Bruchteil vermag ich nicht zu sagen, weil der Weg keine Anstrengungen erforderte und weder Müdigkeit noch Erschöpfung bereitete.

Ich ging, wurde eins mit dem Vorgang des Schreitens, der keine anderen Gedanken erlaubte als jenen zu schreiten, bis das Licht vor mir unruhig zu flackern begann, als ob zugiger Wind die Flamme bedrängte. Im Näherkommen nahm ich eine Gestalt wahr im langen ungegürteten Umhang, die an einem Seil hantierte, das leicht gestrafft in die Ferne verlief, und dort in der Ferne erkannte ich ein Boot am Ufer des Flusses. Doch welch ein Fluß! Seine Wogen schienen erstarrt wie zerflossenes Glas, kein Rauschen, kein Plätschern drang an mein Ohr, nichts war vom kühlenden Lufthauch zu spüren, den schon das kleinste Bächlein verbreitet, ein furchtbarer Anblick. Die dunkle Gestalt, der ich nun nahe war, beinahe zum Greifen, die sich jedoch noch immer nicht zu erkennen gegeben hatte, schwenkte im Gehen ihre Laterne zum Zeichen, ich solle folgen. Ich gehorchte. Angelangt am Ufer des starren Flusses zog der finstere Geselle den Nachen heran und mit einer weit ausholenden Armbewegung, die wohl Einsteigen bedeutete, drehte er sich um. Ich stand starr. Ich kann nicht sagen, daß ich mich fürchtete, doch erstickte sein Anblick jede Bewegung in mir. Mich blickte ein rotäugiger, abgemagerter Alter an, ein Wesen, an dem die welke, farblose Haut in Lappen herabhing. Das Furchtbarste aber waren seine dicken strähnigen Haare, von denen das einzige Leben ausging. Denn beim näheren Betrachten entpuppten sich die Strähnen als sich windende Schlangen mit züngelnden Köpfen. So erkannte ich Charon mit unendlichem Schauder. Er aber streckte mir die hohle knochige Hand entgegen zu einer Kelle geformt, und ich warf meine Münze hinein. Jetzt hielt er den Aureus dicht vor die Augen und murmelte Mürrisches, schließlich verschwand seine Hand in dem vielfaltigen Umhang.

Mit mutigem Sprung bestieg ich den Nachen, und der Alte, dessen Bewegungen bisher eher mühsam schienen, tat es mir gleich. »Lebendiges Gesindel!« knurrte der Fährmann, während er mit dünner, zerbrechlicher Stange vom Ufer abstieß. Jupiter, behend glitt das Boot durch das erstarrte Wasser, und nicht ein Wellenschlag oder das Eintauchen der Stange war zu vernehmen. »Lebendiges Gesindel, lebendiges!« wiederholte der lautlos stochernde Alte, ohne mich eines Blickes zu würdigen; doch wußte ich wohl, daß er mich meinte.

»Dein Lohn ist das Gold!« sagte ich mutig, »nun verrichte die Arbeit.«

Der Fährmann knurrte: »Als ich Herakles über die stygischen Wasser stocherte, lag ich ein Jahr an der Kette.«

»Aber Aeneas«, gab ich zu bedenken, »du setztest auch ihn über den Fluß und erfuhrest kein Leid.«

»Törichter Wahnsinn!« schimpfte Charon, »ich

werde nie jene glühende Gier begreifen, die den Menschen befällt, wenn er zweimal das große Wasser durchkreuzt.«

»Nur wenige erfreuen sich der Gnade Jupiters, zum Äther erhoben.«

Da wandte der Fährmann sich um und blickte zurück zum diesseitigen Ufer, und ein gurgelndes Lachen befiel den Alten und erschütterte seinen ausgemergelten Körper. Ich folgte seinem Blick und erkannte ein Knäuel ringender Schatten, Frauen und Männer und schreiende Kinder, des Lebens beraubt, die am Ufer sich drängten und flehten, vor den anderen übergesetzt zu werden zu den Gefilden der Sehnsucht. »Keiner«, rief Charon, »keiner wird das andere Ufer erreichen, bevor nicht seine Gebeine bestattet sind, und irrte und flatterte sein Schatten auch hundert mal tausend Jahre!« Und abstoßend lachend breitete Charon die Arme aus, und der Wind, dessen Luftstrom mir unerkannt blieb, blähte machtvoll den flatternden Mantel des Alten und trieb den Nachen über den schweigenden Fluß.

Jenseits tat sich ein finsterer Schlund auf, unheimlich wie die Höhle der Ziegeninsel, welche mir die Neopolitaner verkauften, bewacht vom dreiköpfigen Cerberus. Dort entließ mich der Fährmann grußlos. Bei meinem Anblick schlug der Hund mit dem Schwanze, ohne sich zu erheben, und ich trat ein in das Schattenreich: Farblose Wälder und Hügel in fahlem Licht und tausendfache Bewegung dazwischen, durchsichtige Leiber, wie Grashalme schwingend, durch die der Wind fährt, andere stets dieselbe Wellenbewegung vollführend, wieder andere schwingend wie Pendel. Aber inmitten der Massen, die jede Vorstellungskraft überschreiten, entdeckte ich besondere Schatten: sie fielen vor allem dadurch auf, daß ihre Unruhe sich von jener der Vielzahl unterschied. So erkannte ich Sisyphus, den schelmischen Helden, weil er in wiederkehrender Bewegung den Fels auf den Kamm eines Hügels rollte und keuchend sein Werk aufs neue begann, sobald der Steinblock ins Tal gerollt war. Ich begegnete Tantalus, dem asiatischen König, welcher dereinst an der Göttertafel speiste, was noch keinem Sterblichen erlaubt war, und sah seine Qualen mit eigenen Augen: Er lechzte nach Wasser mit dörrender Zunge, obwohl das Wasser ihm bis zum Hals reichte, doch sooft er sich bückte mit gierigem Mund, wich das Wasser zurück bis zur Erde. Zum Stillen des Hungers hätten Birnen und Äpfel und triefende Feigen genügt, die greifbar über seinem Kopf hingen, doch waren auch jene nicht für den Fürsten bestimmt, und sie wirbelten, sobald er nach ihnen griff, wie vom Sturmwind gepeitscht in die Lüfte. Dies schien den Göttern angemessen als Strafe für seine ruchlose Tat. Hatte er doch den eigenen Sohn geschlachtet und als Götterspeise bereitet, um zu erkunden, ob die Unsterblichen wirklich allwissend seien.

Und Tityos sah ich, den ewigen Büßer, neunhundert Fuß lang ausgestreckt auf der Erde wie ein Gigant, und doch hilflos ausgeliefert dem gefräßigen Geierpaar, das ihm die Leber, den Sitz der Begierden, zerhackte. Dies war die Strafe, weil er Leto, der Mutter Apollons und der Artemis, Gewalt antun wollte. Nur Schritte entfernt erkannte ich Orion, den jagenden Riesen, und Sirius, seinen Hund. Noch im Hades verfolgt er wahnsinnig das Wild mit eherner Keule, weil Artemis es so will. Sein Frevel: Drohte er doch der Göttin prahlerisch, die gesamte Tierwelt auszurotten, bis ihn ein Pfeil traf aus Artemis' Köcher.

Umgeben von kreischendem Vogelgeschrei, den seltsamen Lauten flatternder Geister, trat Hercules aus der diesigen Nacht hervor, die blühende Hebe im Arm, scherzend und kosend – der erste, der im Schattenreich Freude empfand. Woher er die Freude nehme, die Lust und die Wonne in dieser dämonischen Gegend, erkundigte ich mich bei dem übermütigen Helden, und Hercules antwortete lachend. Man könne verschiedene Wege gehen auf Erden, den leichten, gefälligen Weg der Lust und des Lasters, aber auch den mühsamen, entsagungsvollen Weg der Tugend. Wer den einen wählt, den erwartet im Hades ausgleichende Gerechtigkeit, im anderen Fall aber findet er höchste Glückseligkeit. »Meine Mutter betrog mich um das Recht der Erstgeburt, indem sie mich im Leibe zurückhielt und meinem Zwillingsbruder den Lebensweg freigab. Später schickte sie rasenden Wahnsinn über mich, in dem ich Frau und Kinder tötete. Doch dafür büßte ich schon auf Erden zwölffach. Ich erwürgte den unverwundbaren Löwen und tötete die lernäische Hydra, die schnelle Hirschkuh fing ich mit bloßen Händen, mit dem Pfeil erlegte ich die menschenfressenden Vögel, mit dem Speer den erymanthischen Eber. Die Ställe des eleischen Königs Augias reinigte ich mit List, indem ich die Flüsse Alpheios und Peneios hindurchleitete.

Furchtlos bändigte ich den feuerschnaubenden kretischen Stier und die menschenverzehrenden Rosse des Thrakers Diomedes. Den Gürtel der Hippolyte gewann ich kampflos und ebenso die Rinder des ungeschlachten Riesen Geryoneus sowie die Äpfel der Hesperiden, der hellsingenden Töchter der Nyx und des Atlas. Als ich den Höllenhund gar bezwang, war meine Buße erfüllt auf der Erde, und schuldlos betrat ich das Jenseits.« So sprach er, der göttliche Held, ohne mich nach dem Namen zu fragen.

Unerkannt setzte ich meinen Weg fort, und ich folgte dem Drang, den Schatten meiner Mutter Atia, des großen Alexander und dem meines Göttlichen Vaters zu begegnen. Mit schweifendem Blick durchwanderte ich graulichte Höhen und Täler, ich streifte durch starrtote Wälder mit Bäumen, die nie einen Lufthauch gespürt hatten. Und immer wieder klagende Menschen mit glasigen Leibern, aneinandergeklammert wie Fledermäuse im Dunkel der Gruft. Auf der grauen Asphodeloswiese, die vielen tausend Luftgebilden Platz bot, hielt Minos Gericht auf schimmerndem Fels. Mit goldenem Szepter schied er Tugendsame und Lasterhafte, und den Bösen verkündete er die gerechte Strafe. Die aber auserwählt von Minos, durften hinter den Totenrichter treten und ihren Weg fortsetzen in das Glück verheißende Jenseits.

Im Wogen der Leiber erkannte ich Julius am schütteren Haupthaar, von anderen Seelen bedrängt in der Masse. Ihn schützte kein Sklave, und mir schien es, als kümmerte sich niemand um seine Erscheinung. »O Göttlicher Vater!« rief ich von weitem, doch meine

Stimme erreichte ihr Ziel nicht, und so drängte ich mich durch das wallende Volk. Wie ein Schwimmer im reißenden Fluß kämpfte ich gegen die Strömung, doch kaum glaubte ich, ihm auf Rufweite nahegekommen zu sein, da spülte ihn eine neue Woge von Menschen fort. Erst jetzt inmitten der blutlosen Luftgebilde wurde ich der maskenhaften Gesichter gewahr, die keine Regung verrieten, kein Leid, keine Freude und auch nicht die wilde Erregung, die deutlich an ihren Bewegungen zu erkennen war. Es schien, als trage ein jeder den Gesichtsausdruck, mit dem er das Diesseits verlassen hatte.

Ich weiß nicht, woher ich die Kraft nahm, ich bewegte mich mit rudernden Armen vorwärts, und mehrmals verlor ich mein Ziel aus den Augen, doch auf einmal kam ich, unerwartet in jene Richtung gedrängt, Julius nahe, so nahe, daß ich sein schmerzverzerrtes Gesicht sehen konnte. »O Vater, *Divus Julius*!« rief ich und streckte ihm die Arme entgegen. Als hätte er mein Rufen vernommen, wandte Gaius den Kopf, sah mich an aus erstarrten Augen, aber er zeigte keine Regung. Und nun nahte das Verhängnis in meine Worten. Denn als Julius nach wiederholtem Rufen nicht reagierte, als er nicht aufhörte, mich mit der schmerzverzerrten Maske anzusehen, da fragte ich vorwurfsvoll: »Erkennst du mich nicht, Vater? Ich bin es, dein Sohn *Caesar Augustus*!«

Da schwand die graulichte Welt vor meinen Augen, und die Fahlheit der Nacht machte gleißendem Sonnenlicht Platz, daß ich mit schützender Hand die Augen bedeckte und den Sklaven schalt, der den Vorhang zur Seite geschoben hatte.

XXII

Mir ist die Unterwelt näher als der Ausgang meines Palastes, den zu erreichen mir von der Prätorianergarde versagt wird. Ich lasse mir tausend Dinge einfallen, um dennoch in die abgelegensten Räume zu gelangen, wo mir Fenster den ungehinderten Blick nach draußen ermöglichen. Rauchsäulen stiegen zum Himmel überall in der Stadt. Sie bringen das Totenopfer für ihren Caesar. Da steckt Musa dahinter. Wie oft hat er, in der Annahme, ich würde sein Gift nicht überleben, bereits meinen Tod verkündet? Und wenn nicht, so zeigt er gewiß täglich mein bevorstehendes Ableben an. Aber ich, *Caesar Augustus*, bin stark. Sie werden mich töten, wenn ich nicht sterbe am hundersten Tage. Jupiter, welch grausames Schicksal!

Das Leben ist unzulänglich, das lehrten mich sechsundsiebzig Jahre, doch die bitterste Erfahrung ist dieses einsame Sterben, fern jeder Anteilnahme und Trauer. So flüchte ich mich mehr und mehr in den Schlaf, den erlösenden Bruder des Todes, mehrmals täglich, wo immer er mir begegnet. Aber Alte brauchen nur wenig Schlaf, so daß ich in den Nächten von Wachheit gepeinigt werde – welch barbarische Folter! Schon lange weigere ich mich, das Licht zu löschen in meinem *cubiculum*, zum einen aus Furcht vor Eindringlingen, zum anderen, weil die Intervalle zwischen Schlafen und Wachen so kurz sind, daß sie einen derartigen Aufwand nicht rechtfertigen.

Dann starre ich trüben Blickes zur Decke, wo pompejanische Maler zwischen Muscheln und Blattwerk Mercurius' frühe Jahre verewigt haben, den Gott der Träume und des Schlafes; doch sind mir die Bilder zu vertraut, als daß ich noch Gefallen fände an ihnen. Selbst die Verse eines Horaz werden durch ständiges Wiederholen zum Marktgeschwätz. Mir scheint es bestimmt, daß Mercurius mich auf meinem letzten Wege begleitet. Kennt er mein Leben aus göttlicher Allwissenheit, so ist mir das seine nicht fremd im warmen Ton von Ochsenblut, geboren von Maja, der schamhaften Nymphe, nach Jupiters lustvoller Begattung. Schon am Tage nach der Geburt erhebt Mercurius sich aus seiner Wiege. Er findet eine Schildkröte, und aus dem Panzer fertigt er eine Leier mit sieben Saiten aus Schafsdarm. Die zupft er auf schattigem Weg nach Pierien in der Tonart, in der sich schamlose Jünglinge necken beim Festmahl. So gelangt er zu den Weiden der unsterblichen Rinder, und fünfzig Kühe erwecken seinen Neid. Flugs flicht er riesige Sohlen aus Myrten- und Tamariskenzweigen und bindet sie unter die Füße, daß seine Spuren, so man sie fände, den Riesen mehr zukämen als den Zwergen. Wie oft habe ich diese Spuren verfolgt mit ermatteten Augen und jene der Herde, die, rückwärts über den sandigen Boden getrieben, verkehrte Tritte hinterläßt, daß die hinteren Hufe vorne, die vorderen aber hinten erscheinen.

Zurück in der Höhle opfert Mercurius zwei von den Kühen den olympischen Göttern, geteilt in zwölf Teile, und sucht seine Wiege auf mit duftenden Laken, als wäre nichts geschehen. Die ehrsame Mutter aber hat alles bemerkt, und sie schilt den Sohn, er werde in finsteren Schluchten das Leben der Diebe führen. Doch der erhebt sich zornig von seiner Wiege und fordert von Jupiter Anteil am unerschöpflichen Reichtum, ja gleiche heilige Ehrung wie Apollon.

Kaum steigt der Morgen herauf aus dem Ozean, da macht Apollon sich zornig auf die Suche nach der entführten Herde der heiligen Kühe, und er kommt zu der Grotte der Nymphe. Unter Drohungen fragt er das Kind, wo die Kühe verborgen seien; aber Mercurius stellt sich unwissend, beteuert, nichts gesehen, nichts gehört zu haben, ihm sei nur an Schlafen und Muttermilchtrinken gelegen, zart seien seine Füßchen und hart der Boden. Doch Apollon glaubt ihm kein Wort, er nennt den Knaben Dieb und Betrüger und zerrt Mercurius auf den Olymp vor die Kniee des Vaters.

So stiftet Jupiter Frieden zwischen den beiden, indem er vom einen die Rückgabe der Kühe fordert, vom anderen aber die Liebe des Bruders. Also machen die beiden sich auf den beschwerlichen Weg nach Pylos, wo Mercurius die Herde verborgen hält, und er greift zur Erbauung in die Saiten seiner Leier und preist die Würde der Götter. Aber weil Apollon nur des Flötenspiels mächtig ist, befällt ihn unbezwingbare Sehnsucht nach jedem Frohsinn und süßen Schlaf vermittelnden Instrument des Bruders an seiner Seite, und er bittet flehentlich, ihm die Leier zu überlassen. Als Preis nennt Apollon die Kühe, und Ruhm sei ihm gewährt unter den Göttern. Mercurius aber ist schlau, er sperrt sich dem großzügigen Angebot und entlockt seinem Instrument die zärtlichsten Töne, daß Apollon von Sinnen den Bruder mit allem Besitz überhäuft und nur die Gabe der höheren Weissagung zurückhält. So jedenfalls ist der Mythos an der Decke verewigt.

Während ich wachend liege und jenen Geschehnissen folge, ein um das andere Mal, ist mir deutlich geworden, daß die Kritiker unseres Götterglaubens recht haben, wenn sie behaupten, die Olympischen seien nur ein Abbild der Irdischen, sie seien ebenso gut und ebenso böse, schlau und dumm, befehlend und gehorchend wie die Sterblichen, und ihre Unsterblichkeit sei nur der unerfüllbare Traum der Menschen. Verfolge ich den Gedanken weiter, so gereicht mir der göttliche Name zur Ehre, gewiß, doch zu mehr gereicht er nicht, sooft ich ihn auch wiederhole.

Ich lege mich nieder und beginne von neuem das Leben Mercurs zu betrachten: Geboren von Maja, der schamhaften Nymphe, nach Jupiters lustvoller Begattung ... und so weiter ... und so weiter ...

XXI

Seit gestern verweigere ich jede Nahrung. Ohnmächtig und verachtet will ich so nicht weiterleben, nicht zwanzig Tage, die mir noch verbleiben. So werde ich den Parzen einen Streich spielen und allen, die mein Ableben mit Gier erwarten, den Beweis erbringen, daß sich der Wille des Caesars erfüllte bis zu seinem letzten Atemzug. Ich bin an Entbehrungen gewöhnt, habe mir die Enthaltsamkeit von Speisen oft selbst auferlegt, im Kriege wie im Frieden, um den Römern ein Beispiel zu geben; aber ich weiß wohl, daß man mich deshalb verlachte. Der Bauch ist ihr liebster Gott, ihm opfern sie bis zum Erbrechen, und kaum ist dies geschehen, stopfen sie sich voll von neuem wie Fechter vor dem letzten Mahl. Die Römer sind ein Volk der Fresser, und selbst der Ärmling aus der Subura, dem das Geld nur für eine Sardine reicht, verlangt nach Thunfisch – dem weisen Philosophen zum Hohn, der predigte, wir leben nicht, um zu essen, sondern wir essen, um zu leben.

Ich weiß, die Römer lachen über mich, nennen mich einen Gymnosophisten, weil jene, nackt in Wäldern lebend, sich bei strenger Lebensweise vollkommen jedes Fleisches enthielten, von Früchten lebten und die Natur verehrten. Das aber trifft mich wenig – in Wahrheit stehe ich dieser Lehre fern –, weil ich schon früh erkannt habe, daß der höchste Genuß nicht im Prassen liegt, sondern im nüchternen Verstand, der den Ursachen für das Suchen und Meiden von Bedürfnissen nachgeht. Frivoler Reichtum hat uns arm gemacht, arm an eigener Phantasie und Kochkunst: Nur das Fremde aus den Kolonien ist angemessen und begehrenswert, versetzt mit fremdartigen Gewürzen, die wie Feuer brennen und die Gedärme zersetzen mit gräßlichem Gestank. Wo über Jahrhunderte Salz und Honig ihre Dienste taten aus heimischen Ländern, werden Kräuter und Soßen verlangt von den entlegensten Flecken der Erde. Und Getier, das den Griechen noch fremd zum Verzehr schien wie Muscheln und Schnecken, gilt, scharf gewürzt, heute als teure Delikatesse.

Auf schnellen Pfaden schleppen sie Eber herbei aus dem fernen Germanien und furchterregende Rochen und Schildkröten von der äthiopischen Küste, Ägypten liefert hochstelzige Flamingos und breitschwänzige Krokodile (von ersteren wird, wie ich hörte, das gekochte Gehirn geschätzt, bei letzteren nur der Steiß). Vom Seegetier kenne ich keines, das nicht auf römische Tische gelangt. Selbst Kraken, Aale und Seeigel, die den Menschen lange Zeit Furcht einflößten, werden nun, mit *Garum* versetzt, hinuntergeschlungen. *O tempora, o mores.* Seht ihn euch doch an, den Durchschnittsrömer, wie er beim Gang über das Forum mit den Zipfeln seiner Toga kämpft, die ständig aus dem Gürtel schlüpfen, weil der geblähte Bauch den Stoff knapp werden läßt. Es gab Zeiten – und sie sind noch nicht so lange her –, da galt die Schlankheit und das Ebenmaß des Körpers als erstrebenswertes Ideal. Und heute? Heute wird das Gegenteil beneidet, und der vollgefressene, dickbäuchige *pater familias* verkündet öffentlich mit speckigem Mondgesicht, wie teuer ihn sein Aussehen gekommen sei, und nichts bereite ihm größere Lust als Fressen und Saufen.

Wie sehr hat sich der Lustbegriff gewandelt, nach stoischem Begriff sogar ins Gegenteil, nannten die Philosophen doch das Gutheißen Lust, das Verwerfen einer Sache aber Unlust. Und wenn Epikur verkündete, daß Lust das höchste Ziel seines Strebens sei, so meinte er nicht die Lust der Ausschweifung, sondern die Freiheit des Körpers von Schmerzen und die Loslösung der Seele von jeder Unruhe. Seinem Schüler Idomeneus aus Lampsakos riet der Weise eines Tages, er solle, wenn er seinen Freund Pythokles reich machen wolle, ihn nicht mit Geldgeschenken überhäufen, sondern von seinen Begierden befreien. Wäre Epikur ein Heutiger und Römer – die Götter haben ihm dies Schicksal erspart –, er würde verlacht werden wie ein Gaukler auf dem Marsfeld.

Wer wollte mich, beim Bacchus, als Feind des Weines bezeichnen? Ich trank ihn sittlich wohlvermischt, nicht selten aber auch pur und ohne einen Gedanken zu verschwenden, ob ich mein Quantum nicht überschritten hätte. Warum, so frage ich, muß man heute sich mit Lüsternheit ergötzen und verschiedene Weine in großer Zahl schlürfen, im Munde wenden und sie dann mit spitzen Lippen auf den lakonischen Marmor spritzen? Dies gilt als schicklich. Wo bleibt die Ehrfurcht vor dem Saft der Reben, den nur ein Gott gedeihen läßt, der Wasser aus den Wolken auf die Erde regnet, wo sie der Sonne Kraft in edlen Wein verwandelt? Wo bleibt dic Ehrfurcht vor dem Sein und Werden, das mir Wein einflößt mit jedem Schluck, als spiegelte er das eigene Leben? Wo bleiben geistvoll einstudierte Reden, mit denen unsere Väter nach alter Sitte jedes Trinkgelage eröffneten, um sich gemeinsam in anregende Trunkenheit zu reden? Wo bleiben Freundschaften, bei klingendem Becher geschlossen für ein ganzes Leben? Hat man in dieser Stadt denn schon vergessen, daß ein einziger Becher roten Falerners genügte, der Welt ein Horazisches Gedicht zu schenken?

Die plumpe Geringschätzung des Alltäglichen ist mir zuwider, sie kommt einer Geringschätzung des eigenen Lebens gleich. Nur das Außergewöhnliche, das nie Dagewesene, das Undenkbare zählt und wird beachtet. Die *aurea mediocritas* ist dem Mitleid, ja der Lächerlichkeit preisgegeben. Epikur, der sich am Gemüse seines winzigen Gärtleins erfreute? – Ein unverbesserlicher Weltverbesserer! Horaz, der im Sabinum seine eigenen Reben schnitt? – Ein Träumer! Die Tugend der Bescheidenheit ist zur Maßlosigkeit verkommen.

Kein Laster hat mehr Gift gemischt und häufiger den Dolch gezogen als die Maßlosigkeit. Sie kennt kein Schamgefühl und keine Rücksicht auf Gesetz und Sitte und pflanzt sich unaufhörlich fort, so daß, was heute noch als maßlos gilt, sich morgen schon mit dem Ruf des Alltäglichen verbindet. Betrachtet nur die Marser, Herniker oder Vestiner, die vor unserer Zeit sabinisches Land bevölkerten und die von allen in größter Bescheidenheit lebten, sich von Eicheln ernährten, Wurzeln und Beeren, und die ihr Schicksal nie beklagten. Dann aber gewährten die Götter ihnen die Gunst der holden Ähre, und mit gespitzten Waffen focht jenes Volk um größeren Wohlstand, und so erkämpfte es den eigenen Untergang. Warum lernen wir nichts aus der Geschichte? Haben nicht Griechen, Perser und Ägypter bewiesen, daß Geschichte nichts anderes ist als die ständige Wiederholung bekannter Abläufe mit geänderten Namen?

Sallust, der aus Enttäuschung über die römische Politik zum Geschichtsschreiber wurde und der sich nicht scheute, Julius, meinem Göttlichen Vater, obwohl jünger an Jahren, Ratschläge zu erteilen, bekannte, er habe oft nachgedacht, wodurch berühmte Männer ihre

Größe gefunden und Völker ihren Zuwachs gemehrt hätten, andererseits aber auch, warum Reiche untergegangen seien, und, so sagt der Historiker, er habe stets dieselben Vorzüge und Übel gefunden: Die Sieger hätten Reichtum und Übermaß gering geschätzt, die Besiegten hätten sie begehrt. Ein Haus oder einen Gutshof zu bauen, ihn prassend mit Standbildern, Wandteppichen und teuren Kunstwerken auszuschmücken und alles, nur nicht sich selbst, bewundernswert zu gestalten, das bedeute nicht, Reichtum als Schmuck zu haben, das bedeute vielmehr, dem Reichtum eine Schande zu sein.

Ich selbst bin gewiß über den Vorwurf des Prassens erhaben, doch machen mir die mahnenden Worte Sallusts bewußt, daß auch ich nicht frei bin von Maßlosigkeit, jenem Streben nach Macht, mit dem ich mich aller Feinde entledigte, und das mir die höchsten Ehren eingebracht hat. Obwohl ich mir Mühe gab – vielleicht aber muß ich sagen: gerade weil ich mir Mühe gab –, meine Wertvorstellungen und jene des Volkes zu vereinen, wurde die Kluft zwischen dem Caesar und dem gemeinen Römer immer größer, und heute kann ich nicht leugnen, daß die Ideale des Herrschers und die der Beherrschten verschieden sind wie die Zeiten im Ablauf des Jahres. Maßlosigkeit in der Macht aber bedeutet stets den Beginn eines Machtverfalls, weil die Ungleichheit (nichts anderes bedeutet Macht) immer deutlicher zutage tritt und weil dem gewöhnlichen Bürger die Identifizierung mit dem System (und das ist die Voraussetzung für Macht, sonst muß diese Macht als Diktatur bezeichnet werden) zunehmend erschwert wird. Ich weiß, jede Macht bedarf der Rechtfertigung, und alle Rechtfertigungsversuche sind ein wesentlicher Teil der Geschichte. So lag es an mir, die Machtansprüche meines Göttlichen Vaters zu rechtfertigen, und Tiberius ist aufgerufen, meine Maßlosigkeit in bezug auf die Macht zu erklären.

Macht – ich muß lachen, lachen über mich, den Mächtigen, den Mächtigsten der Mächtigen, *Caesar Augustus Divi Filius*, dem, gefangen von der eigenen Macht, verwehrt wird, den Fuß aus dem Palatium zu setzen, der nicht einmal dort sterben darf, wo es ihm erstrebenswert erscheint. Jeder Plebejer ist mächtiger als ich, der Caesar, vermag er doch zu gehen, wohin er will, zu reden, mit wem er will, zu sterben, wo es ihm in den Sinn kommt. Ja, der Retiarier im Circus hat ein besseres Los gezogen als ich, denn er darf um sein Leben kämpfen – was mir verwehrt ist. Ich aber sterbe elend wie ein altersschwacher Hund, den man verjagt, weil er ausgedient hat und keinen Nutzen mehr bringt.

Jupiter, stirbt so ein Gott?

Ich, Polybius, Freigelassener des Göttlichen Augustus und des Schreibens kundig, weine jedesmal, wenn ich den Caesar verlasse. Nicht meinem ärgsten Feind möchte ich diesen Tod wünschen. Ist es ein Wunder, wenn sich der Göttliche in Wahnvorstellungen flüchtet und in Gedanken den Weg abschreitet, der ihm bevorsteht? Vielleicht werden spätere Generationen fragen, wie und warum dieses einsame Sterben des Imperator Caesar Augustus möglich war. Ich will hier die Antwort geben: Augustus hat diesen Weg selbst abgesteckt. Wie er schreibt, wurde die Kluft zwischen dem gemeinen Römer und dem Caesar immer größer – so groß, daß Augustus seit geraumer Zeit in den Köpfen der Menschen nur noch als geheimnisvoller, unnahbarer, unsichtbarer Gott existierte. Vor dessen Standbild man auf die Knie fiel, weil man das wahre Vorbild nie zu Gesicht bekam. Dem man Rauchopfer darbrachte wie einem Gott, um ihn gnädig zu stimmen. Seine Unsichtbarkeit war Ausdruck seiner Macht. Tausendmal tausend Soldaten gehorchten dem Wort eines Unsichtbaren. Und jene, die ihm selten genug begegneten, verklärten jedes seiner Worte oder waren – wie ich – angehalten zu schweigen. Würde Augustus heute abgemagert und verstört auf das Forum treten, ich bin sicher, die Römer würden diesen armseligen Menschen verlachen, mit faulen Früchten bewerfen, und keiner würde glauben, daß dies der Göttliche Augustus sei. Ich glaube, der Caesar war das. Die Allmacht, die ihn umgab, ist zur Ohnmacht geworden.

XX

Man ignoriert meine Verweigerung der Nahrung. Unbeeindruckt stellt der Sklave die Speisen vor mich hin, unbeeindruckt holt er sie wieder ab. Was soll ich tun? Der Hunger schwächt mich; aber noch mehr schwächt mich der Gedanke, mein Hunger könnte nicht bemerkt werden. Alles wäre vergeblich.

XIX

Müdigkeit lähmt Glieder und Hirn. Heute den ganzen Tag im Bett verbracht. Speisen und Trank unberührt. Endlos, gelangweilt wandert mein Blick durch Mercurs rastloses Leben. Gleichgültigkeit ohne Respekt und Empfindung. Wie betäubt vor mich hinstarrend nahm ich bisweilen im Augenwinkel Gesichter wahr, welche neugierig im Türrahmen erscheinen, als forschten sie nach Lebenszeichen des Alten. Ich glaube, Livia zu erkennen, kann mich aber irren.

Zum wiederholten Male las ich in den Schriften Epikurs, die mir zum höchsten Troste gereichen. Solches Glück hat nur ein fortwährend Leidender beschreiben können, starb er doch langwierig und schmerzvoll. Und dennoch schrieb er seine Gedanken noch auf dem

Totenbette nieder. Ich will es ihm gleichtun, solange Hirn und Hand es erlauben; aber ich zweifle, ob das mit jener Freude und Friedfertigkeit einhergeht, die der Samier pflegte. Das Alter, meinte der Weise, dürfe nicht müde werden, Philosophie zu betreiben, wie die Jugend dies nicht säumen solle. Denn überreif oder unreif sei niemand unter den Menschen, wenn es sich um die Gesundheit der Seele handle. Und wer behaupte, die Stunde zum Philosophieren sei schon vergangen oder sie sei noch nicht gekommen, der gleiche einem, der sage, die Stunde der Glückseligkeit sei nicht mehr da oder noch nicht da. Philosophie treibe der Alte wie der Junge, der eine, auf daß er sich trotz seines Alters verjünge in dankbarer Erinnerung an das Vergangene, der andere, auf daß er trotz seiner Jugend zugleich reif sei in der Furchtlosigkeit gegenüber dem Zukünftigen. Üben müsse man das, was Glückseligkeit schafft, da wir, wenn sie zugegen sei, alles haben, wenn sie aber fehle, alles tun, um sie zu erlangen.

So schreibt Epikur, und er fährt fort, jeder Mensch müsse sich vertraut machen mit dem Gedanken, daß der Tod ihn nichts angehe; alles Gute und Schlimme liege in der Empfindung, und der Tod sei der Verlust der Empfindung. Daher mache die rechte Erkenntnis, daß der Tod uns nichts angeht, dieses vergängliche Leben erst erfreulich, weil sie das Verlangen nach Unsterblichkeit tilge. Denn im Leben sei nichts Furchtbares zu erkennen für jenen, der einmal begriffen hat, daß im Nichtleben nichts Furchtbares liegt. Ein Tor sei deshalb, wer sagt, er habe Furcht vor dem Tode, nicht weil seine Gegenwart Leid erregen werde, sondern weil schon sein Bevorstehen Leid errege. Denn was in der Gegenwart nicht bekümmert, errege doch grundloses Leid in bloßer Erwartung.

Keiner in Rom verstand den Griechen so gut wie Lukrez. Er starb, als ich acht Jahre alt war, und ich bedaure, daß ich ihm nie begegnet bin, scheint er mir doch als postumes Sprachrohr des Samiers, obwohl von jenem zwei Centennien entfernt. Lese ich sein Lehrgedicht ›*De rerum natura*‹, so erkenne ich die Worte des Griechen in unserer Sprache, vermischt mit der Schwermut, die uns Römern eigen ist, wenn wir uns mit dem Sinn des Lebens beschäftigen. Siebenmal tausend holpernde Verse benötigt Lukrez, um den Menschen von Todes- und Götterfurcht zu befreien, und wie Epikur bemüht er dabei die Lehre von den Atomen und von der Sterblichkeit der Seele.

Das alles ist mir kein Trost, und mir scheint, auch Lukrez erkannte darin keinen Lichtblick, denn er trat unverhofft von der Bühne des Lebens, indem er sich selbst den Tod gab. Ob dies mit Freude oder inneren Qualen verbunden war, vermag niemand zu sagen, denn über die Umstände seines Freitodes ist nichts bekannt, außer daß Lukrez gerade vierzig Jahre alt war. Darin aber unterscheidet er sich von dem großen Vorbild. Dann lehnte auch Epikur den üblichen Götterglauben ab (Götter, behauptete er nüchtern, seien nichts weiter als glückliche Wesen aus besonders feinen Atomen, sie lebten in Intermundien und kümmerten sich nicht um den Weltenlauf), so verlief sein Leben doch im Einklang mit seiner Lehre, und er fand in über siebzig Lebensjahren jene Meeresstille des Gemüts, um die vor allem ich ihn beneide.

Ich kann nicht mehr ...

XVIII

Die Kalenden des Monats Sextilis, den sie nun Augustus nennen wie zum Hohn.

Damals, vor vierundvierzig Jahren, als ich das gottlose Alexandria einnahm, fühlte ich mich geehrt wie Julius, mein Göttlicher Vater, einunddreißig Tagen des Jahres meinen Namen zu geben. Heute erkenne ich diese Ehre als Schande, denn sie ist die billigste Art von Anerkennung und verpflichtet zu nichts. Im Gegenteil: Ich selbst muß seither an jedem dieser Gedenktage ein Fest ausrichten, als könnte man nur fressend und saufend jener Eroberung gedenken. Bisher haben sie mich an den Kalenden des Monats Augustus stets in einem Tragesessel auf das Forum geschleppt, wo ägyptische Götter aufgestellt waren, halb Mensch, halb Tier, und wo Schauspieler und Sklaven tanzten nach ägyptischer Sitte. Wohl im Hinblick auf meinen Zustand hat man heute darauf verzichtet, jenen schäbigen Rest des *Imperator Caesar Augustus* dem Publikum vorzuführen; doch ich zweifle nicht, daß die Feiern auch ohne meine Anwesenheit stattfinden, und eines Tages wird der Anlaß ganz in Vergessenheit geraten, wie das bei vielen römischen Festtagen der Fall ist. *Sunt lacrimae rerum.*

XVII

Bei jeder Wachablösung schrecke ich hoch, weil ich hinter den Prätorianern gedungene Mörder vermute. Ich glaube, die Rothelme machen sich einen Spaß daraus, mir mit gezogener Waffe entgegenzutreten, um dann mit stechendem Schritt auf ihren Platz zurückzukehren. Sicher haben sie meine Angst längst bemerkt. Oder bilde ich mir das alles nur ein? Vielleicht ist ihnen mein Sterben gleichgültig?

O nein, mein Tod kommt ihnen höchst gelegen, der Tod eines jeden Caesars kommt den Prätorianern gelegen, weil es Sitte ist, jedem für treue Dienste eine Erbschaft zu hinterlassen. Treue Dienste! Ich glaube, die Zeit ist nicht mehr fern, da wird der Caesar von der eigenen Leibwache erschlagen werden, um eher in den Genuß der Hinterlassenschaft zu kommen. Prätorianer sind Soldaten ohne Moral, sie kämpfen nicht für ihre Überzeugung, sondern nur für ihren Beutel. Der Schutz des Caesars ist ihnen gleichgültig, sie würden ihre Waffen für jeden erheben, der sie entlohnt. Entlohnt?

Hätte ich Gold, ich könnte die Wachen bestechen und fliehen! Aber zum einen hat man mir alles genommen wie einem entmündigten Trottel, zum anderen, wohin sollte ich fliehen?

XVI

Untrüglicher Spiegel, du zweites Ich aus dem schimmernden Silber, gestehe, daß du dich irrst, erkläre mir augenblicklich, daß dieses Gespenst mit verfallenen Augenhöhlen nicht jener ist, der dich zum Duell des Augenlichts fordert, nicht *Imperator Caesar Augustus Divi Filius*. Gestehe, daß ein verlebter, verkommener Alter aus der Subura sein Antlitz vergessen hat, müde und schlaff wie gekochtes Gemüse! Warum bekennst du dich nicht zu dem Schwindel, hinter dem sich faltiges Leder verbirgt, das die Theatermaske kaschiert. Du, Spiegel, verbirgst mir mein wahres Gesicht. Warum verheimlichst du mir Anmut und Würde und meine natürliche Grazie, mit der mich die Künstler des Reiches stets dargestellt haben, ob in schimmerndem Erz oder parischem Marmor? Enttäusche mich nicht, Spiegel, der du mir ein Leben lang Freund warst, der du mich nie betrogen hast mit deinem Widerschein. Warum quälst du mich nun, am Ende meiner Tage, willst mir glaubhaft machen, der angefaulte Dörrapfel, der mich anblickt, sei ich, *Imperator Caesar Augustus Divi Filius*?

Gewiß, Hunger und Durst beginnen mich auszuzehren, so daß mein Organismus nur noch aus sich selbst lebt, und es ist eine Frage der Zeit, wann mein eigenes Ich aufgebraucht ist, aber nenn mir den Grund, warum das Zehren, das Verschlingen des eigenen Ichs, an jener Stelle des Körpers beginnen soll, die du – ohne Spiegel – nicht wahrnimmst. Demokrit, der mit seiner Lehre der Atome auf alle Fragen eine Antwort findet, sagte in bezug auf das Abbild, das der Mensch wahrnimmt, das Erkannte sei nur eine Spiegelung dessen, was erkannt werden soll. So ist mir wohl vom Schicksal beschieden, einzutrocknen wie ein Fluß in der Wüste, zu verkümmern wie eine welke Pflanze im Herbst und mich von beiden in nichts zu unterscheiden.

O hätte ich nie in den Spiegel geblickt, um zu dieser Erkenntnis zu gelangen! Was, Jupiter, kann grausamer sein als das eigene Spiegelbild? Das Leben forderte mir sechsundsiebzig Jahre ab, um zu dieser Erkenntnis zu gelangen. Glaubt mir, das Vergnügen, das dir der Spiegel in jungen Jahren bereitet, wiegt die furchtbare Erkenntnis nicht auf, der du eines Tages begegnest. Keine Waffe ist grausamer als dieser Spiegel, und meine Hand stockt widerwillig im Fluß des Schreibens. Ich empfinde Ekel, Ekel vor dem, was ich zu Papier bringe, weil es das Exkrement jenes Gehirnes ist, das sich hinter der grauenvollen Maske verbirgt. Ich gestehe, daß der Wunsch zu leben meine Feder führte, seit ich dieses Tagebuch führe; nun aber habe ich nur noch einen einzigen Wunsch an das Leben, den Tod. Den Tod.

Ich lasse immer noch alle Nahrung unberührt zurückgehen und verweigere sogar Wasser und Wein, obwohl alles in mir trocken und ausgedörrt ist. Wie ein Alptraum verfolgt mich die Vorstellung, eines meiner Organe könnte bei einer unbedachten Bewegung zersplittern wie sprödes Glas. Sogar das Wasser, das Polybius, mein Freigelassener und letzter Vertrauer, in einer Flasche unter dem Gewand herbeischleppt, lehne ich ab. Ich will sterben. Polybius ist meine einzige Verbindung zur Außenwelt, und ich fürchte um sein Leben. Er sagt, er fühle sich beobachtet auf Schritt und Tritt, und es könne kein Zweifel bestehen, daß man ihn fernhalte von allen wichtigen Ereignissen.

Mit Polybius verbindet mich ein wichtiges Geheimnis: Er bringt jede meiner Tagebuchnotizen an einen geheimen Ort. Ihm kann ich vertrauen. Dennoch, glaube ich, sagt Polybius mir nicht die Wahrheit über alles, was ohne mein Wissen um mich herum vorgeht. Er will mich nicht belasten. Dabei wäre gerade jetzt Wahrheit wichtiger als alles andere. Frage ich ihn, ob es Totenfeuer sind, die ihren schwarzen Opferrauch über die Stadt verbreiten mit üblem Gestank, so antwortet er: nein, Caesar. Frage ich dann weiter, welche Bedeutung den Rauchschwaden zukommt, beteuert er, er wisse es nicht. Beauftrage ich ihn aber, Erkundungen einzuholen, warum Rom in Opferrauch gehüllt sei seit Tagen, so verspricht er es, entschuldigt sich aber tags darauf, er habe vergessen zu fragen. Polybius will mich schonen.

Gelänge es mir zu fliehen, so könnte ich vor die Totenfeuer treten und zu den Römern sprechen: Seht her, ich bin es, *Imperator Caesar Augustus Divi Filius*, und ich lebe. Glaubt niemandem, der euch entgegentritt und verkündet, der Caesar sei tot, glaubt ihm nicht, bis ihr mit eigenen Augen gesehen habt, wie sie die Leiche des Caesars vom Palatin herab auf das Marsfeld tragen zum Scheiterhaufen. Glaubt überhaupt nur das, was ihr zu Gesicht bekommt und keinesfalls das, was man euch erzählt oder verspricht. In Rom geht die Lüge um wie zu Zeiten des Bürgerkrieges, und es ist mir nicht gelungen, sie zu ersticken, weil es kein Gesetz gibt, das die Lüge verbietet.

Aber selbst wenn mir die Flucht gelänge, würde man mir glauben, mir, diesem ausgedörrten, abgezehrten Gerippe, das kaum fähig ist, sich auf den Beinen zu halten? Das beim Gehen den Arm des Sklaven benötigt? Das aus tiefliegenden, müden Augen in diese gnadenlose Welt blickt? Vielleicht bin ich schon tot? Vielleicht ist das Sterben ein unmerklicher Übergang von einem Zustand in den anderen, und du selbst bemerkst den Tod nicht einmal? Vielleicht existiert das, was ich zu Papier bringe, nur noch in meiner Einbildung? Jupiter, vielleicht ...

XV

Vielleicht ... vielleicht ...

XIV

Am Morgen trat Livia an mein Bett, unerwartet wie eine göttliche Erscheinung. Livia!

»Warum verweigerst du die Nahrung?« fragte Livia vorwurfsvoll, und lächelnd fügte sie hinzu, »eigensinniger Alter!«

»Warum meidest du meine Gegenwart, läßt mich einschließen und bewachen wie ein Ungeheuer?« fragte ich zurück.

»Alles geschieht zu deinem Schutz!« erwiderte Livia.

»Zu meinem Schutz! Daß ich nicht lache! Ich fürchte jene, die mich bewachen, mehr als jene, vor denen ich geschützt werden soll.«

»So schicke sie weg.«

»Sie gehorchen mir nicht. Korruptes Prätorianergesindel.«

Da wandte sich Livia um und gab den Türposten einen Wink. Die präsentierten ihre Waffen und verschwanden. Ich aber fühlte mich befreit, und obwohl ich schwach war, versuchte ich mich zu erheben. Der Versuch mißlang, geschwächt sank ich zurück auf mein Lager.

»Du mußt essen!« mahnte Livia, »eigensinniger Alter!«

»Wozu?« fragte ich gleichgültig.

»Damit du zu Kräften kommst.«

»Wozu? Der Blick in den Kalender verrät dir, daß mir heute, an den Nonen des Augustus, noch gerade zwei Wochen Leben verbleiben ...«

»Es scheint dir Lust zu bereiten«, erwiderte Livia, »dich an deinem eigenen Tod zu ergötzen. Genügt es dir nicht, den Willen der Götter zu erfüllen nach einem erfüllten Leben? Mußt du die Götter herausfordern und ihre Pläne durchkreuzen, indem du versuchst, dem dir zugedachten Todestag zuvorzukommen? Die Ordnung der Götter wird dieses Verhalten nicht durcheinanderbringen, aber die Ordnung deines Lebens ist dadurch zerstört. Jedem von uns ist der Tod gewiß. Wer sagt, daß nicht ich vor dir ausersehen bin, meine Augen zu schließen? Du, Göttlicher Caesar, kennst aufgrund seltener Umstände den Tag deines Todes, was nur den wenigsten Menschen vergönnt ist, und du lebst und stirbst in Gewißheit. Gewißheit aber ist etwas Göttliches, etwas Unsterbliches, etwas das allen übrigen Menschen versagt bleibt. Warum sträubst du dich gegen die außergewöhnlichen Umstände deines Todes nach sechsundsiebzig Lebensjahren? Glaubst du nicht auch, Drusus, Lucius, Gaius, sogar Julius und Alexander hätten sich glücklich gepriesen, wären ihnen sechsundsiebzig Lebensjahre beschieden gewesen? Was willst du, Caesar –, ewig leben?«

So etwa redete Livia, und noch während sie sprach, traten Sklaven ein mit bunt für das Auge angerichteten Speisen. Lächelnd reichte Livia mir eine Schale nach der anderen, und ich nahm und aß, Jupiter, ich fraß bis zum Erbrechen, und nach Verrichtung begann ich von neuem.

XIII

Des Nachts lagen wir aufeinander für kurze Zeit, Leib auf Leib. Livia sah auf mich herab mit ihren glasklaren Augen, sie war mir ganz nahe, daß ich die Äderchen im Weiß ihrer Augen betrachten konnte, und wir flüsterten uns Dinge zu wie in den Jahren der Leidenschaft. Für mich ist sie noch immer eine schöne Frau, auch wenn Falten ihren Hals querteilen, und ihre Brüste hängen nach dem Gesetz der Schwere. Der sichtbaren Rauheit ihrer Haut steht die Weichheit entgegen, die von ihren Berührungen ausgeht, und nie genoß ich diese Berührungen mehr als in dieser Nacht. Ich aber schämte mich meines Leibes, meiner ausgemergelten Gestalt, die mehr zum Ekel als zur Liebe reizt. Sechsundsiebzig Jahre hinterlassen Spuren.

Ich zweifelte zunächst, ob Livia aus Mitleid handelte – Liebe, sagen gewisse Philosophen, sei Mitleid –, ob sie mir nicht nur gefällig sein wollte, so wie der Henker dem Todeskandidaten einen letzten Wunsch freistellt; aber noch ehe ich meine Überlegungen in Worte kleiden konnte, stellte Livia ihrerseits die Frage, ob ich denn – und leichter Tadel lag in ihrer Stimme – noch an ihr Gefallen fände. Ihr Buhlen, ihre Unterwürfigkeit rührte mich zu Tränen, ja ich schämte mich meiner Zweifel und war froh, sie nicht ausgesprochen zu haben. Das Fühlen ihres leichten Gewichtes auf meinem Leib wuchs zu wohliger Erregung, zu Wellenschlägen, die ungestüm das Ufer treffen, und ich empfand Wonne wie in jungen Jahren, ohne daß wir uns vereinigt hätten. Ein Leben lang, scheint mir, habe ich die falschen Sinne gebraucht für die Liebe. Was Augen, Nase, Ohren, ja der Mund vermelden, schien mir begehrenswerter als jener Sinn der Haut, deren Empfindungen wir Fühlen nennen. Schreibt nicht Aristoteles in seinem Traktat über die Seele, das ihm drei Bücher abverlangte, die Tiere seien dem Menschen in allen Arten der Wahrnehmung überlegen – ausgenommen dem Gefühl? Wie recht er hat. Je mehr Gefühl der Mensch aufzubringen in der Lage ist, desto mehr empfindet er Lust und Schmerz, Lustvolles und Schmerzliches; und wer dieses hat, hat auch Begierde, denn sie ist Streben nach Lustvollem. Und dies scheint mir der Grund zu sein, warum Leidenschaft und Begierde nicht Erscheinungsformen der Jugend sind, sondern sich über das ganze Leben verteilen wie die Saat über das Feld. Zeigt nicht die Jugend bisweilen die Kühle und Abgeklärtheit des Alters und das Alter jene ungestüme Verrücktheit, die gemeinhin der Jugend zugeschrieben wird? Der Grund dafür ist der gleiche, der auch die Saat des Feldes unterschiedlich gedeihen läßt je nach der Fruchtbarkeit des Bodens, obwohl die Saatkörner sich nicht unterscheiden. Das Alter kann ebenso fruchtbarer Boden sein für Begierde und Leidenschaft wie die Jugend.

Der Mensch, scheint mir, liebt viel zu sehr mit Gedanken anstatt den Gefühlen freien Lauf zu lassen. Wäre die Liebe aber eine Sache von Kopf und Verstand, so hätten die großen Philosophen Griechenlands, die sieben Weisen, dann hätten ein Solon, ein Thales, ein

Bias, ein Chilon, ein Demetrios, ein Pittakos, ein Kleobulos ersticken müssen im Liebesglück. Doch weiß jedes Kind, daß gerade das Gegenteil richtig ist: Die Liebesfähigkeit nimmt ab mit zunehmendem Verstand. Platon wußte alle Tugenden zu deuten, selbst jene, die den meisten fremd sind, doch verstand er es nicht, von der Liebe zu reden, die doch wichtiger ist als alle Tugenden, weil diese aus jener hervorgehen. Liebesglück jeglicher Art war dem weisen Platon so fremd, daß er auf Frauen verzichtete, und auch Knaben brachten ihm keine Erfüllung. O wie platonisch! Und was bedeutete Xanthippe für Sokrates, Pythias für Aristoteles? – Eine Last, deren beide sich auf unterschiedliche Art zu entledigen trachteten. Bei der Gottheit von Venus und Roma, lieber dumm als göttergleich weise!

Ich lachte, und Livia fragte nach dem Grund meines Lachens, ich aber schwieg aus Furcht, die Andacht des Augenblicks zu zerstören, die mir den Zweifel genommen hatte. Ein Leben lang habe ich mich meiner bescheidenen Bildung geschämt, des herben Abstandes zu Gaius Julius – von Marcus Tullius Cicero ganz zu schweigen –, weil Göttlichkeit vor allem Weisheit erfordert; nun aber, im Bewußtsein meiner Empfindsamkeit, die allen Weisen abgeht, preise ich mich glücklich, kein Philosoph, kein Empedokles gewesen zu sein. Denn Empedokles, der vor fünfhundert Jahren durch Sizilien zog, selbst er, der über die Liebe philosophierte (er behauptete allen Ernstes, es gebe kein Werden und kein Vergehen im eigentlichen Sinne, sondern nur Mischung und Entmischung – *mixis* und *diallaxis* in seiner Sprache – oder Liebe und Haß – *philia* und *neikos*), selbst er ist der wahren Liebe nie begegnet, obgleich ihn seine Anhänger als Gott verehrten.

Was sind das für Götter, deren Gehirn alle Fragen beantwortet, sogar jene nach der Entstehung des Menschen, dem Pflanzen und Tiere wuchsen, bevor Köpfe ohne Rumpf, Arme, denen die Schultern fehlten, und Augen, die eines Angesichts entbehrten, zu wachsen begannen, die aber nie einer Frau begegneten in Reizsamkeit? Von Empedokles wird erzählt, er sei zum Beweis seiner Göttlichkeit in den Krater des Ätna gesprungen, in den niemand zu blicken wagte, und er habe unverletzt den Kraterrand wieder erklommen; doch Vulcanus strafte die Hoffahrt des Philosophen, indem er seine Sandalen unverbrannt ausspie.

Zu lachen hütete ich mich diesmal, um Livias Leib so lange wie möglich auf meinem zu spüren. Als sie sich entfernte, erschien mir die Zeit viel zu kurz gewesen.

Ich, Polybius, Freigelassener des Göttlichen Augustus und des Schreibens kundig, will nicht behaupten, daß Livia Theater spielt. Vor allem wünschte ich es dem Caesar nicht. Liebe mag manchmal verreisen, aber sie wandert nicht aus. Doch sei die Frage erlaubt: Woher rührt der plötzliche Sinneswandel? Frauen wie Livia tun nichts unbedacht. Was bezweckt sie also mit dieser unerwarteten Demonstration ihrer Zuneigung? Nun hat sie den Entschluß gefaßt, Augustus solle auf seiner Lieblingsinsel Capri sterben. Ich werde den Caesar begleiten.

XII

Im Palatium herrscht Aufbruchstimmung. Gestern fragte mich Livia unversehens, ob ich Kraft in mir verspürte, den Sommermonat wie alljährlich auf dem Lande zu verbringen, auf Capri oder in Nola. Ich bejahte. Seit ich wieder regelmäßig Nahrung zu mir nehme, ist das Leben zurückgekehrt. Livia ignoriert alle Prodigien. Ich glaube daran. Aber soll ich mich deshalb ins Bett legen und auf den Tod warten?

XI

Ich werde dieses Tagebuch auch auf der Reise nach Capri weiterführen, damit, was ich einmal begonnen, Vollendung finde zur Kenntnis der Nachwelt. Livia wird mich begleiten, außerdem Antonius Musa, dem ich aus einem unerfindlichen Gefühl heraus mißtraue, Areus, der meine Gedanken leiten soll auf meiner letzten Reise, und Polybius, mein alter Vertrauter, dem es obliegt, die letzten Seiten meines Tagebuches zu verbergen. Tiberius befindet sich auf dem Wege nach Illyricum, wo neuerliche Unruhen seine Anwesenheit erfordern. Er ging grußlos, und wie mir Polybius berichtete, riefen ihm die Römer auch dieses Mal spöttisch zu: *»Ave, senex Imperator!«* Kein leichtes Schicksal, gewiß. Von den Prätorianern soll uns nicht mehr als ein Manipel begleiten, ebenso viele Sklaven. Morgen, am vierten Tag vor den Iden des Sextilis, brechen wir auf.

X

Astura im *ager Laurens*. In einem Tragesessel wurde ich hierher geschleppt, denn Livia hat mir verboten, ein Pferd zu besteigen. Das alles ging ohne Aufsehen vonstatten, weil wir im Morgengrauen aufbrachen, als

Rom noch im Schlafe lag. Ich saß hinter schwankenden Vorhängen verborgen und blickte nur einmal nach draußen, als unser Weg, meinem Wunsch entsprechend, über das Marsfeld führte, vorbei an meinem Grabmal.

Ich sitze allein in meinem Zelt. Vom Meer her fächelt angenehme Kühle. Aeneas soll hier einst gelandet sein, und hier entfloh ihm die trächtige Sau, die er den Göttern opfern wollte zum Dank. Müdigkeit überfällt mich ...

IX

Auf See. Der kühle Nordwind bläht trefflich die Segel. Wir sind vor Tagesanbruch aufgebrochen, um die günstigen Winde zu nutzen. Sie treiben uns mit hoher Geschwindigkeit entlang der campanischen Küste. Mich fröstelt, obwohl die Sonne beinahe senkrecht am Himmel steht, und zum wiederholten Male gebrauchte ich mein Nachtgeschirr, weil die Gedärme nicht halten, was ich meinem Magen anvertraut habe. Seltsam – wenn ich in jungen Jahren in die Schlacht zog, überkam mich ähnliches Übel. Fort mit dir, verachtenswerte Angst!

Ich blicke nach Osten und erkenne Campanien in milchig weißen Dunst getaucht, römisches Land voll Fruchtbarkeit und doch noch immer hellenisch wie in jenen Tagen, als das Land griechische Kolonie war. Sie sprechen noch immer griechisch und kleiden sich ebenso, und ich habe nie den Versuch gemacht, dieses zu ändern, denn von allen Provinzen ist mir die achaiische am meisten ans Herz gewachsen; anders als mein Göttlicher Vater, dem Aigyptus höher stand, schätze ich Weisheit und Kunst der Hellenen, ja, ich habe große Anstrengungen unternommen, den jungen Römern die Schulerziehung der Griechen angedeihen zu lassen. Heftig verwehre ich jedem, Gegenteiliges zu behaupten, weil ich – was vordem undenkbar – in Rom lateinische Schulen eingeführt habe, in denen lateinische Texte gelehrt werden! Sind Vergil, Horaz und Catull es nicht wert, studiert zu werden in ihrer Muttersprache? Sie sind es; sie sind es, obwohl oder gerade weil sie in ihrem Innersten Griechen waren, griechisch gebildet und von griechischem Geist, Jünger von Platon, Sokrates und Epikur und allesamt Bewunderer des blinden Sängers. Sie sind es also, welche die römische Jugend hinführen sollen an die Dichter und Philosophen der Griechen, an Sprache und Schrift, die der unseren so verschieden ist. Ihr sollt wissen, daß nur der ein *vir vere Romanus* ist, der *beide* Sprachen spricht, die unsere und jene der Griechen.

Seit Generationen wird der römische Knabe nach griechischem Vorbild erzogen, mühsam erfährt er vom wenig geachteten *ludi magister* in einer der zahllosen Buden hinter dem Forum die Kunst des Schreibens auf wächserner Tafel und jene, dem tanzenden Rohrstock zu entgehen. Der *Grammaticus*, der den Sprößling im zwölften Lebensjahre empfängt, lehrt den Jüngling

Sprache, Syntax, Stilistik und Metrik, bis er die *toga virilis* erhält; nicht eher darf ein Römer die Rhetorenschule besuchen. Dort erfährt er, was den wahren Redner ausmacht; denn es ist nicht die flinke Zunge allein oder der farbige Klang seiner Stimme, den wahren Rhetor zeichnet der Fluß der Gedanken aus. Ein weiser Stotterer erntet mehr Ruhm als ein dummer Sänger. Obwohl – schon schränke ich ein – noch keinem Redner gelungen ist, was von einem phrygischen Flötenspieler erzählt wird, einen Menschen mit seiner Kunst um den Verstand gebracht zu haben.

Was den Römer vom Griechen unterscheidet, ist der Zweck seiner Bildung. Ein Römer, in allen Künsten des Geistes bewandert, stellt diese in den Dienst der *res publica*, und die zweckfreien Künste werden, wenn schon geduldet, allenfalls jenen zugebilligt, denen es an praktischer Eignung für die Politik mangelt. Wären Vergil, Horaz und Catull Griechen von Geburt, sie schmückte der Lorbeer der Weisen, als Römer wird ihnen nicht mehr als die Ehre der Kunst zuteil, die obendrein schlecht bezahlt wird, so du nicht einen Maecenas oder den Caesar zu deinen Bewunderern zählst. Ein Marcus Tullius Cicero, ein Marcus Terentius Varro, die griechisch dachten, aber römisch handelten, ernteten Ruhm und Vermögen nicht mit ihren Köpfen, sondern mit ihren Ärschen, die in vorgeschriebener Zeit die Ämtersessel des Quästors, Prätors und Konsuls bzw. des Volkstribuns und Prätors besetzt hielten, was, wie die Zeit der Bürgerkriege gezeigt hat, wirklich nicht mehr erfordert als ein breites, strapazierfähiges Hinterteil.

In der griechischen Provinz hingegen war ein Amt im Staate nie Voraussetzung für die Künste des Geistes, im Gegenteil: Nur die Gebildesten, Klügsten und Gescheitesten wurden aufgrund jener Tugenden in ihre Ämter berufen. Denkt an die Sieben Weisen, deren Namen an den Toren des delphischen Apollontempels prangen, nicht weil ihre Klingen schärfer waren als die des Gegners, ihre Pfeile schneller. Schneller waren ihre Gedanken, schärfer ihre Reaktionen, und kein Hellene nannte Solon einen Archonten, weil er zufällig dieses Amt bekleidete, sondern respektvoll sprachen sie vom weisen Gesetzgeber Solon. Von Chilon, dem zweiten der Weisen, werden nicht die strategischen Fähigkeiten gerühmt, die den fähigsten Römern zur Ehre gereicht hätten, sondern seine Lebensweisheit, die es ihm ermöglichte, Sparta zur ersten unter den Städten der Peloponnes zu machen. Der dritte, Thales von Milet, erlangte nicht deshalb Berühmtheit, weil er die ionischen Städte zur Einheit gegen die Perser aufrief, sondern weil seinem Gehirn die Erkenntnis entsprang, daß der Umfangswinkel im Halbkreis stets ein rechter Winkel ist. Demetrios von Phaleron, der vierte, ist uns weniger als athenischer Staatsmann bekannt, sondern durch seine philosophischen Schriften, und das gleiche gilt für Kleobulos von Lindos, den fünften in der Reihe. Von Pittakos von Mitylene, dem plattfüßigen Lesbier, wüßte man, wäre er ein Römer gewesen, nicht viel mehr, als daß er im Krieg gegen die Athener den Olympioniken Phrynon im Zweikampf besiegte; den Griechen aber schien seine Weisheit bedeutsamer als der gefeierte Sieg auf dem Schlachtfeld, und sie schrieben jeden seiner weisen Sprüche auf, damit er der Nachwelt erhalten bleibe. Wie jenen, mit dem er eine Grundstückschenkung der Inselbewohner zurückwies, um sie an Arme zu verteilen, indem er sagte: »Gleiches haben ist mehr als mehr haben.« Nach dem Urteil der Römer hätte der siebte der Weisen, Bias, seinem Volk den größten Dienst erwiesen, als er den Lyderkönig Alyattes bei der Belagerung Prienes listig zu täuschen verstand wegen der nicht vorhandenen Vorräte in der Stadt, doch die Griechen hielten seine Worte und Reden fest, weil sie jene höher achteten als militärische Erfolge.

Legte die Nachwelt an mich denselben Maßstab, an mich *Imperator Caesar Augustus Divi Filius*, ich wage nicht daran zu denken, was bliebe von meinem Ruhm. Man bedenke, ein Thales, ein Platon und sechshundert Jahre Philosophie haben nichts anderes bewirkt, als daß stets der Stärkere über den Schwächeren herrscht. Das stimmt einen alten Römer nachdenklich ...

VIII

Gerne hätte ich meine Gedanken vollendet am gestrigen Tage, aber der Aufruhr meiner Gedärme hielt mich davon ab. Ist dies das Ende? Ich will nicht daran denken. – Wo hielt ich inne?

Nachdenklich stimmt mich, den Römer, wie wenig

sechshundert Jahre Philosophie auszurichten in der Lage waren, bei den Römern sage ich, nicht den Hellenen, denn ich bin ein *vir vere Romanus* mit jeder Faser meines Herzens. Gewiß – Athen ist meine Leidenschaft, Rom aber ist meine Liebe, und ich nehme für mich in Anspruch, den Römern ihr nationales Hochgefühl zurückgegeben zu haben, den Stolz und das Selbstbewußtsein. Die Götter zurückzuholen vermochte ich nicht, denn seit Jahrhunderten haben griechische Götter unser Pantheon mit ihrem Wesen durchsetzt, und von vielen heimischen Göttern existiert nur noch der Name, dahinter verbirgt sich ein Griechengott. Auch römische Philosophen holte ich nicht zurück in die Schulen, aus gutem Grund – wir hatten keine, und jene, die das römische Wesen mit aller Weisheit lobpriesen wie Vergil und Horaz, sind Römer wie ich, aber von der Natur mit griechischem Verstand ausgestattet. Der Kopf aber ist, wie ich schon sagte, das größte Hindernis in der Liebe.

Es bedurfte eindringlicher Worte und einer respektablen Summe, bis ich den Epikureer dazu brachte, italisches Land in großen Worten zu preisen wie Hesiod einst Achaia und seine Götter verherrlicht hatte. Mag der Mohn leuchten hell wie die Sonne an des Parnaß silberblinkenden Hängen, mögen die Inseln der Ägäis schimmern wie schwimmende Münzen und der Tempel Apolls grüßen von Attikas jäher Spitze, keine achaiische Furche übertrifft die göttergleiche Schönheit der Erde an den Quellen des Clitumnus in umbrischem Land. Nie war ich Römer mit tieferer Inbrunst als dort auf dem Weg in die gallische Provinz zwischen schäumenden Bächen, die in tiefgrünen Weiden sprudeln mit immerwährendem Gemurmel. Ein mäßiger Hügel mit dunklen Zypressen beflaggt, sammelt die Wasser für zahlreiche Adern ungleicher Stärke, die schnell einen Teich bilden mit glashellem Spiegel. Doch scheint es, als ordne der Clitumnus in diesem Teiche nur noch einmal die Kräfte, um auf der anderen Seite als Fluß hervorzutreten mit wirbelndem Frohsinn, daß Kähne mit ihm abwärts treiben zwischen hellen Eschen und silbernen Pappeln. Am Rande grüßt der heilig gehaltene Tempel mit seinem weiß gekleideten Götterbild. Clitumnus wird von Leuten aus dem nahen Hispellum verehrt als Gott des Orakels, und zahllose Lostäfelchen an den Wänden geben Zeugnis von seiner Weissagung. Nicht weit ist ein Bad, das mir die Bewohner von Hispellum gerichtet haben auf langem Wege, und weil ich mich nie erholsamer labte im Wasser wie Schnee und steinerne Treppen zur Ruhe bereitet waren dem ermatteten Wanderer, machte ich ihnen den Tempel zum Geschenke, Hispellum aber zur *colonia* innerhalb der 6. Region. Ich misse den Morgen im Mai an des Clitumnus heiteren Quellen, ich misse das Wasser des Gottes, das Murmeln der Bäche, ich misse das Rauschen der Bäume und die erhabene Abgeschiedenheit des Ortes, ich misse das innere Beben, ein Römer zu sein, das ich auf dieser Erde empfand.

Mit etwa denselben Worten forderte ich von Vergil jenes Preislied heimischer Erde, und der Epikureer sang nach anfänglichem Zögern zum Ruhme des Vaterlandes folgendes Poem. Es ist sein schönstes, und ich bin ergriffen, sooft ich es lese.

Auch nicht des Meders Urwald, nicht des Ganges
Stromfülle, nicht des Lyderflusses Gold
noch Samarkand, noch alle Weihrauchdüfte,
die über Yemens Paradiesen lagern:
nichts nimmt es mit Italiens Schönheit auf.
Zwar zieht kein eherner Stier mit Feuernüstern
die Furchen unsrer Felder; Drachenzähne
sind unsere Aussaat nicht noch unsere Ernte
ein erzgewappnet mördrisch Riesenvolk.
Fruchtschwere Garben, saftgeschwollne Trauben,
der Ölwald und die Herden muntren Viehs
erfüllen unsre Fluren. Kampfeslust
spornt auf dem Plan den Hengst zu hohen Sprüngen,
und der Clitumnus nährt die weißen Rindern
und des Vollopfers schönsten Schmuck, den Stier,
der mit des Flußgotts heil'gem Naß besprengt
zum Kapitole Roms Trophäen trägt.
Hier währt der Frühling lange, dehnt der Sommer
sich über viele Monde; zweimal trägt
der Fruchtbaum, zweimal wirft das Mutterschaf.
Und Räuber drohen nirgends, Leu noch Tiger,
kein tödlich Giftkraut täuscht den Wurzelgräber,
kein Drache wälzt sich hier in Riesenkreisen
und ringelt sich zum Schuppenball zusammen.
Reich ist der stolzen Städte Zahl; sie prangen
von mächt'gen Bauten; auf dem Rand der Felsen
thront hier von Menschenhand gefügt die Burg,
wälzt dort sich bogenüberwölbt der Fluß.
Nenn' ich noch rechts das Meer und links das Meer,
der Seen Fülle, See von Como, dich,
und dich von Garda, der mit Meereswogen

und Meeresbrausen in dem Föhne schwillt,
den Hafen, wo am Tore des Lucrinus
die zorn'ge See vergebens rüttelnd tobt,
und wo im julischen Kanal die Woge
weithin errauscht und das Tyrrhenermeer
in den Avernersumpf getrieben wird.
Und Silberadern auch und Erzgestein
beut dieses Land und Gold im Flußgeschiebe.
Und harte Männer trägt es, Marserknaben,
Samniten und Liguriens Sohn, der Arbeit
gewöhnt wie der Entbehrung, und den Volsker
des schweren Spießes Träger. Seine Söhne,
die Decier, ein Marius, Camillus,
der Scipionen Heldenpaar und du,
der Großen Größter, Caesar, der als Sieger
an Asiens Rande jetzt den weichen Inder
zurückscheucht von des Römerreiches Grenzen.
Sei mir gegrüßt, Saturnus' heilige Erde,
du Mutter reichster Früchte in Feld und Wald,
Mutter von Männern: deine Wissenschaft,
den Landbau, deinen Ruhm wag' ich zu singen,
zum heil'gen Quell wag' ich emporzusteigen,
und Rom vernimmt ein Hesiodisch Lied.

VII

Capri. Schöne, farbige Welt zu meinen Füßen. Fieber in der Sonne, vor der mich ein weißes Leinensegel schützt. Es geht zu Ende. Sieben Tage, Jupiter, nur sieben Tage stehen noch aus – ich will sie leben, genießen. Dem Rumoren der Därme hat schwellendes Fieber sich beigesellt. Musa will mich im Bett halten, aber ich stieß ihn beiseite, will den Ausblick genießen von diesem Ort, den ich zum ersten Mal sah auf dem Rückweg von meinem ägyptischen Feldzug. Wie lange ist das her? Vierundvierzig Jahre? Vierundvierzig Jahre, gewiß. Viele Tage, zahlreiche Winter, habe ich seither in diesem Hause genossen, dem ich den Namen *Villa Jovis* gab.

Ich blicke nach Norden und schaue nach Süden und erkenne Ulixes auf schwankendem Floß. Im Flimmern des Meeres tauchen das Cap der Circe auf und die Inseln der Sirenen. Es duftet nach Akanthus, dessen hohe weiße Blüten niemand kennt, weil die Griechen nur die Blätter berühmt machten in ihren Kapitellen, Asphadelus blüht, und wilder Fenchel dörrt in der Sommerhitze wie die Haut über meinem Handrücken; dazwischen Myrtenstauden und Kapernsträucher, von deren Blütenknospen sich Phryne nährte, die Schönheit, die Praxiteles Modell stand für seine unsterbliche Aphrodite.

Von Zeit zu Zeit zwinge ich mich, meine Augen zu schließen für einen Augenblick, um auf diese Weise die

Schönheit der Welt festzuhalten; aber regelmäßig befällt mich Schwindel, und als ich unvermittelt die Augen öffnete, stand er vor mir, bärtig, die Haut gegerbt von Wasser und Sonne.

»Göttlicher!« rief ich erstaunt, »was suchst du hier auf dieser Insel?«

»Ich suche meine Gefährten«, erwiderte dieser, »welche allesamt gefangen sind von der furchtbaren Zauberin Circe, bis auf Eurylochos. Er schlüpfte als einziger nicht durch die Pforte zu ihrem finsteren Haus aus gehauenen Steinen, weil er Böses vermutete. Circe aber berührte jeden von ihnen mit einer Rute, und meinen Gefährten wuchsen die Köpfe von Schweinen, und sie streiten sich um Eicheln und rote Kornellen.«

»Bei allen Göttern, meide die Zauberin!« Ich war erregt. »Sie wird dich ebenso in ein Schwein verwandeln wie jeden deiner Gefährten. Es gibt nur ein einziges heilsames Mittel, dem Fluch zu entgehen.«

»Du kennst es?« fragte Ulixes.

Ich nickte und bückte mich wie zufällig und riß eine Pflanze aus dem steinigen Boden, von milchweißer Blüte und schwarzer Wurzel. »Hier«, sprach ich und reichte die Blume dem Göttlichen, »die Götter nennen sie Moly, und sie ist seltener als Gold in den Flüssen. Kaue sie mit deinen Zähnen und schlucke das göttliche Kraut.«

Ulixes tat, wie ich ihn hieß, und ich sagte, was nun ihn erwarte: »Gehe zum Haus der Schöngelockten; sie wird erfreut sich zeigen über deinen Besuch. Aus goldenem Becher wird sie dir zu trinken geben und mit ihrer Rute wird sie dich berühren und rufen, du sollst zum Kofen gehen und grunzend bei deinen Gefährten liegen. Du aber, Ulixes, sei ohne Furcht, denn du bist erhaben über jeden Zauber der Circe.«

Ich erkannte den skeptischen Blick des Dulders, der meinen Worten mißtraute. »Vertraue meinem Wissen«, sprach ich, »und ziere dich, wenn Circe dir ihre Liebe anbietet, ziere dich auch vor ihrem Tisch, vor Essen und Trinken aus silbernen Schalen, und beklage den Verlust deiner Freunde. So wirst du die Zauberin lokken, deine Gefährten zurückzuverwandeln, auf daß aus den neunjährigen borstigen Ebern jüngere Männer werden als vorher von erhabenerem Wuchs und besserer Bildung.«

»Warum«, fragte der Dulder, »sollte Circe das tun?«

»Gegen die Liebe kämpfen selbst Götter vergebens!« entgegnete ich; »aber auch du wirst Erfüllung finden bei der göttlichen Frau. Doch merke dir, gebe dich Circe nicht eher hin, als bis sie den feierlichen Eid geleistet hat, dich nach Hause zu senden.«

»Es soll geschehen, wie du mir rätst. – Und wenn die Zauberin meine Wünsche erfüllt?«

»Dann komme auch du ihren Wünschen nach, ein Jahr und einen Tag. Mit günstigen Winden wird Circe dich dann nach Norden entlassen zu den Hainen Persephoneias, wo Acheron und Pyriphlegeton und Kokytos, die verschwiegenen Flüsse sich mischen. In einer Höhle wirst dort du dem blinden Seher Teiresias begegnen zwischen Scharen von Toten, Luftgebilden aus Plutos Reich, und er wird dir weissagen, wie du nach Hause gelangst, nach Ithaka.«

Da begann Ulixes laut zu klagen und mich zu verwünschen, weil ich mich lustig machte über sein Schicksal. Ich aber erbot mich, Ulixes und seine Gefährten zu begleiten.

Nun trat der Dulder nahe an mich heran und sah mir in die Augen: »Wer bist du, alter Greis, und woher nimmst du dein Wissen?«

»Ich bin *Imperator Caesar Augustus Divi Filius*«, antwortete ich, »und ich kenne dein Schicksal. Denn alle, die wie ich zwischen Leben und Tod stehen, kennen das Schicksal der anderen – nur das eigene kennen sie nicht.«

VI

O welche Iden! Das Fieber zerrt an mir und schüttelt mich wie der Chelidonias, der die Bäume biegt im März. Antonius Musa verabreicht mir gallige Tränke, doch bringen sie keine Linderung. Das Leben ist mir leid. Ich ertappe mich dabei, daß ich Zwiesprache führe mit jenen, die mir im Tode vorausgegangen sind – so, als sei auch ich schon gestorben. Dies schafft mir große Erleichterung; doch findet mein Verstand zurück in die Wirklichkeit, so überfällt mich Furcht vor dem Sterben. Das Leben ist grausam, der Tod eine Erlösung. Leben heißt raten, sterben heißt wissen. Mein Blick geht nach Westen. Die Sonne taucht in den endlosen Spiegel. Die Dämmerung kommt, die Nacht. Mich fröstelt. Meinen Spiegel. O nein, nein ...

V

Nachts stiegen die krokodilfratzigen Götter des Nils aus dem Meer. Sie flogen wie Schiffe heran in den mondglänzenden Fluten. Ich saß starr, gelähmt von ihrem Anblick und der seltsamen Sprache, die ich mit einem Male verstand.

»Ich bin der Gott Ra«, sprach der eine, »der einsame Wandler über die Himmelswüste, der große Gott, der sich selber zeugt. Auch Khepra bin ich, der Gott des ewigen Wandels, der im Schoße von Nut, seiner Mutter verborgen, selbst seine eigene Form gestaltet und meißelt. Des Schicksalsbuches bin ich der Hüter, in welchem alles geschrieben. Ich bin das Gestern, ich kenne das Morgen, und die Richtung meines Weges wird durch die Weltenordnung bestimmt.«

»Ich bin Thoth«, fuhr ein anderer dazwischen, »und ich verhelfe Osiris zum Siege mit Fallen und Schlingen. Ich bin überall und immer, im Norden und Süden, Tag und Nacht, während der Nacht, da Sechem entstand, während der Nacht des Zusammenbruchs inmitten der Finsternis, während der Nacht, da Horus Thronfolger wurde, während der Nacht, da Isis in Abydos klagte vor dem Sarg ihres Bruders, während der Nacht, da die Seelen hingerichtet werden zur Zeit des großen Festes des Ackerns, während der Nacht, als Horus den Sieg feierte über alle Feinde. Ich bin der Herr des Mondes, dem Kopfe des Seth entsprungen, nachdem jener den Samen des Horus verschluckte.«

»Ich bin Ptah«, rief ein Dritter mit kahlem Haupt, »der Bildner der Erde, der die Wesen auf seiner Töpferscheibe erschafft und die Münder aufschließt mit ehernem Werkzeug. Mit Herz und Zunge habe ich diese Welt erschaffen, und in mir vereint sich das Männliche und Weibliche.«

Da fuhr ein leuchtendes Etwas aus dem nächtlichen Himmel herab und heulte die Worte: »Sehet bin ich, das strahlende Auge des Horus, leuchtend wie Ra; und ich zerstöre Seths dreifache Übermacht mit meinem verzehrenden Feuer. Es lebe das flammende Auge des Horus, umgeben von wohlriechenden Wolken.«

»Was aber«, rief ein anderes und löste sich aus der Dunkelheit, »was ist jenes gegen mich, das Uzatauge mit gebogenem Arm. Mein ist die Kraft des Lichtes, denn ich bin ein Geist des Feuers. Zwar fehlt mir der Leib, doch mein Auge allein umfaßt dreiundsechzig Glieder, vierundsechzig sogar, hätte nicht Thot mich betrogen. Ich glänze während der langen Nacht, im vierten Zeitalter der Erde. Nur wer mein Auge trägt aus Lapislazuli oder Jaspis, wird auferstehen in der Unterwelt.«

»Blicke auf mich!« erschallte es schaurig zu meinen Füßen, »ich bin der krokodilfratzige Dämon Sui, und meine Zähne gleichen Messern aus Kiesel. Meine Nahrung sind die Worte der Macht, die ich den Menschen gewaltsam entreiße, mein Lebensgenuß die Zeichen des Tierkreises. An meinen Pratzen glühen grauenvolle Krallen und verbreiten ewige Furcht. Ich aber fürchte nichts mehr als das Licht.«

Aus dem Boden vor mir wuchs plötzlich eine

geschnürte Gestalt, die Arme gekreuzt mit Krummstab und Geißel: »Ich bin Osiris, der Herrscher der Unterwelt, die Sonne in ihrer nächtlichen Form, und ich beherrsche alles Irdische. Der Hauch meiner Nase ist voll von Leben, Kraft und Gesundheit. Worte aus meinem Mund vertilgen das Böse. Gezeugt hat mich Geb, die fruchtbare Erde, geboren Nut, das Himmelsgewölbe. Vor mir verneigen sich alle übrigen Götter, und sie gehorchen meinen Befehlen. Sieh die weiße Atefkrone auf meinem Haupt, sie macht mich zum König der Menschen und Götter. Die Herzen der Menschen aber sichte ich mit wachsamem Auge, und sorgsam trenne ich Wahrheit und Lüge, Gerechtigkeit und Betrug, Tugend und Sündhaftigkeit, Dunkel und Licht.«

Und während er redete mit hohler Stimme, kam Osiris mir näher und näher, und seine Augen leuchteten rot aus dem fahlen Grün seines Gesichtes. Schützend hielt ich die Hand vor die Augen; denn sein Anblick ließ mich frösteln. Ich spürte den Atem des Gottes auf meiner Hand, so nahe war er mir nun, und ich rief verzweifelt: »Fort, fort! Mit dir, fremder Gott, habe ich nichts zu schaffen! Ich bin ein Römer.«

»Nenne deinen Namen!« forderte die Stimme eindringlich.

»Octavianus«, erwiderte ich zaghaft.

Da erhob der Gott seine mächtige Stimme, daß es über die Insel schallte wie grollender Donner: »Du, *Imperator Caesar Augustus*, hast das Reich meiner Kinder zerstört, deine Soldaten haben unsere Götterbilder mit Füßen getreten und jene, in denen mein Blut fortlebt, getötet wie schlachtreife Tiere. Mich aber hast du verlacht und geleugnet wie einen Spuk, als könnte nicht sein, was nicht sein darf. Nun will ich wägen dein Herz, bevor es aufhört zu schlagen.«

Und während Osiris so sprach, fühlte ich die Hand des fremden Gottes auf meiner Brust; aber so sehr ich vor ihr auch zurückwich mit zitternden Gliedern, ich konnte mich ihm nicht entziehen. Wie von Sinnen warf ich mich auf die Seite, und mit der Kraft, welche die Götter mir noch gelassen hatten, sprang ich auf und hetzte davon. Ich rannte blind in die Nacht, stetig bergan auf den höchsten Gipfel der Insel, und auch die Rufe der Wachen vermochten nicht, meinen Lauf zu unterbrechen. Erschöpft und ohne Bewußtsein blieb ich liegen, wo ich oftmals verzückt über die Weite des Meeres geblickt hatte.

Dort fanden mich im Morgengrauen zwei Sklaven, von heftigem Fieber geschüttelt. Prätorianer trugen mich zur Villa hinab. Ich aber kann hier nicht bleiben. Nur fort von dieser Insel, die ich einmal so liebte, fort, denn ich bin sicher, die Götter des Nils kommen wieder.

Ich, Polybius, Freigelassener des Göttlichen Augustus und des Schreibens kundig, beginne zu begreifen, daß den Caesar nichts so sehr bewegte in seinem Leben wie die Eroberung der ägyptischen Provinz. Nicht die Inbesitznahme des Landes freilich, sondern der Tod Kleopatras, für den er sich schuldig fühlt. Kleopatra, die schon seinen Adoptivvater Julius um den Verstand gebracht hat, verfolgt Augustus bis in seine letzten Lebenstage. Er fürchtet die Rache der ägyptischen Götter, er fürchtet sie, weil er ihnen zeit seines Lebens nur mit Spott begegnet ist.

IV

Neapolis.

Es hat große Mühe bereitet, Livia zu erklären, warum ich diese Insel verlassen mußte, doch dann gab sie meinem Drängen nach, und wir bestiegen eilends ein Schiff. Musas Arzneien zeigen keine Wirkung mehr. Mein ausgemergelter Körper bäumt sich bisweilen gequält wie ein geschundenes Tier, und ich erlebe das alles bei klarem Verstand. Alle in meiner Umgebung zweifeln an meinem Bewußtsein und tuscheln hinter meinem Rücken, bis auf Polybius. Er kennt als einziger meine Gedanken, weil er, kaum habe ich ein Pergament vollendet, dieses verschwinden läßt und heimlich verwahrt. Ich kann ihn nicht hindern, ein jedes zu lesen.

Ist mein Bewußtsein getrübt, weil ich Gold verteile unter das Volk? Die Menschen jubeln mir zu auf den Straßen, mir *Caesar Augustus Divi Filius*.

Ist mein Bewußtsein getrübt, weil ich die Matrosen eines alexandrinischen Schiffes im Hafen mit Efeu bekränzte?

Ist mein Bewußtsein getrübt, weil ich verlangte, daß alle Römer in dieser Stadt griechische Mäntel, alle Griechen aber römische Togen tragen?

Ist mein Bewußtsein getrübt, weil ich den Epheben ein Festmahl gab von erlesenem Aufwand und zusah, wie sie fraßen und soffen?

Ist mein Bewußtsein getrübt, weil ich Fröhlichkeit ausrief und die Jugend der Stadt zum Plündern der Bäume aufrief und zum Werfen bestimmter Speisen?

Ist mein Bewußtsein getrübt, weil ich Livia Aphrodite nenne, meine sinnliche Geliebte, und Musa Asklepios, meinen geldgierigen Scharlatan?

Ist mein Bewußtsein getrübt ... meine flattrigen Glieder werden auf einmal schwer wie Blei.

III

Tanzt, Freunde, und stampft jauchzend die Erde! Seht, wie die Jungen laufen, werfen und springen, seht, wie sie fröhlich sind und sich freuen im gymnastischen Wettstreit! Seht Charon, den knochigen Fährmann mit seinen Schlangenhaaren, wie er flieht vor den schwirrenden Speeren!

Den ganzen Tag verbrachte ich bei den Gymnischen Spielen, welche die Griechen zu meiner Ehre feiern alle fünf Jahre. Welch seltene Fügung, daß mir das Schicksal diesen Tag noch vergönnte, wo die Jünglinge – anders als in Rom, wo der Wettkampf zum Sklavendienst verkommen ist – sich ergehen im Reigen der Götter und Helden, nackend ein jeder, und jeder ein Apoll, ein Apoll, der Hermes besiegt im Wettlauf, Ares und Phorbas im Faustkampf. Seht die Schnelligkeit, die Hermes an den Tag legt, seht seine Kraft. Gymnasien und Palästren tragen seinen Namen. Seht Hercules, den Pankratiasten, der sich mit Unholden im Kampf mißt, und Theseus, der alle Kunstgriffe in Ring- und Faustkampf beherrscht, Iason gar, der fünf Wettkämpfe auf einmal absolvierte als Sieger. Das sind die Spiele der Griechen. Schauder überkommt mich, wenn ich an die Spiele der Römer denke oder an das, was sie Spiele nennen.

Panem et circenses. Ich glaube, die Römer würden einen Esel zum Caesar machen, verspräche er ihnen beides im Überfluß: satte Bäuche und befriedigte Augen. Hercules muß keine Unholde mehr bezwingen, Agamemnon sendet seine Flotte nicht mehr über das Meer, selbst Hannibals furchterregende Elefanten und die Spiele, einst nach griechischem Vorbild eine heilige Handlung, sind verkommen zum puren Zeitvertreib, zur Sucht und Sündhaftigkeit, die nicht einmal vor ehrsamen Frauen haltmacht. Unter dem Vorwand, die unsterblichen Götter zu ehren, gieren die Römer nach immer neuen, verrückten Spielen.

Was aber, beim Jupiter, ist fromm daran, wenn wilde Stiere den Gladiator aufspießen, daß das Blut spritzt, und Löwen sich an seinen Eingeweiden laben? Was ist fromm daran, wenn verheiratete Frauen sich bei den *Floralien* entkleiden und grellgeschminkt wie Ägypterinnen durch die Stadt ziehen und vor allen Leuten unzüchtige Bewegungen vollführen? Fromm nennt ihr es, wenn der Herr bei den *Saturnalien*, die sieben Tage, vor allem aber sieben Nächte dauern, das Bett mit der Sklavin, der Sklave aber das Bett mit der Herrin des Hauses teilt? Eine seltsame Frömmigkeit ist das, wenn die *Liberalien* als Vorwand dienen, den Frauen riesige Penisse zu zeigen. Fromm war es, zu eben diesem Anlaß Opferkuchen ins Feuer zu legen und ein besonderes Zeichen von Frömmigkeit, wenn die Römer schwarze Bohnen spuckten, um so die Lemuren zu vertreiben, doch alle diese alten Bräuche wichen erotischen Exzessen. Frömmigkeit wich der Geilheit. Hundert Tage *feriae* im Jahr suchen nach immer neuer Abwechslung, und viele taumeln trunken von einem Festspiel zum anderen.

Versteht mich recht, ich war nie ein Verächter munterer Lebensfreude, ich schüttele mit Leidenschaft den Würfelbecher, und zum Wettkampf der Dichter zog ich bis in die griechische Provinz, doch was auf römischem Boden die Bezeichnung *ludi* trägt, hat nichts mehr gemein mit dem achaiischen Ursprung, ist eher Farce als Nachahmung. Kein Volk der Erde ehrte seine Spiele und seine Spieler mehr als die Hellenen, gleichgültig, ob der Ölzweig für hehre Sangeskunst, für Drama oder schnellen Lauf vergeben wurde. So maßen sie, denen die Geschichte ihres Volkes heilig war, die Zeit nach dem vierjährigen Turnus ihrer bedeutendsten Spiele, und sie nannten jene Spanne nicht etwa nach den Führern des Volkes – so wie wir sie nach unseren Konsuln nennen –, nein, die Griechen gaben dieser Spanne den Namen des Siegers im Wettkampf der am meisten bejubelten Disziplin. So ein Schnellfüßiger wurde, wie man noch heute in der achaiischen Provinz zu sagen pflegt, ›geehrt wie ein Athlet‹, er speiste auf Lebenszeit im Prytaneion, saß beim Theater mit den Höchsten des Staates in der *orchestra*, seine Leistung wurde in Verse gefaßt, sein Ebenbild in Marmor geschlagen.

Ich habe die Siegerstatuen von Olympia mit eigenen Augen gesehen und von ihren Taten gelesen, die in Erz und Marmor beschrieben sind: von Pulydamas, dem Sieger im Pankration, der Ring- und Faustkampf und Wettrennen auf Pferd und Wagen einschließt. Er soll so stark gewesen sein, daß er auf dem Berge Olymp einen Löwen mit bloßen Händen bezwang und einen Stier an den Hinterläufen festhielt, bis sich die Hufbeschläge lösten. Mit Muskelkraft brachte er das Gespann eines Wagenlenkers zum Stehen und hinderte ihn an der Weiterfahrt. So sehr vertraute Pulydamas seinen Bärenkräften, daß er den Einsturz einer Felsenhöhle mit bloßen Armen zu verhindern suchte; doch dabei fand er den Tod. Ich sah die Statue des Timanthes von Kleonai, wie Pulydamas ein Allkämpfer, der täglich seine Kraft prüfte, indem er einen großen Bogen spannte, und, als eines Tages seine Kräfte versagten, ein Feuer entzündete und sich selbst verbrannte. Auch jenes Standbild des Theagenes sah ich, das von den Griechen verehrt wird und Krankheiten heilen soll auf wundersame Weise. Kaum neun Jahre alt, schulterte der Knabe, so wird erzählt, eine Götterstatue und trug sie nach Hause, und als er ein Mann war, trieb ihn der Ehrgeiz im sportlichen Wettkampf von Sieg zu Sieg. 1400 Kränze erhielt Theagenes in seinem Leben, im Lauf wie im Faustkampf und allen erdenklichen Disziplinen. Das Standbild aus Bronze erinnert an ihn. Noch nach seinem Tod peitschte jede Nacht ein Athlet, dem es nie vergönnt war, Theagenes zu besiegen, die Bronze so lange, bis die Statue sich von ihrem Sockel löste und den Frevler erschlug. Nach drakonischem Gesetz, das auch leblose Dinge mit Verbannung bestrafte, versenkten die Eleer das Standbild im Meer; aber seit jener Zeit trug die Erde Olympias keine Früchte mehr, und die Menschen drängten nach Delphi, um Rat einzuholen bei Apollon, dem Allwissenden. Der antwortete ihnen durch den Mund der Pythia, nicht eher werde das Land fruchtbar sein, als bis sie Theagenes zurückgeholt hätten in Ehren. Also fuhren die Fischer aus und zogen die Netze über den Boden des Meeres, und sie fanden, wonach sie gesucht hatten, brachten das Standbild an Land und stellten es an seinen alten Platz, und, was Apollon verheißen, geschah: Das Land grünte und trug neue Früchte.

Blutgier und Grausamkeit, die unsere Spiele begleiten, sind den Griechen fremd und abstoßend zugleich. In dieser Hinsicht bin ich mehr ein Grieche als ein Römer, denn ich will, ich kann kein Blut sehen. Blut verursacht mir Übelkeit und Erbrechen, und allein die Vorstellung aufgeschlitzter Bäuche und abgetrennter

Gliedmaßen bringt meine Eingeweide in Unordnung. Aber gerade das ist es, was die Römer sehen wollen! Warum bin ich so anders?

Als ich jung war und das Erbe meines Göttlichen Vaters auf mich zukam, versuchte Atia mich mit Gewalt an den Anblick frischen Blutes zu gewöhnen, indem ich dem Opferpriester auf dem Capitol zusah, wenn er dem Jupiter einen Stier opferte. Dann stach er dem gefesselten Tier mit schnellem Griff in den Hals, daß das Blut wie ein Sturzbach in die untergehaltenen Schalen floß und Schaum aus hellen Blasen zauberte. Der süßliche Duft und die blutverschmierten Kleider der Opferpriester lösten in mir gewaltige Schauder aus, und mehr als einmal verlor ich dabei die Besinnung, und die Priester trugen mich aus dem Tempel.

Ich zweifle nicht, daß meine Mutter es gut mit mir meinte, wenn sie mich immer wieder zu den Opferzeremonien schickte und, als ich mich eines Tages widersetzte, mich zum Tempel des Jupiter Capitolinus begleitete, um mir ein Beispiel zu geben ihrer Mannhaftigkeit. Doch traf es sich an jenem Tage, daß Lucius Sulpicius, der alte erfahrene Opferpriester, einem jungen, unerfahrenen Platz gemacht hatte. Er hieß Severus und ging so ungeschickt an sein Werk, daß das Blut des Opferstiers in hohem Bogen aus dem Hals schoß und meine Mutter Atia in Höhe ihrer Scham befleckte. Von diesem Tag an mied ich alle Opfer im Tempel, ja allein die Vorstellung von frischem Blut trieb mir den Schweiß in den Nacken und verursachte mir Gänsehaut. Ich hoffte, der Ekel vor Blut würde mit zunehmendem Alter eines natürlichen Todes sterben – kein

Seelenarzt heilt wirksamer als die Zeit –, aber ich irrte. Noch bis zum heutigen Tage verwirrt der Anblick von Blut meine Sinne, weil mir stets meine blutbefleckte Mutter in den Sinn kommt. Und deshalb hasse ich alle römischen Spiele.

Ich hasse die Blutorgien mit Menschen und Tieren, denn nichts anderes sind die Schauspiele in unseren Theatern. Todesschreie und Schmerzensklagen schallen die Ränge empor, wo früher die Menschen voll Ehrfurcht und Ergriffenheit dem Dichterwort lauschten, und allenorts macht sich die hämische Lust am Sterben breit. Da wird jeder einzelne Römer zum Helden, wenn der Gladiator das Schwert hebt und dem geschlagenen Gegner in den Leib rammt. O hätte Horaz nie die hehren Worte gesprochen *Dulcet decorumst pro patria mori!* Gestorben wird heute zum Zeitvertreib, zum Ergötzen der Massen, für das Vaterland zu sterben, gilt als Dummheit, man überläßt es ausländischen Söldnern. Wer rührt noch die Hand aus Liebe zum Vaterland?

Ein Verbot der grausamen Spiele, das hat sich gezeigt, ist ebenso sinnlos, als würde ich den Römern Essen und Trinken verbieten, denn *ludi* und *circenses* sind für viele zum Lebensinhalt geworden. In seltener Eintracht begegnen sich auf den Rängen gelangweilte Reiche und arbeitsscheues Gesindel, um dem gemeinsamen Blutrausch zu frönen, und alle Standesunterschiede, oft genug Anlaß zu Ausschreitungen und Bürgerkriegen, verschwinden unter den gierigen Augen. Gemeinsam rufen sie nach immer neuen Sensationen, und ich frage mich: Wie soll das enden? Wie soll die

Blutgier der Römer in Zukunft befriedigt werden? Welch grausames Schauspiel erwarten die Menschen noch, wo ohnehin schon Männer gegen Tiere, Frauen gegen Männer, Senatoren gegen Sklaven kämpfen?

Die Vergangenheit lehrt, Blut fordert immer mehr Blut, wie Krieg immer neue Kriege fordert.

Als Lucius Sulla, und das ist gerade ein Centennium her, zum ersten Male wilde Löwen im Circus von mauretanischen Bogenschützen erlegen ließ, da glaubten viele im Anblick der verendenden Tiere, diese zur Schau gestellte Grausamkeit sei durch nichts zu übertreffen. Weit gefehlt! Pompeius schickte achtzehn Elefanten in die Arena und stellte ihnen verurteilte Verbrecher gegenüber, die, mit nichts als einem Jagdspieß bewaffnet, um ihr Leben kämpften – zumindest glaubten sie daran. Doch überlebte keiner. Gereizt durch ihr eigenes Blut und das Vorgehen der Verbrecher, die den Tieren die Augen auszustechen bestrebt waren, töteten die Elefanten ihre Herausforderer auf qualvolle Weise. Wie kann ein kultivierter Mensch, klagte Cicero damals, Vergnügen finden, wenn ein schwacher Mann von einer gewaltigen Bestie vor aller Augen zerrissen oder ein herrliches Tier von einem Jagdspieß durchbohrt wird?

Heute glaube ich, Pompeius handelte mit Bedacht. Es ging ihm in seinem Streben um die Alleinherrschaft nicht um das zweifelhafte Vergnügen der Menschen, Pompeius versuchte die Römer mit dem Anblick von Blut vertraut zu machen, ein Anblick, der während des Bürgerkrieges alltäglich wurde. Die Zeit des Bürgerkrieges ist vorbei, und auch sonst ist der Krieg uns fremd geworden wie nie zuvor, der Anblick von Blut aber bleibt uns nicht erspart, ja es scheint, das Blut im Circus ist Ersatz für das nichtvergossene Blut auf dem Schlachtfeld. Dies ist ein Frevel. Das Blut, das uns im eigenen Leibe wenig kümmert, obwohl es uns doch am Leben erhält, weckt süchtige Wollust, sobald es aus dem Fleisch eines anderen quillt, eines nackten, wehrlosen Menschen. Das ist schamlos. Wir Römer vertieren mit krankhaftem Eifer, der Caesar verkommt zum geduldeten Leittier eines reißenden Rudels. Welch eine Schande! O welche Schande, Caesar dieses Volkes zu sein!

II

Nola. Auf meinem Landgut.

Sechsundsiebzig Jahre diente mein Körper mir redlich, und ich nahm es als selbstverständlich, ja – so er meinen Willen mit Nachlässigkeit störte –, quälte ich ihn mit der Bitterkeit fremdartiger Medizin, und er verstand diese Mahnung und gehorchte. Nun aber, da weder herber Wurzelsud noch quellendes Baumharz aus der ägyptischen Provinz ihm Furcht einjagen, und Musas Quaksalbereien eher zum Erbrechen reizen als zur Heilung, nun, scheint mir, gehen mein abgehalfterter Körper und das, was die einen Seele, andere Geist und wieder andere Atemhauch nennen, getrennte

Wege, und sie kehren auf diese Weise wieder in den ungebändigten Zustand der Kindheit zurück. Indem die Glieder des Leibes sich dem Wollen des Geistes widersetzten, begegnen sich Kindheit und Alter, Geburt und Tod auf geheimnisvolle Weise. Mir ist, als führte ich zwei Leben, das eine vom Willen geprägt, von Hemmung bestimmt das andere, und es belustigt mich zu beobachten, wie Willen und Hemmung sich gegenseitig bekämpfen. Ich glaube, Jugend und Alter sind nur verschiedene Sieger, in der Jugend siegt der Wille über die Hemmung, im Alter siegt die Hemmung über den Willen, im Tod hat die Hemmung den Willen vollends besiegt.

Mein Augenlicht, welches das Schicksal seit Jahren mir halbseitig trübe zugestand, verfinstert sich mehr und mehr und zwingt die verbleibenden Sinne zu größerer Wachsamkeit. Ich bin nicht traurig deshalb, auch wenn der Spiegel mir stets größte Wollust bereitete, zwingt es doch den Blick mehr nach innen zu richten. (Verzeiht also, wenn meine Schrift ungelenk, die einzelnen Buchstaben immer größer werden.) Wahre Erkenntnis bedarf nicht des Auges, ja es hat sich gezeigt, daß die Wahrnehmung der Augen eher hinderlich ist der Erkenntnis. So fällt mir auf in der Trübnis, daß alle Philosophen, selbst jene, denen meine tiefe Bewunderung gilt, sich mehr mit dem Fernsten beschäftigen als mit dem Naheliegenden, daß sie den Ursprung des Alls und den Lauf der Gestirne, Sonnenfinsternisse und Erdbeben erklärten und voraussagten, daß sie den Menschen aber, sein Leben und Sterben, kaum wert befanden zu erörtern. Denn selbst Aristoteles, der sich mit dem Wesen von Leben und Sterben, also der Seele des Menschen, auseinandergesetzt hat, spricht mehr von den Elementen, aus denen diese gebildet ist, und vom Bewegt- oder Unbewegtsein eben dieser als von ihrer Unsterblichkeit und den sich daraus ergebenden Folgen. Zwar nennt er den Körper ein Werkzeug der Seele, doch ließ Aristoteles seine Schüler allein mit der Frage, ob die Seele ohne dieses elende Werkzeug überhaupt existieren kann. Die Seele, sagt Aristoteles, verhalte sich zum Körper wie das Sehen zum Auge. Des Sehvermögens beraubt, sei das Auge kein Auge mehr. Im Sehvermögen allein liege also das Wesen des Auges. In der Seele allein liege demnach das Wesen des Körpers. Beim Jupiter, das mag mir die Existenz der Seele beweisen, aber nicht ihre Abtrennbarkeit vom sterblichen Körper und damit ihre Unsterblichkeit. Ohne Auge ist das Sehvermögen unvorstellbar. Wie aber steht es dann um eine Seele ohne Körper, der sich nach dem Tod in Rauch und Asche auflöst?

Charon, der sich stumm am Fuße meines Bettes niedergelassen hat, hebt ratlos die Schultern. Ihn muß die Frage nicht kümmern. Seit Tagen weicht er nicht von meiner Seite. Er redet nicht, er trauert nicht, er ist einfach da. Der Tod ist ein durchaus erträgliches Thema, wenn man ihm in die Augen zu sehen vermag. Zuerst erschrak ich und raufte mir die dünn verbliebenen Haare, als ich in meinen Spiegel blickte und mir anstelle des gewohnten Widerscheins Charons erschreckendes Antlitz begegnete. Ich rieb das rechte, bessere Auge und wischte mit einer Falte meiner Toga über das Silber, aber weder das eine noch das andere änderte etwas an meinem Abbild. Quäle ich mein Gesicht zu einem sardonischen Lachen, bleibt das Spiegelbild starr; aber auch wenn ich eine furchterregende Grimasse versuchte, ändert sich seine Miene nicht mehr. Ich glaube, es fehlt mir die Kraft.

Ein Leben lang war ich bemüht, die Rolle des *Imperator Caesar Augustus* auszufüllen. Mit wechselhaftem Geschick mimte ich den Vater des Vaterlandes, den Erhabenen, Göttlichen, Caesar, den Mächtigen; doch wie ein Schauspieler hinter wechselnder Maske und mit der Art und Heftigkeit seiner Bewegungen Triumph und Trauer, Freude und Leid auszudrücken vermag, ohne sein wahres Ich preiszugeben, blieb ich hinter der Maske des *Imperator Caesar Augustus* jener, als der ich von Atia, meiner Mutter, geboren wurde. Mit der Kraft der Jugend und der Erfahrung des Alters spielte ich jede Rolle, die das römische Volk von mir erwartete. Wie Thespis, der Schöpfer der Tragödie, zog ich meinen Karren mit Masken und Requisiten von Ort zu Ort, bisweilen verspottet, meist aber bejubelt. War ich gut? War ich schlecht?

I

Mein letzter Auftritt.

Wo ist mein Spiegel? – Nein, er gehorcht mir nicht mehr. Mein Abbild bleibt starr.

Es war ein endloses Stück. Die Zeit wird lehren, ob Tragödie oder Komödie. Ich trete ab.

Klatscht Beifall, wenn das Stück gut war.

Ich, Polybius, Freigelassener des Göttlichen Augustus und des Schreibens kundig, trauere um meinen Herrn. Wie die Vorzeichendeuter vorausgesagt hatten, starb Augustus hundert Tage nach dem seltsamen Prodigium, einen Tag, nachdem er mir das letzte Pergament seines Tagebuches überreicht hatte. Man schrieb den 19. Tag des Monats, der seinen Namen trägt. Sechsundsiebzig Jahre weniger 35 Tage währte sein Leben. Und wenn in späterer Zeit einmal unterschiedliche Angaben über den Todestag gemacht werden sollten, so rührt dies daher, daß Livia das Ableben ihres Mannes zunächst geheimhielt. Tiberius weilte noch in Dalmatien, und Livia fürchtete Unruhen unter der Bevölkerung, solange ihr Sohn, der designierte Nachfolger, abwesend war.

Friedlich wie sein Leben verlief auch sein Sterben. Daß er in demselben Gemach starb wie sein leiblicher Vater Octavius, den er ein Leben lang verleugnet hatte, wurde dem Göttlichen nicht mehr bewußt. Seinen Leichnam trugen Staatsbeamte wegen der Tageshitze des Sommers in drei Nächten von Nola nach Rom. Inzwischen traf auch Tiberius ein. Er und sein Sohn Drusus hielten dem Göttlichen eine Trauerrede, Tiberius vor dem Tempel des Vergöttlichten Julius, Drusus von der Rednerbühne auf dem Forum herab. Danach nahmen zwölf Senatoren den toten Caesar auf ihre Schultern und trugen ihn zu dem Scheiterhaufen auf dem Marsfeld. Ich, Polybius, weinte wie ein Kind, als das Feuer loderte, und hundertmal tausend Römer weinten ebenso. Als am Tage darauf die Asche erkaltet war, stiegen die Vornehmsten mit bloßen Füßen in die Schlacke und sammelten die Reste des Caesars ein, um sie in seinem Mausoleum zwischen Flaminischer Straße und Tiberufer beizusetzen.

Vestalische Jungfrauen brachten das Testament, das der Göttliche unter dem Konsulat des Lucius Plancus und Gaius Silius teils eigenhändig teils mit meiner Hilfe angefertigt hatte, in die Kurie. Und wenn mir der Inhalt auch zum großen Teil bekannt war, so hielt es doch für mich eine große Überraschung bereit. Tiberius bekam das halbe Erbe, in die verbleibende Hälfte teilen sich Livia und Drusus zu je einem Drittel. Unter dem gesamten römischen Volke sollen vierzig Millionen Sesterzen aufgeteilt werden, jeder Prätorianer erhält tausend, alle Legionäre dreihundert Sesterzen. Mir selbst dachte der Göttliche Caesar ebenfalls tausend Sesterzen zu – ich hatte insgeheim damit gerechnet. Die eigentliche Überraschung fand sich in einem Nachsatz.

Das Testament enthielt verschiedene Anordnungen: Weder Julia, seine Tochter, noch Julia, die Enkelin, dürften je in seinem Grabmal bestattet werden. Ovids Verbannung sei bis zu dessen Tode aufrechtzuerhalten. In Erz sollten seine Res gestae gegraben und vor dem Mausoleum aufgestellt werden. Die zweite Schrift mit einer Übersicht über Größe und Einnahmen des Reiches solle von Tiberius geprüft und ad acta gelegt werden. Darüber hinaus hinterlasse er keine eigenhändigen Schriften. Keine Memoiren, die ohnehin zu nichts nütze seien als zur Befriedigung der eigenen Eitelkeit. Auch kein Tagebuch, das, im Hinblick auf Veröffentlichung unlauter und verlogen sein müsse, oder aber, zum Zwecke der Selbsterkenntnis geschrieben, sich jeder öffentlichen Einsichtnahme entziehe. Wann und wo immer Zeugen aufträten und behaupteten, im Besitz von Aufzeichnungen aus der Feder des Imperator Caesar Augustus zu sein, sollten diese ohne Ansehen der Person mit aller Härte der Gesetze bestraft und verurteilt werden.

Anhang

Vorwort des Polybius

ad libitum lateinische Redensart: wie's beliebt; *centum* hundert.

C

Imperator Caesar Divi Filius offizieller Name von Kaiser Augustus, wörtlich: Feldherr und Kaiser, Sohn des Göttlichen (Julius Caesar), später ergänzt durch Augustus (der Erhabene); *via sacra* Heilige Straße; *aerarium* Schatzkammer und Archiv im Saturntempel, in dem staatliche Urkunden aufbewahrt wurden; *Liber pater* altitalischer Gott gleich Dionysos; *toga virilis* Obergewand des römischen Mannes, das man zum ersten Male zwischen dem 14. und 18. Lebensjahr anlegen durfte; *somnus* Gott des Schlafes; *imperium sine fide dedi* Ich habe ein Reich ohne Ende geschaffen; *carpe diem* Ergreife, pflücke den Tag (Mache das Beste daraus, Horaz, Gedichte, München 1958); *priapus* griechisch: priapos, Gott der Lust, im übertragenen Sinn Penis; *etiamsi est quaedam flere voluptas* auch wenn im Weinen eine gewisse Lust liegt (nach Ovid, Tristien, 4, 3, 37); *Quandoque bonus dormitat Homerus* Einmal schläft auch der untadelige Homer (nach Horaz, Ars poetica 359); *vir vere Romanus* ein wahrer Römer; *post mortem* nach dem Tode.

XCIX

pontifex Priester; *praefectus urbi feriarum Latinarum causa* Stadtvorsteher während der Ferienzeit, wenn ohnehin kaum jemand in Rom war; *saturnia tellus* ländliche Erde Italiens; *ab imo pectore* aus tiefster Brust (nach Catull); *Quos ego!* Euch werde ich helfen!; *cubiculum* Schlafzimmer; *Quod licet Jovi, non licet bovi* Was Jupiter erlaubt ist, darf der Pöbel noch lange nicht; *sidus Julium* Juliusgestirn; *patres conscripti* Anrede der Senatoren.

XCVIII

Iden des Maius die Iden des Mai (= 15. Mai); Alle Zeitangaben der Römer wurden in bezug auf die Kalenden (1. Tag), Nonen (5. oder 7. Tag) und Iden (13. oder 15. Tag) gemacht; *Naturalia non sunt turpia* Naturgewolltes ist nicht schimpflich. Vielfach abgewandelte Fassung aus einem verlorengegangen Drama des Euripides.

XCVII

Cui dolet meninit Wer litt, vergißt nicht (Cicero, Pro Murena 20, 42); *sapere aude!* Wage es, Vernunft zu üben (Horaz, Episteln 1, 2, 40); *sella curulis* Amtsstuhl für höhere Magistrate, der den Beamten sogar nachgetragen wurde; *si vis pacem, para bellum* Wenn du den Frieden willst, rüste zum Krieg (lat. Sprichwort unbekannter Herkunft).

XCV

Vergil zur Aufgabe des Römers: Aeneis VI, 847–853.

XCIV

fides, pax, honor, pudor, virtus die erstrebenswerten Tugenden des Augustus sind Treue, Friedfertigkeit, Ehrenhaftigkeit, Scham und Edelmut; *Carmen saeculare* Jahrhundertgedicht; *Lex Julia de maritandis ordinibus* und *Lex Julia de adulteriis coercendis* Die beiden Augustäischen Gesetze beinhalten im ersten Fall ein Verbot standeswidriger Ehen, im zweiten Fall die Zügelung von Ehebrechern; *omnia mutantur, nihil interit* alles ändert sich, aber nichts geht zugrunde; Der Narcissus-Mythus in ›Metamorphosen‹ III 344 ff. Zitate nach Martin Vosseler, Ovid, Metamorphosen, München 1959; *ex Ponto* vom Schwarzen Meer.

XCIII

Kokytus Fluß in der Unterwelt, Strom des Wehklagens.

XC

ab urbe condita seit Gründung der Stadt Rom (Titel von Livus' 142bändigem Geschichtswerk).

LXXXIX

quindecimviri wörtlich: 15 Männer, die auf Beschluß des Senates die Sibyllinischen Bücher einsehen durften; Die gebrochene Nase an der Mumie Alexanders des Großen schildert Cassius Dio, Buch 51, 16, 5.

LXXXVII

sic! so, in der Tat; ›Von der Seele‹ heißt das dreibändige Werk des Aristoteles, in dem sich dieser ausführlich über das Thema ausläßt. Zitate frei nach Olof Gigon, Aristoteles, München 1987.

LXXXVI

O tempora, o mores Welche Zeiten, welche Sitten (Cicero); *ibi fas, ubi proxima merces* Wo das meiste Geld, da ist das Recht; *consul sine collega* um einen Machtmißbrauch zu verhindern, wählte der Senat alljährlich *zwei* Konsuln. Ein einziger Konsul konnte frei schalten und walten; *bucolica* Hirtengedichte.

LXXXV

magister equitum Befehlshaber der Reiterei; *contra quis ferat arma deus?* Wer wagt gegen Götter Waffen zu tragen (Tibull, eleg. 1, 6, 30); *res publica* Staat.

LXXXIII

nil nisi istud nichts außer diesem

LXXXI

oderint dum metuant Mögen sie mich hassen, wenn sie mich nur fürchten; *phainomenon* Erscheinung (griechisch, Augustus liebte griechische Fremdwörter); Die Stoiker über die Weissagung bei Cicero: Von der Weissagung, II, 49, 101–102; *stoa poikile* bunte Säulenhalle (griechisch), Tagungsort der stoischen Philosophenschule.

LXXIX

mors et fugacem persequitur virum Der Tod bekommt auch den Flüchtenden zu fassen (Horaz, am. 3, 2, 13); *spemque metumque inter dubii* Schwankend zwischen Furcht und Hoffnung (Vergil, Aeneis); *dum spiro, spero* Solange ich atme, hoffe ich.

LXXVIII

Kosmologie und Philosophie zur Zeitenwende, wie sie der Alexandriner verbreitet, werden bei Plinius d. Ä., Naturkunde XXXVII, Buch II, behandelt; *huiusce diei* für jeden Tag; *Fortuna redux* F. für die Heimkehr; *Fortuna virilis* F. für Glück bei Männern; *Fortuna equestris* F. für Reitangelegenheiten; *Fortuna obsequens* F. für Fügsamkeit; *Fortuna privata* F. für Privatangelegenheiten; *qui nimium probat, nihil probat* Wer zuviel beweisen will, beweist nichts (Horaz); Cicero über die Astrologie: De divinatione, XLII–XLVII.

LXXII

atrox Fortuna grausame Schicksalsgöttin; Jahr 142 ab urbe condita (seit Gründung der Stadt Rom im Jahre 753 v. Chr.) entspricht dem Jahr 612 v. Chr. unserer Zeitrechnung; *Luna noctiluca* Luna, Leuchterin der Nacht; *panta rhei* griechisch, nach Heraklit: alles ist in Fluß; *Zodiakos* griechisch: Tierkreis.

LXXI

Die Wunder der Menschheit, die bisweilen phantastisch anmuten, sind sämtlich bei Plinius, Naturkunde, VII, aufgeführt und basieren auf Berichten früherer Autoren wie z. B. Herodot; *borysthenes* Fluß Dnjepr.

LXX

Retiarier Gladiator, der mit Netz und Dreizack kämpft.

LXVIII

relata refero Ich berichte, was berichtet wurde; *homo homini lupus* Ein Mensch ist dem anderen ein Wolf; *proscriptio* Ächtung.

LXVII

solvitur acris hiems ›Der beißende Winter weicht‹ – eine der bekanntesten Oden des Horaz.

LXVI

hostis Feind; *vae victis* wehe den Besiegten; *primus inter pares* Erster unter Gleichgestellten; *clementia* Milde; *prokonsularisch* als Provinzstatthalter; *ornamenta triumphalia* Triumphschmuck; *De mortuis nil nisi bene* Sprecht über Tote nichts Schlechtes.

LXV

praefectus classis et orae maritimae Kommandant der Flotte und der Küstengegenden; *manus manum lavat* eine Hand wäscht die andere; *pater patriae* Vater des Vaterlandes, offizieller Titel des Augustus; *praenomen imperatoris* Vorname Imperator.

LXI

sunt pueri pueri, pueri puerilia tractant Knaben sind Knaben, und

Knaben treiben Knabenstreiche (röm. Sprichwort); *panem et circensis* Brot und Spiele.

LIX

commissatio Trinkgelage; *nunc est bibendum, nunc pede libero pulsanda tellus* Nun heißt es trinken, nun mit freiem Fuß auf die Erde stampfen; *more graeco* nach griechischer Sitte; *magister bibendi* Zeremonienmeister des Trinkgelages; *cyathus* kleiner Trinkbecher; den Dialogen in dem fiktiven Trinkgelage des Augustus mit Epikur, Platon und Cicero liegen folgende Werke zugrunde: Epikur, Brief an Menoikeus (Briefe des Altertums, Zürich und Stuttgart 1965); Cicero, Briefe an seinen Bruder und an Lucceius (Briefe des Altertums); Cicero, De divinatione (München o. J.); Augustus, Res gestae (Stuttgart 1975); Platon, Der Staat (München o. J.); *Res gestae* Rechenschaftsbericht; *honores* Ehrenämter; *impensae* eigene Gelder für öffentliche Aufwendungen; *ex ovo usque ad malum* wörtlich: vom Ei bis zum Apfel (von der Vor- bis zur Nachspeise), gemeint ist von A bis Z; *fatum* Schicksal; *heimarmene* griechisch: Schicksal.

LVIII

Horaz über die Schlacht bei Actium in seiner Ode ›Nunc est bibendum‹ I, 37, 1 nach Grant, Kleopatra, Bergisch-Gladbach 1977; *speremus pariter, pariter metuamus amantes* Hoffen zugleich und fürchten muß jeder, der liebt (Ovid, am. 2, 19, 5).

LVII

Et tu, mi fili Auch du, mein Sohn?

LVI

Kleopatras Tod: Horaz, Oden I, 37; s. o.

LV

carmen Gedicht; *praefectus Aegypti* ägyptischer Statthalter.

LIV

stilus Schreibgriffel.

LIII

nunc est bibendum Jetzt laßt uns trinken!

XLVI

pax Augusta der Augustäische Friede; *fetiales* 20 auf Lebenszeit bestellte Priester, die völkerrechtliche Botschaften, vor allem Kriegserklärungen übermittelten; Thukydides über den Sinn seiner Geschichtsschreibung in: Geschichte des Peloponnesischen Krieges I, 22; *cunctator* Zauderer; *maximus* Der Größte; *unus homo nobis cunctando restituit rem* Einer allein hat uns den Staat durch Zaudern gerettet.

XLIII

Marcus Agrippa Consul Tertium Fecit von Marcus Agrippa errichtet, als er zum dritten Mal Konsul war.

XLII

libelli Eingaben an den Caesar; *epistulae* Ausfertigungen der Kanzlei des Caesars; *subscriptio* Handvermerk, Unterschrift; *insula* Mietshaus, Mietskaserne; *humiliores* Arme, Niedriggeborene.

XLI

Die Entfernungsangaben des Artemidoros von Ephesus und Isidoros von Charax entstammen verschollenen Schriften der beiden Geographen. Dank Plinius, der die Zahlen in seiner Naturkunde (II, CXII, 242 ff.) übernahm, blieben sie erhalten.

XL

Grenzen der Trauer aus den Oden des Horaz II ›Non semper imbres nubibus hispidos‹, übersetzt von August von Graevenitz, Horaz, Gedichte, München 1958.

XXXIX

Sumanus Gottheit, deren Wesen den Römern rätselhaft war; Über die Naturwunder bei Plinius, Buch II; Die Eigennamen der Winde sind z. T. nicht übersetzbar; *Padus* der Fluß Po.

XXXVIII

vincere scis, Hannibal, victoria uti nescis Zu siegen verstehst du, Hannibal, den Sieg auszunützen verstehst du aber nicht! (Livius 22, 51, 4); *bellum iustum* gerechter Krieg; *Germina* Legionsname für Truppen, die aus verschiedenen Legionen zusammengewürfelt sind.

XXXVI

leges datae vom Imperiumsträger erlassene Gesetze, im Gegensatz zu den von der Volksversammlung beschlossenen *leges rogatae*; Augustus' Ansprache an die unverheirateten Römer frei nach Cassius Dio 56, 4–9.

XXXV

coticula Probierstein, mit dem der Goldgehalt festgestellt werden konnte; Herodot über Glück und Tod des Polykrates: Historien III, 39–44, 120 ff.

XXXII

miles Soldat.

XXXI

ave, senex imperator Sei gegrüßt, greisenhafter Feldherr; *legatus* Gesandter, Botschafter; *tribunica potestas* tribunizische Gewalt.

XXX

thyrsus Stab mit Efeubüschel, Zeichen des Bacchus; *plebs* unterste Schicht des Volkes; *lupanar* Bordell; *lupa* Wölfin, aber auch Hure; *cella* Nische; *a tergo* auf dem Rücken (von hinten); *exoletus* alter Homosexueller.

XXVI

supplicium ultimum Todesstrafe; *nescire quid ante quam natus sis acciderit, id est semper esse puerum* Nicht zu wissen, was vor deiner Geburt geschehen ist, heißt immer ein Kind bleiben (Cicero, orat. 34, 120); *Rex socius et amicus populi Romani* König, Bundesgenosse und Freund des römischen Volkes; *ludi* Spiele; *Hellanodiken* Kampfrichter und Organisatoren der Olympischen Spiele.

XXV

Vacuna sabinische Gottheit der Ruhe; *Rumina* Gottheit der säugenden Herden; *Lara* Erdgöttin; *Corax, Nymphus, Miles, Leo, Persa, Heliodromus, Pater* lateinische Titel in der Hierarchie der Mithras-Diener; Daß der fliegende Pfeil sich nicht bewege, versucht Zenon von Elea philosophisch nachzuweisen.

XXI

subura Vorstadt, IV. Region in Rom; *garum* scharfe Würzsoße; *pater familias* Familienvater; *aurea mediocritas* goldenes Mittelmaß.

XIX

de rerum natura von der Natur der Dinge; *Intermundien* Zwischenwelten.

XVIII

sunt lacrimae rerum Die Dinge haben ihre Tränen (Vergil, Aen. I, 462).

XI

Manipel Manipel = zwei Centurien von je 60 bis 80 Mann.

X

ager Laurens Landstrich um die Stadt Laurentum zwischen Tiber- und Numiciusmündung; *ludi magister* Elementarschullehrer; *grammaticus* Lehrer Höherer Schule.

VIII

Das Lied auf das Vaterland schrieb Vergil in seinen Georgica II, 136–176, Übersetzung nach Ulrich von Wilamowitz-Moellendorf, Reden und Vorträge, Berlin 1925.

VII

villa Iovis Haus Jupiters.

III

feriae Festtage; *orchestra* vordere Plätze im Theater; *Dulcet decorumst pro patria mori* (ohne Versmaß: *dulce et decorum est pro patria mori*) Süß und ehrenvoll ist es, für das Vaterland zu sterben; *circenses* Zirkusspiele.

Nachwort des Polybius

ad acta zu den Akten.

Archäologie

Als Band mit der Bestellnummer 64078 erschien:

Die Erforschung der Schauplätze versunkener Kulturen war abenteuerlicher als mancher Krimi. Wagemutige Ausgräber erzählen hier selbst von den Sternstunden ihrer Wissenschaft und lassen den Leser unmittelbar teilnehmen am Abenteuer ihrer Entdeckungen.